高　誠恝
原川府院君　裕祖大隱邊公安梳影帖

十五世孫瑾志敬寫

「변안열 영정」, 원주 변씨 중앙화수회.

「대은암大隱巖」, 정선, 종이에 엷은색, 29,5×33,7cm, 1753년경, 간송미술관. 대은암은 대은동 변안열 선생의 한성 별업別業 터다. 고려 남경 별궁 옆 지금의 청와대 일부와 청운동 일부로 추정된다.

「대은암」, 정선, 종이에 엷은색, 29.5×33.0cm, 1754년경, 국립중앙박물관.

「수선전도」, 160,8×79.0cm, 1861, 서울역사박물관. 표시된 곳이 대은암의 위치다.

「한양도」, 45,5×45,8cm, 1902, 영남대박물관. 표시된 곳이 대은암의 위치다.

변안열 선생 묘표비와 비각(위), 경기도 문화재자료 제116호.
운문일중삼족오도雲紋日中三足烏圖·운문월중옥토도雲紋月中玉兎圖

고려원천부원군 변안열 선생 신도비.

구양서원 전경, 경북 봉화군 봉화읍 거촌리(구동, 위).
구양서원 내 숭절사, 대은 선생 위패 봉안.

추원재, 경기도 남양주시 진건읍 용정리 700번지.

불굴가의 유래

不屈歌
大隱 邊安烈 先生 詩

內吾心胸洞如斗 資以簣
索吾又長前牽後引磨且
奪吾任汝之 此之爲吾不屈
夏吾王 事吾不辭有欲

荊國史編纂委員長 文學博士 李成茂 謹撰
醴泉人 全宗員一同 謹壁
原州邊氏 艸丁權昌倫 謹書

二〇一一年 辛卯 十月 三十日

나는 굽힐 수 없다 일금 빼앗는 일
내 사양치 않으리라 너희들 하는 대로
내뒤로 끌고 당겨 갈리고 찢길망정
내 앞으로 끌고 당겨
갈게 꿰어
새끼줄로 길게 꿰어
내 가슴 구멍 뚫고

대은 변안렬大隱 邊安烈 公이 읊은 불굴가는 고려말 三隱으로 칭송되는 목은 이색의 行狀과 포은 정몽주의 傳와 야은 길재의 遺事에 실려 있으며 또은 이승인과 무안대군 이방번의 제문 및 우복 정경세의 神道碑文에도 으뜸가는 忠烈의 노래로 指稱되고 있다 대은공의 五世孫인 司憲府 執義 鄭漢公 邊希孝의 傳家葬에 그 유래가 상세히 기록되어 있다 정포은의 丹心歌는 일찌기 세상사람들의 입에 膾炙되고 있으며 변안렬의 불굴가 또한 고려왕조에 대한 충성과 절의를 의연하게 표출한 노래로서 이 두 노래가 千秋萬代에 빛나는 文武雙壁의 絶唱임에 틀림없다

易姓革命을 圖謀하고 있던 李成桂는 마침내 1389년(창왕1년) 10월 11일 자신의 생일날을 기하여 嚴軍가 嚴砲하고 많은 兵卒을 거느린 변안렬과 정몽주를 초청하여 회유의 잔치를 베풀었다 이윽고 연회가 무르익을 무렵 이방원이 변안렬과 정몽주의 의중을 떠보기 위한 시를 읊으니

이런들 어떠하리 저런들 어떠하리
만수산 드렁칡이 얽혀진들 어떠하리
우리도 이같이 얽혀 백년까지 누리리라

이것이 그 유명한 何如歌이다 이방원의 시를 듣고 변안렬은 不屈歌로 화답하니

내 가슴 구멍 뚫고 새끼줄로 길게 꿰어
앞뒤로 끌고 당겨 갈리고 찢길망정
너희들 하는대로 내 사양치 않으리라
내 임금 빼앗는 일 나는 굽힐 수 없다

이 것이 김천택의 靑丘永言에 실린 대은 변안렬의 불굴가이다 그 때 정몽주도 단심가로 화답했다

이 몸이 죽고 죽어 일백번 고쳐 죽어
백골이 진토되어 넋이야 있고 없고
임 향한 일편단심이야 가실 줄이 있으랴

변안렬이 고려를 위한 절의와 충성심을 표현했다면 정몽주는 문신의 꿋꿋한 지조를 나타내었다 그런데도 고려를 향한 절조를 지킨 정몽주나 다른 충신들에 비하여 변안렬의 충절은 아깝게도 역사의 평가를 제대로 받지 못했다 그래서 학자에 따라서는 목은 이색 포은 정몽주 야은 길재 대은 변안렬을 고려 말의 四隱이라고 높여 기린다

대은 선생 불굴가 시비詩碑.

『대은실기』.

維歲次己酉辛卯朔二十二日壬子大統領朴正熙謹告于

高麗忠臣原川府院君大隱邊先生神道碑告成之日日

凜義烈忠乾坤一蹴於于 先生扶網誰激瞻彼松陽江山巍巍

高仰萬情偉卲不息永闡其功蔚然大石歌長又長千古無疆

楊路一明 先生降陟伏惟

尊靈庶斯歆拾尙 饗

원천부원군 신도비 제막식의 박정희 대통령 고유문.

박정희 대통령 신도비 고유 기념비.

대은 변안열 선생 묘역 고유 참배 장면(박정희 대통령 신도비 교유기념비 제막식 고유 장면).
원주변씨화수회 변정구邊鼎九 회장(초헌관, 아래).

성균관유도회본부 변온섭邊瑥燮 회장(아헌관).
한국국학진흥원 심우영沈宇永 원장(종헌관).

변안열 선생 2013년 4월 16일 전쟁기념사업회 호국의 인물로 선정되다.
2014년 전쟁기념관 "5월의 인물" 추모식 장면(위).
전쟁기념관에서 열린 변안열 선생 추모제 중 변재우邊齋雨 종손 고유 장면(아래).

변안열 평전

邊
安烈

변안열 평전

이성무
지음

글항아리

머리말

변안열邊安烈(1334~1390)은 자가 문성文成, 호는 대은大隱·불굴당不屈堂, 본관本貫은 원주原州다. 시호는 양절良節이라 하지만 확인되지 않는다. 1334년(충숙왕 복위 3) 심양瀋陽 사제私第에서 태어나 1390년(공양왕 2)에 죽었다. 향년 57세였다. 1351년(충정왕 3) 12월 공민왕과 노국대장공주를 따라 고려에 와서 이듬해 왕의 척리戚里인 판추밀 원의元顗의 딸 원주 원씨와 혼인해 원주 변씨의 시조가 되었다.

변안열은 고려 말 정몽주와 함께 이성계의 조선 건국을 반대하고 고려를 지키려다가 죽임을 당한 충신이다. 충신 가운데 문신의 대표가 정몽주라면, 무신을 대표하는 인물은 변안열이었다. 두 사람의 운명은 그러나 크게 갈렸다. 정몽주는 죽은 뒤 곧 신원되어 그 자손 가운데 정승의 반열에 오른 사람이 있었는가 하면, 절의를 지킨 사림의 종장으로 문묘에 종사되기까지 했다. 반면 변안열은 『고려사』 「간신열전奸臣列傳」에 수록되어 있다.

『고려사』 열전 39, 「간신열전」에 변안열과 함께 실린 사람은 조민수曺敏修·이인임李仁任·임견미林堅味·염흥방廉興邦·왕안덕王安德 등이다. 그렇지만 이들이 「간신열전」에 포함된 것은 납득하기 어렵다. 윤근수도 그의 『월정만필月汀漫筆』에서 다음과 같이 말했다.

『고려사』「간신전」에 실린 조민수·변안열로 말한다면, 그들의 일과 행동에서 처음부터 끝까지 간사스런 증상이 있음을 알지 못하겠다. 조민수는 다만 선왕의 아들을 세워야 한다는 이색의 말만 듣고 창왕을 옹립했을 뿐이며, 변안열은 여흥왕(우왕)을 개인적으로 찾아가 뵈었을 뿐이다. 이것을 빌미 삼아 죄를 만들어 간신의 열에 넣어두었으니 어찌 후세의 인심을 복종시킬 수 있으며, 또한 사실을 바른대로 쓴 믿을 만한 역사라고 할 수 있겠는가? 또 먼저 임금의 아들을 세워야 한다고 한 것은 곧 이색의 말이다. 근본을 따져서 죄를 삼는다면 이색은 장하죄杖下罪의 우두머리임을 면치 못할 것이다. 그런데 사신史臣들이 이색은 명유名儒라 하여 감히 간신의 이름을 붙이지 못하고 조민수에게만 가했을 따름이니, 한번 웃음을 터뜨릴 만하다.

이성계의 건국을 반대했으니 제제를 당해 '반역열전'에 넣는 것은 가능하겠지만 「간신열전」에 포함시킨 것은 합당치 않다. 간신은 곧 간사한 신하를 일컫기 때문이다. '간사'하다는 말은 '성질이 간교하고, 행실이 바르지 못한 것'을 뜻한다. 과연 변안열은 성질이 간교하고 행실이 바르지 못했던가? 그의 죄는 오히려 고려를 지키고 이성계의 역성혁명을 반대한 데 있지 않았던가? 더구나 변안열은 이성계와 맞먹는 군사력을 보유했던 게 화의 빌미가 되었다. 역성혁명을 성공시키려면 강력한 무력을 소유하고 있던 변안열을 철저히 제거해야 했던 것이다. 이에 1390년 변안열은 그의 별장이 있던 한양 대은동大隱洞에 귀양보내졌다가 한양부윤 김백흥金伯興에 의해 재판도 없이 죽임을 당했다.

변안열은 역적으로 몰려 죽었던 만큼 관직, 재산, 명예도 몰수당했다. 물론 조선 왕조가 들어선 뒤에는 재산 일부를 돌려주거나 자손의 벼슬길을 터주었다. 이미 목적을 이룬 뒤였기 때문이다. 또한 반대 세력을 무마하기 위해 이 가문과 왕실혼도 여러 차례 맺었다. 그러나 역사 기록에서는 반역이나 간신으로서의 흔적이 사라지지 않았다.

이 책에서는 변안열의 생애와 업적을 좀더 객관적인 시각에서 재평가해 본래 모습을 회복시키고자 한다. 이전에도 원주 변씨 문중이나 역사학회에서 변안열을 재평가하려는 연구와 사업을 지속해왔다. 즉 1977년 10월에는 신석호 박사가 중심이 되어 『대은실기大隱實記』를 편찬한 바 있고, 2013년 9월에는 필자가 중심이 되어 『대은 변안열의 생애와 업적』이라는 논문집을 간행하고 학술회의도 열었다. 문중에서는 묘역을 정비하고 비석을 세우며 제각을 지었다. 이런 노력의 결과 2014년 4월 16일 전쟁기념관에서 변안열을 마침내 '2014년 5월의 호국의 인물'로 지정했다. 간신에서 충신으로 바뀐 것이다. 이제 그에 대한 재조명은 좀더 본격화될 참이다. 편견의 역사를 바로잡고 역사를 좀더 공정하게 복원하려는 일련의 노력들이다.

끝으로, 이 연구에 대한 원주변씨중앙화수회 변병복 회장님과 변정구 상임고문님의 적극적인 지원에 깊은 감사를 드린다. 아울러 글항아리 출판사 이은혜 편집장을 비롯한 편집자 여러분의 노고에 감사의 말씀을 전하고자 한다.

2015년 10월
한국역사문화연구원장 이성무 씀

제1장

邊安烈

시대 배경

변안열邊安烈은 1334년 심양 사제에서 태어나 1390년 정월 16일에 처형되었다. 고려가 몽골의 지배를 받기 시작한 때부터 명나라가 발흥한 기간이다. 먼저 그가 살았던 시대 배경을 살펴볼 필요가 있다.

몽골의 1차 침입

10세기 초 당나라가 망하자 거란의 요遼, 여진의 금金, 몽골의 원元 등 북방 민족들이 일어났다. 이 가운데 몽골족은 아시아뿐만 아니라 유럽에까지 세력을 떨쳤다.

몽골족은 처음에는 몽골 평원에 살던 유목민족이었다. 그러던 중 13세기 초 테무진鐵木眞이라는 지도자가 등장하면서 부족을 통합해 1206년(희종 2) 칭기즈칸成吉思汗이 되었다. 그는 서쪽으로 서하西夏를 굴복시키고, 동남쪽으로 금을 정복했다. 송宋은 남쪽으로 달아나 수도를 변경汴京으로 옮겼지만 거란의 요에게 패퇴했다. 그러나 거란족은 몽골족의 침입을 받자 불리한 위치에 처해 1216년(고종 3) 압록강을 건너 고려로 쳐들어왔다. 이들은 이로부터 몇 년 동안 고려의 북방지역을 노략질하고 수도 개경까지 밀고 들어왔다. 이에 고려는 1218년(고종 5) 평양 동쪽에 있는 강동성에서 거란군을 몰아냈다.[1]

이 무렵 만주에서는 금의 장군 포선만노蒲鮮萬奴가 금을 배반하고 대진국大眞國을 세웠는데, 금은 그에게 거란족 야율유가耶律留哥의 반란을 진압하게 했다. 그러나 패배하고 몽골이 압박해옴에 따라 지금의 간도 지방으로 옮겨 1217년(고종 4) 동하東夏라는 작은 나라를 세웠다. 이것이 이른바 동진국東眞國이다. 테무진은 1218년(고종 5) 동진국을 정벌하고 고려를 침략한 거란군을 쳐 고려를 구하겠다는 명분하에 강동성으로 진격해왔다. 그리고 고려에 공동 작전을 제의했다. 고려군은 이 제안을 받아들여 몽골·동진군과 함께 강동성의 거란군을 토멸했다. 이로써 고려와 몽골은 비로소 수교를 맺게 되었다. 이때 고려에서는 권신 최충헌이 죽고 최우가 정권을 잡은 터였다.[2]

몽골은 고려에 사신을 자주 보내 막대한 공물을 요구했다. 특히 1221년(고종 8) 몽골의 사신 저구유著古與가 피살되자 압박은 더 심해졌다. 몽골은 곧 고려와의 국교를 단절했다. 그런 뒤 7년 만인 1231년(고종 18) 몽골이 고려로 침략해왔다. 테무진은 1227년(고종 14) 서하를 멸망시키고 금을 공략하던 중 육반산六盤山(감숙성甘肅省 공창부鞏昌府)에서 죽고 제3자 오고타이窩闊台가 섰다. 바로 원 태종이다. 그는 1233년(고종 20)에 동진을, 1234년(고종 21)에 금을 차례로 멸망시켰다.[3]

몽골의 태종은 1231년에 살리타撒禮塔를 시켜 철주·귀주·평산 등 평안도·황해도 지역을 공격하고, 그해 말에는 수도 개경을 포위했다. 그리고 군사를 남하시켜 양주·광주·충주·청주 등을 공격했다. 그러나 곧 막대한 공물을 받고는 화의가 이뤄져 1232년(고종 19) 정월에 요동으로 귀환했다. 몽골군이 이처럼 빨리 물러난 데에는 박서朴犀 장군의 귀주대첩 등이 영향을 미쳤다.[4] 그렇지만 몽골은 점령지에 민정 감찰관인 72명의 다루가치達魯花赤를 두었다. 이것이 몽골의 제1차 침입이다. 살리타는 다루가치를 통괄하기 위해 1232년(고종 19) 2월 거란인 도단都旦을 개경에 파견했는데, 주구誅求가 심해 고려가 몽골에 저항하도록 하는 원인을 제공하기도 했다.[5]

강화도 천도와 몽골의 2차 침입

도단의 행패는 갈수록 심해졌다. 그는 수달피 1000장, 고려 왕족·공주·대관 등의 동남·동녀 500명과 공장工匠을 차출하고, 이를 탕감해 달라는 사신 지의심池義深을 막북漠北으로 쫓아버렸다. 접대가 마음에 들지 않으면 고려 관리를 매질해 죽이기까지 했다.[6]

몽골에 대한 고려 정부의 분노는 극에 달했다. 이에 최우는 단안을 내려 몽골과의 국교를 단절하고 도읍을 강화도로 옮겼다. 그러나 왕공 귀족들만 옮겨갈 수 있었을 뿐 백성은 적의 말발굽에 짓밟혔다. 그리하여 천도를 반대하는 주장도 거세졌다. 최우는 개경 주민들을 강제로 강도로 옮기게 하고, 백성에게 산성이나 섬으로 들어가라고 했다. 서북면의 몽골 다루가치들도 잡아 죽였다. 이에 몽골은 제2차 침입을 해왔다. 주장은 역시 살리타였다. 그는 강도 정부에 사신을 보내 출륙할 것을 종용하고, 한편으로는 별동대를 보내 경상도까지 노략질했다. 이때 팔공산 부인사符印寺에 있던 대장경이 불에 탔다. 이후 살리타는 처인성에서 김윤후金允侯에게 사살되었고, 몽골군은 철수했다.[7]

당고의 제3차 침입

몽골은 1233년(고종 20) 동진국을 정벌해 그 수도 남경성南京城(지금의 간도間島 국자가局子街 부근)을 쳐서 포선만노를 생포했다. 그리고 1234년 (고종 21) 금을 공멸해 중원과 만주를 차지하고 송과 고려도 아울러 공격했다. 몽골의 제3차 침입(1235~1239)이다. 주장은 당고唐古였다. 고려를 배반한 홍복원洪福源도 동행했다. 이들은 강도와 교섭하지 않 고 경기와 삼남지역을 유린했다. 1238년(고종 25)에는 황룡사 9층탑 이 불탔다. 그리고 1236년(고종 23)부터 1251년(고종 38)까지 16년에 걸쳐 팔만대장경을 다시 만들었다. 불력佛力을 빌려 적을 퇴치하기 위 함이었다.[8]

그러나 전쟁이 장기화되자 고려 정부는 1238년(고종 25) 12월 장 군 김보정 등을 원에 보내 철군할 것을 요구했다. 이에 몽골은 이듬 해 5월 사신을 보내와 왕이 직접 입조할 것을 요구했으며, 더불어 당 고도 몽골군을 철수시켰다. 몽골군 역시 고려군의 끈질긴 저항에 지 쳐 있던 터였다. 고려에서는 왕의 입조가 전례에 없는 일이라며 받아 들이지 않았다. 최우는 왕의 어머니 유씨의 상중喪中이니 왕 대신 왕 족인 신안공新安公 전佺(현종의 8대손)을 왕의 친동생이라고 속여서 들여보냈다. 그가 몽골 사신과 함께 황제의 조서를 가지고 돌아왔는데, 여기 실린 4개 조항은 다음과 같다.

첫째, 해도海島의 민호는 모두 육지로 나오게 할 것.
둘째, 그 민호의 수를 점검해 보고할 것.
셋째, 도루가禿魯花(인질)를 보낼 것.
넷째, 반몽 행위를 한 관원을 압송할 것.

이에 대해 고려는 왕족 영녕공永寧公 준綧(전의 종형)을 왕의 친동생이라고 속여 귀족 자제 10명과 함께 들여보냈다. 고려와 몽골은 곧 평화를 회복했으며, 얼마 뒤 원은 태종이 죽고 5년 동안 황후 퇴레게네脫列哥那가 수렴청정을 하게 됐던 터라 고려와의 전쟁을 피하고자 했다.

왕자王子의 입조와 4차 침입

1246년(고종 33) 몽골에서는 귀위크貴由가 즉위했다. 그가 바로 몽골의 정종定宗이다. 정종은 1247년(고종 34) 고려가 왕의 친조를 미루고 출륙을 이행하지 않는다면서, 아무간阿毋侃을 보내 제4차 침입을 했다. 이번에는 평안도와 황해도를 유린했다. 그러나 1248년(고종 35) 정종이 죽자 몽골군은 철군했으며, 3년간 황후 우루가이마시斡兀立海迷失가 청정聽政하다가 1251년(고종 38) 몽케蒙哥가 황위에 올랐다. 그가

몽골의 헌종憲宗이다. 헌종도 고려 왕의 친조와 출륙을 요구했다.[9]

에구의 제5차 침입

이에 앞서 고려에서는 1249년(고종 36) 권신 최우가 죽고 최항이 집권하게 되었다. 최항은 출륙을 반대했다. 이에 몽골은 1253년(고종 40) 제5차 침입을 단행했다. 주장은 에구也古였다. 에구는 군사를 보내고 왕의 출륙도 촉구했다. 고려는 몽골군이 철군하면 출륙하겠다고 했고, 몽골군은 거꾸로 출륙하면 철군하겠다고 했다. 몽골군은 평안도·황해도·경기도·강원도를 휩쓸었다. 고려군의 저항도 격렬했다. 충주전투에서 김윤후는 다시 70여 일이나 버텼다. 왕은 드디어 출륙하기로 했다. 대신 제2왕자 창淐을 원에 들여보냈으며 몽골군도 철군했다.[10]

차라타이의 제6차 침입

1254년(고종 41) 7월 몽골은 다시 최항까지 개경으로 출륙하라고 하면서 침입해왔다. 주장은 차라타이였다. 몽골군의 선발대는 경기도·충청도·경상도를 휩쓸었다. 고려는 20만6800명의 사망자를 냈다. 처참함이 극에 달한 전쟁이었다. 이에 맞서 고려군 또한 격렬히 저항하자 몽골군은 철수했다. 고려에서 최항이 출륙을 거부하고 공물도

끊자 1257년(고종 44) 6월 차라타이가 재침입했다. 몽골의 제6차 침입이다. 곧 태자의 입조를 약속받고 철군했지만, 그 후 왕이 태자의 입조를 반대해 또다시 쳐들어왔다.

최씨 정권의 몰락과 강화講和

1257년(고종 44) 권신 최항이 죽고, 그의 첩자인 최의崔竩가 집권했다. 최의는 어리고 탐욕스러워 인심을 크게 잃었다. 이에 대사성 유경柳璥·별장 김인준金仁俊·낭장 임연林衍 등이 야별초夜別抄를 동원해 최의를 죽이고 정권을 왕에게 돌렸다. 이로써 최씨 정권은 4대 60년 만에 막을 내렸다. 한편 유경은 명목상의 수령일 뿐 실권은 무인 김인준과 임연에게 있었다. 비록 최씨 정권은 끝났지만 무인정권은 지속된 셈이다. 정변이 일어나자 차라타이가 또 쳐들어와 왕의 출륙을 요구했다. 부득이하게 그해 5월 왕은 승천부로 나와 몽골군을 영접했다. 그러면서도 왕은 태자의 입조만큼은 반대했다. 이에 차라타이는 개경에 주둔해 강도를 위협하고, 군대를 남쪽으로 보내 각지를 노략질했다. 이때 조휘趙暉와 탁청卓靑이 화주和州(영흥) 이북의 땅을 들어 원에 바쳤다. 원은 이곳에 쌍성총관부雙城摠管府를 두었다.[11]

고려는 1258년(고종 45) 12월 박희실朴希實 등을 원에 보내 출륙할 것과 태자를 입조시킬 것을 약속했다. 이에 몽골군이 철수했다. 태자 전倎이 곧 몽골 황제를 만나러 갔지만 1259년(고종 46) 7월 원의 헌종이 죽어 후계자인 쿠빌라이忽必烈를 만나고 왔다. 이해 6월 고려

고종이 죽어 태자는 돌아왔고 1260년(원종 1) 3월에 즉위했다. 그가 고려 원종元宗이다. 쿠빌라이는 더 이상 고려를 침입하지 않았다.[12]

삼별초의 항거

고려 정부가 출륙하자 삼별초가 반란을 일으켰다. 삼별초란 좌별초 左別抄·우별초右別抄·신의군神義軍을 말하며, 최우가 강화로 천도하기 전에 수도의 치안을 위해 설치한 야별초에서 비롯되었다. 그 후 지방 의 치안을 유지하기 위해 야별초가 늘어나 좌별초와 우별초가 편성 되었다. 그리고 몽골군에게 잡혀갔다가 탈출해온 사람들을 신의군으 로 편성해 삼별초가 구성된 것이다.[13] 이는 최씨 정권의 무력적 기반 이기도 했다.

국왕은 삼별초의 명단을 몽골군에게 넘기고자 했다. 그렇게 되면 몽골군이 삼별초에게 보복할 것이 뻔했다. 이에 삼별초는 왕족 홍화 후弘化侯 온溫을 왕으로 추대하고 반란을 일으켰다. 이들은 근거지를 강화도에서 진도로 옮겼다. 삼별초군은 선박 1000여 척을 거느리고 고관들의 가족을 인질로 잡아 진도를 거쳐 제주도로 들어갔다. 정부 는 김방경金方慶을 대장으로 삼아 몽골의 흔도忻都와 함께 진도를 함 락하고 나아가 1273년(원종 14) 2월 탐라까지 함락했다. 탐라는 뒤에 원의 일본 정벌의 기지로 활용되었다.[14]

[표 1] 쿠빌라이 자손의 혼인관계 표

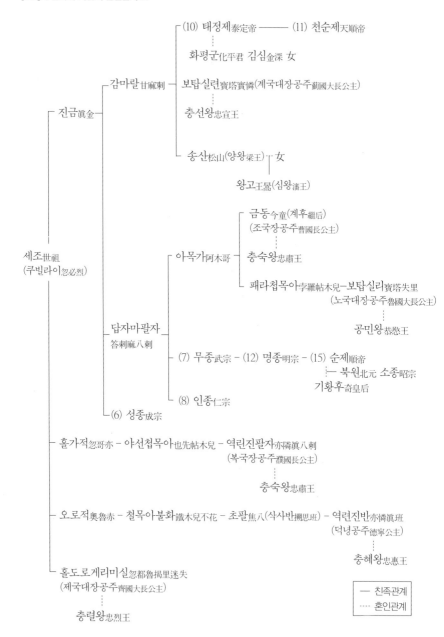

원의 부마국이 된 고려

고려와 원은 30년간의 전쟁을 끝낸 뒤 왕실 간에 혼인관계를 맺었다. 고려가 원의 사위 나라가 된 것이다. 이런 관계는 다른 나라에는 없는 유일한 경우였다. 원은 고려가 30년 동안이나 끈질기게 저항한 데다 문화적 능력도 높이 살 만해 고려를 독립국으로 유지하면서 혼인관계로 유대를 강화하고자 했다. 쿠빌라이는 원의 중신 조양필趙良弼에게 "고려는 작은 나라다. 그런데도 공예工藝가 모두 한인漢人보다 나으며, 특히 유자儒者들은 모두 경전에 통하고, 공자·맹자를 배우고 있다. 그런데 한인은 오직 부賦를 짓고 시를 읊는 데만 힘쓰고 있으니 장차 이들을 무엇에 쓸 것인가?"15라고 했으며, 그런 까닭에 고려와 혼인관계를 맺는 것을 영광이라 여겼다.

그리하여 1274년(원종 15) 5월에 고려는 세자 담諶(충렬왕)을 쿠빌라이의 딸 홀도로게리미실忽都魯揭里迷失에게 장가보냈다. 이러한 고려·원의 혼인관계는 1269년(원종 10) 충렬왕이 제국대장공주齊國大長公主와 약혼했던 때부터 1365년(공민왕 14) 노국대장공주가 죽을 때까지 약 1세기 동안이나 계속되었다. 원의 쿠빌라이 자손의 혼인관계는 [표 1]과 같다.16

고려·원의 혼인관계는 대은 변안열이 공민왕과 혼인한 노국대장공주를 따라 호위무사의 수장으로 귀국했기 때문에 관계가 매우 깊다.17 그러나 부작용도 많았다. 제국대장공주처럼 충렬왕을 무시해 불화가 잦거나 몽골 공주와 고려 왕비 사이에 질투가 심해 긴장을 조성하는 경우도 있었다. 이럴 때마다 원은 고려 내정에 간섭해 멋대로 사안을 처결했다. 한편 몽골 공주가 올 때 많은 수행원을 대동해 문화 교류도 활발했다. 그런데 그들 중 공주의 사속인私屬人인 겁령구怯怜口들의 행패가 심했다. 몽골인 인후印侯(홀라타이), 이슬람교도 장순룡張舜龍(삼가三哥), 중앙아시아의 부상富商 최노성崔老星(탕구스) 등이 그들이다. 왕이 변발을 하고, 궁중 여자들이 몽골 옷을 입었으며, 몽골 풍습이 유행하게 되었다.[18]

고려에는 정동행성征東行省이 설치되어 평상시에는 고려 관리로 채웠으나 비상시에는 몽골인들이 이를 차지해 내정에 간여했다. 관리 외에도 이른바 둔전군屯田軍이란 이름으로 1500명의 군대를 주둔시켜 일본 정벌을 계획하기도 했다. 그 비용은 모두 고려가 부담했다. 그리고 1270년(원종 11)에 원은 서북 지방에 동녕부東寧府를 설치하고, 1273년(원종 14)에 탐라를 원에 직속시켰다가 1294년(충렬왕 20)에 돌려주어 제주로 명명했다. 이에 탐라의 목호牧胡들이 반란을 일으켜 변안열이 최영崔瑩과 함께 토벌한 적이 있었다.[19]

반면 고려인이 원으로 들어가는 경우도 많았다. 유이민流移民·포로·볼모·공녀·환관 등이 그들이다. 변안열의 조부인 변순邊順이 심양으로 옮겨간 것도 몽골인 탈탈脫脫과의 관계 때문이었다. 장기간의 전란 동안 요동과 심양 등지로 흘러들어간 사람이 많았다. 원은 이들을 관리하기 위해 안무고려군민총관부按撫高麗軍民總管府를 두고 홍복원 등을 총관으로 임명했다. 후에 심왕瀋王을 고려 왕족 중에서 임명한 것도 이 지역이 고려 유민과 관계가 있음을 말해준다.[20]

공녀貢女는 기록에 나타난 것만 해도 150명이나 된다. 실제로는 그보다 훨씬 더 많았을 것이다. 그중에는 태정제泰定帝의 황후가 된 화평군化平君 김심金深의 딸과 원 순제順帝의 제2황후가 된 기자오奇子敖의 딸 기황후奇皇后도 포함되어 있었다. 반면 노비로 전락해 저자에서 매매되는 경우도 있었다. 몽골인들에게는 고려 여자가 인기가 있던 터라 황족과 고관들에게는 공녀가 분급되었다. 특히 원 말기(1341~1367)에는 궁중에 시중드는 여자의 태반이 고려 여자였다고 한다. 더욱이 고관대작들은 고려 여자를 얻지 않고서는 명가名家로 행세할 수 없었다고 한다. 한편 공녀로 인한 사회적 폐단 또한 심했다. 이에 가정稼亭 이곡李穀은 간곡한 상소를 올려 공녀제도를 없애달라고 애원하기도 했다.[21]

환관도 많이 바쳤다. 충렬왕 비인 제국대장공주가 원 세조에게 환자 수명을 바친 이후 원에서 환관을 제공할 것을 요구해왔기 때문이다. 몽골족은 본래 환관이 없었으나 중국을 점령하고 나서 환관제도를 답습했다. 궁중에 황제의 여자들이 득실거리는데 심부름하는 남자들을 믿을 수 없어 환관을 두게 된 것이었다. 고려 환관 중에는 출세한 사람이 많아 봉군封君을 받기도 하고, 혹은 본국을 업신여기는 자들도 있었다.[22] 충선왕을 티베트로 귀양가게 한 임백안독고사任伯顔禿古思가 그 대표적인 예다. 환관이 행세하게 되자 혹자는 자식을 일부러 거세해 원으로 들여보내기도 했다.[23]

원은 종교에 대해서는 관용적이었다. 그리하여 불교 승려들이 원에 자주 왕래했으며, 유학자도 많이 오갔다. 충선왕은 상왕上王으로서 원도元都에 머물면서 그곳에 만권당萬卷堂을 짓고 요수姚燧·염복閻復·조맹부趙孟頫 등 원나라 학자와 이제현李齊賢 같은 고려 학자들을 불러 경사經史를 토론하게 했다. 그리하여 성리학이 원나라로부터 들어오게 되었다. 또한 안진安震·최해崔瀣·안축安軸·조염趙廉·이곡·신예辛裔·이승경李承慶·이인복李仁復·안보安輔·윤안지尹安之·이색·이천李蒨·백미견白彌堅·빈우광賓于光 등이 원의 회시會試에 급제했다.[24] 이 가운데 일부는 원의 하급 관리를 지내기도 했다. 이들은 원의 세계 문화를 전파하는 선구자 역할을 했다.

일본 정벌

원 세조 쿠빌라이는 고려와 강화를 맺으면서부터 이를 일본 정벌에 이용할 생각을 품고 있었다. 1266년(원종 7) 원이 사절을 파견해 고려가 일본 원정에 길잡이가 되어줄 것을 요구했다. 일본 정벌에 드는 비용이 부담돼 원과 단교하자는 의견도 있었다. 결국 협조는 하되 소극적으로 저항하는 방향으로 가닥을 잡았다.[25]

원은 일본에 여섯 차례나 사신을 보내 항복할 것을 요구했다. 그러나 일본 가마쿠라 막부鎌倉幕府는 원의 요구를 받아들이지 않고 강경하게 버텼다. 이에 원은 일본 정벌을 단행했는데, 고려에 막대한 양의 함선과 군량, 군사를 마련하도록 강요했다. 고려는 희생을 무릅쓰고 그 요구를 들어주지 않을 수 없었다. 낮에는 병선을 만들고 저녁에는 불태우는 소극적인 저항을 했을 뿐이다. 원정군은 1274년(원종 15) 6월에 떠나기로 했다. 그러나 원종이 죽어 10월에야 출발할 수 있었다. 원의 주장主將은 흔도와 홍복원의 아들 홍다구洪茶口였고, 고려의 주장은 김방경이었다. 합포合浦(지금의 창원시 마산합포구)를 출발한 원정군은 대마도와 일기도—岐島를 점령하고, 일본 본토를 공격했다. 그러나 공교롭게도 태풍이 불어닥쳐 실패로 끝났다.[26]

1차 원정에 실패했지만 원 세조는 포기하지 않았다. 그는 1279년(충렬왕 5) 남송을 멸망시키고 또다시 일본 원정을 강행했다. 일본에서도 사신의 목을 베는 등 강경한 자세로 버텼다. 고려도 홍다구의 발호를 견제하기 위해 좀더 적극적으로 가담했다. 1281년(충렬왕 7) 합포를 출발한 여·몽연합군은 일기도에서 10만의 송나라 강남군江南軍과 합류하기로 했지만 강남군이 늦게 오는 바람에 또다시 태풍을 만나 실패하고 말았다. 원 세조는 두 차례나 일을 그르쳤는데도 원정에 대한 미련을 버리지 못했다. 그러던 중 1294년(충렬왕 20)에 쿠빌라이가 죽어 그의 원정은 실패로 끝나고 말았다.[27]

원은 일본을 정벌하기 위해 정동행성을 설치했다. 정동행성의 수장인 승상은 고려 왕이었다. 그렇게 함으로써 고려를 원 제국의 행성行省의 지위로 격하시켜 고려를 직할할 수 있었던 것이지만, 정동행성이 고려를 통치하는 기관이라고 볼 수는 없다. 이에 원이 고려에 간섭할 일이 있으면 사신을 파견해 직접 처리했다. 다만 정동행성이 부원배附元輩들의 권력투쟁에 이용되기도 했다. 1299년(충렬왕 25)에 일어난 한희유韓希愈의 반란이 그것이다. 이 사건을 빌미로 원에서는 그동안 비어 있던 정동행성 평장정사平章政事에 활리길사闊里吉思, 우승右丞에 야율희일耶律希逸을 임명해 충선왕의 개혁을 무위로 돌려놓았다. 그러나 이것은 예외에 속하는 일일 뿐이다.[28]

원의 쇠퇴와 명의 흥기

원의 마지막 황제 순제가 음탕하고 놀기를 좋아해 나라가 약해지자 원나라 사방에서 반란이 일어났다. 태주台州(절강성)의 방국진方國珍, 호주濠州(안휘성安徽省 봉양부鳳陽府 임회任淮)의 곽자흥郭子興, 고우高郵(강소성江蘇省 양주부 고우주高郵州)의 장사성張士誠 등이 그들이다. 이에 1354년(공민왕 3) 9월 원은 고려에 조정군助征軍을 요구해왔고 탈탈이 원정군을 조직해 장사성을 공격했다. 처음에 성과를 거두었던 이들은 탈탈이 참소를 입어 쫓겨나고 태불화泰不花가 대신 오자 패전하고 말았다. 탈탈은 1268년(원종 9)에 일본 정벌을 준비하기 위해 고려에 사신으로 와 12월에 귀국할 때 변안열의 할아버지 변순을 데리고 간 탈타아脫朶兒임이 확실하다. 변순은 그 길로 심양에 가서 천호후에 봉작되어 살다가 1309년(충선왕 1)에 죽었다.[29]

원의 남정군南征軍의 실패를 보고 고려의 장상들은 원의 쇠퇴를 공민왕에게 보고했다. 이에 공민왕은 반원 개혁을 단행했다. 공민왕은 일찍이 원에 머물러 있다가 노국대장공주와 혼인해 충정왕의 뒤를 이어 왕위에 올랐다. 변안열은 이러한 공민왕을 따라 호위군의 수장으로 고려에 들어왔던 것이다.[30]

공민왕 초기에는 홍건적紅巾賊이 두 차례나 고려에 쳐들어왔다. 홍건적은 하북성河北省 영평永平에서 한상동韓山童·유복통劉福通 등이 일으킨 유적流賊으로, 원군元軍의 반격을 받아 그중 일부가 1359년(공민왕 8) 12월에 고려로 쳐들어온 것이다. 이에 경천흥慶千興·이인임 등이 반격을 가해 압록강 밖으로 쫓아냈다. 홍건적은 그러나 사유沙劉·관선생關先生 등을 앞장세워 10만의 무리를 이끌고 제2차 침입을 해왔다. 고려에서는 다시 안우安祐·최영·변안열邊安烈 등으로 하여금 20만 대군을 이끌고 가서 격파하게 했다.[31]

홍건적이 침입한 이후에 곽자흥의 부하였던 주원장朱元璋이 1364년(공민왕 13) 정월에 독립해 오왕吳王을 칭하더니, 1367년(공민왕 16) 장사성·방국진을 평정하고, 1368년(공민왕 17) 정월 17일에 명나라 황제로 등극했다. 명의 북정군北征軍은 이해 8월 2일 대도大都(북경北京)를 함락했고, 고려는 즉시 사신을 보내 명과 통교했다. 명도 즉시 국서를 보내 공민왕을 고려 왕으로 공인하고, 금인金印·고문誥文·대통력大統曆을 보냈다.[32]

공민왕의 친명·반원정책

원이 약해져 북쪽으로 달아나 북원北元이 되고 명이 중원을 차지하자 공민왕은 친명반원정책을 폈다. 제1차 개혁은 1352년(공민왕 1)에 실시되었다. 원나라 복제服制인 호복과 변발을 폐지하고, 무신들의 정방政房을 없앴으며, 고리대를 완화하고 가혹한 형벌을 줄였다. 개혁을 지지한 이들은 이제현·명덕태후明德太后·홍언박洪彦博 등이었고, 배전裵佺을 비롯한 반대파는 숙청되었다. 개혁에 대한 반발은 거세게 일었다. 더구나 그해 9월 조일신趙日新이 난을 일으키자 개혁은 중단되고 말았다. 원의 영향력은 여전했으며, 귀족들의 반발 또한 만만치 않았던 것이다.[33]

제2차 개혁은 1356년(공민왕 5) 5월에 실시되었다. 우선 원의 연호인 지정至正을 폐지하고, 원의 압력에 의해 바꾸었던 관제도 복구했으며, 기황후의 오빠 기철奇轍을 비롯한 친원파를 숙청했다. 그리고 원의 간섭 기관인 정동행성이문소를 혁파하고, 유인우柳仁雨를 보내 원나라에 빼앗겼던 쌍성총관부를 수복했다. 이 일들에는 당시 그곳의 천호千戶였던 이자춘李子春(이성계의 아버지)의 도움이 컸다.[34]

그러나 1359년(공민왕 8) 12월과 1361년(공민왕 10) 10월 홍건적이 쳐들어와 국토가 초토화되자 반원정책은 무산되고 원래대로 돌아갔다. 그러던 중 1362년(공민왕 11) 12월 밀직제학 백문보白文寶가 개혁 상소를 올리자 3차 개혁이 실시되었다. 이때의 개혁은 거의 민생에 관한 것이었다. 무장 세력을 견제하고 싶었지만 마침 최유崔濡가 덕흥군德興君을 옹립고자 쳐들어오고, 김용金鏞이 흥왕사興王寺의 난을 일으켜 뜻을 이루지 못했다.[35] 1365년(공민왕 14) 5월 신돈辛旽을 기용해 제4차 개혁을 실시했다. 귀족들과 무관한 신돈을 기용함으로써 기득권자들을 처단하고 토지와 노비를 원주인에게 돌려줄 수 있었다. 신돈은 처음에 전민변정도감田民辨正都監을 설치해 일을 공정하게 처리함으로써 성인이 나타났다는 칭송을 받기도 했다. 그러나 차차 물욕에 사로잡혀 부정과 비리를 많이 저지르자 공민왕은 1370년(공민왕 19) 10월에 친정親政을 선언했다. 공민왕은 또한 왕권을 강화하기 위해 무장 세력을 누르고, 의용좌·우위군義勇左右軍을 설치했다. 여기에는 양가 자제 2만6000명을 8위衛에 충원시켜 윤번으로 숙위宿衛하게 했다.[36] 공민왕은 1373년(공민왕 22) 8월 의흥좌·우군을 설치해 문하평리門下評理 유연柳淵에게 좌군을, 밀직사 변안열邊安烈에게 우군을 지휘

하게 했다.[37] 강력한 상비군으로서의 공병公兵이 창설된 것이다.[38]

1371년(공민왕 20)에는 5차 개혁이 실시되었다. 왜구의 침입이 심해지자 이를 막는 과정에서 무장 세력이 커졌다. 공민왕은 이들을 견제하고 자식이 없는 것을 해결하기 위해 자제위子弟衛를 설치했다. 그러나 1374년(공민왕 23) 9월 공민왕이 최만생崔萬生·홍윤洪倫 등 자제위에게 시해되어 개혁은 끝나고 말았다.[39]

이 사건은 독타불화篤朶不花(=탈탈脫脫, 탈탈불화脫脫不花)의 세력과 무관하지 않은 듯하다. 독타불화는 심양왕瀋陽王 고暠의 손자로 심양왕을 세습해 원에 살고 있었는데, 사람들 입에 왕위 계승자로 자주 오르내렸다. 공민왕이 반원정책을 쓰자 이를 못마땅하게 여긴 원이 공민왕을 폐하고 독타불화를 세우려 했다. 일찍이 1362년(공민왕 11)에도 기황후가 공민왕 대신 고려 왕으로 영입하려 했으나 사양하는 바람에 덕흥군을 세우려다 실패한 일이 있으며, 1369년(공민왕 18) 5월 고려가 북원과 국교를 단절했을 때도 그를 고려 왕으로 삼으려 한 바 있었다. 그뿐만이 아니었다. 1373년(공민왕 22) 2월 원이 다시 독타불화를 영입하려 하자 그 밀명을 띠고 오는 원의 사신 파도첩목아波都帖木兒를 국경에서 죽이려 한 일도 있었다. 공민왕이 죽기 10일 전에도 북원에서 온 호승胡僧이 친원파 강순룡康舜龍에게 원이 심양왕의 손자를 고려 왕으로 삼으려 한다고 말했는데, 이 일로 호승과 강순룡 등이 옥에 갇힌 적이 있었다. 이로 미루어보아 공민왕의 죽음이 이들 세력과 일정하게 얽혀 있음을 알 수 있다. 홍윤·최만생을 뒤에서 조종한 세력이 혹 이들인지도 모른다.[40]

명사明使 채빈蔡斌의 암살 사건도 친원파의 독타불화 영입 의도와 무관하지 않다. 채빈을 죽인 김의金義는 본래 몽골 사람으로 귀화해 밀직부사密直副使에 올랐다. 이때 마침 호송관이 되어 명의 사신 일행을 데리고 압록 강가에 도달해 두 달 동안이나 머물면서 반反공민왕파의 사주를 받아 압록강 건너 개주점開州店(지금의 봉황성鳳凰城)에 도착해 채빈을 죽이고 북원으로 달아났다. 그렇게 함으로써 고려와 명의 관계를 파탄내려는 의도였다.[41]

또 다른 기록도 있다. 찬성사 안사기安師琦가 이인임의 사주를 받아 김의를 선동해 채빈을 죽였다는 것이다. 그리고 여세를 몰아 독타불화를 영입하려 했다고 한다. 안사기의 음모는 북원에서 귀국한 판사 박사경朴思敬에 의해 폭로되었다. 이인임도 명덕태후의 강력한 요구로 안사기를 하옥시켰지만 도망가다가 자살했다. 안사기는 본래 친원파로서 공민왕이 암살된 후 독타불화를 영입하려던 파에 속해 있었다. 이인임이 우왕을 추대하고 원·명 간에 양다리 외교를 추구하자 친원파들은 김의에게 공민왕의 시해 사실을 알리는 한편, 명사를 죽여 명과의 외교관계를 단절하고 북원과 국교를 회복해 독타불화를 영입하려 한 것이었다.[42]

친원파와 친명파

공민왕이 시해당하자 중립파인 이인임이 강녕대군江寧大君 모니노牟尼奴를 즉위시켰다. 그가 우왕禑王이다. 외교 정책 또한 원·명 간에 양다리를 걸쳤다. 이에 친원파는 김의를 시켜 명의 사신을 죽임으로써 대명관계를 경색시키려 했다. 고려는 명나라에 전왕의 시호와 신왕의 승습承襲을 요구했다. 그러나 명나라는 명사 살해 사건을 이유로 고려 사신의 입국을 거부했다. 이에 이인임은 북원과의 관계를 회복시켰다. 북원이 사신을 파견하려 하자 박상충朴尙衷·정도전鄭道傳 등의 친명파가 극력 반대하고 나섰다. 명은 제주에 말 2000필을 바치라고 했는데, 1년이 지나도록 말 300필밖에 보내지 않는다며 불평했다. 제주도 목호들이 반발하자 고려는 최영·변안열邊安烈 등에게 전함 314척, 군사 2만5605명을 보내 목호의 난을 평정했다.43

명은 고려 사신을 감금하거나 과도한 공물을 요구했다. 5년 9개월 동안 사신을 열여덟 차례 파견했고, 구금된 사신은 네 차례에 걸쳐 수십 명에 달했으며, 요동에서 저지되어 명에 들어가지 못한 것만 해도 여덟 번이나 되었다. 그래도 고려는 참고 응했다. 명이 고려를 경계한 것은 몽골의 나하추納哈出 정벌에 만전을 기하기 위해서였다. 마필馬匹을 내놓으라거나 사신을 육지로 오지 못하게 할 뿐만 아니라 처녀·수재秀才·환관까지 요구했다. 이에 최영과 같은 무장은 이럴 바에야 명과의 일전을 불사해야 한다며 분개했다. 그런데 1387년(우왕 13) 12월 명은 철령 이북에 이른바 철령위鐵嶺衛를 설치하겠다고 통보해 왔다. 고려의 여론은 일전불사로 치달았다. 그리하여 1388년(우왕 14)에 우왕은 최영을 팔도도통사, 조민수를 좌군도통사, 이성계를 우군도통사를 삼아 요동 정벌을 감행했다. 그러나 위화도 회군威化島回軍으로 친명파 세상이 되었다.44

위화도 회군 威化島回軍

1388년(우왕 14) 명이 안변에서 회양까지 이르는 70여 리에 걸쳐 철령위를 설치한다고 통보해왔다. 고려에서는 박의중朴宜中을 보내 그 땅이 본래 고려 것이라고 주장하며 다시 조림趙琳을 보냈지만 입국을 거절당했다. 이에 최영 등은 명 사신 21명 중 5명을 억류하고 나머지는 죽인 뒤 요동 정벌을 결의했다. 이성계는 이른바 4불가론四不可論을 들어 요동 정벌을 반대했다.45

첫째, 작은 나라로서 큰 나라를 거역하는 것은 불가하다.
둘째, 여름철에 군사를 동원하는 것은 불가하다.
셋째, 나라를 들어 원정하는 것은 왜구가 그 틈을 타 침입할 것이기 때문에 불가하다.
넷째, 지금 바야흐로 덥고 장마가 져 활의 아교가 녹고 대군이 질병에 걸릴 것이니 불가하다.

이에 최영과 우왕은 강경한 입장을 취했다. 우왕은 최영을 팔도도통사, 조민수를 좌군도통사, 이성계를 우군도통사로 삼아 군사 3만 8830명, 짐꾼 1만1634명, 말 2만1682마리를 내어 요동으로 진격했다. 최영은 우왕을 모시고 평양에서 진격을 독려하며, 좌·우군은 위화도에 주둔했다가 요동으로 진격하려 했다. 그러나 장마가 심해 도망병이 속출하고 요동으로 진격하기 어려웠다. 이성계는 조민수를 설득해 회군하기로 했다.46 최영이 인질로 잡아두었던 이성계의 가족들

도 탈출했다.[47]

최영은 개경으로 후퇴했다. 최영은 군사를 징발해 막아보려 했으나 화원花園에서 체포되어 고봉현高峯縣에서 합포로, 이어 충주로 귀양 갔다가 죽임을 당했다. 우왕은 이성계와 조민수에 대해서는 왕명을 거역한 죄를 물어 관직을 박탈했다. 아울러 이성계와 조민수를 베는 사람에게는 큰 상을 내리겠다는 방을 붙이기도 했다. 그러나 우왕은 강화로 귀양갔으며, 여흥을 거쳐 강릉으로 유배되었다가 죽임을 당했다. 그리고 이색이 문하시중門下侍中, 이성계가 좌시중, 조민수가 우시중에 임명됐다. 조정에서는 친명 노선을 표방하고, 호복을 금지하며, 명의 연호를 썼다.[48]

우왕의 후계로는 이색과 조민수의 주장으로 우왕의 아들 창왕이 섰다. 이는 이성계 일파에게는 마음에 들지 않는 일이었다. 이성계 등은 왕씨 중에서 새로 왕을 골라 세우고자 했었다. 그런 마당에 1389년(창왕 1) 김저金佇의 난이 일어났다. 전 대호군 김저와 전 부령副令 정득후鄭得厚가 여흥에 가서 우왕을 만나 곽충보郭忠輔를 시켜 이성계를 암살한다는 음모였다. 그 배후에는 변안열邊安烈 등이 있다고 해 이성계에 의해 숙청되었다. 또한 이성계 일파는 우·창왕이 왕씨가 아니고 신씨이기 때문에 가짜를 버리고 진짜를 세워야 한다는 폐가입진론廢假立眞論을 주장해 창왕을 내쫓았다. 그들은 창왕 대신 신종神宗의 7대손인 왕요王瑤를 세워 공양왕으로 삼았다. 이성계는 수문하시중으로서 도총중외제군사都摠中外諸軍事가 되어 정권과 병권을 장악했다.[49]

한편 이성계는 1390년(공양왕 2) 영삼사사로 경제권까지 장악하고,

그해 5월 윤이尹彝·이초李初의 무고 사건이 일어나 이색·우현보禹玄寶 등 이성계 반대파들이 하옥되었다가 석방되었다. 이것은 이성계파의 정권 장악을 위한 무옥誣獄이었을 가능성이 높다.[50]

사전개혁私田改革

위화도 회군으로 정권을 차지한 이성계 일파는 가장 먼저 사전개혁을 실시했다. 사전私田이란 관리들이 스스로 세금을 거두는 수조지收租地와 불법으로 차지한 개인 수조지를 말한다.

권문세족들은 권력을 남용해 여러 방법으로 남의 땅을 빼앗아 대토지 소유자가 되었으며, 이를 경작하기 위해 많은 양민을 노비로 삼았다. 따라서 세수는 감소하고 노동력은 고갈되어 국가 재정이 파탄에 이르렀다. 이 때문에 새로 관료가 된 신흥 사대부들은 녹봉조차 받을 수 없었으며, 신흥 무장들은 군사비를 조달할 수 없었다. 이는 국가를 위기로 몰아넣는 것이었다.[51]

이에 위화도 회군을 한 지 한 달 뒤인 1388년(우왕 14) 7월 이성계의 측근 경제관료인 조준趙浚이 사전개혁을 주장하고 나섰다. 그리하여 그해 8월에는 사전의 세금을 국가가 직접 받아들이게 하고, 1390년(공양왕 2) 9월에는 기존의 토지문서를 불태운 다음 1391년(공양왕 3) 5월에 과전법科田法을 실시했다.[52]

과전법은 토지 소유권에 관한 법이 아니라 수조권收租權에 관한 법일 뿐이었다. 이에 도당都堂(도평의사사)에서는 사전개혁에 대한 여론

조사를 실시했다. 전체 53명 중 이성계 등 18인이 찬성했고, 정몽주는 중립, 이색 등 34명은 반대 의견을 내놓았다. 반대하는 쪽이 절대다수였으며, 지금까지 이성계 일파에 협력해오던 정몽주가 다른 목소리를 내기 시작했다.[53]

원래 관리들에게는 녹봉만 주면 그만이었다. 그러나 고대 봉건제의 유제遺制로서 관리들에게 녹봉 외에 봉토를 주는 대신 과도적으로 수조권을 지급한 것이다. 세신世臣(대대로 내려오는 신하)을 부양하기 위한 귀족적인 유제였다. 따라서 중앙집권적 관료 체제가 확립되면 수조지는 감소하거나 소멸되게 마련이었다. 고려의 수조지 분급제도인 전시과田柴科가 개정될 때마다 지급 범위나 지급액이 줄어들다가 과전법·직전법職田法·관수관급제官收官給制를 거쳐 조선 명종조에는 왕자 과전을 제외하고 모두 없애버리게 된 것도 그런 이유에서다. 그런데 국가의 관리가 소홀해진 틈을 타 관리들이 수조지를 사유화하는 경향이 나타나 전시과는 껍데기만 남게 되었다. 따라서 국가 경제를 일으키려면 사전개혁은 필수였다.[54]

과전법에는 몇 가지 원칙이 있었다.

첫째, 사전경기의 원칙이다. 과거에는 수조지가 지방에 산재되어 있었는데 이를 경기도에 집중시킨 것이다. 이에 경기도를 넓혀 좌·우도로 나누었다. 한편 군전軍田이나 일부 유역전有役田은 지방에 그대로 두었다. 여기서 말하는 군전은 고려의 군인전軍人田과는 다르다. 군전은 기왕에 국가로부터 받은 토지의 양에 따라 5~10결結만 남겨 군전으로 삼고 나머지는 몰수했던 것이다. 그러므로 군전은 과전법을 실시할 때 한 번 지급되었을 뿐 다시 지급되지 않았다. 다만 군전을 받은 사람은 서울에 올라와 숙위 근무를 해야만 했다. 이것은 군사를 튼튼히 하고, 불평 세력을 감시할 수 있는 일석이조의 효과를 거두었다. 한편 향리의 외역전外役田도 국용전國用田으로 바뀌었다.

둘째, 진고체수법陳告遞受法의 원칙이다. 불법으로 차지하고 있는 수조지를 고발하는 사람에게 주는 제도다. 그러나 이것은 사람이 죽기를 기다렸다가 죽자마자 고발하는 이들이 생겨나 유교적 인도주의에 어긋난다고 해 신고자를 친척으로 제한하거나 호조에서 직접 거두어들여 재분배하는 것으로 바뀌었다. 수조지를 늘리지 않으려는 궁색한 방법이었다.

셋째, 수조액은 십일조(10분의 1조), 전세田稅는 전조田租의 15분의 1이었다.

넷째, 서리胥吏·공상천례工商賤隸·천인에게는 수조지를 지급하지 않았다. 향리·지장紙匠 등에게도 1445년부터는 수조지를 지급하지 않았다.

다섯째, 병작반수竝作半收를 금지했다. 농민을 수조지에 긴박시키고, 권력자들의 토지 겸병을 막기 위해서였다. 그러나 세종조부터 토지의 매매·전당·환퇴還退가 일반화되고 병작반수도 유행했다.

공양왕은 1390년(공양왕 2) 9월 토지 분급에 관한 공·사 전적을 시가에서 불태웠다. 이때 공양왕은 눈물을 흘리면서 "조종의 전법이 과인의 대에 와서 없어진다"며 한탄했다고 한다. 그리고 이듬해인 1391년(공양왕 3) 5월에 과전법이 실시되었다.

과전법은 구귀족의 수조권을 몰수해 이성계를 비롯한 신귀족에게 재분배한 것이었다. 또한 불법으로 차지한 사전을 국가로 환원해 국가 재정을 튼튼히 하고자 한 것이다. 여기에는 병작반수·매점買占 등을 방지해 농민을 보호하고 토지에 긴박시키고자 하는 의도가 들어 있었다.[55]

신흥 사대부의 성장

고려 말에 이르러 신흥 사대부들은 신흥 무장들과 힘을 합쳐 권문세족의 기득권에 도전해 개혁정치를 펼쳤다. 그러면 신흥 사대부란 어떤 계층이며 역사적으로 어떤 역할을 했는가?

사대부는 송나라 때 평민과 구별되는 문관 관료와 포의布衣의 사士를 포함하는 계층을 뜻한다. 사대부는 송대 강남농법의 개발로 새로 등장한 중소 지주층으로 구귀족을 물리치고 새로운 집권층이 되었다는 점에서 역사적 개념이다. 이들은 주자학을 이론 무기로 삼았었다. 집권층이 불교와 습합되어 있는 당나라의 권문세족들이 주자학을 바탕으로 하는 사대부로 교체된 것이다.[56]

그러면 주자학은 고려에 언제 전래되었는가? 14세기 초에 고려는 원에 복속되어 있었다. 그곳에서 유행하던 주자학은 자연스레 이런저런 통로를 거쳐 고려에 흘러들어왔다. 주자학은 안향安珦과 백이정白頤正이 먼저 도입했다고 한다. 안향은 국학國學을 일으키고 섬학전贍學田이라는 장학재단을 설립해 그 돈의 일부로 충선왕을 따라 원나라에 갔을 때 주자서를 도입해왔다고 한다. 그 공로로 안향은 1319년(충숙왕 6)에 문묘文廟에 종사되었다. 그리고 백이정은 1314년(충숙왕 1)

원에서 10년 동안 주자학을 배워와서 이제현·박충좌朴忠佐 등에게 가르쳤다고 한다. 안향이 주자학을 연구·보급할 환경을 만들어주었다면 백이정은 이를 직접 연구하고 이해했던 것이다. 그러나 어떤 외래 사상이 특정한 개인에 의해 전래되었다고 하기는 어렵다. 사회적인 요구에 의해 도입되었다고 봐야 할 것이다.[57]

안향·백이정에 의해 들어온 주자학은 신흥 사대부 사이에 급속도로 보급되었다. 고려 말 주자학 보급 과정은 다음의 3단계로 나누어 볼 수 있다.

제1기 도입기

안향·백이정·이곡·권부權溥·이진李瑱·안축·이제현·박충좌·권한공權漢功·우탁禹倬·조간趙簡 등 초기 주자학자들에 의해 국학이 부흥하고, 중국으로부터 문묘제기祭器와 주자서가 도입된 시기다. 또한 안향이 따로 박사 김문정金文鼎 등을 중국에 보내 공자와 그의 70제자 상像 및 제기·경서 등을 사오게 하고, 1314년(충숙왕 1) 6월 성균관에서 박사 유연柳衍과 학유學諭 유적兪迪을 강남에 보내 경서와 기타 서적 1만800권을 구입해오기도 했다. 뿐만 아니라 원의 인종이 송나라 비각도서祕閣圖書 4701책을 고려에 주었다고 한다. 이렇게 들여온 주자서들은 성균관에서 권부·이진·권한공·조간·안우기安于器 등에 의해 정리·연구되었다. 이제현은 이진의 아들이요 권부의 외손이며, 백이정의 제자로서 일찍이 원나라 만권당에 들어가 요수·염복·원명선元明善·조맹부 등의 석학들과 교류했다.

제2기 이해기

이색·정몽주·박상충·이숭인李崇仁·박의중·김구용金九容 등이 성균관을 중심으로 활약하던 시기다. 이 가운데 이색은 이곡의 아들이요, 이제현의 제자로서 그의 아버지 이곡과 함께 원의 제과制科에 급제해 그곳에서 벼슬까지 지냈다. 이에 그는 주자학을 깊이 연구해 돌아와 성균관에 4서5경재四書五經齋를 두고 주자학을 진흥시킬 수 있었다. 1367년(공민왕 16)에는 신돈의 도움으로 숭문관崇文館 구지舊址에 성균관을 중창하고 판개성부사로서 성균관 대사성을 겸임해 교육에 전념했다. 그러자 학생들이 많이 모여들어 주자학이 번창했고, 신흥 사대부 세력이 강화되었다. 이들이 정계에 많이 진출하자 불교를 근본적으로 공격한 것은 아니지만 그 부패와 타락을 신랄하게 비판하기 시작했다.

제3기 대불투쟁기

정도전·조인옥趙仁沃·김자수金子粹·김초金貂·박초朴礎 등이 불교를 본격적으로 공격한 시기다. 조인옥은 사원의 토지와 노비를 국가에서 통제하고, 마음대로 승니僧尼가 되는 것을 금지하며, 승려가 민가에서 자면 간음한 것으로 간주하고, 부녀자가 절에 가면 실절失節한 것으로 인정하자고 주장했다. 정도전도 사원의 토지와 노비를 국가에서 몰수하고, 일체의 음사陰祀는 금해야 한다고 했으며, 김초 또한 승려를 환속시켜 군사에 충당하고, 사사寺社의 노비는 국가에서 몰수해야 하며, 중이 되려는 자는 죽여야 한다고 주장했다. 박초는 불교가 인륜을 저버린 백해무익한 종교이니 승려는 군인을 만들고 불서佛

書는 불태워야 하며, 사원의 토지와 노비는 국가에서 몰수해 국용國
用에 보태게 하고, 불상은 녹여서 군기軍器를 만들어야 한다고 주장했
다.[58] 적극적인 척불 상소들이다. 이는 지배 사상을 불교에서 주자학
으로 바꾸려는 것이었다.

사대부의 연원은 무신정권 시대로 소급된다. 무신들이 문신을 쫓
아내고 집권했으나 문한文翰과 행정이 없어서는 안 되었기 때문에 문
文·이吏에 능한 능문능리能文能吏를 뽑았다. 그리하여 새로운 문리층이
대두되었다. 이들은 권문세족과 싸우기 위해 주자학을 공부했다. 이
들이 위의 3단계를 거쳐 주자학을 새로운 이념으로 삼는 국가를 세
우고자 했다. 때마침 홍건적·왜구 토벌로 세력을 얻은 신흥 무관들
과 손을 잡을 기회가 생겨 권문세족 세력을 무너뜨린 것이다. 이 일
에 성공하자 고려는 망하고 신왕조인 조선이 들어섰다.

신흥 무장 세력의 성장

고려 말에는 홍건적·왜구의 침입으로 이를 막는 과정에서 무장 세력
이 성장했다. 최영·이성계·변안열邊安烈·안우·지용기池湧奇·지용수池龍
壽·정세운鄭世雲·이방실李芳實·김득배金得培·김용 등이 그들이다.

이중 홍건적은 한족 가운데 몽골에 저항하는 백련교白蓮敎 계통의
반란군으로 원나라 군대에게 쫓겨 1359년(공민왕 8)에 고려를 침범했
다. 1359년 제1차 침입 때는 철주를 거쳐 개경을 점령했으나 곧 고려

군에 의해 격퇴되었다. 제2차 침입은 1361년(공민왕 10) 10월에 있었
다. 이때 홍건적이 수도 개경을 점령해 공민왕은 안동으로 피란갔다.
그러나 정세운을 비롯한 안우·이방실·김득배·김용·최영 등에 의해
격퇴되었다.[59]

왜구는 1223년(고종 10)부터 있어왔지만 그때는 그리 성가신 존재
가 아니었다. 충숙왕 때까지 100년 동안 10여 차례 침략하는 데 지
나지 않았기 때문이다. 그러나 1350년(충정왕 2)부터 규모가 커지고,
침입 횟수도 잦아졌다. 일본 국내에서 가마쿠라 막부가 붕괴되고 무
로마치 막부室町幕府가 세워졌던 까닭에 왜구를 통제할 수 없어서였다.
특히 원의 일본 정벌 때 피해를 많이 본 일본 서부지역 섬사람들이
고려와 중국 연안을 노략질했다. 고려도 국력이 약화된 데다 일본과
의 교역을 금지했다.[60]

왜구들은 처음에 고려의 세곡 운반선을 공격했다. 이에 고려는 세
곡을 육로로 운반하게 했다. 그러자 왜구들은 내륙 깊숙이 침입해왔
고, 나아가 민가의 곡식까지 약탈하며 백성을 잡아다 노예로 파는
일도 있었다. 고려 정부는 한편으로 무로마치 막부에 해적을 근절시
켜달라고 청하고, 다른 한편으로는 무력으로 왜구를 소탕했다. 왜구
를 소탕하는 데에는 1377년(우왕 3) 최무선崔茂宣이 발명한 화약으로
부터 큰 효과를 입었다. 화포를 이용해 1389년(창왕 1)에는 박위朴葳
가 왜함 100여 척을 이끌고 대마도 정벌을 감행했으며, 1380년(우왕
6)에는 나세羅世와 심덕부沈德符가 화포를 이용해 왜선 500척을 격파
했다. 여기서 패배한 왜구들은 육지로 달아나 영동·상주 등을 거쳐
남원을 노략질하다가 이성계·변안열 등에게 패배했다.[61]

이처럼 홍건적과 왜구의 침입을 막는 과정에서 무장 세력이 성장했다. 그 신흥 무장 가운데 대표적인 인물이 최영과 이성계다.

최영은 고려 개국공신 최준옹崔俊邕의 후손으로 인종·의종·명종 3조 명신 최유청崔惟淸의 5세손이요, 사헌 규정 최원직崔元直의 아들이다. 최영은 자태가 뛰어나고 천성이 강직해 출장입상出將入相하면서도 청렴결백했다. 그는 왜구를 여러 차례 토벌해 우달치于達赤(사문인司門人)가 되었다가 1352년(공민왕 1) 조일신의 난을 평정해 대호군이 되었으며, 1354년(공민왕 3) 원에 원병으로 파견되어 장사성을 토벌했다. 1362년(공민왕 11)에는 개경에서 홍건적을 몰아낸 공으로 벽상공신壁上功臣이 되었고, 김용의 난을 평정해 진충분의좌명공신盡忠奮義佐命功臣에 책봉되며 찬성사에 올랐다. 여러 번 대공을 세웠으나 토지와 노비를 사양했다. 1364년(공민왕 13)에는 최유의 침입을 물리쳤으며, 1374년(공민왕 23)에는 제주 목호의 난을 평정했다. 1376년(우왕 2) 7월에는 홍산鴻山에 침입한 왜구를 물리쳤다. 이러한 공으로 1384년(우왕 10) 최영은 문하시중에 올랐다. 그 뒤 1388년(우왕 14) 3월에는 그의 딸이 우왕의 영비寧妃로 책봉되고, 팔도도통사로서 요동 정벌을 감행했다. 그러나 위화도 회군으로 이성계 등에 의해 처형되었다.[62]

이성계는 신라 46대 문성왕 때 사공司空이었던 이한李瀚의 후손이요, 고려 무신의 난 때 이의방李義方의 아우 이린李麟의 아들 이양무李陽茂의 5세손이다. 이양무의 아들 이안사李安社는 이성계의 고조인데, 전주 토호로서 농민 반란을 주도하다가 170호 1700명을 이끌고 삼척을 거쳐 덕원으로 달아나 원의 오천호소五千戶所의 수천호首千戶가 되었다. 함경도 지역은 당시 조휘·탁청이 원나라에 투항해 쌍성총관부에 속해 있었고, 이안사의 아들 이행리李行里와 손자 이춘李椿은 덕원 만호가 되었다. 이춘에게는 두 명의 부인이 있었다. 첫째 부인은 밀양 지역에서 이주해온 박광朴光의 딸로 이자흥李子興과 이자춘 두 아들을 두었다. 둘째 부인은 동북면의 실력자 쌍성총관부 총관 조휘의 손녀로서 완자불화完子不花와 나해那海 두 아들을 두었다.[63]

이춘이 죽은 뒤 그의 장남인 이자흥이 아버지의 관직을 계승했으나 일찍 죽고, 이자흥의 동생인 이자춘이 적통을 이어받았다. 그가 바로 이성계의 아버지다. 이자춘 때 전주 이씨 일족에게 절호의 기회가 찾아왔다. 대륙에서 원나라가 약해지고 명나라가 새로이 일어나는 틈을 타 공민왕이 반원정책을 써서 쌍성총관부를 되찾으려 했다. 공민왕은 이자춘을 개경으로 불러 고려의 소부윤 벼슬을 주고, 이 지역을 탈환하는 데 협력해줄 것을 부탁했다. 그리하여 1356년(공민왕 5) 동북면병마사 유인우 등을 시켜 쌍성총관부를 공격하게 하고, 이자춘은 그곳에서 내응했다. 이 공로로 이자춘은 고려의 종2품 영록대부 품계를 받고, 삭방도朔方道 만호 겸 병마사兵馬使가 되었다. 이로써 이성계의 전주 이씨는 다시 조국의 품에 안긴 것이다.[64]

이성계는 특히 무술에 뛰어나 신망이 높았으며, 1360년(공민왕 9) 아버지 이자춘이 죽은 뒤 1361년(공민왕 10) 장작감將作監 판사라는 고려의 벼슬을 받았다. 그해 9月에는 팔로강 만호 박의朴儀가 침입하자 군사 5000명을 이끌고 가서 막아내 통의대부 금오위 상장군 동북면 상만호가 되었다. 11월에는 군사 2000명을 거느리고 홍건적을 격퇴한 뒤 제일 먼저 개경에 입성해 종부시사宗簿寺事를 받고 1등공신이 되었다. 또 이듬해에는 동북면 병마사로서 원나라 장수 나하추를 홍원

洪原에서 격퇴시켰으며, 1364년(공민왕 13)에는 덕흥군을 옹립하려는 최유를 최영과 함께 수주·달천에서 격퇴하고 할아버지 이춘의 외손 삼선三善·삼개三介를 격파해 밀직부사로서 단성양절익대공신端誠亮節翊戴功臣에 책봉되었다. 뿐만 아니라 1369년(공민왕 18)에는 기철의 아들이며 원의 평장사인 기새첩목아奇賽帖木兒를 몰아내고 내친김에 요동지방을 공략해, 1371년(공민왕 20) 동북면 원수元帥 지문하부사·화령 부윤이 되었다.[65]

그러나 그가 실권을 장악하게 된 계기는 1380년(우왕 6)에 있었던 황산대첩荒山大捷이었다. 당시 왜구는 고려가 약해진 틈을 타 각 방향에서 침노해왔다. 침입 횟수도 잦았고 규모도 점점 더 커져 해안뿐 아니라 내륙까지 쳐들어왔다. 이 왜구를 소탕하지 않고는 나라가 망할 지경이었다. 특히 아지발도阿只拔都라는 젊은 왜장을 꺾은 것은 이성계가 역성혁명을 성공시킬 수 있는 기반이 되었다.[66]

이성계는 남쪽의 왜구뿐만 아니라 북쪽의 여진족을 막는 데도 큰 공을 세웠다. 1384년(우왕 10)에는 동북면 도원수로서 이지란李之蘭과 함께 여진 추장 호발도胡拔都를 격퇴하고, 1385년(우왕 11)에는 정원십 자공신定遠十字功臣으로 안변책安邊策을 건의했으며, 수문하시중으로 최영과 함께 임견미·염흥방 등을 주살했다. 이로써 최영과 이성계는 정계의 주축을 이루었다. 최영은 친원파의 대표로서, 이성계는 친명파의 대표로서 위화도 회군 때 정치적으로 대결해 이성계파가 이김으로써 역성혁명이 가능했던 것이다.[67]

고려의 멸망

위화도 회군으로 실권을 잡은 이성계 일파는 정치·경제·군사 개혁을 단행했다. 그러기 위해서는 개혁파 사대부들을 정부 요로에 임명해야 했다. 이성계 일파에 의해 추대된 공양왕은 1389년(공양왕 1) 11월 이색을 판문하부사, 변안열邊安烈을 영삼사사, 심덕부를 문하시중, 이성계를 수문하시중, 왕안덕을 판삼사사, 정몽주·지용기를 문하찬성사, 조준을 지문하부사 겸 대사헌, 정도전을 삼사우사에 임명해 신·구 연립 내각을 구성했다. 이 인사에는 여전히 이색·변안열邊安烈·왕안덕 등 반대파도 포함되어 있었다.[68]

이성계 일파는 사전개혁을 단행하고 반대파 제거에 박차를 가했다. 우왕과 창왕을 귀양지에서 죽이고, 이색·우현보·변안열邊安烈 등 반대파 인사들을 차례로 숙청했다. 반대파는 이색·조민수 등 우왕과 창왕을 옹립한 입우당立禑黨, 이인임 등 창왕을 옹립한 입창당立昌黨, 지용기·박가흥朴可興 등 김종연金宗衍의 모의에 참여한 종연당宗衍黨, 윤이·이초의 당인 이초당彛初黨, 선왕의 얼손孼孫 왕익부王益富를 몰래 길러 반역을 꾀한 익부당益富黨 등 구신 오죄舊臣五罪에 해당되는 사람들이었다.[69]

이처럼 무리한 반대당 숙청을 둘러싸고 반대 의견이 나오지 않을 리 없었다. 그리고 그 중심에는 정몽주가 있었다. 1390년(공양왕 2) 7월 정몽주는 이성계 일파가 이초당을 심하게 공격하자 "이초 무리의 죄가 명백하지 않다"고 하여 이색·권근權近 등을 용서해주도록 했다. 그리하여 이성계파와 결별하게 되었다. 정몽주는 이미 사전개혁에서 중립을 선언함으로써 이성계파의 독주에 제동을 걸었다. 친명파로서는 행동을 같이했지만 이성계 일파가 고려를 전복시키려는 데에는 반대했다. 그리하여 이성계파와 정몽주파가 대립각을 세우게 되었다. 이에 공양왕은 정몽주 편에 의지했다. 1390년(공양왕 2) 11월 김종연 사건으로 물러난 심덕부 대신 이성계가 시중이 되자 공양왕은 정몽주를 수시중에 임명했다. 그러자 이색·우현보·조호趙瑚 등 우창당으로 유배되어 있던 인물들이 정몽주당이 되어 이성계파를 공격하는 사태가 일어났다. 그러다가 1391년(공양왕 3)에 이르러서는 정몽주파가 이성계파를 압도하는 형국이 되었다.[70]

이 때문에 이성계는 한산부원군에 복직된 이색 앞에 꿇어앉아 술을 따르고, 정도전은 대간을 비방한 죄로 형조의 탄핵을 받아 봉화현에 유배되었다가 다시 나주·보주로 이배되었다. 조박趙璞·윤소종尹紹宗·남은南誾 등 이성계파 인사들 역시 유배되었고, 오사충吳思忠은 삭탈관직되었다.

이 기회를 놓치지 않고 문하부 낭사 김진양金震陽은 상소를 올려 조준·정도전 등을 극형에 처하라고 요구했다. 이성계가 사냥을 하다가 다리가 부러진 틈을 탔던 것이다. 그러자 공양왕이 오히려 겁을 내며 정몽주에게 이성계파에 대한 탄압을 그치도록 부탁할 정도였다. 그리고 이성계의 항의로 정도전을 광주廣州로, 조준을 이산泥山으로 가까이 옮기도록 했다. 이어 남재·조박·윤소종·남재·오사충 등도 수원으로 불러들여 국문하도록 했다. 이러한 정보를 접한 이방원李芳遠은 이성계에게 사태의 심각성을 알리고 정몽주를 선죽교에서 격살했다. 아울러 이색·김진양·이확李擴·설장수偰長壽·우현보 등 20여 명의

정몽주 당인도 유배시켰다.[71]

　고립무원이 된 공양왕은 1392년(공양왕 4) 7월에 밀직제학 이방원과 사예 조용趙庸을 불러 이성계와 동맹을 맺도록 해달라고 간청했다. 그러나 이성계는 계속해서 사직하겠다며 버텼다. 그리고 동맹을 맺는 날 우시중 배극렴 등 52인의 이성계파가 공민 왕비 왕대비王大妃의 재가를 얻어 1392년 7월 17일 개경의 수창궁壽昌宮에서 이성계(58세)를 고려권지국사로 추대했다. 이에 고려는 34대 475년 만에 망했다. 공양왕은 폐위되어 간성군杆城郡으로 유배되었다가 죽임을 당했다.[72]

高麗

朝鮮

제2장

邊安烈

선계

大隱

武臣

변품邊品과 변산邊山

변씨가 정사正史에 처음 보이는 것은 『삼국사기』의 변품과 변산이다. 변품에 대해서는 『삼국사기』 권4, 신라본기 진흥왕 40년(618) 조에 "북한산주 군주軍主 변품이 가잠성椵岑城을 도모하기 위해 병사를 내어 백제와 싸웠다. 해론奚論도 종군해 적과 힘껏 싸우다 사망했다"[1]고 했으며, 『삼국사기』 권47, 백제본기 무왕 19년 조에 "신라 장군 변품 등이 가잠성을 쳐들어와 수복했으나 해론이 전사했다"[2] "해론을 금산당주金山幢主로 삼아 한산주 도독都督 변품과 더불어 군사를 일으켜 가잠성을 습격해 취하라고 명했다"[3]라는 기록이 있다. 이로써 볼 때 변품은 『삼국사기』에 세 차례나 나오는 중요한 인물이다. 다만 신라본기에는 북한산주의 군주로, 백제본기에는 신라 장군으로, 해론전에는 한산주 도독으로 나온다. 그런데 『삼국사기』 직관지職官志에 따르면 군주는 문무왕 때 총관摠官으로, 785년(원성왕 1)에 도독으로 개칭되었다. 그러니 당시의 정식 명칭은 북한산주 군주가 맞다. 군주는 관등官等이 급찬級飡(9위) 이상 이찬伊飡(2위) 이하가 맡는 주의 장관으로 사실상 진골이 맡는 자리다. 이것을 보면 변품은 신라의 중앙 귀

족으로 한산주 군주에 임명되어 백제를 치는 데 무공을 세운 인물이라고 할 수 있다.[4]

그리고 변산에 대해서는 『삼국사기』 7권, 신라본기 문무왕 12년 (672) 9월 초에 "왕이 전에 백제가 당나라에 읍소해서 병사를 청해 우리를 침범해 사세가 급박해서 할 수 없이 상주上奏해서 군사를 내어 토벌했다. 이 때문에 당나라에 죄를 얻어 드디어 급찬 원천原川과 나마奈麻 변산 및 소유병선낭장所留兵船郎將 겸이대후鉗耳大侯·내주사마萊州司馬 왕예王藝·본열주本烈州 장사長史 왕익王益·웅주도독부사마熊州都督府司馬 이군禰軍·증산사마曾山司馬 법총法聰과 군사 170인을 보내 표表를 올려 죄를 빌었다"[5]라고 하여, 나마인 변산은 급찬 원천 등과 함께 당나라에 파견되어 사신으로서 외교활동을 한 것으로 기록되어 있다.

그렇다면 변품과 변산은 신라 통일 사업에 참여한 신라의 중앙 귀족 출신이었음을 알 수 있다.[6] 그러나 변품과 변산이 사람 이름인지에 대해서는 연구가 좀더 이뤄져야 할 것이다.

변멸성雊懺性

나말 여초에는 황주黃州의 호족 변멸성이라는 인물이 있었다. 화엄종 고승 균여均如가 그의 아들이다. 균여에 대해서는 『고려대장경高麗大藏經』 보판補版, 치승治丞의 석화엄교분기원통초釋華嚴敎分記圓通鈔에 부록으로 실려 있는 고려귀법사원통수좌균여전高麗歸法寺圓通首座均如傳에 자세히 소개되어 있다. 균여전에 의하면 "수좌首座의 속성俗姓은 변씨요, 이름은 균여다. 아버지는 멸성으로 뜻을 숭상하고, 이름 내기를 싫어했다. 어머니는 점명占命으로 일찍이 917년(정명貞明 3, 신라 경명왕 1) 4월 초7일 밤 꿈에 암수 두 마리의 봉황을 보았는데 모두 황색이었다. 하늘에서 내려와 함께 자기 품으로 들어왔는데 923년(후당後唐 동광同光 원년, 고려 태조 6)에 점명이 나이가 이미 예순이 넘었는데도 임신할 수 있어서 품기를 21순旬이 차서 이해 8월 8일에 선사先師를 황주 북쪽 형악 남쪽 기슭의 사제(둔대엽촌遁臺葉村)에서 낳았다. 지금의 황주 판관判官 전습유前拾遺 이준李晙이 그 북쪽에 옛 집터를 중수해 경천사敬天寺라 불렀는데 그곳이다"[7]라고 하였다. 그는 뱃속에 있은 지 210일, 즉 7개월 만에 낳은 셈이다.

이처럼 황주에는 일찍부터 변씨들이 세거하고 있었다. 적어도 신라 말 고려 초에는 변씨가 황주의 호족으로 활거하고 있었던 것이다. 변품과 변산도 이들과 연결되는지는 알 수 없지만 개연성이 아주 없진 않다. 『세종실록지리지』 황주목에도 촌락성 하나가 있는데, 그것이 변씨로 되어 있다. 이것은 변멸성 이후 황주에 변씨가 계속 세거하고 있음을 뜻한다. 황주가 변씨의 본관지가 되었던 것도 그 때문이리라 짐작된다. 『황주변씨족보』에 의하면 송말에 변씨가 중국에서부터 황주로 이주한 것으로 되어 있으나, 오히려 중국의 변씨를 황주 변씨의 상계에 끌어다 붙인 것이라 할 수 있다.

균여

균여는 923년(태조 6) 8월 8일에 황주 둔대엽촌遁臺葉村에서 태어나 973년(광종 24) 개경 귀법사歸法寺에서 죽었다. 향년 51세였다. 그는 화엄종 수좌, 원통양중대사圓通兩重大師로 귀법사주가 된 고려의 고승이었다. 균여는 『균여전』에 실려 있는 「보현십원가普賢十願歌」의 작자로 유명하다. 「보현십원가」 11수는 『삼국유사』에 실려 있는 향가 14수와 함께 향가문학의 정수다. 그렇더라도 그의 본령은 불교학이라 할 수 있다. 그는 신라 말에 가야산 해인사에 있던 화엄사종 가운데 북악의 법손法孫으로 귀법사 주지로서 60여 권에 달하는 화엄에 관한 저서를 지었다. 특히 향가식으로 기록된 불경을 일반 대중이 읽을 수 있도록 풀어 쓴 공이 컸다.[8]

균여는 또한 불법으로 많은 이적異蹟을 남겼다. 균여는 광종과 깊은 인연이 있었다. 그래서 광종비인 대목왕후大穆王后의 병을 고쳐주기도 하고, 화엄경으로 천재天災를 물리치기도 했다. 그리하여 광종은 균여에게 9배拜의 예를 올리고 대덕大德에 봉한 뒤 가족 10여 명에게 토지 25경頃, 노비 5구씩을 내려 둔대엽촌에서 황주 성내로 옮겨 살게 했다. 그리고 균여가 태어난 곳에는 황주 판관 이준이 구지를 중수해 경천사를 세웠다고 한다.[9]

균여가 고려 초에 황주에 세거했던 점은 확실하다. 그렇지만 변씨가 언제 황주로 이거했는지는 알 수 없다. 균여의 아버지 변멸성은 신라 말에 둔대엽촌에 살다가 광종 때 황주 성내로 옮겨왔다. 그러나 이때는 균여의 직계 가족 10여 명만 옮겨왔다고 되어 있다. 나머지는 과거 거주지에 남아 있었을 것이다.

여하튼 균여의 집안이 만만찮은 지위에 있었던 것만은 분명하다. 변품과 같은 북한산주 군주, 변산과 같은 외교관 등 신라 말의 중앙 귀족을 배출했고, 변멸성은 황주 지방의 토호로서 균여와 같은 고승을 배출한 것이다. 균여뿐만이 아니었다. 균여의 누이 수명秀明도 불경에 능통했으며, 균여의 당형堂兄 선균善均도 승려였던 것을 보면 불교에 조예가 깊은 집안임을 알 수 있다. 나말 여초에 불법을 닦을 만한 가문이라면 토호나 중앙 관료 가문쯤은 되었을 것이다. 그리고 황주는 신라의 취성현으로 신라의 전진 기지인 패강진과 가까워 왕건王建 등의 패서호족浿西豪族들과도 연계가 있는 지역이다. 균여가 왕건의 복전福田인 희랑공希朗公 법문의 북악 법손이었던 것도 그 때문이었을 것이다.[10]

황주 변씨의 시조 변여邊呂

황주 변씨가 본격적으로 활동하기 시작한 것은 고종조의 변여부터다. 변여에 관한 기록은 『세종실록지리지』와 『동국여지승람』에 나온다. 이들 기록에 따르면 변여는 1232년(고종 19) 몽골병이 개경을 에워싸고 왕이 강화도로 피란갔을 때 몽골병이 배를 만들어 강화도를 치려 했다. 이때 향호鄕戶였던 변여가 적에게 잡혀가 담금질을 당하면서도 강화도로 들어가는 방법을 일러주지 않고 수로가 험난해 건널 수 없다고 우기자 몽골병이 배를 태워버리고 물러갔다고 한다. 이에

국가에서는 변여의 충절을 가상히 여겨 상장군 벼슬을 주었다고 한다.[11]

이러한 내용은 곧『원주변씨세보』에 기록되었다. 그러나 여기에는 변여가 상장군이 됨과 동시에 태천백泰川伯에 봉해졌다고 쓰여 있다. 황주 출신의 변여에게 왜 태천을 채읍采邑으로 주었는지는 알 수 없다. 다만『세종실록지리지』와『동국여지승람』이 모두 변여를 태천군의 인물로 수록한 것으로 미루어 변여와 태천은 어떤 면에서든 관계가 있을 것이다. 주목해야 할 점은『세종실록지리지』태천군조에 15개의 입진성入鎭姓이 있는데, 그중 하나가 황주 변씨라는 사실이다. 변여는 황주의 향호였지만 뒤에 황주 변씨가 태천으로 입진했으므로 태천백이라는 작호가 내려진 것이 아닌가 한다.[12]

그런데『황주변씨족보』에 실려 있는 엽자보葉子譜에는 변여가 1216년(고종 3) 거란병이 쳐들어왔을 때 포로가 되었는데, 기책奇策으로 왕경王京을 보존케 한 공으로 태천백에 봉해졌다고 되어 있다. 이것은 1232년(고종 19) 몽골군이 쳐들어왔을 때 변여의 공적과 차이가 있다. 변여가 고종 때의 사람인 것은 확실하지만 생존 기간에는 문제가 있다. 그의 생년은 모르고, 졸년은 엽자보,『황주변씨족보』에 모두 1219년(고종 6)으로 되어 있다. 그렇다면 변여가 몽골의 침입 때 활약했다는 것은 있을 수 없는 일이다. 그러니 엽자보의 1216년(고종 3) 거란군이 침입했을 때 활약했다고 보는 것이 타당하다.[13]

중국의 변씨와의 연계

장연長淵·황주·원주 변씨 족보에 따르면 고려의 변씨가 중국에서 유래한 것으로 되어 있다. 변씨는 본래 자성子姓으로 송공宋公의 미중微仲의 후예였는데, 평공平公의 아들 어융禦戎이 자字를 자변子邊이라 했기 때문에 변씨를 성으로 삼고 농서隴西에 세거하다가 변송汴宋 말에 고려로 건너와 황주에 살게 되었다고 한다.[14]

　송나라 변씨의 고려 내주설來住說에는 두 가지 기록이 있다. 『황주변씨족보』본원록本源錄과 『장연변씨세보』에는 1138년(인종 16) 변유령邊有寧이 송나라에서 공주배신公主陪臣으로 처음으로 건너와 중문지후中門祗侯가 되고 연성부원군에 봉해져 장연 변씨의 시조가 되었다고 했다. 이에 대해 엽자보에는 인종 때 건너온 변현邊玄을 고려에 처음으로 온 사람이라 했다. 변현의 호는 소황자小黃子로 오랫동안 황주에 살다가 송 건염建炎 연간年間(1127~1130) 청서靑嶼에 들어가 어장漁場을 주관했는데, 만년에는 고려 황주에 와서 살았고, 1196년(명종 26)에 죽어 황주 삼전서원三田西原에 장사지냈다고 한다. 변현은 변유령의 증손뻘이 된다.[15] 그 세계世系를 그려 보면 [표 2]와 같다.

[표 2] 변유령과 변현

변유령邊有寧(장연 변씨 시조) - 언경彦卿 ┌ 충효沖孝 - 예휴 - 회懷
　　　　　　　　　　　　　　　　　└ 충제沖悌 - 현玄 - 여몸(황주 변씨 시조)

　그런데 『문헌비고文獻備考』에는 황주 변씨의 시조를 태천백 변여라 하고, 장연 변씨의 시조는 후손인 변영인邊永仁이라 했다. 그러므로 변씨의 도래설은 믿을 만한 것이 못 된다. 우리나라 족보의 80퍼센트는 그 시조를 중국에서 온 사람으로 설정하고 있다. 이는 가문의 지위를 높이려는 사대적인 발상으로서 극복되어야 할 점이다. 그러니 변씨는 중국에서 왔다기보다는 황주 지방의 토호 세력으로 보는 게 옳을 터이다.

중국의 변씨

장연·황주·원주 변씨의 조상은 중국에서 온 것으로 되어 있다. 그 초기 세계는 다음의 [표 3]과 같다.

[표 3] 원주 변씨의 초기 세계

(미자상세계微子上世系) 황제黃帝 - 은殷 - (미자하세계微子下世系) 송宋(미자微子)

19世 어융禦戎 - 宋平公字子邊子孫因以爲姓
　　　　　　　(송宋나라 평공平公의 아들이며 자字가 자변字邊이다. 자손들이 그로 인해
　　　　　　　성씨를 변邊으로 삼았다.)

一世 어융禦戎·변앙邊印·변백邊伯·변소邊韶·변봉邊鳳·변양邊讓·변호邊鎬·변숙
　　邊肅·변경邊鏡

二世 중량重亮

三世 연연演

황제의 성은 공손公孫 또는 희姬였다. 중국에서 그 후예는 은殷·송宋을 거쳐 송 19세 어융 때 변성邊姓으로 바꾸었다. 어융의 자가 자변이었던 까닭에 변을 성으로 삼았다는 것이다.[16]

어융과 같은 대에는 앙卬·백伯·소韶·봉鳳·양讓·호鎬·숙肅·경鏡 등이 있다. 앙은 송나라 평공의 증손으로 대사도大司徒를 지냈으며, 자손들이 농서, 금성金城, 무추武秋, 진유陳留 등지에 살았다. 소는 한나라 상서령尙書令이었다. 『사기』 인물지에 소의 자는 효선孝先이니 준의俊儀 사람이며, 문학으로 이름이 알려져 수백 명을 가르쳤다고 했다. 한번은 낮잠을 자는 척했더니 제자가 조롱하기를, "변소의 배가 평평하게 살찐 것은 독서에는 게으르고 단지 잠이나 자려 하기 때문이다"라고 했다. 변소가 응대하기를 "변이 성이요, 효가 자인 사람이 배가 편편하게 살찐 것은 5경의 책상자이니, 다만 잠을 자면서도 경 읽기를 일삼는다"고 하니, 조롱하던 사람들이 크게 부끄럽게 여겼다고 한다. 그래서 세상 사람들이 "변소는 잠을 자면서도 경 읽기를 좋아하고 태수로 좌천되었다가 조정에 들어가 상서령이 되고 진陳나라 정승이 되었다"고 했다. 여러 번 북지北地 태수로 좌천되었다가 조정에 들어가 상서령이 되고, 진晉나라 정승이 되어 관官에서 죽었다.[17]

봉은 한나라의 경조윤京兆尹이었다. 『사기』 인물지에 "봉은 진유 사람으로 환제桓帝 때 경조윤이 되어 정치에서 관용과 인仁을 숭상하고, 백성을 불쌍히 여겨 3보三輔(한 무제 때 지방장관)들이 감탄했다"고 했다. 선시先時의 조광한趙廣漢·장창張敞·왕준王駿 등과 뒤의 연독延篤·변봉이 모두 경조윤으로서 능력이 있었다고 알려졌다. 세인들이 "옛날에는 조·장·왕 3왕이 있었고, 뒤에는 변·연 2군君이 있었다"고 했다.

양은 한나라 구강태수九江太守였다. 한나라의 양과 전양傳讓에게는 재명才名이 있었기 때문에 조조曹操가 시기해서 그들을 죽였다. 양이 구강에서 피살되었기 때문에 호를 구강태수라 했다. 구강의 사민土民들이 은혜를 많이 입어 사당을 세워 제사지냈다.[18]

호는 남당南唐의 대부였다. 숙은 송나라 형주자사荊州刺史였다. 『사기』 인물지에 "숙이 형주를 맡았을 때 마침 거란이 쳐들어와 도적질을 하니, 진종眞宗이 단연澶淵에 있다가 밀조密詔를 내려 편의를 들어주고 성을 보존하라고 했다. 그러나 숙은 조서를 숨기고 장정들을 독려해 성에 올라가 모든 문을 열고 병기와 장폐障蔽를 가지고 기다렸다. 거란의 기병들이 성 아래에 임박했을 때 숙이 더불어 싸워 이기니, 거란은 그 계략을 헤아릴 수 없었고, 세인들은 변숙이 도적을 막으려고 성에 먼저 올라간 것이다"라고 했다. 경은 송나라 평공의 증손 앙의 후손이다. 변송 때 문하습비후대아찬門下習祕侯大阿湌이었다. 그러나 이 상계는 변안열 가계와 직접 연결되지 않는다.[19]

2세는 송나라 평장사平章事인 중량重亮이요, 3세는 송나라 병부상서인 연演이다.[20]

장연 변씨

장연 변씨의 세계는 다음의 [표 4]와 같다.

[표 4] 장연 변씨의 세계

어융禦戎 - 宋平公字子邊子孫因以爲姓
        (송宋나라 평공平公의 아들이며 자字가 자변子邊이다. 자손들이 그로 인해 성씨
        를 변邊으로 삼았다.)

앙印 득성시조得姓始祖

一世 경鏡

二世 중량重亮

三世 연演

四世 유령有寧

五世 언경彦卿

六世 충효冲孝 · 충제冲悌
        | |

七世 예睿 · 현玄
        |

八世 회懷 · 여呂

어융의 4세 유령은 호가 석천옹石川翁인데, 송나라의 판동서判同署로서 1138년(인종 16) 장공주長公主의 배신으로 고려로 와 중문지후에 임명되고, 연성부원군에 봉해졌다. 그가 장연 변씨의 시조다. 유령을 시작으로 변씨는 중국의 변씨와 연결시킨 것이다. 부인은 시중상서侍中尙書 태보문하시랑太保門下侍郎 오정필吳挺弼의 딸인 해주海州 오씨다. 묘는 해주 억건리 두항동에 경좌庚坐로 남편과 합장되어 있다.[21]

5세 언경은 무과에 급제해[22] 동정同正 벼슬을 했다. 부인은 해주 표씨다. 묘는 해주 화분교에 남편과 합장되어 있다. 6세 충효는 검교

흥의위장군檢校興義衛將軍이었다. 부인은 당악唐岳 양씨다. 묘는 안악 청룡포에 남편과 합장되어 있다. 동생 충제도 검교흥의위장군을 지냈다. 7세 예睿는 충효의 아들이다. 응공하대위장군應功下隊衛將軍을 지냈다. 부인은 죽산 안씨로, 장연 두산 서쪽 기슭에 남편과 함께 묻혀 있다. 동생 현玆은 충제의 아들이다. 이름은 요厶라고도 하고, 호는 소황자라 했다. 1196년(명종 26)에 죽었다. 황주 삼전 서쪽 언덕에 장사지냈다. 부인은 해주 최씨로 남편이 죽은 3일 뒤에 죽어 합장되었다.[23]

8세 회懷는 예의 아들이다. 호를 암곡巖谷, 초수樵叟라 했다. 문과[24]에 급제해 중현대부中顯大夫 감문대호군監門大將軍이 되었으며 문집을 남겼다. 부인은 강씨이고, 묘는 재령에 있다고 한다.[25]

황주 변씨

황주 변씨의 세계는 다음의 [표 5]와 같다.

[표 5] 황주 변씨의 세계

변여邊呂 - 윤允 - 유宥 - 제制 - 눌訥 ┌ 석석頤(이하 황주黃州 변씨邊氏)
                          └ 순순順 - 양양諒 ┌ 안백安伯 - 숙숙肅
                                          │   (原州邊氏 典書公派 始祖)
                                          ├ 안열安烈(原州邊氏 始祖)
                                          └ 안서安緖

회의 아우 여呂는 현의 아들이다. 1232년(고종 19) 몽골이 송경을 둘러쌌다. 여는 향호로서 적에게 잡혔다. 적이 왕이 있는 곳을 물었으나 답하지 않았다. 적이 그를 불로 지지려 했으나 끝내 불지 않으면서 정색하고 욕하기를 "군신에게는 부자와 같은 의리가 있는데, 설사 신하가 임금이 피해 있는 곳을 안다 해도 어찌 너희에게 알려주겠느냐?"고 했다고 한다. 적이 죽이려 하자 그들 가운데 한 사람이 "이 사람은 의인義人이다. 죽여서는 안 된다"고 하면서 풀어주었다. 그는 죽음을 면하고 산곡 사이에 숨어 있었다. 왕이 개경으로 돌아와 그의 충절을 듣고 찾아서 상장군에 임명하고, 태천백에 봉했다. 1279년(충렬왕 5)에 죽었는데, 그가 바로 황주 변씨의 시조다.[26]

그런데 나말 여초에 변멸성의 아들 균여가 황주의 북쪽, 남쪽 기슭에서 낳았다는 것으로 미루어 일찍부터 황주에는 변씨가 살고 있었음을 알 수 있다.[27] 그러나 변여와 그다음 변윤邊允의 대수가 명확치 않아 '여후呂後'라고만 적고 있다. 이 밖에도 변씨 계보상의 인물 가운데 당대의 기록이 확인되지 않은 사람도 있고, 생존 연대가 의심스러운 이들도 있다. 부인 김씨는 1266년(원종 7)에 죽었다.[28]

9세 윤胤은 여의 아들이다. 자는 윤지允之요, 호는 서해선생西海先生이다. 1172년(명종 2)에 태어나 진사시에 합격해 서해도 안찰사가를 지냈다. 1207년(희종 3)에 죽었다. 부인은 정당(문학) 최숙崔淑의 딸로 1208년에 죽었다. 10세 유宥는 윤의 아들이며, 처음 이름은 보保다. 1199년(신종 2)에 태어나 1268년(원종 9)에 죽었다. 정의대부正義大夫 공부의랑工部議郎을 지냈으며, 그의 부인은 평장사 황보기皇甫琦의 딸이다. 윤의 딸은 정문감鄭文鑑에게 시집갔다.[29]

11세 제制는 유의 아들로, 1217년(고종 4)에 태어나 1289년(충렬왕 15)에 죽었다. 향년 73세였다. 광록대부光祿大夫 검교참지정사檢校參知正事를 지냈다. 부인은 중서(사인) 이소李昭의 딸이다. 12세 눌訥은 제의 아들로, 자가 창언昌彦이다. 1234년(고종 21)에 태어나 1279년(충렬왕 5)에 죽었다. 향년 46세였다. 판시중判侍中을 지냈다. 부인 백씨는 낭중郎中 백화白華의 딸이다.[30]

13세 석碩은 지후祗侯를 지냈고, 석의 동생 순의 자는 욱지頊之인데, 1247년(고종 34)에 태어나 1268년(원종 9)에 원나라 사신 탈독아[31]를 따라 원나라에 들어가서 원 세조를 알현하고, 심양로瀋陽路 천호후千戶侯에 봉해졌으며, 고려에서는 삼중대광三重大匡 문하찬성사門下贊成事 판예의사사判禮儀司事 상호군上護軍을 지냈다. 탈독아[32]는 일본 정벌을 준비하기 위해 고려에 왔다가 12월에 귀환할 때 대장군 장일張鎰이 수행했는데, 이때 변순도 함께 간 듯하다.[33] 원나라 사람이 된 것이다. 1308년(충렬왕 34)에 세자(충선왕)가 심양왕이 되자 천호를 그만두고 부성附城하다가 1309년(충선왕 1)에 심양이 죽었다. 향년 63세였다. 묘는 심양 백안동 북쪽 들에 있다. 부인은 시랑 김재金在의 딸로 1312년(충선왕 4)에 죽어 남편과 함께 묻혔다.[34]

대몽항쟁이 계속되던 고종조에는 몽골의 포로로 잡혀간 고려인이 많았고, 홍복원이 서경西京에서 반叛해 동경총관東京摠管이 된 후 요동지방에 고려인 포로·항민降民·유민이 많이 거주하고 있었다. 게다가 1269년(원종 10)에 최단崔坦 등이 서북면에서 반란을 일으켜 몽골에 내부內附해 몽골이 이듬해 서경에 동녕부를 설치하고 자비령慈悲嶺으로 경계를 삼자 서북인으로 심양 지방에 유입되는 사람이 많았던 것이다. 이때 봉천奉天·요양遼陽 지방의 심양에는 많은 고려인이 살고 있었기 때문에 전왕인 충선왕이 1308년(충렬왕 34) 심양왕의 봉작을 받기에 이른 것이다. 황주 지방의 향호 출신이었던 변씨가 심양에 들어가 천호의 군직을 받을 가능성은 충분히 있었다고 하겠다. 변순도 이때 심양에 들어가 살면서 천호후의 봉작을 받은 것이다. 변순이 심양瀋陽·천호후에 임명된 후 그의 자손이 이를 세습했다. 즉, 아들 변양邊諒, 손자 변안백邊安伯이 대를 이어 심양후의 봉작을 계승한 것이다. 변양의 차자 변안열의 출세도 이를 기반으로 해 가능했다.[35]

양은 안백·안열·안서安緒 3형제를 두었다. 장자 안백은 심양후[36]를 지냈으며, 천호후를 이어받았다. 1298년(충렬왕 24)에 죽었다. 안서는 서자로 낭중을 지냈다. 안백의 아들 변숙邊肅과 안열의 서동생 변안서는 변안열을 따라 고려로 왔다. 공양왕과 노국대장공주를 배행陪行한 이들로는 3대장大將 6학사學士가 있었다. 변안열을 비롯한 세 사람을 3대장이라 하고(두 사람의 이름은 모른다), 6학사는 공소孔紹·변숙·황보영皇甫榮·감규甘揆·독고억獨孤億·황석기黃石奇다.[37]

이 가운데 변숙은 1351년(충정왕 3) 대책對策으로 한림학사를 제수받고, 변안열을 따라 고려에 와서는 전객시부령典客寺副令을 거쳐 낭장郎將·전농시정典農寺正·태상소경太常少卿·밀직부사·문하평리·공부전서工部典書·보문각대제학普門閣大提學·호부전서戶部典書 등의 관직을 역임하다가, 변안열이 죽은 1390년(공양왕 2)에 면직되었다.[38] 그는 정몽주의 제자였으며, 조의생趙義生·임선미林先味·길재吉再·전귀생全貴生·이숭인·유구由玽·우현보·원천석元天錫 등 절의파와 가까웠다. 그런데 정몽주가 격살되자 이들은 뿔뿔이 흩어져 죽거나 은거했다.[39] 이에 변숙은 아들 변을충邊乙忠을 데리고 벽란진碧瀾津을 건너 백산 남쪽 물굴리에 돌아가 그 마을을 모려慕麗라 하고, 밭갈이를 하며 은거했다. 그의 호를 모려라 한 것도 고려를 사모한다는 의지의 표현이다. 그는 정몽주·길재·임선미를 스승으로, 신안申安 우현보·조승숙趙承肅·채귀하蔡貴河 등을 벗으로 삼아 항상 백이송伯夷頌을 외우고, 옛 왕씨력王氏曆을 썼다고 한다. 1392년(태조 1) 7월에 이성계가 조선을 세우자마자 16일에 변숙을 공조전서로 불렀으나 "내 비록 중국 사람이기는 하나 노국공주를 위해 공민왕에게 신사臣事했거늘, 어찌 차마 북쪽을 향해 두 임금을 섬기겠는가?"라고 하고는 모려촌에 은거했다고 한다. 1399년(정종 1)에 죽으니 유명遺命에 따라 재경동에 장사지냈다.[40]

변씨의 확대 과정

신라 이래 황주를 근거지로 한 변씨는 장연·해주 등 서해도 일대에 널리 분포해 살았는데, 몽골과의 관계가 시작된 고려 후기에 일부가 원나라 심양 지방으로 이주했다가 다시 공민왕 때 변안열이 환국해 원주 변씨가 탄생하기에 이르렀다. 그리하여 변씨는 전국으로 확산되었다. 『세종실록지리지』에 나타난 변씨의 주거 지역을 조사해보면 다음과 같다.

- 경기도 과천현果川縣(토성土姓)
  고양현高陽縣의 부원현富原縣 소속 용인처龍仁處(토성)

양천현陽川縣(토성)

- 경상도 경주부慶州府 안강현安康縣(당내성唐來姓)

  경주부慶州府 자인현慈仁縣(속성續姓: 가은현에서 온 향리)

  밀양도호부密陽都護府(토성)

  문경현聞慶縣 가은현加恩縣(토성)

- 전라도 진산군珍山郡(토성)

  보성군寶城郡 남양현南陽縣(현성縣姓)

  보성군寶城郡 저천부곡紵川部曲(부곡성部曲姓)

- 황해도 황주목黃州牧(촌락성村落姓)

  서흥도호부瑞興都護府(망성亡姓: 동주洞州로 입진入鎭)

  신은현新恩縣의 협계현俠溪縣(망성)

  장연현長淵縣系(토성)

  강음현江陰縣系(토성)

- 강원도 강릉대도호부江陵大都護府 우계현羽溪縣(부 성府姓)

  영월군寧越郡(망성)

  홍천군洪川郡(토성)

  이천군伊川郡(토성)

- 평안도 순안현順安縣(입진성入鎭姓: 동주에서)

  성천도호부成川都護府(속성: 향리)

  개천군(입진성: 염주鹽州에서)

  영유현(입진성: 염주에서)

  덕천군(입진성: 이천伊川에서)

  양덕현 수덕樹德(입진성: 동주에서)

용천군龍川郡(입진성: 광주廣州에서)

곽산군郭山郡(입진성: 광주에서)

운산군雲山郡(입진성: 고부古阜에서)

태천군泰川郡(입진성: 광주黃州에서)

- 함경도 문천군文川郡(망입성: 제천堤川에서)

종성도호부鍾城都護府(내성來姓)

위와 같이 전국 31곳에 변씨의 동족 부락이 형성되어 있었다. 이 가운데 토성은 경기도에 3곳, 경상도에 3곳, 황해도에 2곳, 황해도에 2곳, 강원도에 2곳, 전라도에 1곳이다. 주로 황해도와 경기도 등 중부지역과 경상도에 밀집되어 있다. 이는 신라나 고려시대의 여러 기록과도 비슷하다. 토성 이외에 촌락성, 현성, 부곡성, 속성 등도 이주한 지 오래되어 토성으로 바뀌어 있다. 평안도와 함경도 지역에는 입진성이 많다. 이는 조선 초기 사민徙民정책의 결과다.[41]

그 뒤『문헌비고』에 나타나는 변씨의 본관과 거주지는 다음과 같다.

황주: 시조 변여邊呂 태천백泰川伯

　　　　변윤邊允 서해도안찰사西海道按察使 위일파爲一派

원주: 시조 X 변순邊順 본중국유원인本中國柔遠人 심양로천호瀋陽路千戶 여황주동원與黃州同源 이분적운而分籍云

장연 : 시조 변영인邊永仁 판전의사判典醫事

가은(문경속현聞慶屬縣) : 시조 변입邊立 중랑장中郎將[42]

여기서 변여·변순·변영인·변입의 4 본관 외에 변씨 동족 부락이 있던 지역은 다음과 같다.

광주·양주·수원·남양·이천·풍덕·죽산·안산·고양·양천·과천·대원(충주 속현)·홍주·옥천·진천·석성·전의·전주·나주·남원·장흥·진산·남양(홍양 속현)·부안·함평·안동·상주·진주·대구·김해·홍주(순흥의 별호)·밀양·하동·상주·인동·초계·함양·의성·개령·사천·창녕·부계(강릉 속현)·춘천·이천·영월·평해·평창·평강·홍천·해주·평산·풍산·소흥·봉산·강음·문화·협계(신계협현)·정주·상원·희천·원주·대원大元(중국)·안강女康(경주 속계인데 당唐 투화인投化人) (이상 63곳)[43]

이처럼 경기도, 황해도, 강원도 등 중부 지방에서 일어난 변씨들은 조선시대에 이르러 전국 63곳에 동족 부락을 형성해 살고 있었다. 이 중 함경도, 평안도에 살던 변씨들은 조선 초기에 국가의 사민정책으로 그곳으로 옮겨간 이들이다. 오늘날 변씨는 황주, 장연, 원주 등 3개의 본관으로 나뉘어 있으나 『문헌비고』에는 황주, 원주, 장연, 가은의 4 본관이 있는 것으로 기록되어 있다. 가은 변씨는 중간에 다른 본관으로 통폐합되었는지 혹은 없어졌는지 확인되지 않는다.[44]

高麗

朝鮮

제3장

邊安烈

변안열의
생애

大隱

武臣

탄생과 원으로부터의 입국

변안열邊安烈(1334~1390)의 자는 문성이요, 호는 대은·불굴당이다. 1334년(고려 충숙왕 복위 3) 4월 심양 사제에서 태어났다.[1] 시호는 양절이다.[2] 할아버지는 1268년(원종 9)에 원나라 사신 탈탈을 따라 심양에 들어가 심양로 천호후를 지낸 변순邊順이다.[3] 아버지는 심양후를 이어받은 변양邊諒이요, 어머니는 좌승左丞 곽성郭漕의 딸이다. 지조가 청고淸高하고 국량이 넓었으며, 문장에 능하고, 무예에 뛰어났다.[4] 15~16세에 탈탈불화를 사사해 1343년(충혜왕 복위 4)에 공부낭중工部郎中으로 천거되었으나 곧 버리고 하의河義의 집에서 살았다.

1351년(충정왕 3) 18세의 나이로 원에서 무과에 장원으로 급제해 화관華官·현직顯職을 거쳐 1년 안에 형부상서刑部尙書가 되었다. 그해 12월 공민왕이 노국대장공주에게 장가를 들어 고려로 오게 되자, 고려 출신인 그를 수장으로 임명해 함께 고려로 오게 했다. 이 숙위 업무를 수행하기 위해 그에게 형부상서를 초수超授한 것 같다.[5]

1353년(공민왕 2)에 왕은 자기의 척리인 판추밀 원의의 딸 원주 원씨와 혼인하게 하고, 원주를 본관으로 삼게 했다.[6] 그리하여 변안열은 원주 변씨의 시조가 되었다.

원주 원씨의 가계

원주 원씨는 원주 지방의 대호족이었다. 원주 원씨의 가계를 그려보
면 [표 6]과 같다.

[표 6] 원주 원씨의 가계7

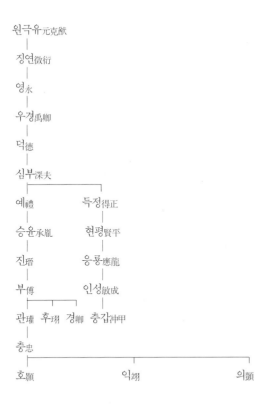

원극유元克猷

시조 원극유는 신라시대의 북원인北原人으로 918년(태조 1)에 왕건을 도와 고려를 건국한 공으로 벽상개국익찬일등공신壁上開國翊贊一等功臣에 책봉되고, 병부령兵部令을 지냈으며, 원성백原城伯에 책봉되었다.[8]

원부元傅(?~1287)

원의의 증조부로 원주 사람이었다. 원부는 첫 이름이 공식公植으로 1241년(고종 28)에 을과 2인에 급제해[9] 1241년(고종 28) 4월 지공거知貢擧로서 최종균崔宗均 등을 뽑았다.[10] 그는 직사관直史館을 거쳐 1269년 (원종 10)에는 추밀원부사, 1273년(원종 14)에 중서시랑평장사, 1277년 (충렬왕 3)에 세자보世子保, 1284년(충렬왕 10)에 감수국사를 역임하고, 수국사 허공許珙과 함께 『고금록古今錄』을 편찬했으며,[11] 찬성사 겸 판군부수국사를 겸임해 유경·김구金坵와 함께 『고종실록』을 편찬했다.[12] 이때 전 추밀부사 임목任睦의 사고史藁(사초)를 얻어서 열어 보니 빈 종이뿐이었다. 수찬관修撰官들이 이를 불쾌하게 여겨 임목을 탄핵할 것을 요청했더니, 원부는 유경과 함께 이를 말려 공개하지 않도록 했다. 이는 원부 역시 한때 직사관으로 있으면서 사고를 바치지 않은 적이 있기 때문이다. 함평부咸平府(지금 개원 지방에 있는 원나라 행정 단위) 선위사宣慰使가 지사 이위李爲를 보내 쌍성 백성을 조사해 돌려보내고, 또 말을 바쳤다. 이위가 장차 함평부로 귀환하려 할 때 왕에게 말하기를

선위사가 말을 바쳤는데, 지금 거기에 대한 답례가 없으므로 예의에 어긋나지 않을까 합니다.[13]

라고 하니, 왕이 말하기를

내가 일찍이 상부相府(첨의부)에 하달한 바 있는데, 아직 아무 답례도 하지 않았구나! 이는 상부에서 잘못한 것이다.[14]

라고 하고, 크게 성을 내어 원부·허공·홍자번洪子藩 등을 해도에 유배했다. 그러나 원부 등은 사실 그런 지시가 있었던 것을 알지 못했었다. 이후 부지밀직 염승익廉承益이 힘써 변명해주어 귀양은 면할 수 있었다. 그는 얼마 뒤 중찬中贊으로 임명되었다. 일찍이 관아에서 물러가 밥을 먹고 있었는데, 문생門生 네댓 명이 와서 만나보려 했다. 원부가 그들에게 앉으라고 하고는 묻기를

내가 외람되게 재상의 우두머리 자리에 오르게 되었는데, 내 재간이 뜻하는 바에 미치지 못한다. 세상 사람들이 나더러 무어라 하더냐?[15]

라고 했다. 문생들이 모두 감히 무어라 대답하지 못하고 있었는데,

방우선方于宣이 아랫자리에 앉아 있다가

> 사람들이 말하기를 공의 정사는 공의 성자姓字(원元은 선하고 원칙原則이라
> 는 뜻)와 같다고들 합니다.[16]

라고 하니, 원부가 웃으면서 말하기를,

> 내가 나의 성을 본받아 이 지위에까지 이르게 되었다. 그대는 그대의 성
> (방方은 정직하다는 뜻)을 본받아 일한다면 장차 어떤 지위에까지 이르게
> 될 것인가?[17]

라고 했다.

1287년(충렬왕 13)에는 지공거가 되어 김황金滉 등을 선발했다.[18] 1287년(충렬왕 13) 2월 9일에 죽었다.[19] 사후에 문순文純이라는 시호를 받았다.[20] 부인은 소부예빈경少傅禮賓卿 염수장廉守藏의 딸 서원 염씨瑞原廉氏다. 할아버지는 상서공부시랑尚書工部侍郎 염극모廉克髦요, 증조는 태사예부상서치사太師禮部尚書致仕 염신약廉信若이며, 외조는 지삼사사知三司事 심문준沈文濬이다. 1310년(충선왕 2)에 죽었다.[21]

아들로는 원관元瓘과 원경元卿이 있었는데, 원관은 찬성사를 지냈으며, 원경은 『고려사』에 따로 전傳이 있다. 원관의 아들이 원충元忠이요, 원충의 아들이 원선지元善之다.[22]

원관元瓘(1247~1316)

원의의 조부는 원부의 장남인 원관이다. 원관의 자는 퇴옹退翁이요,

첫 이름은 정이貞以인데, 원의 연호와 같다고 하여 관으로 고쳤다. 1247년(고종 34)에 태어나 1266년(원종 7) 5월 홍진洪縉·곽여익郭汝益이 지공거였던 과거시험에 사경원寫經院 판관으로서 제술업 병과 제2인으로 급제해 벼슬이 광정대부匡靖大夫 첨의찬성사진현관대제학부총부사僉議贊成事進賢館大提學副摠部事에 이르렀다. 1316년(충숙왕 3) 6월 26일에 죽었으며, 향년 70세였다.[23] 부인 셋을 두었으며, 첫째 부인은 판삼사사 홍녹도洪祿道의 딸 개령開寧 홍씨다. 둘째 부인은 동지밀직 곽여필郭汝弼의 딸이자, 외조는 문하시랑동평장사 문청공文清公 해주 최씨 최자崔滋인 곽씨요, 셋째 부인은 추밀원 좌승지 김신金信의 딸이고, 공부상서 김경손金慶孫의 손녀이며, 문하시랑평장사 문장공文莊公 김태서金台瑞의 증손녀인 김씨다. 현재 묘는 장단군 동면 초리에 묘좌卯坐로 있다. 여흥군 민지閔漬가 지은 묘지墓誌가 있다. 이 묘소는 오랫동안 실전되었으나 먼 일가뻘인 김광정金光鼎이 그 계하階下에 핍장逼葬한 것을 13세손 원순필元舜弼이 듣고 가서 찾아보니, 요행히 지석誌石을 찾아 순영巡營에 고발해 재판을 거친 뒤 묘를 다시 조성했다고 한다. 우암 송시열이 짓고 청평위靑平尉 심익현沈益顯이 쓴 신도비를 세웠다. 이때 소장訴狀에 서명한 사람은 좌의정 이상진李尙眞·대사헌 민시중閔蓍重·좌의정 민정중閔鼎重·민유중閔維重·박필성朴弼成·좌의정 박세채朴世采·좌의정 김석주金錫胄·유수 이후산李後山·승선 조성보趙聖輔 등이다.[24] 원관은 아들 원충과 네 딸을 두었는데, 넷째 딸이 민적閔頔에게 시집갔고 그녀는 조선 태종의 왕비인 원경왕후元敬王后의 증조모가 된다.[25]

원충元忠(1290~1337)

원의의 아버지가 원충이다. 자는 정보正甫로, 1290년(충렬왕 16)에 태어나 1337년(충숙왕 복위 6) 5월 기유에 죽었다. 향년 48세였다. 8세 때 아버지의 음덕으로 동면도감東面都監 판관이 되었고, 18세에 충선왕에게 소환되어 연경(북경)에 있는 충선왕의 저택에 가서 일하면서 예빈내급사禮賓內給事에 임명되었으며, 남자로서 여자와 같은 총애를 받았다. 이에 왕씨 성을 받아 이름을 왕주王鑄라 고쳤다. 충선왕은 그를 신임해 우사윤右司尹에 제수했으며, 대언으로 승진시키려고까지 했다. 원충은 충선왕에게

> 저처럼 나이가 젊고 아는 것도 없는 자가 빨리 승진해 3품 관원이 된다면 다른 사람들의 비난을 많이 받을 것입니다. 대언은 직접 왕명을 전달하는 중요한 직책이니 다른 사람을 택해 임명해주시기 바랍니다.[26]

라고 했다. 왕이 성을 내어 명령하기를

> 원충은 나의 뜻을 받들지 못해 어긋나고 뜻에 맞지 않는 일을 많이 했으므로 그에게 주었던 성명을 박탈해야 한다.[27]

고 하고는 그를 좌천시켜 지철주사知鐵州事로 임명했다. 그 뒤 왕이 원나라에서 돌아왔을 때 원충이 압록강까지 마중나가 뵈니 왕이 다시 이전처럼 잘 대우해주었으며, 그 길로 대언代言으로 임명했다. 또한 충숙왕이 고려로 돌아와 다시 왕위에 오르게 되자, 원충을 찬성사

로 승진시키고 추성좌리공신推誠佐理功臣에 책봉했다. 충선왕이 충숙왕에게 말하기를

> 원충은 대대로 내려오면서 우리 왕씨를 섬겨오던 집안의 사람으로서 충
> 성을 다해 우리를 도와주었고, 또 우리 왕씨의 외척이 되니 다른 신하들
> 과 비할 바가 아니다.[28]

라고 했으며, 또 원충을 보고 "영원히 왕실에 충직하고 그대의 임금을 도와드리라!"고 했다고 한다. 그런데 그 뒤 점차 소원한 대우를 받자 관직을 그만두고 5년간 한가로이 지냈다. 충혜왕 초에 다시 찬성사가 되었고, 얼마 후에 신년을 축하하는 사신으로 원나라에 다녀왔다. 충숙왕이 다시 즉위하자 원충은 관직에서 떨어지고 원나라에 남아 있었는데, 황제의 명령으로 호부虎符를 떼고 무덕장군武德將軍으로 수군만호부 도만호 겸 제조정동행중서성진무감찰사사용양위상장군이 되어 1336년(충숙왕 후5)에 본국으로 돌아와 죽었다. 벼슬이 삼중대광첨의찬성사판민부사상호군三重大匡僉議贊成事判民部事上護軍에 이르렀다. 죽은 뒤 원천부원군에 봉해지고, 충원忠元이라는 시호를 받았다.[29]

부인은 첨의도감 남양부원군치사 광정공匡靖公 홍규洪奎의 딸이요, 병부상서 추밀원부사 홍사윤洪斯胤의 손녀딸이자, 참지정사판삼사사 광주 김씨 김연金鍊의 외손녀인 변한국대부인弁韓國大夫人 남양南陽 홍씨다. 홍규는 충숙왕의 장인이니 원충은 충숙왕과 동서인 셈이다. 묘는 풍덕에 있었다고 하는데, 실전되어 찾지 못했다.[30]

남양 홍씨의 가계

남양 홍씨는 고려 왕조의 대귀족이었다. 남양 홍씨 홍규 가계를 그려 보면 [표 7]과 같다.

[표 7] 남양 홍씨 홍규洪奎 가계

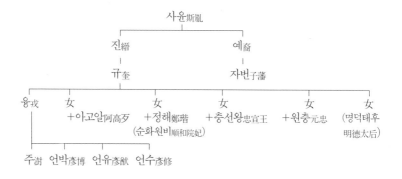

홍규洪奎(1242~1316)

남양 홍씨로, 처음 이름은 문계文系요, 호는 수재水齋다.[31] 홍규는 원충과 충숙왕의 장인이다. 따라서 원충과 충숙왕은 동서지간이 된다. 아버지 홍진은 동지추밀원사를 지냈다. 명리名利를 탐하지 않고 욕심이 적었다. 뜻이 크고 기개가 있어 남에게 구속받기를 싫어했다. 원종 조에 어사중승御史中丞으로 있었는데, 임연이 죽고 아들 임유무林惟茂가 계속 집권했다. 홍규는 임유무의 자부姊夫였으므로 임유무는 매사를 홍규와 송송례宋松禮에게 의논했다. 홍규와 송송례는 겉으로는 따르는 척했으나 마음으로는 항상 분개하고 원망했다. 그런데 왕이 원으로부터 돌아오려 하자 임유무가 항거해 중외가 흉흉했다. 왕이 이분성李汾成을 몰래 홍규에게 보내 유시하기를

경은 여러 대 동안 관직을 역임했으니, 마땅히 의리로써 사직을 이롭게 해 조부의 이름을 더럽히지 말라!32

라고 했다. 홍규가 재배하면서 이분성에게 말하기를, "내일 우리 부 문밖에서 기다리라!" 하고는 곧 송송례와 더불어 삼별초를 동원해 대의로써 유시해 임유무를 잡아 저자에서 베었다. 그러고는 왕을 행궁行宮에서 뵈어 이 사실을 왕에게 보고하고, 세자를 따라 원나라에 다녀왔다. 황제가 금포錦袍와 안장 딸린 말을 하사해 그의 공로를 표창했다. 또한 고려의 일품직一品職을 내렸다. 이에 좌부승선 벼슬을 받았으나 나랏일이 날로 기우는 것과 또 동료들이 비굴하게 남의 비위를 맞추려 애쓰는 것을 보고는 상종하기를 부끄럽게 여겨 관직을 그만두었다. 추밀원부사樞密院副使로 승진시켜주었지만 또 사퇴하고 나아가지 않았다. 이때 그의 나이 채 40이 되지 않았다.33

충렬왕이 공주와 더불어 양가良家의 여자들을 뽑아 황제에게 바치려 했을 때 홍규의 딸도 그 안에 포함되어 있었다. 하지만 권귀權貴들에게 뇌물을 주고도 빼내지 못했다. 그리하여 한사기韓謝奇에게 "딸의 머리를 깎는 것이 어떻겠는가?"라고 묻자 한사기가 "화가 공에게 미칠까 두렵다"고 대답했다. 그러나 홍규는 듣지 않고 드디어 딸의 머리를 깎았다. 공주가 이 말을 듣고 대로해 홍규를 가두고 혹형

을 가했으며, 가산을 적몰했다. 그리고 그 딸을 잡아다 심문하니, 딸이 "내 스스로 머리를 깎았지 아버지는 실로 모르는 일"이라고 답했다. 공주가 그녀를 땅에 내팽개치고 쇠 회초리로 몸을 마구 때려 피부에 온전한 곳이 없었으나 끝까지 승복하지 않았다. 재상이 홍규가 국가에 대공大功을 세웠으니 작은 죄로 무거운 벌을 주어서는 안 된다고 했으며, 중찬 김방경도 말렸으나 듣지 않고 해도로 귀양보냈다. 얼마 있다가 홍자번이 청해 가산은 돌려주었지만 그래도 노기가 풀리지 않자 그녀를 원사元使 아고대阿古牙에게 주었다. 왕은 이후 해를 넘겨 소환해 그에게 첨의시랑찬성사판전리사사僉議侍郎贊成事判典理司事라는 벼슬을 더해주었다.[34]

치사致仕하자 왕이

적신賊臣 임연이 정권을 잡아 왕실을 흔들다가 문득 하늘의 꾸지람을 입었다. 또 그의 아들 임유무가 권력을 세습해 난리를 꾸몄는데, 내가 상국上國으로부터 부왕과 함께 관군을 데리고 압록강에 도달해 먼저 백관들에게 구도舊都로 출영出迎을 나오라고 했는데도 임유무가 당을 결성해 군사를 길러 왕사王師에게 항거했다. 이에 경이 충의를 뽐내 죽고 사는 것을 돌보지 않고 송송례·김지저金之氐와 더불어 역당逆黨을 쓸어버리기를 손바닥을 뒤집는 것 같이 하여 사직을 다시 안정시켰으니, 실로 태산이 숫돌과 같이 작아져도 국토는 멸망하지 않는 공을 세웠다. 부왕이 대언으로 발탁하고 또 모신謀臣으로 배치했으나, 경은 모두 고사하고 전야田野에 20여 년간 물러가 살았으니, 짐은 옛 공적을 생각해 유사有司에게 명해 벽 위에 형상을 그리고, 철권鐵券(임금이 공신에게 주던 쇠로 만든

패)으로 토지와 노비를 준다. 그러나 공은 크고 상은 적은 것이 혐의스럽
다. 경에게 판사判事를 주었으나 경은 늙었다고 받지 않고, 70에 치사하
게 했더니 녹봉과 관위를 사양해 내가 감히 면종勉從하지 않을 수 없었
다. 또 상국의 공신을 상주는 고사를 따라 비록 큰 범죄를 저질러도 마
땅히 모두 용서해주고 그 혜택이 후세 자손에게 이르도록 할 것이다. 중
찬으로 가직加職하고, 치사해 판삼사사수사도영경령궁사判三司事守司徒領景
靈宮事에 임명한다.[35]

라고 하였다.

충선왕 초에 익성군益城君에 피봉되고, 또 첨의정승익성부사僉議政丞
益城君知益城府事에 가직되었으며, 1316년(충숙왕 3)에 추성진력안정공신
推誠陳力安定功臣으로 남양부원군상의첨의도감사南陽府院君商議僉議都監事를
받았다. 시호는 광정匡定이요, 아들은 홍융洪戎이며, 딸 가운데 명덕
태후가 있다.[36] 1242년(고종 29)에 태어나 1316년(충숙왕 3)에 죽었으
니 향년 75세였다. 청주시 상당구 미원면에 있는 남양사南陽祠에 배향
되었다.[37]

첫째 부인은 참지정사, 판삼사사를 역임한 김연金鍊의 딸이요, 흥
위위興威衛 대장군 김용金龍의 손녀이며, 문하평장사 김원의金元義의 증
손녀이자, 예부시랑 무송茂松 유홍庾弘의 외손녀인 삼한국대부인 광주
光州 김씨다. 묘지명은 김해군金海君 이제현이 지었다.[38] 둘째 부인은 임
연의 딸 진천鎭川 임씨다.[39] 묘는 개성 진봉면 탄동리 청계동에 자좌子
坐로 있다. 임해군臨海君이 묘지명을 찬했다.

홍융洪戎(?~1339)

홍규의 아들로 호는 낙헌樂軒이며, 충숙왕 때 삼사사三司使에 임명되었다. 계실은 만호 황원길黃元吉의 딸인데, 자색이 있어 홍융이 항상 방문을 닫아놓고 비록 친척이라도 보여주지 않았다고 한다. 홍융은 충혜왕의 장인인데, 홍융이 죽은 뒤 내수內豎 최화상崔和尙이 황씨가 예쁘다고 칭찬하자 충혜왕이 밤에 그 집에 가서 덮쳤다. 그러고는 금은기金銀器·채백綵帛·저포紵布·미두米豆를 하사했고, 황씨도 왕을 집에 초빙해 연회를 베풀었다. 그런데 왕이 건드린 부인 중 임질에 걸린 사람이 많았던 터에 황씨도 이 병에 걸렸다. 왕이 의승醫僧 복산福山에게 고치라 했다.

홍융은 밀직 나유羅裕의 딸에게 장가가서 홍주洪澍·홍언박·홍언유洪彦猷 등 3남을 두었고, 황씨도 홍언수洪彦脩와 이름이 전하지 않는 아들을 두었다. 벼슬이 중대광 판삼사사 남양부원군에 이르렀다. 시호는 장간莊簡이며, 1339년(충숙왕 복위 8)에 죽었다.[40] 묘는 서천군 시초면 용곡리에 임좌壬坐로 있으며, 두 부인과 함께 묻혔다. 1877년(조선 고종 14)에 지석이 발견돼 묘역을 개축하고 비석도 세웠다.[41]

첫째 부인은 지밀직사 나유의 딸이요, 좌복야左僕射 나득황羅得璜의 손녀이고, 예부상서 나효전羅孝全의 증손녀이자, 병부상서 충무공 배천白川 조문주趙文柱의 외손녀 통의군부인通義郡夫人 나주 나씨다. 둘째 부인은 지도첨의사사知都僉議司事 황원길의 딸 창원군부인 회산檜山 황씨다. 홍융의 딸은 다섯이었는데, 첫째 딸은 원나라의 좌승상 아고대阿高歹에게 시집갔고, 둘째 딸은 청주 정씨 정해鄭瑎에게 시집갔으며, 셋째 딸은 충선왕에게(순화원비順和院妃), 넷째 딸은 충숙왕에게(명덕태

후) 시집갔다.[42]

명덕태후-明德太后(1298~1380)

원충의 부인인 남양 홍씨와 자매다. 나면서부터 총명하고 단정해 충숙왕이 왕위에 오르자 간선되어 궁중으로 들어갔으며, 덕비德妃로 책봉되었다. 1315년(충숙왕 2) 아들 정禎을 낳으니 그가 바로 충혜왕이며, 공민왕도 그의 소생이다. 뒤에 충숙왕이 원나라에서 복국장공주에게 장가들었는데, 공주가 질투하는 바람에 궁중에서 나와 정안공定安公의 집에서 거처했다. 왕이 며칠 밤 그곳에서 자고 가곤 해서 윤석尹碩·손기孫琦 등이 왕에게 비밀리에 권고해 정안공의 집으로 왕의 거처를 옮기고 태후를 그 이웃집으로 옮기게 해 왕래하는 데 편리하게 했다. 한 무녀가 요언妖言으로 태후의 궁에 드나들어 자못 신용과 사랑을 받았다. 얼마 뒤 그 무녀의 요망함을 안 태후가 그녀의 재산을 몰수하고 측근을 시켜 그 무녀를 때려 죽였다. 충혜왕이 왕위에 오른 후 충숙왕이 정만길鄭萬吉·강융姜融·김원상金元祥 등의 이간하는 말을 듣고 마침내 태후를 강제로 고향으로 돌려보냈으며, 모자가 만나는 것을 허락하지 않았다. 원나라에서 충혜왕을 데려간 뒤 재상들이 태후를 위안하기 위해 연회를 베풀었더니 태후가 정승 채하중蔡河中을 접견하고는

그대가 수상으로 있으면서 임금의 잘못을 보고도 시정하지 않고 왜 이 지경에까지 이르게 했소? 그저 아첨으로 임금의 뜻만 맞춰주고 한 번도 간언하지 않은 것은 다만 자신의 녹봉과 지위만 보전하자는 생각이오.

지금 왕이 불려갔는데도 그대들은 한 번도 사람을 보내 문안해볼 생각
조차 하지 않고 태연히 있으면서 부끄럽게 여기지 않으니, 이제 비록 술
과 음식을 차려준들 내가 어떻게 음식을 목으로 넘기겠는가?[43]

라고 하고, 울면서 잔치를 거절했다. 처음에 태후를 위해 덕경부德慶府
를 설치했으며, 공민왕이 왕위에 오르자 문예부文睿府라 고쳤고, 그를
대비大妃라고 존칭했다. 1361년(공민왕 10)에 홍건적이 쳐들어오자 왕
이 태후를 모시고 남쪽으로 피란갔다. 1366년(공민왕 15)에 덕녕공주
德寧公主가 문예부에서 태후를 위해 연회를 베풀었는데, 그때는 신돈
이 왕의 신임을 얻어 세력이 아주 왕성하던 시기여서, 그가 왕을 따
라 들어와서 태후에게 뵈었으나 앉으라는 말을 아니하니 신돈이 급
히 밖으로 나갔다. 왕이 태후에게 고하기를 "첨의(당시 신돈의 관직)는
나라의 주석柱石인데, 어째서 자리를 주지 않습니까?"라고 물으니, 태
후가 정색을 하며 말하기를 "나는 미망인인데 어찌 감히 외부의 승
려와 한자리에 앉겠는가?"라고 해 왕은 잠자코 있었으나 신돈이 원
한을 품고 백방으로 참소하고 이간했다. 1368년(공민왕 17) 시중 유탁
柳濯이 마암馬巖(노국공주의 영전影殿을 짓는 땅) 공사를 중지하자고 간언
하다가 투옥되었는데, 태후가 사람을 시켜 그를 석방하도록 타일렀
으나 왕은 듣지 않았다. 1369년(공민왕 18) 여름에 가뭄이 들었다. 왕
이 태후에게 문안하러 가서 한재旱災에 대해 언급했더니, 태후가 말하
기를

왕은 날씨가 가무는 까닭을 아시오? 작년에도 비가 내리지 않아서 백성

이 굶어 죽었고, 금년에 또 가뭄이 들어 백성이 살길을 잃으니 왕은 누구와 더불어 임금 노릇을 하시겠소? 어째서 정사를 신하에게 위임하시며, 공로 있고 죄 없는 사람을 많이 죽이고 토목공사를 대규모로 진행해 화기를 손상하게 하시오? 왕이 태자로 계실 때는 백성이 크게 기대를 가져 왕이 임금에 오르지 못하실까 근심하고, 충혜왕의 무도함을 원망했으며, 나도 그렇게 생각했소. 그러나 충혜왕 시대에는 풍년이 자주 들고 사람도 적게 죽었소. 그런데 지금은 왜 도리어 그때만도 못하오? 하물며 왕의 나이가 어리지 않은데, 어째서 나라의 정권을 다른 사람의 수중에 맡기고 계시오?[44]

라고 말하고는 이어 눈물을 흘리니, 왕은 불쾌한 빛을 보이면서 말하기를

어머님은 왜 그렇게 아들의 허물을 과장하여 말씀하십니까? 사람을 많이 죽이는 죄는 제가 범하지 않았고, 단지 난신을 숙청할 따름입니다.[45]

라고 대답했다. 이때부터 왕은 태후를 원망했으며, 신돈의 참소와 이간 또한 통해 그의 효성이 드디어 감퇴되었다. 1370년(공민왕 19)에 명 태조가 상보사승尚寶司丞 설사偰斯를 보내 왕을 책망하는 황제의 명령을 전달했으며, 또한 태후에게 단선段線·나사羅紗를 선물로 보냈다. 공민왕이 불우佛宇를 지었는데, 상량上樑하다가 대들보에 깔려 죽은 사람이 26명에 달했으며, 몸과 사지가 각각 떨어져서 차마 눈으로 볼 수 없었다. 태후가 이 소식을 듣고 공사를 중지하라고 말했으나 왕

이 듣지 않았다. 1371년(공민왕 20)에 신돈을 처단했는데, 왕이 유탁을 신돈의 일당이라 하며 죽이려 하니, 태후가 사람을 시켜 용서해주라고 했으나 왕은 노해 심부름 온 사람을 투옥시켰다. 왕은 오랫동안 문안을 하지 않다가 태후가 병들었을 때 비로소 병문안을 갔다. 1372년(공민왕 21) 정월에 왕이 태후에게 존호를 올리고, 2죄 이하의 죄수를 풀어주었다.[46]

문예부를 숭경부崇敬府로 고치게 했다. 이해 여름은 가물었는데, 태후가 왕에게

날이 오래도록 가무는 것은 사람들에 의해 초래된 재난이니, 신돈 일당의 처첩들로서 관비官婢가 된 사람들을 석방하는 것이 좋겠다. 부녀들에게 무슨 관계가 있는가?[47]

라고 하여 왕이 그 의견대로 시행했으나, 다만 신돈의 처첩은 용서하지 않았다.

1373년(공민왕 22)에 왕이 모니노를 후계자로 삼으려고 그를 공부시킬 것을 태후에게 청하고 성균 직강 이숭인에게 글을 가르치라고 명령했으나 태후는 그렇게 할 생각이 없었다. 태후는 좀더 크거든 공부시키자고 미루었다. 태후는

영전(노국대장공주의 영상을 모시는 집)은 규모가 웅장하고 화려하기가 천하에 비길 곳이 없으며, 백성을 괴롭히고 국가 재정을 돌아보지 않는 것이 이 공사보다 더 심한 것이 없으며, 수재와 한재가 다 여기에 기인하지

않음이 없으니, 공사를 그만두는 것이 좋겠다.

신하란 나와서는 임금에게 복무하고 집에 들어가면 가산을 돌봐야 하는 법인데, 김흥경金興慶 등 여러 자제를 밤낮으로 대궐 안에 두고 집에는 돌아가지 못하게 하니, 어찌 왕을 원망하지 않으리오? 왕은 일찍이 역적 신돈의 말만 믿고, 나의 말은 듣지 않아 하마터면 국가를 망칠 뻔하더니 이제 또 그러시면 어떻게 되겠소? 자제들은 마땅히 윤번으로 숙위하도록 할 일이며, 또 국가의 정무가 번잡해 주야로 정사에 근면해도 오히려 만족하지 못할 우려가 있는데, 지금 왕은 한낮이 되어야 일어나니, 국사와 행정의 큰일들이 어찌 지체되지 않겠소? 왕은 마땅히 일찍 일어나고 늦게 취침해 친히 국정을 처결해 이 늙은 어미에게 효도를 다 해주오!48

라고 하니, 왕이 "삼가 명령을 받들겠습니다"라고 대답했다. 태후가 또 "왜 비빈을 가까이하지 않소?"라고 물으니, "공주(노국대장공주)만 한 여자가 없습니다"라고 대답하면서 눈물을 흘렸다. 태후가 웃으면서

사람이란 한 번은 죽는 것이 다행한 정칙이라. 왕 또한 종당 면하지 못할 일인데, 어찌 그다지도 애통해하오? 사람들의 웃음거리가 될까 두려우니, 다시는 그러지 마오.49

라고 타일렀다.

태후가 왕에게 자주 그의 과실을 말하니, 왕이 불쾌하게 여겼다. 그래서 궁녀와 환관들이 서로 경계하며 왕의 과실을 태후에게 말하

지 않으니, 태후 또한 그런 줄 알고 있었는데, 왕이 충혜왕의 세자 석기釋器를 죽였다는 말을 듣고도 모르는 체하면서 말하기를 "어젯밤 꿈에 시체를 봤더니 마음이 편치 않다"고 하면서 요리사(선부膳夫)로 하여금 소찬素饌을 드리게 했다. 1374년(공민왕 23) 9월 갑진일에 공민왕이 피살되었는데, 시중 이인임이 백관을 인솔하고 우를 왕으로 세웠다.

1377년(우왕 3)에 왜적이 강화를 침범해 주민들을 함부로 살상하고 포로로 잡아갔다. 태후는 양백안楊伯顏을 도당에 보내

왜적이 포학하게 백성을 도살한다니 수수방관할 수 없다. 지금 왜승倭僧 양유良柔 등이 사신으로 와 있다는데, 그자를 보내서 왜적들을 설복하되 '너희도 사람인데 왜 이렇게 잔인무도한가? 너희가 금·은·쌀·비단을 필요로 한다면 우리가 어찌 아끼겠는가? 비록 토지라도 줄 터이니 함부로 사람만 죽이지 마라!'고 개유하면 어떻겠는가?[50]

라고 했더니, 시중 경천흥의 견해는 이렇게 하면 약점을 보여주는 것이라고 반대해 그만두었다고 한다.

1379년(우왕 5)에 왕의 유모 장씨가 죄를 범해 백관들이 투옥할 것을 청했는데, 우왕이 사람을 시켜 태후에게 "옛날에도 유모를 쫓아낸 일이 있었습니까?"라고 물었더니, 태후는 "어찌 예와 이제를 대비해서 유무를 가지고 논의하겠는가? 다만 그때그때 때에 따라 적절하게 처리하는 법이다"라고 대답했으며, 백관들도 굳이 청했으나 우왕이 듣지 않았다. 이에 태후가 말하기를 "어찌 한 여자 때문에 온 나

라를 실망케 하겠는가?"라고 하면서 장씨를 불러 빨리 하옥시키라고 재촉했으나 장씨는 우왕 앞에서 나가려고 하지 않았다. 태후가 노해 연輦을 준비시키고 별궁으로 나가려 했다. 이에 우왕은 할 수 없이 장씨를 내쫓았다. 태후는 1380년(우왕 6) 정월 무술일에 죽으니, 향년 83세였다. 그녀는 죽기 전날 밤 우왕의 손을 잡고 말하기를

우리나라가 대대로 전해온 지 500년 가까이 된다. 대저 임금들은 모두 신하의 말을 듣지 않는 것 같은데, 왕은 크게 의심나는 일을 규명하거나 큰 사건을 결정할 때는 반드시 시중 경복흥·이인임·최영과 여러 정승에게 자문할 것이며, 결코 감정에 지배당해 행동하지 마라! 또 왕의 행동은 반드시 역사에 기록되는 법이니, 자주 유람하러 다니면 아니 된다.[51]

라고 했다.

그해 2월 영릉영릉에 묻히고, 시호를 공원恭元이라 했다. 1391년(공양왕 3) 예조에서

충숙왕비 홍씨는 충혜왕과 공민왕의 어머니이며, 충혜왕비 윤씨는 충정왕의 어머니로서 모두 정통 군왕의 후계자를 낳으신 왕비인데 아직까지 제사를 올리지 않은 것은 실로 예전을 빠뜨린 바이니, 두 왕비의 기제忌祭와 진전제眞殿祭를 모두 근대의 돌아가신 왕후의 전례에 따라 거행해야 하겠습니다.[52]

라고 하여 왕이 그대로 따랐다.

원호元顥(?~1356)

또한 원의의 형이 원호다. 송도 남문의 종鍾과 후손 원순우元舜祐의 묘표에 따르면 원호는 좌리공신에 책봉되고, 벼슬이 삼중대광판예의 삼사사 좌시중에 이르렀다. 성안부원군에 책봉되었다. 고려 말 본전本傳에 나이 18세에 음보로 호군이 되어 여러 번 옮겨 삼사좌사가 되었다. 공민왕 때 찬성사에 제배되었다. 원의 장사성의 반란을 토벌하러 갈 장수를 모집할 때 왕이 원호를 성안부원군에 책봉해서 보냈다. 돌아와서는 판삼사사에 임명되었다. 뒤에 한가귀韓可貴·구영검具榮儉과 함께 하옥되어 참화를 입었다. 부인은 찬성사 복안부원군 권겸權謙의 딸이요, 도첨의 좌정승 영가부원군 문정공文正公 권부의 손녀이자, 찬성 문청공 권환權㫜의 증손녀이며, 권근의 증조부이고 찬성 완양군完陽君 문간공文簡公 전주 최씨 최성지崔誠之의 외손녀다.53

홍언박洪彦博(1309~1363)

원충의 장인 홍규의 아들인 홍융의 셋째 아들이다. 홍언박의 자는 중용仲容이요, 남양부원군 홍규의 손자다. 어려서부터 글 읽기를 좋아하고, 글을 잘 지었다. 1330년(충숙왕 17)에 등제해 1348년(충목왕 4)에 밀직제학을 받았다. 얼마 있다가 지신사로 옮겨가고, 1352년(공민왕 1) 첨의찬성사에 임명되면서 추성양절좌리공신推誠亮節佐理功臣으로 남양군에 책봉되었다. 당시에 6시六寺의 판사를 뽑아야 했는데, 봉익대부奉翊大夫 성랑省郎(성의 낭관郎官) 자리가 서경받지 못했다. 왕이 노하여 우사의右司議 송천봉宋天鳳을 죄주려 했는데, 홍언박이 홍빈洪彬과 함께 구해주어 처벌을 면할 수 있었다.54

1354년(공민왕 3)에 좌정승이 되었다가 우정승으로 옮겨 단성양절보리안사공신端誠亮節輔理安社功臣, 남양후에 책봉되었다. 기철을 제거하는 공로를 세워서이다. 1361년(공민왕 10)에 문하시중이 되었다. 홍건적이 경성을 핍박하자 여러 사람이 피란을 가야 한다고 했던 반면 홍언박 홀로 백성과 함께 죽기를 각오하고 지켜야 한다며 왕에게 아뢰었다. 얼마 있다가 평안도 군사들이 패배했다는 소식을 듣고 왕은 남쪽으로 피란을 갔다. 홍언박도 따라갔다. 이듬해에 경성을 수복했는데, 홍언박의 말을 듣고 제승방략制勝方略을 썼기 때문이다. 판밀직사 송경宋卿이 홍언박에게

백성은 공이 다시 재상이 되기를 바란 지 오래입니다. 지금의 수상은 아무 일도 하지 않아 백성의 여망輿望을 저버렸습니다. 작년에 종묘와 사직이 옮겨가고, 수도가 적에게 떨어졌으며, 주상이 몽진蒙塵(왕이 피란 가는 것)해 천하의 웃음거리가 된 것은 공이 일찍이 도모하지 않았기 때문입니다. 지금 공의 아들이 부병府兵을 장악하고 있고, 사위가 사헌부의 장이어서 부귀가 이미 극에 달했는데, 어찌하여 국가를 걱정하지 않습니까?55

라고 공격해 재상에서 파직되었다.

당시에 홍언박의 사위 유연이 감찰대부로 있었기에 2품 이상인 경卿이라 한 것이다. 그러나 행궁에 쓰일 금은이 적고, 왕의 쓰임새에 또한 절조가 없어 홍언박이 "내탕內帑의 축적이 어떻습니까? 수도에 있을 때 경비를 마땅히 아껴 써야 했습니다"56라고 하자 왕이 노려보

며 대답하지 않았다. 홍언박이 물러 나와서 말하기를 "말을 따르지 않으니, 이는 어찌 사람이 경박하고 자존심이 높아 남의 말을 듣지 않는 것이겠는가?"[57]라고 했다.

이제현이 듣고 말하기를

내가 재상이 되었을 때 매 언사를 이와 같이 했는데, 나는 일찍이 왕을 위해 아끼지 않았다. 왕이 강화로 천도하자면 개태사開泰寺(고려 태조의 진전眞殿)에서 점을 쳐보라 하였다.[58]

라고 했다. 명덕태후는 홍언박의 고모다. 이제현이 홍언박을 면책하기를

너는 외척거실外戚巨室로 지위가 총재冢宰에 있어 중외의 여망이 모두 쏠려 있다. 지금 왕은 천도하고자 하는데, 나라 사람들은 다 원치 않는다. 너는 어찌 간언하여 그치게 하지 않는가?[59]

라고 하자 홍언박이 왕에게 보고하니, 왕은 "내가 천도를 결정한 것이 아니고 길흉을 알아보고자 했을 뿐이다"라고 했다. 점을 쳐보니 결과는 불길했다. 이 소식을 듣고 나라 사람들이 크게 기뻐했다고 한다. 당시에 유언비어가 돌기를 홍건적이 다시 쳐들어온다고 해 대수大帥(사령관)를 뽑기로 했는데, 홍언박은 나랏일을 걱정하지 않는다는 이유로 좌정승 유탁을 도통사都統使로 뽑았다. 홍언박은 유숙柳淑과 함께 과거의 지공거가 되었는데, 재추宰樞(재신과 추신)들이 잔치를

열어서 훈척수상勳戚首相 홍언박과 유악총신帷幄寵臣 유숙을 위로했다. 1363년(공민왕 12) 왕이 장차 환도하려다가 이를 미루고 실행하지 않자, 홍언박이 "준비는 이미 다 되었는데, 만약 기일을 천연하면 농사에 해로워 백성이 그 폐해를 당합니다"라고 해서 왕이 그대로 따랐다. 왕이 남쪽으로 파천한 뒤 모든 제사를 폐했으며, 문선왕文宣王 삭망제朔望祭 역시 폐했다. 이에 성균관과 사학 12도私學十二徒가 이를 부활시키자고 건의하자, 홍언박이 중앙과 지방에서 말이 많이 돌아 지낼 수 없다고 했다. 흥왕사의 변이 일어났을 때 아들 홍사범洪師範이 사람을 보내 피하라고 하자 홍언박은 바야흐로 첩과 함께 누워 있다가 이 말을 듣고 태연자약하게 "불가불 먹어야 하는데 어려움이 닥친다면 죽을 끓여 먹자"고 했다고 한다. 홍건적이 그 당여를 보내 홍언박의 집에 이르자, 문객이 급히 고하기를 "적이 곧 밀어닥칠 텐데 그래도 일어나지 않겠습니까?"라고 했다. 얼마 있다가 홍건적이 이르러 "나와서 황제의 명령을 받으라!" 하니, 가인家人이 "문 앞에 적이 당도했으니 마땅히 빨리 피하라!"고 했다. 홍언박이 적을 보고 "왜 나를 잡아가려 하느냐?"고 하고는 끝내 피하지 않았다. 아들과 처가 피하라고 권해도 듣지 않고, "어찌 수상이 되고서 죽음을 피할까보냐?" 하면서 천천히 의관을 정제하고 문밖으로 나와 "너희가 홍건적이냐? 어찌 황제의 명을 사칭하느냐?"고 하자, 적들이 그를 베어 피가 집 서까래에 튀었다. 향년 55세였다. 흥왕사에 있던 적들이 듣고 모두 만세를 불렀다. 시호는 문정이다.[60]

아들은 홍사보洪師普·홍사범·홍사우洪師禹·홍사원洪師瑗으로 넷이 있었는데, 홍사보는 벼슬이 판합문사判閤門事에 이르렀으나 그의 아들 홍관洪寬이 공민왕 시역弑逆에 가담해 죽임을 당했다. 홍사범은 벼슬이 지밀직사사에 이르렀는데, 북경에 가서 촉蜀 땅을 평정한 것을 축하하고 돌아오던 길에 바다 가운데 허산許山에서 풍랑을 만나 물에 빠져 죽었다. 이에 공민왕이 애도의 마음을 내비치며 특별히 시호를 내렸다. 홍사우는 공민왕 때에 경상도 도순문사都巡問使가 되어 합포의 왜적을 진압했다. 청렴하고 스스로 지키는 바가 있어 이민吏民이 두려워하고 좋아했다. 왜구가 구산현龜山縣 삼일포에 침입하자, 홍사우가 가서 격퇴했다. 적들이 패주하자 승승분격乘勝奮擊하니, 적들이 산으로 올라갔다. 홍사우가 군사를 몰아 사방으로 공격해 적이 무너져 달아나니, 200여 명을 베고 물에 빠져 죽은 자도 1000여 명이나 되었으며, 여인 10여 명을 포로로 잡고, 병장기는 셀 수 없이 노획했다. 뒤에 전라도 도순문사가 되었으나, 아들인 홍윤洪倫이 시역에 참여해 사람을 보내 문초하고 먼 지방으로 장류杖流했다. 곧 최인철崔仁哲을 보내 목매어 죽였다. 홍사우와 그의 아들 홍이洪彝는 협주로 귀양보내 형벌을 받게 되었는데, 홍이가 울면서 "나를 죽이고 아버지를 살려달라!" 하고, 아버지 홍사우는 "나는 이미 늙었으니, 나를 죽이고 내 아들은 풀어주라" 하면서 이어 한탄하기를, "내가 일찍이 왜적을 많이 참획했는데, 공은 어디로 간 것인가?"라며 부자가 서로 붙들고 죽으니, 사람들이 모두 이를 애석하게 여겼다. 전라·경상도 백성가운데 눈물을 흘리는 자들도 있었다. 홍사원은 전서典書를 지냈다.[61]

사위인 유연(1328~1376)은 진주 사람으로 삼사좌사 유정柳淀의 아들이다. 청렴하고 재간이 있었으며, 일을 맡을 때에는 조심스러워했다. 관직에 있을 때는 직책을 잘 수행했고, 장수가 되어서는 자못 중심衆心을 잡았다. 1376년(우왕 2)에 찬성사, 상의商議로서 죽으니 향년 49세였다. 중앙과 지방 사람들이 애석하게 여겼다. 시호는 정정貞靖이다.[62]

원의元顗와 변안열

원의 자신은 아들이 없고 변안열이 그 사위였다.[63] 그래서 그의 재산은 변안열에게 분재되었을 것이다. 공민왕이 이런 점까지 고려해 원의로 하여금 변안열을 사위로 삼게 하고, 원의의 본관으로 원주를 사관賜貫했다. 고려에 아무런 근거가 없는 변안열을 뿌리내리게 하려는 의도였을 것으로 여겨진다. 그리고 자신을 지지하는 관료들과 혼맥을 연결시켜줌으로써 스스로의 세력 기반을 튼튼히 하기 위한 것이기도 했다. 남양 홍씨와 안동 권씨가 그러한 가문이다.

원의의 아버지 원충의 장인 홍규는 충숙왕의 장인이요, 명덕태후의 아버지이며, 홍언박은 홍규의 손자요 홍융의 아들이다. 공민왕 때 문하시중 홍언박의 손자인 홍윤·홍관·홍이는 공민왕을 죽인 자제위에 소속되어 있었다. 원주 원씨 가문에서도 원부는 등과해 공신으로서 중찬을 지냈고, 그의 큰아들 원관도 등과해 현직에 올랐다. 원관의 첫째 부인의 외조는 최자요, 셋째 부인의 할아버지는 공부상서 김경손이며, 넷째 사위 민적은 조선 태종비인 원경왕후의 증조다.

원눌元訥·원훈元訓

원호의 손자이자 원의의 첫째 종손자인 원눌은 대장군이다. 둘째 종손자인 원훈은 자가 문숙文叔이며, 호가 휴헌休軒이다. 첫 이름은 읍揖

이었는데, 공민왕이 훈으로 바꿔주었다. 벼슬이 중정대부 상호군 지 장흥부사 우문각 태학사 문하시랑 동평장사에 이르렀다. 1392년(공양왕 4) 정몽주가 조영규趙英珪에게 타살되자 벼슬을 버리고 만수산 두문동에 들어갔다가 이곳도 오래 머무를 곳이 못 된다고 해 중성학산重城鶴山 동쪽으로 들어갔다. 매일같이 산에 올라가 송악을 바라보고 가야금을 켜며 슬퍼했다. 그래서 사람들이 그곳을 가리켜 원정승이 송현松峴을 바라본 곳이라 칭했다. 태종이 소싯적의 친구라 해 이조판서직을 내리며 불렀으나 벼슬길에 나아오지 않았다. 운곡耘谷 원천석과 더불어 『고려야사高麗野史』를 편찬했지만 아들 원덕숭元德崇이 화가 미칠까 두려워 불태워버렸기에 전하지 않는다. 삼종숙 원상元庠 (두문동 72현의 한 사람)의 휴헌기休軒記가 있다. 부인은 개성윤 김홍金洪의 딸이자 평리 김후金厚의 손녀이며, 밀직사 김승용柳承用의 증손녀이고 충렬공忠烈公 김방경의 5세손인 안동 김씨. 묘는 연천군 백학면 학곡리 목욕동에 건좌乾坐로 있다. 셋째 종손자는 지중추부사였던 원윤元胤이다. 부인은 상서 황간黃侃의 딸인 황씨이며, 외조는 풍천豊川 임씨의 임덕수任德壽다.[64]

원충갑元冲甲 · 원송수元松壽

원관의 후예 가운데 충렬왕조의 원충갑은 합단哈丹의 적군을 물리쳐 추성분용정란광국공신推誠奮勇定亂匡國功臣이 되었고, 원부는 충렬왕– 원종조에 선정을 베풀어 드높은 명망으로 문순공이 되었으며, 원송수는 공민왕조에 홍건적을 물리쳐 충근찬화공신忠勤贊化功臣이 되었고 첨서밀직사사簽書密直司事를 지냈다. 원송수의 시호는 문정공文定公이었다. 원부는 원의의 증조이며, 원관은 할아버지이고, 원충은 아버지였다.[65] 1358년(공민왕 7)에 변안열은 노복 300구와 말 5000필을 바칠 정도로 부자였다. 출장입상해 많은 군공을 세워 그러한 부를 축적한 것이다.[66]

▌의용우군義勇右軍을 맡다

변안열은 10년 동안 숙위 업무에 종사하다가 1362년(공민왕 11)에 그로부터 3년 전 안우를 따라 홍건적을 물리친 공으로 공훈 2등에 기록되었고, 판소부감사判少府監事에 임명되었다. 이어 개경을 수복해 공훈 1등의 직첩을 받았으며, 예의판서禮儀判書를 제수받고, 추성보조공신推誠補祚功臣에 책봉되었으며, 삼사밀직사사三司密直司事에 올랐다.[67]

그러던 중 1368년(공민왕 17) 주원장[68]이 양자강 남북을 아우르고, 대도(북경)를 탈취해 원 순제가 상도上都(개평부開平府)로 달아났다가 응창應昌으로 다시 달아난 사건이 일어났다. 이에 고려 정부는 명나라에 사신을 보내기로 하고,[69] 이듬해인 1369년(공민왕 18)에 변안열은 홍무洪武 연호를 쓸 것을 상소했다.[70] 친원파에서 친명파로 바뀐 것이다. 공민왕이 펼친 친명 정책의 영향이었을 것이다. 이러한 원명 교체기에 기철의 아들 기새첩목아가 동녕부를 근거로 해 아버지의 원수를 갚겠다며 벼르고 있었다. 고려에서도 대비하지 않을 수 없었다. 변안열의 친구인 간관諫官 우현보는 이렇게 상소했다.

가르치지 않은 백성을 싸우게 하는 것은 곧 백성을 버리는 것이라 했습니다. 하물며 싸움이란 위험한 일이어서 한 번 이기고 한 번 지는 것에 존망이 달려 있으니 신중하지 않을 수 없습니다. 국가에서는 평소에 예비함이 없어 백성은 싸움을 알지 못하니, 하루아침에 변고가 있으면 창황해 갈피를 잡지 못하고 비로소 백성을 몰아 졸오卒伍에 충당하니, 칼날을 맞대기 전에 소문만 듣고도 흩어질 것이므로 이들로써 싸우면 어찌 성공할 수 있겠습니까? 비록 손자孫子나 오자吳子를 장수로 삼아도 또한 능히 감당할 수 없을 것이오니, 마땅히 미리 장수를 뽑아서 병졸을 모아 훈련시켜 가르치고 익힘으로써 사람마다 귀에 쇠북 소리를 익히고 눈에 정기를 익숙하게 해 모두 전쟁을 해도 놀라지 않고, 해야 할 일이면 비록 강한 적을 만나더라도 모두 능히 용감히 싸울 것이니 어찌 낭패해 차례를 잃겠습니까? 군사를 쓰는 길은 오로지 장수에게 달려 있는데, 훌륭한 장수의 재주는 자고로 어렵다고 하오니, 마땅히 자제로서 기량과 견식이 있는 자를 가려 아울러 병법을 배우게 하고 무예를 익히게 하며, 항상 교열教閱해 정예를 가르쳐 길렀다가 그 재주가 이루어짐을 기다려 이를 쓰면 훌륭한 장수를 어찌 얻기 어렵고, 군사를 씀에 규율을 잃을 걱정이 있겠습니까? 옛날에 병서兵書로 사람을 시취하는 과가 있었음도 곧 이런 뜻에서였습니다. 먹는 것은 백성의 하늘이니 무겁게 여기지 않을 수 없습니다. 공자도 군사를 말함에 먼저 먹는 것을 족하게 해야 한다고 했는데, 먹는 것이 부족하면 군사가 비록 많아도 장차 이를 어떻게 쓰겠습니까? 국가에서 군사를 씀이 이미 햇수로 오래되었는데, 아직 식량을 축적해 갑작스런 일에 대비함이 없고, 하물며 지금 우택雨澤이 때를 어겨 풍흉을 알기 어려우니, 마땅히 널리 저축해 군량을 넉넉

하게 하소서.[71]

국가에서 장졸을 미리 뽑아 훈련시키고 군량도 준비해 나라를 지키는 튼튼한 공병을 길러야 한다는 것이다. 그리하여 공민왕은 1373년(공민왕 22) 8월 의용좌·우군을 설치해 문하평리 유연에게 좌군을, 밀직사 변안열에게 우군을 지휘하게 했다.[72] 강력한 상비군으로서의 공병이 창설된 것이다. 이 상비군은 어디서 선발했는가? 유연이 양광도楊廣道 도순문사를, 변안열이 양광도 원수를 겸하고 있었던 것으로 보아 양광도(경기도) 병사들을 징집한 듯하다. 뿐만 아니라 제주도 목호를 토벌할 때 변안열이 양광도만이 아니라 전라도 군사까지 징발한 것으로 미루어 경기·전라 군사가 변안열군의 바탕을 이루었음을 알 수 있다. 왜적이 주로 이 지역을 많이 쳐들어왔고, 변안열이 승승장구했던 것도 향병鄕兵의 향토애와 지형지물 숙지에 있었지 않았나 한다.[73]

목호牧胡의 토벌

명 태조 주원장이 임밀林密 등을 사신으로 보내 제주 말 2000필을 보내라 했으나, 합적哈赤·석질리石迭里·필사초고必思肖古·독불화禿不花·관음보觀音保 등의 목호들이 300필만 보냈다. 이에 임밀 등이 노하자 공민왕은 1374년(공민왕 23) 제주 목호들을 치기로 했다. 그해 7월 최영을 양광전라경상도도통사, 염흥방을 도병마사都兵馬使, 이희필李希泌·변안열을 양광도 원수, 목인길睦仁吉·임견미를 전라도 원수, 지윤池奫·나세를 경상도 원수, 김유金庾를 삼도 조전원수助戰元帥 겸 서해·교주도 도순문사로 삼아 전함 314척, 사졸士卒 2만5600인을 이끌고 가서 토벌하게 했다. 공민왕 교서에

탐라는 원래 고려에 속해 500년 동안 대대로 관직을 받고 공물을 바쳤다. 그런데 근래에 목호 석질리·필사초고·독불화·관음보 등이 우리 사신을 죽이고, 우리 백성을 노예로 삼아 죄악이 꽉 찼다. 이제 최영에게 절월節鉞을 주어 가서 치게 한다. 제군을 독려해 굳게 기일을 약정함으로써 전멸시킬지어다. 상벌에 왕명을 쓰거나 쓰지 않거나 하는 것은 꺼릴 것이 없다.[74]

고 했다. 재추들이 모여서 군사들을 전별하니, 모두 우는데 최영과 변안열만이 태연자약했다고 한다. 그해 8월 군사들이 나주에 이르러 최영이 영산포에서 열병閱兵하고, 여러 장수에게 약조하기를

여러 도의 군사는 서로 섞이지 말고 마땅히 각각 기치旗幟를 꽂아 돛대에서 식별할 수 있게 하라! 그리고 배에는 두목관頭目官을 두어 어지럽게 배를 몰지 못하게 하라! 배가 떠남에 각각 줄을 맞춰 나무하는 일과 물 긷는 일을 때맞춰 하고, 만약 왜구를 만나면 좌우로 협격해서 능히 잡는 자는 크게 벼슬과 상을 줄 것이다.[75]

라고 했다.

제주에 이르러 각각 전함을 거느리고 동시에 다 같이 나아가니, 차

서가 조금도 잘못되지 않았고, 군사들이 각각 목적지(신지(信地)를 점령했으며, 연기를 피워 서로 통보하고, 도통사의 뿔피리에 따라 제군이 동정(動靜)하되 조금도 틀림이 없게 했다. 성을 공격하는 날에 백성으로써 합적 등을 편들어 명령에 따르지 않는 자들은 군사를 놓아 모두 죽였다. 그리고 마중 나오지 않은 적의 수괴의 가산은 관에서 몰수했다. 또 공사의 계권(契券)과 금은으로 된 패·인신(印信) 및 마적(馬籍) 역시 관에서 모두 거두어들였다. 이런 물건들을 가져온 이에게는 상을 내렸다. 불우나 도전(道殿), 신사(神祠)를 지키는 자들은 그대로 두고, 화보를 탐하거나 힘껏 싸우지 않은 자들은 벌했다. 먼저 배로 도망해 돌아온 이들은 군법으로 다스렸다. 또 말하기를 "왕이 내게 명해 반란을 정벌하라 했으니, 내 말이 곧 왕의 말이다! 내 말을 따르면 일이 구제될 수 있다!"고 하니, 여러 장수가 관을 벗고 사례했다.[76]

금산곶(黔山串)에 이르러 여러 장수가 말하기를 "배가 떠난 지 이미 오래고, 바람도 점점 세게 부는데 마땅히 빨리 군사를 움직여야 합니다"라고 하니, 최영이 말하기를 "오늘은 바람이 불리하고 서해 전함이 여러 계획으로 이르지 않았으니, 어찌 가히 먼저 갈 수 있겠느냐?"라고 했다. 장수들이 분개해 보길도에 정박하려 할 때 최영이 또 바람이 없다는 이유로 머무르고자 하자 여러 장수가 말하기를 "병사의 기틀은 빠른 것을 귀하게 여기는데 머물러 진격하지 않으니, 뒤에 만약 헐뜯는 일이 생기면 누가 이를 책임지겠는가?"라고 했다. 그러나 최영은 듣지 않았다. 염흥방이 "여러 장수의 말을 듣지 않을 수 없습니다"라고 하니 최영이 하는 수 없이 따랐다. 그런데 날이 이미 정오가 되었음에도 (최영이) 오히려 어물어물하고 떠나지 않자, 변안열 휘하의 군사들이 먼저 배를 출발시켰다.[77] 변안열이 그만한 권위와 영향력을 지니고 있었던 것이다.

이에 최영이 크게 노해 돛대를 걸고 따르니 조금 있다가 모든 도의 배들이 돛을 달고 일제히 출발했다. 최영이 부득이 닻을 거두고 배를 띄웠으며, 서해선 또한 이르렀다. 중도에 큰 바람을 만나 모든 배가 사방으로 흩어졌다. 날이 저물어 장차 추자도에 닿으려 할 때 갑자기 비바람이 크게 불어 배가 낭떠러지 바위에 부딪히며 닻줄이 끊어지고 노를 잃어버렸다. 이튿날 제주에 이르러 최영이 여러 장수의 부서部署를 나누어 사면으로 공격하니, 석질리·필사초고·독불화·관음보 등이 기병 3000명으로 명월포에서 항거했다. 최영은 전 제주목사 박윤청朴允淸을 보내 글로써 효유하기를

지금 군사를 일으켜 죄를 묻는 것은 부득이해서다. 적의 괴수 이외의 성주·왕자·토관土官·군민들은 마땅히 이전처럼 모두 안도하라! 비록 적의 당이었던 이들도 항복하면 또한 관대한 처분을 받을 것이다. 만약 혹시라도 반역하다가 대병大兵이 한번 오면 옥과 돌이 함께 타버려 후회해도 소용이 없다.[78]

고 했다. 여러 장수와 해안에 내려 군사가 머뭇거리면서 나아가지 않다가 이에 한 비장裨將을 죽여서 따르게 하니, 대군이 함께 나아가고 좌우가 분격해 크게 격파했다. 그리하여 승세를 타고 북쪽으로 30리되는 곳에 이르러 저녁에 명월포로 돌아와 해안가에 군영을 세웠다. 적이 안무사 이하생李下生을 죽였다. 여러 장수는 한라산 아래에 주둔

해 군사를 쉬게 했다. 이때 우리 군사가 적의 말을 많이 노획해 모두 기병으로 삼았다. 적의 괴수 3인이 와서 도전하다가 거짓으로 패하는 체하고 달아나 장차 효성曉星·오음五音의 들로 유인해서 기병으로 넘어뜨리려 했다. 최영이 그 꾀를 알아채고는 예졸銳卒에게 명해 급히 추격하도록 했다. 적의 괴수가 도망가서 남호도南虎島의 산으로 달아 났다.[79]

이에 최영은 전 부령 정룡鄭龍으로 하여금 빠른 배 40척을 보내 포위하게 하고, 스스로 정병精兵을 이끌고 계속해서 진격했다. 석질리·필사초고가 처자와 그 당여 수십 인을 거느리고 나왔다. 이에 필사초고·독불화·관음보는 면할 수 없음을 알고 절벽에서 투신해 죽었다. 최영은 석질리·필사초고와 그 세 아들을 요참腰斬하고, 또 필사초고·독불화·관음보의 목을 잘라 지병마사 안주安柱를 보내 왕에게 바쳤다. 동도합적東道哈赤·석다시만石多時萬·조장趙莊·홀고손忽古孫 등은 오히려 수백 인을 거느리고, 성을 근거로 내려오지 않았다. 최영이 여러 장수를 거느리고 공격하니 적이 궤멸해 달아났는데 곧 추격해 포획했으며, 여당餘黨들도 모두 죽였다. 죽은 자가 즐비했으며 금패 9개, 은패 10개, 인신 30개, 말 1000필을 얻었다. 인신은 만호萬戶·안무사按撫使·성주·왕자들에게 주고, 말은 여러 주에 나눠주어 기르게 했다. 졸병으로서 말이나 소를 잡아먹은 자는 목이나 팔을 잘라 사졸들이 겁을 내어 추호도 감히 범하는 이가 없었다.[80]

10월에 최영은 여러 장수와 더불어 군사를 거느리고 돌아왔으나 공민왕은 이미 죽어 재궁梓宮에 복명復命하고, 소리 없이 통곡했다.[81]

홍건적과 왜구의 토벌

변안열이 고려로 돌아와서 제1·2차 홍건적의 침입으로 공을 세웠다는 기록이 보이기 전까지는 행적을 확인할 자료가 많지 않다. 1359년 (공민왕 8) 홍건적은 반성潘誠이 10만 대군을 이끌고 경성을 핍박했다. 제1차 홍건적의 침입이다. 공민왕은 복주福州(지금의 안동)로 피란 가고, 총병관摠兵官 정세운 등으로 하여금 홍건적을 토벌하게 했다. 변안열은 안우를 도와 이방실·김득배·최영 등과 함께 제1차 홍건적의 침입을 막는 데 공을 세워 공훈 2등에 기록되고,[82] 판소부감사判小府監事가 되었다. 이때 원나라의 옥새와 인장을 가진 홍건적을 사로잡았다.[83]

변안열 등이 제2차 홍건적의 침입을 격퇴하자 그를 공훈 1등인 추성보조공신으로 삼고, 기린각麒麟閣 벽상에 형상을 그렸으며, 예의판서를 제수했다가 밀직부사를 거쳐 지삼사밀직사사知三司密直司事로 전보시키고 녹전祿田(녹과전祿科田)을 주었다. 일등공신에 대한 특전은 다음과 같았다. 첫째, 공신 초상을 그려주었다. 둘째, 부모와 처의 관품을 3품으로 올려주고, 아들 가운데 한 명은 7품계를 제수하되 아들이 없으면 생질이나 사위에게 8품을 제수하고, 자녀에 대한 초입사직으로 음직을 제수했다. 셋째, 구사丘史 5명과 진배파령進拜把領 7명을 주었다. 넷째, 토지 100결과 노비 10명을 하사했다.[84]

두 번에 걸친 공신 책봉으로 변안열의 정치·경제적 지위는 더욱 높아졌다. 이러한 조처가 기왕의 공민왕 측근을 제거한 뒤에 이루어진 것으로 보아 신구 세력의 교체를 목적으로 했다고 할 수 있다.[85]

1364년(공민왕 13) 왜구가 착량窄梁(수원)에 쳐들어오자 변안열은 판개성부사 석문성石文成과 함께 민가를 약탈하는 왜구를 토벌해 민심을 안정시킨 적이 있다. 또 1376년(우왕 2) 7월 변안열은 도당에서 "왜구가 바야흐로 심히 일어나는데, 오직 방어도감에서만 군기를 만들면 혹 부족할까 염려되오니, 청컨대 각사와 각 부대의 도감에게 명하여 각각 그 관청의 돈으로 기한을 정해 군기를 만들게 함으로써 완급에 대비케 하소서"라고 주장한 바 있다.[86] 아마도 새로 맡은 의용우군義勇右軍의 무장에 필요한 무기를 조달하는 것이 목적이 아니었나 한다. 이해 9월에 변안열은 다시 양광전라도지휘사都指揮使가 되어 나세·조사민趙思敏·유실柳實 등과 함께 전라도 부령富寧(부안扶安)에 침입한 왜구를 물리치니, 도당에서 천수사天壽寺에 나와 나희儺戲를 행하고 백금 1정錠, 안마鞍馬·의복을 하사했으며, 문하찬성사로 승진시켰다. 곡창지대인 호남평야를 적으로부터 지켜낸 공을 세웠기 때문이다.[87] 1365년(공민왕 14) 이후 우왕대에 이르기까지 변안열은 탐라 정벌을 비롯해 왜구 토벌에 참여했다. 그러는 동안 그의 관직은 판밀직사사를 거쳐 1375년(우왕 1)에는 종2품 문하평리에 이르렀다. 변안열의 장남 변현邊顯도 1382년(우왕 8) 동진사로 과거에 합격했다.[88] 변현은 문과에 급제할 당시 이미 정6품에 해당되는 내알자감內謁者監이라는 관직을 지내고 있었다. 일찍부터 이런 관직을 받을 수 있었던 것은 변안열이 공신에 책봉되었기 때문이다. 변안열은 우왕대에 들어서 신흥 사대부와 교유 폭도 더 넓혀갔다. 그것은 장남 변현이 과거에 급제해 신흥 사대부 출신 동방同榜들과의 교류가 있었을 것이기 때문이다. 변현의 동방으로는 우현보의 아들 우홍복禹洪福, 이색의 아

들이며 권근의 사위인 이종선李種善 등이 있었다.89 변안열과 신흥 사
대부의 교유는 변안열 자녀들의 혼인관계를 통해서도 어느 정도 확
인된다.90

1373년(공민왕 22) 8월 변안열이 부원수로서 최영과 함께 탐라 목
호를 토벌하고 돌아와 판밀직사, 지문하사에 오르고 다시 문하평리
에 전보되었다. 그런데 돌아와 보니 홍윤 등이 공민왕을 살해했다.
10월에 돌아와 공민왕의 재궁에 복명했다.91 1375년(우왕 원년) 8월
에 동북면 원수가 되어 심왕 왕고王暠의 침입을 물리쳤다. 이로써 수
충양절의위익찬보조공신輸忠亮節宣威翊贊補祚功臣에 책봉되었다.92 1376년
(우왕 2)에는 목인길·홍중선洪仲宣·왕안덕 등과 더불어 홍윤·최만생
의 부모처자를 처형할 것을 상소했다. 그해 9월에는 양광·전라도지
휘사 겸 조전원수가 되어 12월에 왜선 50척이 부령에 침입하자, 전
라도 상원수 겸 도안무사 나세, 조사민·유실 등과 더불어 배를 웅연
에 정박시키고 적현狄峴을 넘어 왜적을 격파했다. 그런데 적의 보병·
기병 100여 명이 행안산幸安山으로 올라가자 아군이 사면에서 공격
해 대파했다.93 이에 우왕은 변안열에게 백금 1정, 안마·의복을 하사
하고, 문하찬성사를 제수했다. 도당은 천수사에 나아가 나희를 하면
서 영접했다.94 1377년(우왕 3) 3월에 경기도총사京畿都摠使가 되어 4월
에 왜구가 서강西江에 쳐들어오자 최영과 함께 이를 격파했고, 5월에
왜구가 수원에 침입하자 이 역시 격파했다. 그리하여 8월에 문하평
리 겸 조전원수에 임명되어 해주·해평海平에 쳐들어온 왜구를 격퇴했
다.95 이때 왜구가 전선 50척을 불태우고, 1000여 명의 병사를 죽였
으며, 만호 손광유孫光裕가 유시流矢를 맞아 죽을 뻔했다. 또 강화부에

서 만호 김지서金之瑞, 부사 곽언룡郭彦龍이 적에게 패해 마니산으로 피하자, 우왕은 최영을 6도도통사로 삼아 왜구를 치게 했다. 이때 변안열은 이성계·양백연梁伯淵·나세·이원계李元桂 등과 함께 최영을 도와 왜구를 크게 물리쳤다. 그리고 경산에서 300명, 양광도에서 1000명, 교주도, 서해도, 평안도에서 각 500명 등 무려 3000여 명의 승군僧軍을 모집해 전선을 만들었다.[96] 4월에는 왜구가 서강에 출몰해 경성을 위협했다. 그리고 8월에는 왜구가 신주信州·문화文化·안악·봉주鳳州 등지에 침입하자 원수 양백익楊伯益·나세·박보노朴普老·심덕부 등이 나가 막았으나 막지 못했고, 이에 변안열이 이성계·임견미 등과 더불어 조전원수로서 출전했다. 이어 9월에 또 왜구가 영광·장사長沙·모평牟平·함풍咸豊 등지와 해주·평주에 침입하자 변안열은 최영 등과 함께 출전해 적을 섬멸했다. 이에 크게 놀란 우왕은 판사 최무선 등의 주장에 따라 화통도감火筒都監을 설치해 화약과 화기를 제작했고, 1380년(우왕 6) 나세 등이 하3도에서 적선 500척을 격파했다.[97]

1380년(우왕 6) 8월에 양광·전라·경상 3도 도체찰사都體察使가 되었다. 그는 3도 도체찰사로서 운봉전투에 참여했다.[98]

1382년(우왕 8) 4월 왜적이 단양에 침입하자 변안열이 도원수가 되어 한방언韓邦彦과 함께 격파해 왜병 8000여 급을 베고, 말 200필을 노획했다. 5월에는 역시 한방언과 함께 안동에 침입한 왜적을 격파해 왜적의 목 3000여 급을 베고, 말 60필을 노획했다. 이러한 전공으로 변안열은 원천부원군에 봉해지고 판삼사사가 되었다.[99]

황산대첩荒山大捷

황산대첩은 진포대첩鎭浦大捷과 밀접한 관계가 있다. 왜구는 조운선漕運船을 털기 위해 주로 해안가나 섬을 약탈 대상으로 삼았다. 그러자 고려 정부는 육로로 세금을 실어 날랐다. 이에 따라 왜구들이 내륙으로 쳐들어오게 됐으며, 병력의 규모 또한 점점 커졌다.

1380년(우왕 6) 8월 왜선 500척이 진포어귀에 들어와 배를 매어두고는 일부 병력으로 수비하는 한편 나머지는 상륙해 주군州郡으로 흩어져 분탕질을 함으로써 시체가 산야를 덮었으며 흘린 쌀이 한 자가 넘었다. 나세 등은 최무선이 만든 화포를 이용해 왜선을 불태웠으니, 불길이 하늘을 덮고 배를 지키는 왜적들이 다 타 죽었다. 왕은 나세 등에게 각각 금 50량씩을, 진무鎭撫들에게는 은 50량씩을 하사하고, 백관이 진하하게 했으며, 잡희雜戲를 벌여 환영했다.[100]

그러나 달아난 왜적들이 옥주沃州를 취하고, 육지로 기어 올라와 이산利山을 불태웠으며, 영동현으로 들어가 감무監務를 죽이고, 황간黃澗·어모禦侮 두 현을 불태우며 또 중모中牟·화령化寧·공성功城·청리靑利 등 현을 침략한 다음, 상주를 불사르고, 7일을 머물면서 술을 마셨다. 이때 전라도 원수 지용기 휘하의 배검裵儉이 자원해 적을 정탐하고자 했다. 여러 원수가 허락해 배검이 왜적에게 갔다. 왜적이 배검을 죽이려 하자 배검이 "천하에 사신을 죽이는 법은 없다. 우리나라의 여러 장수가 정병을 수도 없이 거느리고 있으므로 싸우면 반드시 이길 것이다. 그러나 너희를 다 죽여서 무슨 이익이 있겠는가? 너희는 마땅히 한 읍만 점거하면 어떻겠는가?" 하니, 적들이 "이는 우리를 속이는 것이다. 너희 나라가 정말로 우리를 살려주고자 한다면 어찌 우리 배를 빼앗았겠나? 우리가 충분히 숙의해보겠다" 하고, 배검에게 술을 대접하고는 드디어 철기鐵騎로 호위해 돌려보내주었다. 왜적들은 두세 살 된 여자아이를 잡아다가 머리를 깎고 배를 갈라 깨끗하게 씻어 쌀과 술을 넣은 뒤 하늘에 제사지냈고, 좌우로 음악을 틀고는 절하고 제사를 마친 뒤 그 쌀을 움켜서 먹었으며, 술 세 병을 마시고 그 어린아이를 불태웠으며 창 자루를 부러뜨렸다. 점쟁이가 말하기를 "우리가 여기에 남아 있으면 반드시 패할 것"이라고 하여 즉시 군사를 이끌고 선주善州를 불태운 뒤 경산부(성주星州)를 침략하니, 3도 연해가 소연蕭然하게 텅 비었다. 이 사건은 왜구가 쳐들어온 뒤 처음 있는 처참한 광경이었다.

이에 우왕은 이성계를 양광·전라·경상도 도순찰사로서 도원수를 삼고, 변안열을 도체찰사로서 부원수를 삼았으며, 왕복명王福命·우인열禹仁烈·도길부都吉敷·박임종朴林宗·홍인계洪仁桂·임성미林成味·이원계(이성계의 서형)를 8원수로 삼고, 정몽주·배극렴裵克廉·남은·장사길張思吉을 4종사관從士官으로 삼아 모두 이성계의 지휘를 받게 했다.[101] 이들에게는 각각 말 2필씩을 하사했다. 군사가 장단長湍에 이르렀을 때 흰 무지개가 해를 꿰뚫으니, 점쟁이가 전승의 조짐이라 했다. 왜군이 사근내역沙斤乃驛에 주둔해 있었는데, 원수 배극렴·김명휘金明輝·지용기·오언吳彦·정지鄭地·박수경朴修敬·배언裵彦·도흥都興·하을지河乙沚 등이 쳤는데 패전해 원수 박수경·배언과 사졸 500여 명이 죽었다. 이에 적이 드디어 함양咸陽을 도륙하고, 남원산성을 공격했으나 이기지 못하고, 물러나 운봉현을 불사르고, 인월역印月驛에 주둔해 장차 군량

과 말들을 광주光州의 금성으로 옮긴다고 성언聲言하면서 북상하니, 중외가 크게 놀랐다.[102]

「변안열전」에 수록된 진포대첩 이후 왜구의 수는 330여 명뿐이었다. 그런데 이들 병력은 왜구의 주력이 아니라 진포의 선박들을 지키던 이들이었다. 실제 왜구의 주력은 옥주에 있었다고 한다. 이들은 상주 일대에서 상당한 세력으로 결집되어 남원 방면으로 출구를 찾아 방향을 전환하고 있었다.[103] 「변안열전」에 수록되어 있는 황산대첩의 전말은 다음과 같다.

이성계가 죽은 시체가 즐비한 것을 보고 측은해서 잠자고 쉴 수가 없었다고 한다. 이에 변안열 등과 남원에 이르니, 배극렴 등이 길에서 배알하고, 기뻐해 마지않았다. 이성계는 말을 하루 동안 쉬게 하고, 장차 새벽에 싸우려 했다. 그러나 여러 장수는 모두 '적이 험한 곳을 등지고 있으니, 기다렸다가 나가서 싸우는 것만 못하다'고 했다. 이에 이성계는 분개해서 말하기를 '군사를 일으켜 적을 칠 때 오히려 적을 보지 못할까 두려워해야 하는데, 지금 적을 만났는데 치지 않을 수 있느냐?' 하면서 드디어 여러 장수를 부서로 나누어 동쪽으로 운봉을 넘어 적과 만나기 수십 리 밖에서 황산 서북쪽에 이르러 정산봉鼎山峯을 넘었다. 이성계가 길 오른쪽의 험한 지름길을 보고 '적이 반드시 이곳으로 나와 우리 뒤를 습격할 것이다. 내가 마땅히 그곳으로 가리라!'라고 했다. 여러 장수가 다 평탄한 길을 따라 나아가다가 적의 예봉銳鋒을 피해 싸우지도 않고 퇴각하니, 해는 이미 기울었다. 이성계가 이미 험한 곳에 들어서니, 적의 정예병들이 과연 별안간 치고 나왔다. 이성계가 대우전大羽箭 20발을 쏘고 이어서 유엽전柳葉箭 50여 발을 쏘니, 다 그 얼굴에 맞아 활시위 소리가 나기 무섭게 죽었다. 이렇게 하기를 세 번 해 적들을 모두 죽였다. 그리고 땅이 질어 피차가 서로 빠지고 자빠졌는데, 죽은 자는 다 적이었고 아군은 한 사람도 상하지 않았다. 적이 산에 웅거해 굳게 지키자 이성계가 사졸을 지휘해 요해처要害處를 나누어 점령하고 휘하의 이대중李大中 등 10여 인을 시켜 도전했다. 이성계가 쳐다보고 적을 공격하니, 적들이 나와 죽을힘을 다해 충돌하자 아군이 북쪽으로 도망해 내려왔다. 이성계가 장사들을 돌아보며 '말고삐를 단단히 잡아 말이 고꾸라지지 않도록 하라!'고 했다. 얼마 있다가 이성계가 다시 나팔을 불어 군사를 정비해 개미떼처럼 달려 붙게 해 위로 적진을 치니, 적들이 창을 들고 찌르려 해 이성계가 심히 급해졌으나, 편장偏將 이두란李豆蘭이 말을 달려 크게 소리치기를 '영공令公은 뒤를 보시오! 뒤를 보시오!' 했다. 이성계가 미처 돌아보지 못했을 때 이두란이 드디어 활로 쏘아 죽였다.[104]

그런데 이성계의 말이 화살을 맞고 쓰러졌다. 말을 갈아타고 일어나자 이번에는 화살이 왼쪽 다리를 맞혔다. 화살은 뽑아냈으나 싸움이 격렬해져 군사들이 이성계가 화살을 맞은 줄도 몰랐다고 한다. 이성계가 부상당하자 적들이 몇 겹으로 에워쌌으나 몇몇 기병과 더불어 포위를 뚫었다. 그러나 적들이 다시 이성계 앞으로 치고 들어오자 이성계가 즉시 여덟 사람을 쏘아 죽이니 적들이 감히 앞으로 나오지 못했다. 이성계가 하늘을 가리켜 좌우를 지휘하면서 말하기를 '겁이 나는 자는 물러나라! 나는 다시 적을 쏘아 죽이겠다'고 하니, 장졸들이 감격하고 용기백배해 사람마다 죽기를 각오하며 적과 싸웠다. 그런데 나이 겨우 15~16세밖에 안 된 풍모가 단정한 적장이 용감하기 그지없었다. 백마를 타고 창을 휘두르며 치돌馳突하는데, 가는 곳마다 아군이 쓰러져 감히 당해낼 수가 없었다. 고려 군사들은 그를 아지발도라 불렀고, 그와 싸우기를 피했다. 이성계는 그의 용맹이 뛰어남을 애석하게 여기며 이두란에게 명해 생포하도록 했다. 이두란이 말하기를 '죽이지 않으면 반드시 사람이 상할 것입니다. 그 장수는 몸에 견갑堅甲을 두르고 구리가면을 쓰고 있어서 쏘아 맞힐 틈이 없습니다'라고 했다. 이성계가 '내가 그의 투구를 쏘아 투구가 떨어지면 네가 곧 쏘아 죽이라!'라고 했다. 그러자 적들의 기가 꺾이고 이성계가 몸을 솟구쳐 분격하니, 적의 예봉이 꺾였다. 이에 적들의 통곡 소리가 1만 마리 소와 말이 산으로 올라가는 것과 같았다. 여러 군사가 승승장구해 위로 치고 올라가니, 북소리가 천지를 뒤흔들고 적들이 사방에서 무너져 드디어 크게 이겼다. 그리하여 개울물이 붉게 물들어 6~7일 동안 색깔이 변하지 않아 마실 수 없어서 그릇에 담아 오랫동안 가라앉힌 뒤에야 마실 수 있었다. 또한 말을 1600여 필 노획했으며, 빼앗은 병장기는 헤아릴 수 없었다.105

이성계는 지인知印 김국金鞠을 보내 왕에게 승첩勝捷을 보고했다. 우왕이 기뻐해 밀직사 인원보印原寶를 보내 궁온宮醞(궁중에서 내리는 술)을 내려 위로하고, 김국에게는 낭장 벼슬을 수여하며 말 한 필을 하사했다. 처음에 적이 우리보다 열 배나 되었는데, 오직 70인만 지리산으로 달아났다. 이성계가 말하기를 '천하에 적을 섬멸하는 나라는 없다'고 하고 끝까지 추적하지 않으며, 물러나 군악을 연주하고 가면극을 베풀었고, 군사들이 모두 만세를 부르면서 수급을 바친 것이 산같이 쌓였다. 여러 장수가 싸우지 않은 죄를 받을까 두려워해 머리를 쪼아 피를 흘리면서 살려달라고 했다. 이성계가 말하기를 '조정이 처분할 것이다' '적중의 용맹스러운 자들은 다 없어졌다'고 하고 여러 장수에게 웃으면서 말하기를 '적을 치는 것은 마땅히 이래야 한다'고 하니, 여러 장수가 모두 승복했다.106

당시에 포로로 잡혔던 이들이 적진에서 돌아와 말하기를 아지발도가 멀리서 이성계가 친 진陣이 정제整齊되어 있는 것을 보고 여러 사람에게 말하기를 '이 병세兵勢를 보니 지난날의 여러 장수와는 다르므로, 오늘의 일을 너희는 마땅히 각각 조심하라!'고 했다. 아지발도는 섬에 있을 때 오지 않으려 했는데, 여러 적이 그의 용맹에 감복해 강력히 요청해 오게 되었고, 적의 추장들이 그를 만날 때는 반드시 무릎을 꿇고 뵈었으며, 군중 호령號令을 모두 주도했다. 행군할 때 이성계가 말하기를 군사 장막의 기둥을 모두 대나무로 바꾸었다. 대나무는 나무보다 가벼워 멀리 옮기기 편하다. 그러나 역시 민가에서 심은 것이다. 또 그것은 우리가 가지고 있던 장비가 아니니 옛날 것을 잃어버리지 않고 돌아가면 된다고 해 군사들이 경복敬服해 모두 버렸다. 이성계가 가는 곳마다 추호도 (백성을) 범하지 못하게 한 것도 다 이러한 생각에서였다. 동녕부를 칠 때 이성계가 처명處明이라는 적장을 포로로 잡아 죽이지 않았는데, 처명이 은혜에 감복해 매양 (이성계의) 화살 맞은 흉터를 보고는 반드시 오열하고 눈물을 흘리면서 좌우에서 모셨다. 이번 전쟁에서도 처명은 (이성계의) 말 앞에서 힘껏 싸워 공을 세우니, 당시 사람들이 이를 칭찬했다.107

이성계가 군사를 이끌고 돌아오자 최영은 백관을 거느리고, 비단 장막을 치고, 잡희를 벌이며, 천수사 앞에서 반열班列을 지어 환영했다. 이성계가 멀리서 바라보고는 말에서 내려 앞으로 나와 재배하니, 최영이 역시 재배하고 앞으로 나와 이성계의 손을 잡고 눈물을 씻으면서 '공이 아니면 누가 능히 이 일을 이룰 수 있었겠는가?'라고 했다. 이성계가 머리를 조아리면서 사양하기를 '삼가 명공의 지휘를 받아 요행히 승리한 것이니, 제게 무슨 공이 있었겠습니까? 이 적은 세력이 이미 꺾였습니다. 만약 다시 준동한다면 제가 마땅히 책임을 지겠습니다'라고 하니, 최영이 '공이여! 공이여! 삼한의 재조再造는 이 한 거사擧事에 달렸으니, 공이 아니면 누구를 믿겠습니까'라고 했다. 이성계가 사양하면서 '불감당不敢當'이라고 했다. 우왕이 이성계와 변안열에게 각각 금 50량씩을 하사하고, 왕복명 이하 여러 장수에게는 각각 은 50량씩을 하사했다. 여러 장수가 모두 사양하면서 말하기를 '장수가 적을 죽이는 것은 직분일 뿐입니다. 신들이 어찌 감히 받겠습니까?'라고 했다. 이로써 이성계의 위명威名이 더욱 떨쳐져 왜적이 쳐들어올 때는 반드시 이 만호가 지금 어디에 있는가를 묻고 감히 이성계 군대에 가까이 오지 못한 채 틈을 노려 쳐들어왔다.108

이상이 「변안열전」에 실려 있는 황산대첩의 실상이다. 완전히 이성계 1인의 활약만을 담고 있을 뿐이다. 여기서 두 가지 의문이 생긴다. 하나는 누가 이 전투의 총사령관이었느냐 하는 것이고, 다른 하나는 왜 이성계의 독점적인 황산대첩 전공이 「변안열전」에 적혀 있느냐 하는 점이다.

물론 『고려사』 「변안열전」에 "개수태조절도皆受太祖節度"라고 해 이성계가 이 전투의 최고사령관인 것처럼 되어 있지만 실상은 그렇지 않을 가능성도 있다. 왜냐하면 이성계는 종2품인 도순찰사였고, 변안열은 정1품인 도체찰사였기 때문이다. 『대전속록大典續錄』에 봉명출사 재상으로 정1품은 도체찰사, 종1품은 체찰사, 정2품은 도순찰사, 종2품은 순찰사, 3품은 찰리사察理使라고 했다.[109] 그렇다면 직급이 높은 도체찰사인 변안열이 황산대첩의 총사령관, 도순찰사인 이성계가 부사령관이 되어야 마땅하다. 고려 충정왕 이후 왜구의 침입이 심해지자 이를 막기 위해 여러 봉명사신奉命使臣을 그때그때 임시방편으로 파견했다. 이들은 국왕의 명을 받들어 총사령관이 되거나 그 예하의 지휘관이 되었다. 이러한 성격의 봉명사신은 고려 말에 도지휘사, 도체찰사, 도순찰사, 도병마사, 병마사, 순무사巡撫使, 도순위사都巡慰使, 도순토사都巡討使, 도순문사, 진변사鎭邊使, 방어사防禦使, 찰리사 등 다양한 이름으로 불렸다.[110] 이들은 변안열처럼 공병公兵을 거느리거나, 이성계처럼 사병私兵을 거느리고 왜적과 싸웠다. 이른바 총동원령이다. 당시 내륙으로 파고 든 대규모 왜구를 물리치지 못하면 나라가 망할 것이기 때문이다. 반대로 황산대첩과 같은 대규모 전투에서 승리하는 장수는 역성혁명도 가능한 기반을 굳힐 수도 있는 것이었다.[111] 더구나 우왕이 논공행상할 때 변안열에게 이성계와 같은 금 50량을 하사하지 않았는가? 이는 이성계가 총사령관이고, 변안열이 부사령관이기 때문에 같은 급의 상을 주었다고도 할 수 있다. 그렇지만 이 승첩이 이성계의 혼자만의 공으로 이뤄지지 않았을 것이다. 더구나 이성계와 맞먹는 변안열의 전공이 없지 않았을 것이다. 이는 조선 왕조 건국을 합리화하기 위한 역사 편찬의 결과라고 할 수 있다.

그러면 왜 이성계의 전공을 하필이면 「변안열전」에 시시콜콜하게 나열한 것인가? 혹 변안열이 이 전투의 총사령관이었기 때문에 그 전공을 여기에 집중적으로 기록한 것은 아닐까? 뿐만 아니라 이성계가 역성혁명으로 조선 왕조의 왕이 되자 『고려사』에 이성계 열전을 넣을 수 없었다. 신하가 된 다른 신료들과 함께 열전을 개설할 수 없었기 때문이다. 그래서 부사령관인 변안열의 열전에 이성계의 전공을 과장해 기록해놓은 것이다. 이 전과는 『태조실록』 총서에도 비슷하게 실려 있다. 『고려사』는 조선 건국을 합리화하기 위해 전후 50년간 개수하다가 1451년(문종 1)에 가서야 편찬 완료될 수 있었다. 그러다보니 이성계의 전공을 과장할 수밖에 없었다.

그리고 일설에는 황산대첩에서 여러 장수가 지역을 분담해 싸웠다고 한다. 이때 여러 장수는 왜적의 방어가 강할뿐더러 고려군은 이동하느라 지쳤으므로 지구전을 펴야 한다고 한 데 비해, 이성계는 속전속결을 주장했다. 이때 이성계가 분담한 지역이 황산 서북쪽의 정산봉鼎山峯이었다. 이성계는 왜구와 충돌할 가능성이 있는 험한 길을 택해 이동해 야간 전투를 감행했다. 왜적과 맞닥뜨리자 이성계는 대우전 20발, 유엽전 50발을 연거푸 쏘아 왜적을 시살했고, 휘하의 이대중 등 10여 인을 투입해 왜적을 공격하다가 실패하여 북쪽으로 쫓겨오기도 했다. 그러나 결국 적의 맹장 아지발도를 쏘아 죽임으로써 최후의 승리를 거두는 데 결정적인 역할을 했다. 그래서 이성계는 변안열과 함께 금 50량의 상금을 받게 된 것이 아닌가 한다. 그러니 황산대첩은 이성계군이 아지발도를 쏘아 죽임으로써 승리의 전기를 마련하기는 했으나 여러 장수가 함께 이뤄낸 것이라 할 수 있다. 그러므로 변안열과 이성계 외에 여러 장수에게도 은 50량씩을 상금으로 하사한 것이다. 그런데도 여러 장수는 싸우지 않고 피해다닌 죄로 머리를 조아리며 살려달라고 했다는 것이다. 그래야만 황산대첩이 이성계의 혁혁한 공로가 되고, 그로 인해 새 왕조의 왕이 될 명분이 설 수 있는 것이다.[112]

위화도 회군

14세기 중반에 접어들면서 종족차별 정책으로 반원 감정은 날로 높아졌다. 그 결과 원 순제(토곤 테무르)의 재위 기간(1333~1370) 동안 농민 반란이 전국적으로 일어나기 시작했다. 예컨대 강남의 제해권을 가지고 염상鹽商을 기반으로 반란을 일으킨 방국진, 1351년 안휘성 영주穎州에서 봉기한 한산동과 유복통 등 홍건적, 같은 해 호북湖北에서 봉기한 서수휘徐壽輝, 후대에 그로부터 자립한 명옥진明玉珍·진우량陳友諒, 1352년 안휘성 호주에서 일어난 곽자흥, 그로부터 독립한 주원장, 1353년 강소성의 염정鹽丁을 규합해 일어난 장사성 등이 그들이다. 그리하여 원 제국은 양자강 이남의 통제력을 잃었다. 이러한 잡다한 한족 반란군들은 주원장에 의해 규합되었다. 주원장은 처음에 곽자흥 휘하에 병사로 있다가 곽자흥이 죽은 뒤 자립해 1356년에 양자강 하류를 평정했다. 그 뒤 그는 강주江州의 진우량과 소주蘇州의 장사성을 격파하고, 1367년에 화중華中 일대를 제압해 양자강 중·하류의 경제적 기반을 마련했다.[113]

주원장은 1368년 1월 남경에서 황제로 즉위해 국호를 '대명大明'이라 하고 연호를 홍무라 했다. 그는 곧 북벌을 감행해 그해 8월 원의 수도인 대도(지금의 북경)를 함락시켰다. 원 순제는 대도가 함락되기 전인 7월에 이미 대도를 떠나 여름 별장이 있는 상도로 갔다가 다시 응창까지 쫓겨갔다. 이때부터 북원 시대가 막을 열었다. 그리하여 1368년부터 20년 동안 북쪽의 원 제국과 남쪽의 명 제국이 남북조를 이루었다.[114]

공민왕은 철저히 친명 노선을 걸었다. 그러나 원이 아주 망한 것은 아니었다. 북원은 상도로 쫓겨간 이후에도 계속해서 고려에 사신을 보냈다. 공민왕도 1373년에는 명사를 죽이려고도 했지만 그 후로는 받아들이지 않을 수 없었다. 명을 사대의 대상으로 삼기는 했어도 북원을 끊어버릴 수 없었기 때문이다. 북원은 고려에 실지失地 회복에 협조해줄 것을 요구했지만 고려가 이를 거절했다. 이에 북원은 공민왕이 원을 배반했다며 불만을 토로했다. 북원은 공민왕을 폐위시키거나 죽이려고까지 했다. 1374년 9월에는 심왕의 손자 탈탈을 고려 왕으로 삼으려고 한 적도 있었다.[115] 이 소식은 공민왕이 시해되기 3일 전 고려에 전달되었다. 원이 국왕 책봉권을 행사한 것이 공민왕 시해에 영향을 미쳤을 것이다. 이인임은 탈탈을 고려 국왕으로 임명한 것을 취소하라고 요구했다.[116]

공민왕이 시해된 뒤 김의가 명 사신을 살해한 사건으로 고려와 명의 관계가 악화되었다. 이인임은 우왕 옹립 문제도 있었기에 명과 북원 사이에서 양다리 외교를 펼쳤다. 그는 공민왕 시해 사실을 먼저 북원에 통보했다. 고려가 북원과의 외교관계를 강화한 것은 북원과의 군사적 충돌을 피하면서 탈탈의 옹립을 저지하기 위해서였다. 뿐만 아니라 이인임의 집권 연장을 도모하기 위한 이유도 있었다. 요동의 북원이 무너지면 명의 다음 상대는 고려가 된다. 명은 1371년부터 요동을 경영하면서 고려를 억압하는 태도를 보이기 시작했다. 이에 고려는 북원과 연합해 명을 견제하고자 했다. 1379년 3월에 명은 말 1000필, 금 100근, 은 1만 량, 양마良馬 100필, 세포細布 1만 필을 요구했다. 북원은 고려와 연합해 명을 협공하고자 했다. 1374년부터 1384년까지 10년 동안 36회에 걸쳐 사신을 교환한 것도 그 때문이다. 뿐만 아니라 1377년부터 1378년까지 원의 연호인 선광宣光을 사용한 일도 있다.[117]

고려는 정몽주 등을 보내어 명나라와의 관계를 개선하려고 했으나, 명은 오히려 세공歲貢한 말이 왜소하다는 트집을 잡아 사신을 받아들이지 않으며, 동녕부가 있던 요양遼陽을 내놓으라고 요구했다. "철령 이북 땅은 본래 원에 속했던 것이니, 앞으로 이를 요동에 속하게 하겠다"면서 일방적으로 70여 참站의 철령위를 설치한다고 통보해 왔다. 명의 후군도독부後軍都督府는 요동 백호 왕득명王得明을 고려에 보내 이 사실을 보고했다.[118] 우왕은 병을 핑계로 왕득명을 만나주지 않았고, 최영은 첩문牒文을 가져온 요동 군인 22명 가운데 5명을 억류한 뒤 나머지는 모두 죽였다. 우왕은 5도의 성을 수리하게 하고, 여러 원수를 서북면에 보내 만약의 사태에 대비토록 했다.[119] 우왕은 최영과 요동 정벌을 비밀리에 의논했다.[120] 명나라가 철령위를 설치하려 하자 우왕은 밀직제학 박의중을 보내 철령 이북의 여러 주에서 공험진公嶮鎭까지는 예부터 우리나라 땅이었는데, 동여진東女眞이 난을 일으켜 함주咸州 이북의 땅을 빼앗아가 예종이 요나라에 통보하고 쳐서 회복하여 함주와 공험진 등의 성을 쌓은 바 있다고 했다. 그런데 지원至元(1335~1340) 초에 몽골의 산길대왕散吉大王이 군사를 거느리고 쳐들어왔을 때 정주定州 반민叛民 탁청과 용주현인龍州縣人 조휘가 화주 이북의 땅을 들어 원에 바치고, 조휘를 쌍성총관, 탁청을 천호로 삼아 인민을 관할하게 했다. 그러던 중 1356년(공민왕 5)에 총관·천호직을 혁파하고, 화주 이북의 땅을 본국에 환속시켰다고 주장했다.[121] 한편 요동 정벌을 반대하는 공산부원군 이자송李子松을 죽였다.[122] 그러나 서북면도안무사 최원지崔元沚의 보고에 따르면 요동도사都司가 지휘指揮 2인과 군사 1000여 명을 보내 강계江界에 이르러 장차 철령위 70참(참에는 백호百戶를 둔다)을 세울 것이라 했다. 우왕은 강동에서 돌아와 말 위에서 울면서 "군신들이 내가 요동을 정벌하고자 하는 계획을 들어주지 않더니 일이 여기에 이르렀다" 하고는 8도의 정병을 징발하라고 했다. 또 명령하기를 "내일 서경으로 행차할 테니 신료들은 마땅히 다 원나라 관복을 입으라!"고 했다. 이성계와 여러 재추는 명나라 사신이 올 텐데 지금 서경으로 행차하면 민심이 동요할 것이니, 명나라 사신이 오기를 기다려보자고 하여 그대로 따랐다. 당시 성중 사람 중 호복을 입은 사람이 많았는데, 사헌부가 명나라 사신이 온다며 이를 금지시켰다. 명나라 사신 요동 백호 왕득명이 그때 와서 철령위 설치를 통보한 것이다. 왕득명이 돌아간 뒤 우왕은 서해도로 행차했으며 최영과 영비(최영의 딸)가 수행했다. 그리고 문하찬성사 우현보로 하여금 5부 장정을 뽑아 경성을 지키도록 했다. 우왕은 해주 백사정白沙亭으로 사냥을 간다고 했지만 실은 요동을 정벌하러

간 것이다. 우왕은 세자 창昌과 정비·근비謹妃 이하 여러 왕비를 한양 산성으로 피신시켰다. 그리고 그 자신은 1388년(우왕 14) 4월에 서해도로 가는 도중 봉주에서 최영과 이성계를 불러 군사를 일으키라는 명령을 내렸다.[123] 이성계는 4불가론을 부르짖었다.

첫째, 작은 나라로서 큰 나라를 치는 것은 불가하다以小逆大 一不可.

둘째, 여름철에 군사를 일으키는 것은 불가하다夏月發兵 二不可.

셋째, 온 나라를 동원해 원정에 임하면 그 틈에 왜구가 쳐들어오므로 불가하다舉國遠征倭乘其虛 三不可.

넷째, 무덥고 비 오는 여름철이라 활의 아교가 풀어지고 질병이 유행하니 불가하다時方暑雨弓弩膠解 大軍疾疫 四不可.[124]

우왕은 이를 그럴듯하게 여겼지만 "이미 군사를 일으켰으니 중지할 수 없다"고 했다.[125] 이에 이성계는 다시 계啓를 올려

전하가 반드시 대계大計를 이루시기 위해서는 마땅히 서경에 주가駐駕해 가을이 되기를 기다려 군사를 일으키면 곡식이 들에 널려 대군大軍이 먹을 것이 족할 터이므로, 북을 두드리며 앞으로 진격할 수 있을 것입니다. 지금은 때가 아닌데 군사를 일으키면 비록 요동의 한 성을 빼앗는다 하더라도 바야흐로 비가 내려 군사들이 전진할 수 없을 것입니다.[126]

라고 아뢰었다. 우왕은 "경은 (요동 정벌을 반대하다가 죽은) 이자송을 보지 못했는가?"[127]라고 하며 협박했다. 이에 이성계는

이자송이 비록 죽었더라도 아름다운 이름을 후세에 남긴 데 비해, 신 등은 비록 살아 있으나 이미 실계失計한 것이니 무슨 소용이 있겠습니까?128

라고 했다. 우왕은 들어주지 않았다. 이성계가 물러나와 우니, 휘하 사麾下士들이 "공은 왜 그렇게 심히 우는가?" 하였다. 이에 이성계가 "생민生民의 화禍가 이로부터 시작되는구나!"라고 했다고 한다.129 우왕이 평양에 머물러 여러 도의 병사를 징발해 압록강에 부교를 놓고, 대호군 배구裵矩로 하여금 임견미·염흥방 등의 가재家財를 배로 서경으로 실어오게 해 군대에게 주는 상으로 충당케 했다. 또 도성 안팎의 중들을 징발해 군사로 삼았다. 최영은 8도도통사로 삼고, 창성부원군 조민수를 좌군도통사, 이성계를 우군도통사로 삼아 좌·우군 3만8830명, 짐꾼 1만1630명, 말 2만1682필을 동원했다. 봉천선도원수 동지밀직 이광보李光甫에게는 돌아가 개경과 서강에 주둔해 왜적을 막으라며 돌려보냈다.130 조민수와 이성계는 좌·우군을 거느리고 평양을 출발했는데, 호왈號曰 10만군이라 했다. 최영이 "지금 대군이 길에서 만일 한 달간이나 지체한다면 큰일을 이룰 수 없을 터이니, 신이 가서 독려하겠습니다"라고 하니 우왕은 "경이 가면 누구와 함께 정사를 하겠는가?" "그렇다면 나도 가겠다"고 하였다. 그런데 어떤 사람이 이성泥城에서부터 와서 말하기를 "근자에 요동 군사가 모두 오랑캐를 치러 가고, 성에는 다만 지휘하는 이 한 명만 있을 뿐이니, 만일 대군이 이르면 싸우지 않고 항복을 받을 것입니다"라고 했다.

최영이 크게 기뻐해 (그에게) 물건을 후하게 주었다. 그리고 홍무 연호를 정지시키고 호복을 입게 했다. 좌·우군은 압록강을 건너 위화도에 주둔했는데, 도망가는 군사가 끊이지 않았다.[131]

최영이 "전하는 서울로 돌아가시고, 노신은 여기서 장수들을 지휘하겠습니다"라고 하니 우왕은 "선왕(공민왕)께서 해를 입은 것은 경이 남쪽으로 정벌을 떠났기 때문이다. 내가 어찌 감히 하루라도 경과 함께 있지 않을 수 있겠는가?"라고 했다. 이성 원수 홍인계와 강계 원수 이의李薿가 먼저 요동에 들어가 적을 죽이고 노략질해 돌아오니, 우왕이 기뻐하며 금정아金頂兒와 무늬 있는 비단을 하사했다.[132]

좌·우도통사가

신 등이 뗏목을 타고 압록강을 건너니 앞에 큰 내가 있는데, 비가 내려 물이 넘쳐 첫 번째 여울에서 휩쓸려 빠진 자가 수백 명이며, 두 번째 여울은 더욱 깊어 섬 가운데 머물러 둔屯을 치는 것은 한갓 양식을 허비할 뿐입니다. 여기서 요동성에 이르는 사이에 큰 내가 많아서 무사히 건널 것 같지 않습니다. 근일에 불편한 상황을 조목조목 기록해 도평의사사 지인 박순朴淳에게 부쳐 아뢰었는데, 아직 윤허를 받지 못했으니 참으로 황송합니다. 그러나 큰일을 당해 말해야 할 것을 말하지 않으면 이것은 불충입니다. 어찌 감히 부월斧鉞을 피해 묵묵히 있겠습니까? 작은 나라로서 큰 나라를 섬기는 것은 나라를 보전하는 도리인데, 우리나라가 삼한을 통일한 이래로 부지런히 대국을 섬겼고, 공민왕께서 대명에 복종하고 섬겨 그 표문表文에 이르기를, '자손만대가 되도록 길이 신첩臣妾이 되겠다'고 했으니, 그 정성이 지극했습니다. 전하께서 선왕의 뜻을 이어

해마다 조공 바치는 물건을 한결같이 조서詔書대로 하니, 이에 특별히 고
명誥命을 내려 공민왕의 시호를 주며 전하의 작위를 책봉했고 이것은 곧
종사宗社의 복이요 전하의 거룩한 덕입니다. 이제 유지휘劉指揮가 군사를
거느려 위(철령위)를 설치한다는 말을 듣고 밀직제학 박의중을 시켜 표문
을 받들어 전달했으니 대단히 좋은 계책인데, 지금 명령을 기다리지 않
고 갑자기 큰 나라를 범하는 것은 종사와 생민의 복이 아닙니다. 하물며
지금 무덥고 장마가 져서 활이 풀리고 갑옷이 무거워 군사와 말이 함께
지쳤으니, 몰아서 견고한 성 밑에 다다르면 싸워도 반드시 이기지 못하
고 쳐도 반드시 빼앗지 못할 것입니다. 이때를 당해 군량이 공급되지 못
하고 진퇴가 곤란해지면 장차 어떻게 대처하겠습니까? 엎드려 바라옵건
대, 전하께서는 특별히 회군을 명령해 삼한 백성의 기대에 맞추소서.133

라고 상소해 4불가론을 바탕으로 회군할 수 있게 해달라고 강력히
요구했다. 좌·우통제사가 사람을 보내 최영에게 고하기를 "군사가 많
이 굶어 죽고 물이 깊어 행군하기 어려우니, 청컨대 회군을 허락해달
라"고 했다. 최영이 그럴 뜻이 없음을 내비치자 이날 군중에 "이성계
가 휘하 친병親兵을 거느리고 동북면으로 가기 위해 이미 백마를 탔
다"는 유언비어가 돌아 군중軍中이 흉흉했다. 이에 조민수가 어찌 할
바를 몰라 단기單騎로 이성계에게 달려가 울면서 "공이 가면 우리는
어떻게 하나?"라고 했다. 이성계가 "내가 어딜 간단 말인가? 공은 이
러지 마라!" 하고 여러 장수에게 말하기를, "만약 상국(명나라)의 경
계를 범하면 천자로부터 죄를 얻어 종사와 생민에게 곧 화가 이르리
라. 내가 반역과 순리로 회군할 것을 청했으나 왕이 반성하지 않고,

최영 또한 늙어서 듣지 않으니, 어찌 여러분과 더불어 친히 왕을 뵙고 화복禍福으로 설득하며 임금의 측근에 있는 악을 제거해 생령生靈을 편안히 하지 않겠는가?" 하니, 여러 장수가 "우리 동방 사직의 안위가 공 한 몸에 달렸으니, 감히 명을 따르지 않겠습니까?" 하였다. 이에 군사를 돌려 압록강을 건넜다. 이성계가 백마를 타고 동궁彤弓과 백우전白羽箭을 가지고 강 언덕에 서서 군사들이 서서히 다 건너기를 기다렸다. 바라보고 서로 말하기를 "고금 내세에 어찌 이와 같은 사람이 있겠는가?"라고 했다고 한다. 며칠 동안 장마가 졌는데, 물이 넘치지 않다가 군사들이 다 건너온 다음에 큰물이 갑자기 닥쳐 모든 섬이 가라앉았다. 이에 사람들이 '조화'라고 했다. 또한 당시 동요에 '목자木子가 나라를 얻는다'는 말이 있어 늙으나 젊으나 군민들은 이 노래를 불렀다.[134]

조전사漕轉使 최유경崔有慶이 우왕에게 달려가 사실을 고하니, 이날 밤 이방원·이방우李芳雨와 그 형제 및 이두란의 아들 이화상李和尙, 상호군 유용생柳龍生, 최고시첩목아崔高時帖木兒 등이 성주成州의 우왕이 있는 곳으로부터 군전軍前으로 달아나왔다. 우왕은 오정까지도 회군 사실을 모르다가 대군이 이미 안주安州까지 이르렀다는 것을 알고서는 밤에 자주慈州·이성으로 와 "정벌군이 장차 멋대로 회군하는데, 너희 대소군민이 마음을 다해 막으면 크게 상을 내릴 것이다"라고 했다. 회군하는 여러 장수가 빨리 추격하자고 재촉하자, 이성계가 "빨리 가면 반드시 싸워서 사람을 많이 죽여야 할 것이다"라고 하고 군사들에게 "너희가 만약 임금이 탄 수레를 범하면 용서하지 않을 것이다. 오이 한 개라도 빼앗는 백성이 있다면 마땅히 죄를 줄 것이다"

라며 군사들을 경계했다. 오는 길에 사냥을 함으로써 군사들의 진군을 늦췄다. 우왕이 평양에 이르러 보물을 수습해 대동강을 건너 밤에 중화군中和郡에 이르렀다. 이때 길에서 회군 군사들이 이미 가까이 왔다는 말을 듣고 왕은 샛길을 따라서 달려와 기탄岐灘을 거쳐 개경의 화원으로 들어갔는데, 따르는 자가 겨우 50여 기騎에 불과했다. 평양에서 경성까지 우왕을 따르는 신료나 인민들이 대군에게 술과 장漿을 가지고 와 환영했는데, 그 인파가 낙역부절絡繹不絶이었다. 최영이 항전하기 위해 백관으로 하여금 병장을 가지고 시위하라고 했다.135

6월 1일 회군 군사들이 근교에 주둔해 환관 김완金完에게 글을 보내어

우리 공민왕이 지성으로 명나라를 섬겨 천자가 일찍이 우리에게 군사를 보내지 않으려는 뜻을 갖고 있었는데, 지금 최영이 총재로서 조종 이래 사대事大하는 뜻을 생각지 않고 먼저 큰 군사를 일으켜 장차 상국을 범하려 합니다. 그런데 여러 장수가 더운 여름에 군사를 일으키면 삼한이 실농失農하게 되고, 왜노들이 빈틈을 타 깊이 들어와 노략질하며, 우리 인민을 죽일 것이고, 우리 창고들을 불태울 것입니다. 더구나 한양으로 천도하면 안팎이 소란스러워질 터이니, 지금 최영을 제거하지 않으면 반드시 종묘사직이 전복될 것입니다.136

라고 하였다. 이에 우왕은 전 밀직부사 진평중陳平仲에게 교서를 보내 회군하는 여러 장수에게

명을 받고 국경 밖으로 나갔다가 이미 절제節制를 어기고 군사를 돌려 대궐로 향하며, 또 강상綱常을 범해 이와 같은 흔단釁端을 부른 것은 나의 부덕 때문이다. 그러나 임금과 신하의 대의는 실로 고금에 통한 의리다. 경들은 글 읽기를 좋아하니 어찌 이것을 모르겠는가? 하물며 강토는 조종에서 받았으니, 어찌 쉽게 남에게 줄 수 있겠는가? 군사를 일으켜 막는 것이 낫겠다고 하여 여러 사람에게 의논하니 모두 가하다고 했는데, 이제 어찌 감히 어기는가? 비록 최영을 지목해 핑계를 대지만 최영이 나를 호위하는 것은 경들이 아는 바요, 우리 왕실을 위해 수고하는 것 역시 경들이 알고 있는 것이다. 교서가 이르는 날에 완미頑迷한 것을 고집하지 말 것이며, 잘못을 고치는 데 인색하지 말고 함께 부귀를 보존해 시종始終을 도모하기를 내가 진실로 바라노니, 경들은 어떻게 생각하는가?137

라고 유시했다. 또 설장수를 보내어 군사들 앞에 나아가 여러 장수에게 술을 돌리고, 그 뜻을 알아보고자 했다. 여러 장수가 도성문 밖에 나아가 둔을 쳤다. 동북면 인민과 여진인들로 본래 종군하지 않았던 자들이 이성계가 회군했다는 소식을 듣고 앞다투어 떨쳐 일어나 서로 모여 밤낮으로 달려오는 이가 1000여 명이나 되었다. 이에 우왕이 창고의 금과 비단을 풀어 군사를 모집하니 수십 명에 이르렀는데, 모두 창고에 속한 노예와 시정잡배였다. 여러 도에서 군사를 징발해 들어와 돕게 하고, 수레를 모아 골목 입구를 막으며, 구분군口分軍으로 4대문을 지키게 했다. 우왕은 조민수 등의 관작을 삭탈하고,

최영을 문하좌시중, 우현보를 우시중, 송광미宋光美를 찬성사, 안소安沼를 평리, 우홍수를 사헌부 대사헌, 정승가鄭承可를 응양군鷹揚軍 상호군, 조규趙珪를 밀직부사, 김약채金若采를 지신사로 삼아 거리에 방을 붙이기를 "조민수 등 여러 장수를 잡는 자에게는 관가나 사가의 노예를 불문하고 크게 벼슬과 상을 주겠다"고 했다.138

이성계가 숭인문 밖 산대암에 둔을 치고, 유만수柳曼殊를 보내 숭인문으로 들어가게 하며 좌군은 선의문宣義門으로 들어가게 했는데, 최영이 막아 싸워 모두 물리쳤다. 유만수가 처음 갈 때 좌우에 말하기를(*문장) "유만수는 눈이 크고 광채가 없으니 담이 작은 사람이다. 가면 반드시 패해 달아날 것이다"라고 했는데 과연 그러했다. 이때 이성계가 말을 들에 풀어놓았다. 유만수가 쫓겨 돌아오자 좌우에서 아뢰니, 이성계가 대답도 않고 장막 안에 그대로 누워 있었다. 좌우에서 두세 번 아뢴 뒤에야 천천히 일어나서 식사하고, 말을 몰고 와서 안장을 얹고 군사를 정돈했다. 출발하려 할 때 작은 소나무가 100보쯤 떨어진 곳에 있었는데, 이성계가 소나무를 쏘아 이길 조짐을 점쳐서 군사들의 마음을 모으려고 시험했더니 한 화살에 꺾였다. 여러 군사가 모두 하례하고 진무 이언출李彦出이 꿇어 앉아 말하기를 "우리 영공을 모시고 가면 어딘들 못 가겠습니까?" 하였다. 이성계가 숭인문으로 성에 들어가 좌군과 나란히 양쪽에서 나아가니, 도성의 남녀들이 다투어 술과 음료를 가지고 군사들을 맞아 위로하며, 왕이 막아놓은 수레들을 끌어내어 길을 열었다. 노약자는 성에 올라가서 바라보고, 환호성을 울리며 매우 좋아했다. 조민수가 커다란 검은색 기를 세우고 영의서 다리에 이르렀는데, 최영의 군사에게 쫓겼다. 조금 뒤에 선죽교를 거쳐 남산에 오르니, 먼지가 하늘을 덮고 북소리가 땅을 진동했다. 최영의 휘하 안소가 정예 군사를 거느리고 먼저 남산에 웅거했다가 기를 바라보고 무너져 달아났다. 최영이 형세가 궁한 것을 알고 화원으로 달려 돌아와서 분을 이기지 못한 채 문지기를 창으로 찌르고 들어갔다. 이성계가 드디어 암방사巖房寺 북쪽 고개에 올라 큰 나팔을 한 차례 부니, 군사들이 화원을 수십 겹으로 에워싸면서 최영을 내놓으라고 크게 외쳤다.[139]

정벌할 때마다 장수들은 나팔을 쓰지 않았는데, 이성계만이 말 앞에서 나팔을 불게 했으므로 도성 사람들이 나팔 소리를 듣고 이성계의 군사가 이른 것을 알고는 매우 기뻐했다. 우왕이 영비와 최영과 함께 팔각전八角殿에 있었는데, 최영이 나가려 하지 않았다. 나팔수 송안宋安이 담에 올라 나팔을 한번 불자, 군사들이 일시에 담을 무너뜨리고 뜰로 모여들어 곽충보 등 3~4인이 대궐 안으로 들어가서 최영을 찾았다. 우왕이 최영의 손을 잡고 울면서 이별하니, 최영이 두 번 절하고 곽충보를 따라 나왔다. 이성계가 최영에게 말하기를

이러한 사변이 내 본심은 아니오. 그러나 국가가 편안하지 못하고 백성이 피곤해 원망이 하늘에 사무쳤기 때문에 부득이한 일이니, 잘 가시오, 잘 가시오.[140]

하고 서로 마주보며 울고, 드디어 최영을 고봉현으로 귀양보냈다.

처음에 최영이 영을 내려 정벌에 나간 장수들의 처자를 가두려 했으나, 뒤에 일이 급박해져 시행하지 못했다. 이인임이 일찍이 말하기

를 "이판삼사李判三司가 나라의 주인이 될 것이다"라고 했는데, 최영이 이를 듣고 매우 노했지만 감히 말을 하지 못했다. 이때에 이르러 한탄하기를 "이인임의 말이 진실로 옳다"고 했다고 한다.[141]

송광미·안소·조규·정승가 등은 도망가 숨었다. 두 도통사와 36명의 원수가 대궐에 나아가 사례하고, 군사를 궐문 밖으로 돌렸다. 이에 앞서 이성계가 살던 잠저 동래에 동요가 돌기를 "서경성 밖의 불빛이요, 안주성 밖의 연기 빛이라. 그 사이에 왕래하는 이 원수, 원컨대 백성을 구제하소서"라고 했는데, 얼마 안 되어 이런 변이 일어났다.[142]

혁명이 성공하자 홍무 연호를 시행하고, 호복을 금하며, 명나라 의복을 입었다. 우현보를 파면하고, 조민수를 좌시중에, 이성계를 우시중에, 조준을 첨서밀직사사 겸대사헌에 임명하고, 여러 장수는 모두 복직시켰다. 이때 명나라 조정에서는 우왕이 장차 명나라를 친다는 소문을 듣고, 황제에게 글을 올려 고려를 치기를 청하니, 황제가 종묘에 가서 점을 치려고 재계齋戒하는 중이었는데 마침 회군했다는 말을 듣고는 재계를 그만두었다.[143]

이튿날 여러 장수가 성으로 들어가 흥국사興國寺에서 회의하고, 여러 도에서 성 쌓는 일과 징병하는 일을 파하고, 안소와 정승가를 잡아서 순군옥巡軍獄에 가두었다. 그리고 장수들이 지장사地藏寺에서 회의해 최영을 합포로 옮기고, 송광미를 원주로, 안소를 안변으로, 정승가를 영해로, 판밀직 인원보를 함창咸昌으로, 동지밀직 안주를 봉주로, 지밀직 정희계鄭熙啓를 음죽陰竹으로 귀양보냈다. 사헌부도 환관 조순曹恂·조복선曹福善·윤상尹祥·김약채의 죄를 탄핵해 먼 지방으로

귀양보냈다.144

이튿날 우왕이 환관 80여 명과 함께 갑옷을 입고 이성계·조민수·변안열의 집에 달려갔으나 모두 문밖에 군사를 주둔시키고 집에 있지 않았으므로 해치지 못하고 돌아왔다. 우왕이 좌·우통제사였던 이성계 및 조민수와 함께 변안열을 죽이려 했던 것을 보면 요동 정벌에서 변안열이 중요한 역할을 한 장수였음을 짐작할 수 있다. 뿐만 아니라 변안열이 죽은 뒤에 그를 회군공신으로 책봉했던 것만 봐도 변안열이 회군에 중요한 역할을 했음을 알 수 있다.145

회군 후의 정국

기유일에 여러 장수가 숭인문에서 회의를 해 이화李和·조인벽趙仁璧·심덕부·왕안덕을 시켜 궁중의 병기와 안장 달린 말을 끌어냈다. 경술일에는 우왕을 강화로 추방했다. 처음에 여러 장수가 영비(최영의 딸)를 내쫓고자 했으나 우왕이 "만일 영비를 내쫓으면 나도 함께 나가겠다"고 해 강화로 나가게 했다. 우왕이 할 수 없이 채찍을 잡고 안장에 걸터앉으며 "해가 이미 저물었구나" 하니, 측근들이 모두 울면서 응답하는 이가 없었다. 그리하여 우왕은 영비·연쌍비燕雙飛와 함께 회빈문會賓門을 나와 강화로 향했다. 이에 백관이 전국보傳國寶를 받들어 정비에게 바쳤다.146

신해일에 조민수가 정비의 전교로 우왕의 아들 창을 세웠다. 이성계가 회군할 때 조민수와 의논하기를 "다시 왕씨의 후손을 세우자"

고 했다. 조민수도 그렇게 여겼는데, 이날 이성계가 왕씨를 세우려 하니, 조민수는 이인임이 자기를 천거해준 은혜를 생각해 이인임의 의형제인 이임李琳의 딸 근비의 소생인 창을 세우고자 했으나, 장수들이 자기 뜻을 어기고 왕씨를 세울까 두려워해 한산군 이색이 당시 명유였으므로 그 말을 빙자하고자 비밀리에 이색에게 물었다. 이색 또한 창을 세우고자 하여 "당연히 전왕의 아들을 세워야 한다"고 했다. 이성계가 조민수에게 묻기를 "회군할 때 한 말은 어찌된 것인가?" 하니, 조민수가 얼굴을 붉히며 "원자元子(창昌)를 세우는 것은 한산군(이색)이 이미 계책을 정했으니 어떻게 이길 수 있겠는가?" 하고 드디어 창을 세웠는데 나이가 아홉 살이었다. 창은 그의 어머니 근비를 높여 왕대비로 삼았다. 그리고 조민수를 양광·전라·경상·서해·교주도 도통사에, 이성계를 동북면, 삭방·강릉도 도통사로 삼았다. 또 조민수와 이성계에게 충근양절선위동덕안사공신忠勤亮節宣威同德安社功臣을 책봉했다.[147]

이 위화도 회군에 변안열이 어떤 직책을 맡았었는지는 알 수 없다. 그에 대한 언급이 보이지 않기 때문인데, 그렇더라도 그가 회군에 동조한 것만은 틀림없다. 홍건적과 왜구 토벌에 혁혁한 공을 세운 변안열이 국가의 운명을 건 요동 정벌에 참여했을 것임은 확실하다. 변안열이 죽은 뒤에 회군공신에 책록된 것만 봐도 알 수 있다. 단, 역적으로 몰렸기 때문에 『고려사』를 편찬할 때 그와 관련된 기록들이 삭제되었을 가능성이 높다.[148]

변안열은 우왕과 껄끄러운 사이였다. 1383년(우왕 9) 9월에 우왕이 전공판서典工判書 왕흥王興의 집에 갔을 때 왕흥의 딸을 자기에게 달라고 했다. 그런데 그 딸은 이미 변안열邊安烈의 장자 변현邊顯과 정혼한 사이였다. 시중 조민수가 "변안열은 나라의 명장이요, 공이 아주 큰데, 이제 그 며느리가 될 사람을 빼앗으면 장신將臣이 누가 실망하지 않으오리까? 신 등은 전하를 위해 마음이 아프오니, 빌건대 혼인하는 것을 허락하소서"라고 말했으나 듣지 않고, 그녀를 선비善妃로 맞이했다. 이로 미루어 보아 변안열은 우왕과 사이가 좋지 않게 되었을 것이다.[149]

위화도 회군으로 우왕은 강화도로 귀양갔다가 여흥으로 옮기고, 최영은 죽임을 당했다. 이성계 일파는 왕씨 가운데에서 한 사람을 골라 새 왕을 시키고자 했으나, 조민수가 이색·변안열의 지지를 얻어 우왕의 아들 창왕을 세웠다.[150] 이때부터 변안열은 이미 이색 뒤에 줄을 서 이성계와 각을 세우기 시작한 것이다. 창왕은 정몽주의 청으로 이색·이림·이성계에게 칼 차고 신발 신고 전에 올라오며, 절할 때 이름을 부르지 않게 하고, 은 50량과 채단彩段 10필, 말 1필씩을 하사했다.[151]

사전개혁

위화도 회군 직후에 대사헌 조준이 제1차 사전개혁안을 올렸다.

전제田制를 바로잡아 국용을 풍족하게 하고, 민생을 후하게 하며, 인재를 가려 기강을 진작시키고, 정령政令을 거행하는 것은 오늘날의 당연한

급선무입니다. 나라의 운수가 길고 짧은 것은 민생의 괴롭고 즐거움에 달려 있으며, 민생의 괴롭고 즐거움은 전제의 고르고 고르지 못한 데 달려 있습니다. 문왕·무왕·주공이 정전井田을 제정해 백성을 길렀기 때문에 주나라가 천하를 차지한 것이 800여 년이었고, 한나라가 전세를 헐하게 했기 때문에 천하를 차지한 것이 400여 년이었으며, 당나라가 백성의 토지를 고르게 나누었기 때문에 천하를 차지한 것이 거의 300년이었고, 진秦나라는 정전을 철폐했던 까닭에 천하를 얻은 지 2대 만에 망했습니다. 신라 말기에도 토지를 고르게 나누지 못하고 부세賦稅가 무거웠으므로 도적이 떼 지어 일어났습니다. 태조께서 일어나 즉위한 지 34일 만에 여러 신하를 접견하고 개연히 탄식하기를 '근세에 전세를 심하게 받아 1경당 받는 조세가 6섬에 이르러 백성이 살 수 없으니, 내가 매우 불쌍히 여긴다. 이제부터는 마땅히 십일의 제도를 사용해 밭 1부負에 벼 3되升를 내게 하라!' 하고, 마침내 백성에게 3년간의 조세를 감면해주었습니다. 이때를 당해 3국이 솥발처럼 대치하고, 영웅들이 승부를 다투어 재정의 용도가 급했으나, 우리 태조께서는 전공戰功을 뒤로하고 백성 구제하는 일을 먼저 했으니, 곧 천지가 만물을 화육하는 마음이요, 요堯·순舜·문왕·무왕의 인정입니다.

삼한이 통일되자 곧 전제를 바로잡아 신하와 백성에게 나누어주되, 백관은 그 품질에 따라 주어서 본인이 죽은 뒤에는 회수하고, 부의 군사는 20세에 서울로 들어서 60세가 되면 고향으로 돌려보냈으며, 사대부로서 전지를 받은 자가 죄를 지으면 회수하니, 사람마다 자중해 감히 법을 어기지 못해 예의가 일어나고 풍속이 아름다워졌습니다. 부·위의 군사와 주·군·진津·역驛의 아전이 각각 그 전지의 소출을 먹고, 그 땅에 정착해 생업을 편안히 하니 나라가 부강해졌습니다. 비록 천하를 호시탐탐 노리는 요나라와 금나라가 우리와 땅을 접하고 있어도 감히 침노해 덤비지 못한 것은, 우리 태조께서 삼한의 땅을 나누어 신하와 백성과 함께 그 녹을 누리고 그 생업을 후하게 하며, 그 마음을 결속시켜 국가 천만대의 원기가 되게 했기 때문입니다.

이로부터 한인閑人이니, 공음功蔭이니, 투화投化니, 입진이니, 가급加給이니, 보급補給이니, 등과登科니, 별사別賜니 하는 명칭이 대마다 증가해 토지를 담당하는 관원이 번쇄한 것을 견딜 수 없고, 토지를 주고받는 법이 점점 무너져 해이해졌습니다. 간사하고 교활한 무리가 틈을 타서 속이고 숨기는 것이 한이 없어서 이미 벼슬을 한 자, 시집을 간 자도 오히려 한인전에서 나오는 수입을 그대로 먹고, 군대에 나가지 않은 자도 속여서 군전을 받으며, 아비가 토지를 몰래 가지고 있다가 사사로이 그 자식에게 물려주고, 자식은 몰래 토지를 가로채어 나라에 돌려주지 않아 이미 역분전役分田을 받고도 한인전을 받았으며, 또 군전을 받았습니다. 토지를 주고받는 관원은 그것이 현재의 관리로서 역분전을 받아야 할 사람인지, 그 자신이 과연 부병인지, 그 아비가 과연 변진邊鎭에서 수자리를 서는지, 그 할아버지가 과연 다른 나라로부터 귀순한 사람인지를 묻지 않습니다.

조종의 토지를 주고받는 법이 무너지고, 겸병兼幷하는 문이 한번 열리니, 재상이 되면 당연히 밭 300결을 받을 자가 일찍이 송곳을 꽂을 만한 땅도 받을 곳이 없고, 재상이 되어서 녹봉 360석을 받을 자가 오히려 50석도 차지하지 못합니다. 군사라는 것은 왕실을 호위하고 외적을 방비하는 것이며, 그 옷과 양식과 기계가 모두 밭에서 나오는 것인데, 국가에서 기름진 땅을 떼어 42도부都府의 갑사甲士 10만여 명에게 녹으로 주었기 때문에 나라에서는 병사를 기를 비용이 없습니다. 조종조의 법은 곧 3대 때에 농업에 군사를 붙여두었던 뜻을 따랐습니다. 그런데 지금은 군사와 토지제도가 모두 엉망이 되어 매양 급한 때를 당하면 농민을 징집해 군대에 보충하기 때문에 군사가 약해져 적의 먹이가 되고, 농민들의 양식을 쪼개어 군사를 기르기 때문에 호구가 줄어들어 고을이 망합니다. 조종께서 지극히 공정하게 나누어준 토지를 한집안 부자간의 사유물로 삼아서, 한번도 문을 나와 조정에서 벼슬하지 않은 자와 한번도 군문에 발을 들여놓지 않은 자가 비단옷과 쌀밥으로 하는 일도 없이 복을 누리며 공후公侯를 멸시하는데, 개국공신의 후손과 밤낮으로 왕을 모시는 신하와, 여러 번 싸워 힘을 바친 장사는 도리어 1무畝의 토지나 송곳을 꽂을 정도의 경작지조차 얻지 못해 그 부모와 처자를 봉양하지 못하니, 어떻게 충의를 권하고 일을 책임지우며 전공을 장려하고 외적을 막을 수 있겠습니까?

안으로 판도사版圖司·전법사典法司와, 밖으로 수령·염리廉吏가 그 본직을 저버린 채 날마다 추위와 더위를 무릅쓰며 땀을 흘리고 붓을 들어가며 토지 송사만 판결하느라 문권을 상고하고 증거를 조사하며, 전호佃戶를 신문하고 고로故老에게 묻고 있습니다. 그 죄에 관련된 자가 옥에 가득하고 뜰에 가득해 농사를 폐지하고 판결을 기다리니, 두어 달 밀린 문안文案이 산같이 쌓이고, 1무의 다툼이 수십 년 계속되어, 침식을 잊고 판결하기에 여념이 없는 것은 사전이 다툼의 실마리가 되어 송사가 번잡하기 때문입니다. 자식은 부모에 대해 1무의 요구라도 혹시 자신의 뜻에 맞지 않으면 오히려 원한을 품고 길 가는 사람 보듯 하며, 심한 이는 상복을 벗자마자 그 시병(侍病)하던 노비를 때리며 그가 받은 토지의 공문서를 요구합니다. 부모에 대해서도 이러한데, 하물며 형제간이야 어떻겠습니까? 이것은 사전 때문에 인륜이 금수로 떨어지는 것입니다. 조정 사대부들이 겉으로는 서로 좋아하는 척하나 속마음으로는 서로 시기해 암암리에 중상하기까지 하니, 이것은 사전으로 함정을 만들었기 때문입니다.

근년에는 겸병하는 일이 더욱 심해져서, 간악하고 흉한 도당들이 주에 걸치고 군을 포괄해, 산과 내를 경계를 삼고서 모두 조상으로부터 물려받은 토지라 하며, 서로 훔치고 서로 빼앗아 1무의 주인이 5, 6명이 되고, 1년에 조를 8, 9차를 거둬갑니다. 위로는 역분전으로부터 종실·공신·조정·문무관의 토지와 외역·진·역·원·관의 토지 및 남이 여러 대 동안 심은 뽕나무와 지은 집에 이르기까지 모두 빼앗아 차지하니, 호소할 곳 없는 불쌍한 백성이 사방으로 뿔뿔이 흩어져, 개천과 구렁텅이에 빠져 죽을 뿐입니다. 조종께서 토지를 나누어 신하와 백성의 생업을 후하게 한 것이 끝내는 신하와 백성을 해치게 할 뿐이니, 이것은 사전이 난의 근원이 되는 것입니다. 토지를 겸병하는 집안의 조를 거두는 무리가 병마사니, 부사니, 판관이니 일컫기도 하고, 별좌(別坐)라 일컫기도 하는데, 따르는 자 수십 명이 말 수십 필을 타고 다니면서 수령을 능멸하고, 안렴사를 꺾고, 음식을 진탕 먹으며, 주막집에서 돈을 흥청망청 씁니다. 여름부터 가을까지 떼 지어 횡행하며, 방종·포악하고 침탈·노략하는 짓이 도적보다 몇 배나 심해 외방이 이로 인해 피폐해집니다. 전호(작인(作人)의 집에 들어가서는 사람은 술과 밥을 배불리 먹고, 말은 곡식을 실컷 먹고, 햅쌀을 먼저 바치게 하며, 면화·삼·여비·개암·밤·대추·육포 등을 강제로 팔게 해서 거두는 것이 조의 10배는 되어 조를 바치기 전에 재산이 다 없어지고 맙니다. 실제로 토지의 수확량을 조사할 때는 부와 결의 고하高下를 마음대로 해 한 결의 토지를 3, 4결로 정하고, 큰 말로 벼를 거두어 한 섬 거둘 것을 두 섬 거두어들임으로써 그 수량을 채웁니다.

조종께서 백성에게 취하는 것은 10분의 1에 그쳤는데, 지금 사가에서 백성에게 취하는 것은 열 배 천 배나 되니, 하늘에 계신 조종의 영령을 어찌 대하며, 국가의 인정이 어찌 되겠습니까? 토지는 백성을 기르는 것인데 도리어 백성을 해치니, 어찌 슬프지 않겠습니까? 백성이 사전의 조세를 낼 때 다른 사람에게 빌려서 충당하는데, 그 빚은 아내를 팔고 자식을 팔아도 갚을 수 없으며, 부모가 굶주리고 떨어도 봉양할 수 없으니, 원통하게 부르짖는 소리가 위로 하늘까지 통해 화기和氣를 상하게 함으로써 수재와 한재를 불러일으키게 했으니, 호구戶口가 이 때문에 비게되었으며, 왜놈들이 이 때문에 깊숙이 들어와 천 리에 시체가 뒹굴어도 막을 자가 없습니다. 탐욕스럽고 욕심 많다는 소문이 중국에까지 퍼져 사직과 종묘가 알을 포개놓은 것보다 더 위태합니다. 신등은 원컨대 태조께서 지극히 공정하게 토지를 나누어주신 법을 준수하고, 뒷사람이 사사로이 주고받아 겸병하는 폐단을 고쳐, 선비도 아니고 군사도 아니고 나랏일을 맡은 자가 아니면 토지를 주지 말 것이며, 죽을 때까지 사사로이 주고받고 하지 못하도록 엄격하게 한계를 세워, 백성으로 하여금 새로운 생활을 시작해 국가의 재용을 족하게 하고, 민생을 후하게 하며, 조정 신하를 우대하고, 군사를 넉넉하게 길러주십시오. 그러면 나라가 부유하고 군사가 강해 예의가 일어나며, 염치가 행해지고, 인륜이 밝아지고 송사가 없어져, 사직의 기초가 반석같이 편안하고, 태산같이 튼튼하며, 국가의 위엄이 뇌성처럼 진동하고, 불꽃처럼 치성해 비록 외적의 침노가 있더라도 그 외적은 장차 저절로 시들고 무너질 것입니다.

옛사람이 말하기를 '나라에 3년간 먹을 비축이 없으면 나라가 나라 꼴이 아니다'라고 했는데, 근자에 서북으로 행차한 것이 겨우 두어 달뿐인데도 오히려 공사公私가 지탱되지 못하고 상하가 함께 곤궁하니, 만일 2, 3년간 수재와 한재가 생긴다면 어떻게 진휼할 것이며, 많은 군사의 양식과 비용은 어떻게 충당할 것입니까? 하물며 지금 도성 안팎의 창고가 일시에 모두 비어서 군국軍國의 수용이 나올 곳이 없는데, 변방의 근심은 예측할 수 없으니 만일 창졸간에 변이 생기면 집집마다 거두기도 어렵습니다. 지금 양전量田할 때를 당해서 일정한 수를 정해 토지를 주기 전에 3년으로 한정하고, 임시로 국가에서 거두어들인다면 군국의 수용을 충당할 수 있으며, 관원의 녹봉을 줄 수 있을 것입니다…….152

조준이 사전개혁을 들고나오자 간관 이행李行·판도판서 황순상黃順常·전법판서 조인옥 등이 잇달아 같은 내용을 상소했다. 개혁적인 신흥 사대부들이 내세운 국가 개조의 신호였다.153 위화도 회군으로 정권을 차지한 이성계 일파는 최우선적으로 토지개혁을 실시했다. 사전개혁이 그것이다. 사전이란 불법으로 차지한 개인 소유지를 의미한다.

권문세족들은 권력을 이용해 여러 방법으로 남의 땅을 차지해 대토지 소유자가 되었으며, 이를 경작하기 위해 많은 양민을 노비로 삼았다. 따라서 세수가 감소하고 노동력은 고갈되어 국가 재정이 파탄에 이르렀다. 이 때문에 신흥 사대부들은 녹봉조차 받을 수 없었고, 신흥 무장들은 군사비를 조달할 수 없었다. 이에 위화도 회군 한 달 뒤인 1388년 7월에 이성계의 측근 경제 관료인 조준은 사전개혁을 주장하고 나섰다. 8월에는 사전의 세금을 국가가 직접 받아들이게 하고, 1390년(공양왕 2) 9월에는 기존의 토지문서를 불태운 다음 1391년 5월에 과전법을 성립시켰다.[154]

과전법은 토지 소유에 관한 법이 아니었다. 수조권에 관한 법일 뿐이었다. 이에 도당(도평의사사)에서는 사전개혁에 대한 여론을 조사했다. 전체 53명의 대신 중 이성계 등 18인은 찬성, 정몽주는 중립, 이색 등 34명은 반대였다. 반대 의견이 절대 다수였다. 게다가 지금까지 이성계에게 동조해오던 정몽주가 다른 목소리를 내기 시작했고, 변안열이 반대 의견을 제시한 것이다.[155] 변안열은 일찍부터 홍건적과 왜구를 정벌해 많은 전공을 세움으로써 여러 차례 공신이 되고 토지와 노비를 받아 대토지 소유자가 되었다. 변안열이 이성계와 맞먹는 무력을 보유하고 있는데도 이성계가 그를 배려하지 않고 권력을 독차지하자 반기를 든 것이다. 변안열은 개경에도 호화 주택을 보유하고 있었고, 뒤에 이성계가 제1차 왕자의 난 이후 한양에서 개경으로 왔을 때 변안열의 집에 묵은 적이 있으며,[156] 한양에는 대은암大隱巖 근처에 별장을 가지고 있기까지 했다. 이성계와 각을 세우면서부터 변안열의 불행은 싹트게 된 것이다.

원래 관리들에게는 녹봉만 주면 그만이었다. 그러나 봉건제의 유제로 관리들에게 녹봉 이외에 봉토를 주는 대신 과도적으로 수조권을 지급한 것이다. 국가의 세신(대대로 내려오는 신하)을 부양하기 위한 귀족제적 유제였다. 그러므로 중앙집권적 관료 체제가 확립되면 수조지는 감소되거나 소멸되게 마련이었다. 고려의 수조지 분급 제도인 전시과가 개정될 때마다 지급 범위나 지급액이 줄어들다가 과전법·직전법·관수관급제를 거쳐 조선 명종조에는 왕자 과전을 제외한 모두 과전이 없어진 것도 그 때문이었다. 그런데 국가의 관리가 소홀해진 틈을 타 권신들이 수조지를 사유하는 경향이 있었다. 그리하여 전시과는 껍데기만 남게 되었기에 국가 경제를 일으켜 세우려면 사전개혁이 필수였다.[157]

공양왕은 1390년 9월 토지 분급에 관한 공·사 전적을 시가에서 불살랐다. 이때 왕이 눈물을 흘리면서 "조종의 전법이 과인의 대에와서 없어진다"며 한탄했다고 한다. 그리고 이듬해인 1391년 5월에 과전법이 실시되었다.[158]

김저의 난

1388년(우왕 14) 9월 갑술일(10일)[159]에 전 대호군 김저와 전 부령 정득후가 몰래 황려黃驪(여주)로 우왕을 찾아갔다. 김저는 최영의 생질로서 최영을 따른 지가 오래되었다. 정득후도 최영의 족당族黨이었다. 우왕이 이들에게 말하기를 "울적한 마음을 감내할 수 없다. 여기에 살면서 손을 묶고 죽게 생겼다. 단 한 역사力士를 얻어서 이시중李侍中(이성계)을 죽인다면 내 뜻을 펼 수 있을 것이다. 내가 평소에 예의판서 곽충보를 잘 아는데 네가 가서 찾아보고 함께 일을 도모하라" 하고, 이어 칼 한 자루를 곽충보에게 내려주면서 말하기를 "지금 팔관일八關日이니 거사할 수 있을 것이다. 일이 성사되면 왕비의 누이동생을 처로 삼게 해 부귀를 함께할 것이다"라고 했다고 한다. 김저가 곽충보에게 말을 전하니, 곽충보가 거짓 허락을 하고 이성계에게 일렀다. 무인일(14일)에 팔관소회가 있어 이성계는 집에 있으면서 회에는 참여하지 않았다. 김저와 정득후가 밤에 이성계의 집을 찾아갔다가 문객들에게 잡혀 정득후는 칼로 자살하고, 김저는 순군옥에 갇혀 대간의 심문을 받았는데, 말이 조방흥趙方興과 연관되어 그도 아울러 하옥시켰다. 김저가 말하기를 "변안열·이임·우현보·우인열·왕안덕·우홍수禹洪壽와 공모해 여흥왕(우왕)을 맞이해 내응하고자 했다"160고 털어놓았다. 그는 처음부터 관련자들을 자복하지 않았으나, 발바닥을 벗겨내는 고문을 받은 다음 변안열 등이 연루된 사실을 자복했다고 한다.

그러나 여기에는 의심스러운 점이 많다. 우선 곽충보는 최영을 체포할 때 앞장선 이성계의 심복인데, 그에게 칼을 내려 이성계를 죽이려 했다는 것이 의심스럽다. 또한 이러한 살인 음모에 관련되었는데도 이색과 변안열이 비록 실권직은 아니지만 영삼사사, 판삼사사에 임명되었다는 점이 이상하다.161 더구나 공양왕이 즉위하고 며칠 뒤인 병술일(22일)에 김저가 갑자기 순군옥에서 사망했다. 사인은 알 수 없었다. 이를 기화로 문하평리 정지, 이거인李居仁, 전 판후덕부사判厚德府使 유혜손柳惠孫, 이을진李乙珍, 전 밀직 이유인李惟仁, 유번柳蕃, 조호, 안주 등 27명을 공모자로 여겨 유배시키고, 기축일(23일)에는 조흥방을 목 베었다. 반대파 숙청일 것이다.162 그리고 이색 부자를 파직시키고, 조민수를 폐서인廢庶人시켰다.[163] 이에 우왕을 강릉으로 옮기고 창왕을 강화로 쫓아내 서인으로 폐했다. 그리고 12월에 공양왕은 정당문학 서균형徐鈞衡을 보내 우왕을 죽이고, 예문관 대제학 유구柳珣를 보내 창왕을 죽였다. (우왕이 강화도로 귀양갔을 때 변안열은 문을 닫고 며칠 동안 통곡을 했다고 한다.)[164] 변안열은 며느리 될 사람을 선비로 빼앗긴 사건으로 인해 우왕과 사이가 좋진 않았지만 고려의 운명이 경각에 달려 있다고 여겨 통곡한 것이 아닌가 한다. 우왕이 죽자, 영비(최영의 딸) 최씨가 대성통곡을 하면서 "첩이 이 지경에 이른 것은 아버지의 잘못이다"라고 하며 10여 일을 굶고 밤낮으로 울다가 밤에 반드시 우왕의 시체를 안고 잤다고 한다.[165]

이 사건을 기화로 이성계 일파는 창왕을 폐위시키고 공양왕을 세웠다.

무인일(14일)에 우왕을 강릉부로 옮겼다. 우리 태조가 판삼사사 심덕부, 찬성사 지용기, 정몽주, 정당문학 설장수, 평리 성석린成石璘, 지문하부사 조준, 박위, 밀직부사 정도전 등과 흥국사에 모여서 삼엄한 군사의 호위 속에서 의논하기를 '우와 창은 본래 왕씨가 아니니 종사를 받들게 할 수가 없으며, 또 천자의 명도 있으니 마땅히 가왕假王을 폐위시키고 진왕眞王을 세워야 할 것입니다. 정창군定昌君 요는 신종의 7세손으로 그 족속이 가장 가까우니, 왕으로 세워야 할 것입니다' 하니, 조준이 말하기를 '정창군은 부귀한 집에서 나고 자라 자기 재산을 다스릴 줄만 알 뿐 나라를 다스릴 줄은 알지 못하므로 왕으로 세울 수 없다'고 했으며, 성석린은 말하기를 '임금을 세우는 데에는 마땅히 어진 이를 가려야 할 것이고, 그 족속이 가까운지 먼지는 논할 필요가 없다'고 했다. 이에 종실의 몇 사람의 이름을 써서 심덕부·성석린·조준을 보내어 계명전啓明殿에 가서 이성계에게 고하고 제비를 뽑았더니 정창군의 이름이 뽑혔다.166

명나라는 창왕 옹립에 간여하지 않았다.167 이성계는 새 왕을 뽑기 위해 이른바 9공신(심덕부·지용기·정몽주·설장수·성석린·조준·박위·정도전·윤소종) 등과 함께 흥국사에 모여 정창군 요를 새로운 왕으로 뽑았다. 그리고 기묘일(15일)에 이성계가 8장상과 함께 공민왕의 정비 궁에 나아가 군사로 호위하고 정창군을 왕으로 세웠다.168 이때 변안열邊安烈은 이색과 함께 영삼사사의 지위에 있었다. 공양왕은 "나는 일평생 입을 것, 먹을 것, 시중 들 사람이 모두 풍족하다. 그런데 지금에 와서 이렇게 중대한 책임을 지게 되니, 어찌할 바를 모르겠다"고 했다고 한다.169

불굴가不屈歌

1389년(공양왕 1) 10월 11일은 이성계의 생일이었다. 당시 무장들은 사병을 거느리고 있었다. 역성혁명을 꾀하던 이성계는 언제나 정예병 200명을 거느리고170 공병을 장악해171 전공이 많은 변안열이 마음에 걸렸다. 더구나 이성계와 맞설 만한 군사력을 보유하고 있는 변안열을 처치하지 않을 수 없었다. 변안열은 처음에 원나라 노국대장공주를 모시고 왔기 때문에 친원파에 속했다. 그러다가 공민왕이 반원

정책을 편 이후에는 공민왕을 따라 친명파로 돌아섰다. 이에 홍건적, 왜구를 토벌하면서 이성계와 행동을 같이했다. 적어도 위화도 회군까지는 그러했다. 그러나 창왕 옹립, 사전개혁 이후로 이성계와 노선을 달리했다. 역성혁명을 이루기 위해서는 같은 친명파였다가 돌아선 정몽주와 변안열을 제거해야만 했다. 그런 까닭에 자기 생일을 핑계로 정몽주와 변안열을 초청했다. 이성계는 아들 이방원을 시켜 〈하여가何如歌〉를 부르게 했다.

〈하여가何如歌〉

이런들 어떠하며 저런들 어떠하리   此亦何如 彼亦何如

성황당 후원이 무너진들 어떠하리   城隍堂後垣 頹落亦何如

우리도 이같이 해 죽지 않으면 어떠하리   我輩亦若此 不死亦何如

이에 대해 정몽주는 〈단심가丹心歌〉를, 변안열은 〈불굴가不屈歌〉를 불렀다 한다.

〈단심가丹心歌〉

이 몸이 죽고 죽어 일백 번 고쳐 죽어   此身死了 一百番更死了

백골이 진토 되어 넋이라도 있고 없고   白骨爲塵土 魂魄有也

임 향한 일편단심이야 가실 줄이 있으랴!   向主一片丹心 寧有改理也

〈불굴가不屈歌〉172

내 가슴에 말ㅓ만 한 구멍을 뚫어 긴 새끼줄을 꿰어

         穴吾之胸洞如斗 貫以藁索長又長

앞에서 끌고 뒤에서 당겨 갈기고 찢길망정 너희가 그리하겠다면 내가 참

을 수는 있지만　　　　　　　　　　　前牽後引 磨且戞 任汝之爲吾不辭

내 임금 빼앗고자 하는 일에는 나는 굽힐 수 없도다

有欲奪吾主 此事吾不屈

죽음을 무릅쓰고 이성계와 최후의 결별을 선언한 것이다.[173] 그리고 1389년(공양왕 1) 11월에 대호군 김저의 난에 연루되어 죽임을 당하게 되었다.

그런데 여기에는 몇 가지 짚어볼 점이 있다. 첫째는 〈불굴가〉가 언제 어디서 나왔느냐는 것이고, 둘째는 〈불굴가〉를 과연 변안열이 지었느냐는 것이며, 셋째는 〈불굴가〉가 과연 고려 말의 시조인가라는 것이다.

먼저 〈불굴가〉가 발견된 내력부터 살펴보자. 『대은실기』에

전자에 족조族祖 변종기邊鍾基 씨가 척연히 사모하는 마음이 일어나 밤낮을 가리지 않고 보첩譜牒들을 상고하고 동사東史를 초록해서 합해 『시조실기始祖實記』라는 책을 편찬해 상자에 넣어둔 것이 또한 몇 년이 지났다. 기축년(1949)에 양주의 성묘하는 모임(성요회省澆會)에서 함께 의논해 모두 발의했다. 바야흐로 책을 발간하려고 계획할 때, 예천족인가醴泉族人家에서 당시 여러 선배가 지은 제문·전·행장·묘표·신도비명을 실은 하나의 작은 책(『전가록傳家錄』)을 얻었다. 어루만지고 받들어 깊이 읽어보니 마치 벽 뒤에 남아 있던 공자의 『서경』이 진시황이 불태우는 것을 면하고 세상에 다시 나온 것 같았다.[174]

라는 기록이 있다. 이를 보면 20세기에 와서 변종기 씨가 보첩과 동사를 수집해『시조실기』를 편찬했고, 그 후 1947년 중동仲冬 10일에 성요회라는 성묘 모임에서 여기에 예천 금곡에 사는 족인가의 옛 상자 속에서 나온『전가록』(『선조전행장록先祖傳行狀錄』)을 발견해 함께『대은실기』에 넣었다는 것이다.[175] 〈불굴가〉는 이 책에 실려 처음으로 공개된 것이다. 그러니 〈불굴가〉는『대은실기』에 수록되어 있고, 이 실기는 예천족인가의 옛 상자 속에서 나온『전가록』의 자료를 근거로 편찬된 것이라고 할 수 있다.[176] 따라서『전가록』은 원주 변씨의 초창기 역사를 밝혀 주는 중요한 자료다. 고려 말 이색, 정몽주, 길재, 이숭인, 방번方蕃 등의 행장, 전, 제문 등의 고문서와 변안열의「동국유거음東國留居吟」「한양유소음漢陽流所吟」과, 이언적李彦迪·권벌權橃·이황李滉·김종직金宗直 등의 비문류 등이 나왔다는 것이다. 〈단심가〉는 어떤가? 효종이 매양 달밤에 〈단심가〉를 소리 내어 읊고 이어 눈물을 흘리면서 천고에 이와 같은 충절이 어디 있겠느냐고 찬탄하던 것을 정몽주의 11대 후손인 정제두鄭齊斗(1649~1736)가 듣고 기록했다고 한다.[177]『전가록』에 수록되어 있는 목록은 다음의 [표 8]과 같다.

[표 8]『전가록』목록[178]

	작품	저자
1	〈불굴가〉	변안열
2	「동국유거음」 2수首	
3	「한양유소음」 4수	
4	「제문祭文」	포은圃隱 정몽주
5	「변안열전傳」	

5	「제문」	목은牧隱 이색
6	「변안열 행장行狀」	
7	「제문」	야은冶隱 길재
8	「변안열 유사遺事」	
10	「제문」	도은陶隱 이숭인
11	「제문」	무안대군撫安大君 이방번李芳蕃
12	「총제공摠制公 변이邊頤 행장」	회재晦齋 이언적
13	「첨추공僉樞公 변차희邊次熹 묘지墓誌」	충재冲齋 권벌
14	「세마공洗馬公 변정邊定 묘지」	퇴계退溪 이황
15	「세마공 변정 제문」	점필재佔畢齋 김종직
16	「세마공 변정 만사輓詞」	

그러면 예천족인가는 누구의 집인가? 그곳은 변희리邊希李의 집일 것이다. 변희리는 1486년(성종 17) 문과에 급제해 간관으로서 이극돈李克墩이 김종직[179]·김일손金馹孫·권경유權景裕[180] 등을 탄핵하라는 요구를 뿌리치고 예천(용문면 신계리 귀래곡)으로 낙향했다. 예천은 큰 아들 변필대邊必大의 처가(처부는 권선權善)가 있던 곳이고, 자기의 정치적 동지요 후배인 권오복權五福[181]의 고향이기도 했기 때문이다.[182] 변필대의 장인 권선은 5남(오행五行·오기五紀·오복五福·오륜五倫·오상五常) 5녀(민경안閔慶安·경집慶緝·이문좌李文佐·변필대邊必大·이수영李守英)를 두었다. 이 가운데 권오행·권오기·권오복이 문과에 급제하고 권오행·권오기·권오복·권오륜이 소과에 합격해 영남 사림파의 주축으로서 중앙 정계에 진출했다가 기득권층인 훈구파로부터 박해를 받아, 권오복은 무오사화에 걸려 죽기까지 했다.[183] 변안열의 현손인 변희리가 예천으로 낙향할 때 『전가록』에 들어 있는 고문서들을 가지고 내려온 것이 확실하다. 그러니 예천족인은 변희리 또는 그 가문으로 생각된

다.[184]

변희리는 당시에 사간원 정언이었다. 대간의 직책을 띠고 있었던 것이다. 그런데 무오사화를 일으킨 이극돈(1435~1503)이 사람을 보내 "이세좌李世佐[185]·변희리·노공필盧公弼이 각기 간언諫言의 직분을 맡고 있으니, 삼사가 함께 김일손[186] 등을 벌주자고 상주하는 것이 좋을 듯하다"며 압력을 가했다. 이에 변희리는 "인륜이 다하여 국가의 기강이 무너지고 말았다. 떠나지 않는다면 장차 어떤 화가 미칠지 알수 없다. 차라리 내가 죽을지언정 선비들을 무고하는 짓은 차마 할수 없다"고 하고는 종제從弟인 사직司直 변희예邊希乂와 함께 신발을 고쳐 매고 떠났다.[187] 그러면 어디로 갈 것인가? 아들 변필대의 처가이고 사림파의 본거지인 경상도의 예천을 택했다. 그리하여 그는 원주 변씨의 예천 입향조가 되었다.

그러면 〈불굴가〉는 과연 변안열이 지은 것인가? 〈불굴가〉는 『전가록』을 인용한 1800년에 편찬된 『경신보』 잡록에 실려 있는 〈부종가不從歌〉[188]가 현재 찾을 수 있는 가장 오래된 기록이다.[189] 여기에 나타나는 한역漢譯 〈불굴가〉는 변희리가 옮긴 것일 터이다.[190] 그 원본인 한글본은 『청구영언靑丘永言』 「언악言樂」에

가슴에 궁굴에 둥실케 불고 왼삿기를 눈길게 꼬아

그 궁에 그 삿기 너허 두 놈이 마조잡고 흘근 흘근 흘라들일세,

그는 아모쪼로나 견디려니와 할라나 님외오 살라 하면 그는 그리 못하리라.(대학본 『청구영언』)

라는 한글 시조가 실려 있고, 또 진본 『청구영언』에도

> 가슴에 궁글 둥시렇게 뚫고, 왼삿기를 눈길에 너슷 너슷 꼬와 그 궁게 그
> 삿 너코 두 놈이 두 긋 마조 자바 이리로 흘근 저리로 흘적 할져귀는 나남
> 즉 남대되 그는 아모쪼로나 견듸려니와
> 아마도 님 외오 살라면 그는 그리 못하리라.(진본 『청구영언』)

라는 작자 미상의 한글본 〈불굴가〉가 수록되어 있다. 물론 이외에도
한글본 〈불굴가〉는 여러 이본이 있다.[191] 이들 한글 〈불굴가〉를 『경
신보』에 실린 한역 〈부종가〉와 대조해보면 한글본이 한역본의 원본
임을 알 수 있다.[192]

　『청구영언』은 작자 미상으로 되어 있지만 야은治隱 길재의 제문에
변안열의 당호堂號를 불굴당이라 했고, 도은陶隱 이숭인은 "썩어 없어
지지 않을 것은 〈불굴가〉다所不朽者 不屈之歌"라 했으며, 무안대군撫安大君
방번은 "삶을 버리고 의를 취했으니 충절이 뛰어납니다. 남기신 〈불
굴가〉捨生取義 忠節之卓 不屈遺歌"라고 했으며, 포은圃隱 정몽주의 「변안열
전」「유사遺事」와 목은牧隱 이색의 「변안열 행장」에도 한역 〈불굴가〉의
전문이 실려 있는 것으로 보아 〈불굴가〉가 본래 한문으로 되어 있고
작자는 변안열이었는지도 모른다.[193] 후고後考를 기다린다. 물론 이러
한 여말의 기록들이 다른 사람에 의해 조작될 수도 있다. 그러나 그
러한 증거가 없고, 〈불굴가〉가 변안열 외에 다른 사람이 지었다는 기
록도 보이지 않는다.

　황충기는 한글본 〈불굴가〉를 장시조長時調의 발생과 연결시켜 변안

열이 죽은 1390년(공양왕 2) 이전에 지었을 것으로 보고 있다. 그러나 〈불굴가〉가 조선 건국에 저해되는 시조였기 때문에 사람들 사이에 회자되지 못하고, 불사이군不事二君의 충신의 노래가 아니라 이별을 앞둔 남녀 간의 애정가사로 불리게 되었다고 했다.[194]

반면에 강진섭은 죽음이 왔다 갔다 하는 살벌한 환경에서 한가로이 노래나 부르고 있을 수 있느냐면서 〈하여가〉〈단심가〉〈불굴가〉가 이방원, 정몽주, 변안열이 지은 것이 아니라고 했다. 그러니 〈불굴가〉는 〈단심가〉 전설이 상당히 보편화되어 있던 영·정조 시대의 산물로 봐야 한다는 것이다. 다시 말하면 〈불굴가〉는 변안열의 작품이 아니며 이미 존재했던 노랫말에 변안열과 관계된 기록을 끼워넣은 것이라고 주장했다.[195]

이동영은 변희리의 『전가록』이 근거가 없다는 주장이 오히려 근거가 없다고 했다. 그리고 〈불굴가〉를 변안열이 지었다는 기록은 있어도 그렇지 않다는 기록은 없다는 점과, 〈불굴가〉는 음란한 노래가 아니며 고려시대의 시적 표현법의 하나라고 주장했다.[196]

조규익은 〈불굴가〉가 이미 존재하던 국문의 노래를 한문으로 번역한 것이든, 한문으로 전해지던 노래를 국문의 노래로 번역한 것이든, 엄연히 둘의 존재가 문헌 기록으로 남아 있다면 비록 그 가운데 하나가 조작된 것일지라도, 그러한 노래들이 당대에 불리고 있었다는 사실만으로도 의미를 지닌다고 했다. 나아가 〈불굴가〉가 변안열의 작품이 아니라는 주장을 완벽하게 입증할 수 없다고도 했다. 하나의 가설로 변안열이 투옥 당시 그 말년에 창작해놓았던 것을 후손이 엉성하게나마 이방원과 변안열을 배역으로 등장시켜 극적 상황을 설정

해 끼워넣었을 가능성도 상정해볼 수 있다는 것이다.[197] 이동영이
〈불굴가〉의 원전을 한시라고 보았던 데 비해, 조규익은 변안열이 부
른 노래는 처음부터 우리말 노래였다고 했다. 변안열이 이성계의 생
일잔치에서 우리말로 부른 것을 그 뒤에 한역한 것이라는 말이다. 그
러므로 현재 진본『청구영언』에 실려 있는 노래가 액면 그대로 변안
열이 불렀던 노래라고는 할 수 없으나, 그와 유사한 모습을 띠고 조
선 후기 가집歌集에 수록될 때까지 계속 가창되어왔다는 것이다.[198]

끝으로 〈불굴가〉가 장시조의 시초이고 장시조가 발생한 것이 고
려 말인가 하는 문제가 있다. 황충기는 〈하여가〉나 〈단심가〉는 평시
조 형식을 따르고 있으나 〈불굴가〉는 진본『청구영언』에 수록되어 있
다는 점에서 장시조로 볼 수밖에 없고, 장시조의 발생 시기를 고려시
대로 잡을 수 있다고 했다. 그는 〈불굴가〉가 변안열이 1390년(공양왕
2) 정월 7일 김저의 옥사에 관련되어 한양으로 귀양가 피살되기 전에
지어진 것으로 본다. 황충기는 장시조든 단시조든 고려 말에 시작된
것으로 본다. 다만 조선 후기에 와서는 과거와는 다른 창법으로 불렸
다고 주장했다.[199] 그러나 이 문제는 고전문학 분야이기 때문에 역사
학자가 논란할 여지가 적다.

변안열의 죽음

이성계 일파는 기묘일(15일)에 공양왕을 즉위시키고 이튿날인 경진일
(16일)에 공양왕은 이색을 판문하부사, 변안열을 영삼사사, 심덕부를

문하시중, 이성계를 수문하시중으로 임명했다. 아직은 반이성계파의 원로 두 사람(이색·변안열)이 고위직에 남아 있었다. 그러나 이것은 구색 맞추기일 뿐 오래가지 못했다.[200]

김저가 발바닥을 벗기는 고문을 이기지 못하고 변안열 등이 공모했다고 불자 이성계파는 변안열을 반역자로 몰아세웠다. 그러나 김저가 병술일(22일)에 순군옥에서 갑자기 죽었다.[201] 사인은 알 수 없으나, 이를 기화로 문하평리 정지, 이거인, 전 판후덕부사 유혜손, 이을진, 전 밀직 이유인, 유번, 조호, 안주 등 27명이 공모자라는 이유로 유배되었고, 기축일(25일)에는 조방흥을 목 베었다.[202] 그리고 12월 초에는 이색과 그의 아들 이종학李種學의 관직을 박탈하고, 조민수의 관작을 삭탈하는 동시에 폐서인시켰다.[203] 반대파 숙청이었다.

1389년(공양왕 1) 12월 1일에 좌사의 오사충·문하평리 조박 등이 상소하기를

적신 변안열이 특별한 공을 세워 부귀를 얻으려고 이색과 우의 외숙 이임과 김저·정득후 등과 더불어 신우를 맞이해 왕씨를 다시 세우려는 의논을 저지하려고 했습니다. 더구나 이색은 대대로 왕씨에게 봉직해 공민왕의 더할 수 없는 은혜를 받는데, 이인임에게 붙어서 신우를 세우고 왕씨의 종사를 끊으며, 장수들이 왕씨를 세우려 하자 조민수에게 붙어서 우를 내쫓고 창을 세웠으며, 충신과 의사가 왕씨를 회복하려고 하자 변안열에게 붙어서 창을 내쫓고 우를 맞이해 다시 왕씨의 종사를 끊으려 했으니, 우와 창에 있어서도 모반하는 신하가 된 것입니다.[204]

라고 해 변안열을 이색당으로 몰았다. 무신일(14일)에는 사재부령司宰 副令 윤회종尹會宗의 상소로 정당문학 서균형을 강릉에 보내 우왕을, 대제학 유구를 강화로 보내 창왕을 죽이게 했다.[205]

1390년(공양왕 2)에 낭사 윤소종과 이첨李詹은

변안열이 신우를 맞이해 왕으로 세워 왕씨의 종사를 영원히 끊으려고 한 것은 실로 김저가 명백하게 말한 바이며, 나라 사람들이 모두 아는 바이오니, 청컨대 헌사에 내려 형벌을 밝게 적용하고 가산을 적몰하소서.[206]

라며 노골적으로 변안열을 김저 사건의 주모자로 몰았다. 이임의 열전에도 간관 윤소종이

이제 경상도도관찰사 김주金湊, 집의 남재南在, 판사 손흥종孫興宗, 헌납 함부림咸傅霖 등이 함께 이귀생李貴生을 국문한 옥사獄辭를 보니, 지난해 10월에 우인열이 먼저 변안열의 집에 이르렀고 이귀생이 그 아버지 이임을 뒤쫓아 이르렀는데, 변안열이 이임에게 말하기를 이을진·이경도李庚道·곽충보 등을 시켜 시중 이성계를 살해한 뒤 우인열은 왕안덕·우홍수 등과 함께 여흥에 가서 우왕을 맞이할 계획이 이미 정해졌다고 하고, 우인열이 말하지 않고 미소를 지었다 하니, 그 정상은 진실로 마땅히 국문할 만합니다.[207]

라고 하여 변안열이 이 사건의 주동이라고 강변하고 있다. 윤소종은

나아가

홍영통洪永通·우현보·왕안덕·우인열·정희계 등은 실로 변안열과 더불어
역모를 도모했으니, 왕씨의 신자臣子로서는 불공대천의 원수입니다. 원컨
대 변안열·홍영통·우현보·우인열·왕안덕 등을 극형에 처하소서.208
홍영통은 무리를 지어 이인임·임견미·염흥방과 부화해 악한 일을 같이
하고, 서로 도우며, 흉악한 무리로서 살육을 일삼았습니다. 그리고 홍영
통은 오직 우왕의 인척이기 때문에 수령 자리를 보존하고 있습니다. 우
현보는 지위가 상상上相에 이르렀는데, 자리를 잃을까 걱정하고, 많은 물
품을 빼앗았으며, 간사하고 아첨하기를 우리의 예의와 풍속을 흩트렸습
니다. 왕안덕은 장수의 이름에 올랐으나 매번 싸움에 패했고, 남포藍浦
싸움에서는 전군을 몰살시켜 나라의 위신을 크게 손상시켰습니다. 군법
에서는 마땅히 사형될 죄입니다. 우인열은 이서吏胥 출신으로서 권세가
에 연줄을 대어 지위가 정부政府에 속해 있으나 공덕은 이 나라 백성이
아직 들어본 적이 없습니다. 정희계는 염흥방과 인척을 맺고 멋대로 불
의를 자행했으며, 또한 우왕의 처 최천검崔天儉의 딸이 좋아함으로 인해
위화도 회군 때 사형을 면했습니다. 이들 다섯 사람의 죄악은 몹시 커
반드시 주살해야 합니다. 하물며 변안열과 모의해 우왕을 추대하려 했
으니, 이는 천지가 더욱 용납할 수 없는 것이며, 임금이 사사로이 할 수
없는 바입니다. 바라건대 전하는 결단을 내려 대의를 사헌부에 하달해
국문하고 치죄토록 하십시오.209

라 하였다.

이들은 변안열과 내통했다는 혐의로 극형에 처해질 운명에 놓여 있었다. 이에 공양왕은 문하시중 심덕부와 수문하시중 이성계를 불러

변안열은 이미 관직을 삭탈해 유배시켰고, 홍영통·우현보·정희계 등은 김저의 진술에 증거가 어긋나며, 왕안덕은 일찍이 설장수와 함께 명나라에 돌아가 우왕의 광란스럽고 패륜된 행동을 상주한 바 있어 김저의 음모에 가담하지 않았음이 틀림없으니, 단지 그들의 관직만 파한다.[210]

고 회유했다. 비록 공양왕이 이성계 일파에 의해 세워졌지만 고려를 무너뜨리기 위해 과도하게 밀어붙이는 그들의 주장에 동조하지만은 않았다. 그러면서 은밀히 밀직부사 유용생을 보내 "내가 있으니 경들은 두려워하지 말라"[211]고 격려하기까지 했다.

그 무렵 여우가 수창궁 서문에서 나와 효사관孝思觀 서쪽 멧부리로 들어갔다. 낭사郎舍들이 다시 상소하기를

여우는 음류陰類로서 굴에서 사는 놈이니, 소인이 권세에 붙는 상입니다. 그런 까닭에 전傳에 '인은 제거하기 어렵다'고 했고, 말하기를 '구멍에 들어간 여우는 잡을 수 없다. 굴은 권세에 비유되고, 여우는 소인에 비견된다故傳論小人之難去 曰穴埔之狐 不可灌也 埔以比權勢 狐以比小人'고 합니다. 지금 신 등이 엎드려 청하는 것은 소인을 내쳐 요망한 여우를 보려 하는 것입니다. 이는 소인이 다 내쳐지지 않은 상입니다. 하늘이 꾸짖어서 고하는 것이 확실합니다. 고인古人이 말하기를 '여우처럼 의심하는 마음을

잡는 자는 아첨하고 해치는 일을 불러온다執狐疑之心者 來讒賊之口'고 했으니, 원컨대 전하께서는 위로 황천皇天의 경계를 두려워하시고, 다음으로 조종의 왕업을 생각하시어 변안열 등 6인의 죄를 바르게 하셔서 조종에 사례한다면 하늘의 꾸지람을 풀 수 있을 것입니다.212

라고 했으나 왕이 듣지 않았다. 대사헌 성석린이 또 상소해 변안열을 베라고 강청했다. 당시에 강도가 성문 밖에서 사람을 겁박했는데, 윤소종 등이 왕의 면전에서 상계하기를,

당 헌종조에 오원제吳元濟가 채주에서 반란을 일으켰는데, 승상 무원형武元衡과 중승中丞 배도裵度가 이를 토벌할 것을 청했습니다. 이사도李師道가 번진藩鎮이 세력을 떨치고 서로 의지하고 있으면서 적을 보내 무원형을 죽이고, 배도의 머리를 상하게 하고 달아났습니다. 군신이 의논해 오원제를 용서해주어 번진을 안정시키려 했으나, 당 헌종이 듣지 않았습니다. 그리고 배도를 승상으로 삼아 마침내 오원제의 난을 평정해 천하를 안정시켰던 것입니다. 지금 적들이 가까이 경성과 한양에 있어서 겁탈하는 도적이 일어나는 것도 실로 이 때문입니다. 이 무리들은 염려하지 않으면 안 됩니다.213

라고 했다. 그는 물러가 또 상소하기를

신 등이 전에 변안열이 대역을 저질렀다고 다섯 번이나 상소를 올려 죄를 다스리시라고 청했으나 전하께서는 관대히 용서하시고 단지 한양 별

업에 안치하라고만 하셔서 나라 사람들의 바람을 풀어주기는 했으나, 원컨대 그 죄를 명백하게 바르게 해 난적을 징치하시기 바랍니다.[214]

라고 하니, 왕이 그 상소문을 사헌부에 내려 "귀양간 곳에 가서 다시 국문하지 말고 죽이라"고 했다. 이에 사헌부가 밤에 녹사 손원식 孫元湜을 한양부윤 김백흥에게 보내 변안열을 죽이라 했다. 그런데 도평의사사에서 상주하기를 "대신을 그 까닭을 문초하지도 않고 멋대로 극형에 처해서는 안 된다"고 했다. 이에 공양왕은 좌사의 오사충과 집의 남재를 보내 가서 국문하라고 했다. 오사충 등이 벽제관碧蹄館에 이르러 손원식을 만났더니 "방금 변안열을 죽이고 오는 길이다"라고 했다. 변안열이 형벌을 받을 때 한탄하기를 "신우를 다시 모시는 음모는 어찌 나 홀로 했겠는가?"라면서 하고자 하는 말이 있는 듯했으나 김백흥이 묻지 않고 형리에게 명해 밖에 나가 목을 베라고 했다고 한다. 윤소종 등이 말하기를

자고로 난신적자賊子는 당파가 없이 감히 악한 일을 저지르는 경우가 없습니다. 그윽이 듣건대 역신逆臣 변안열은 형벌을 받을 때 스스로 말하기를 '신은 죽으나 진실로 마땅히 공모한 자가 많은데, 홀로 신만 죽습니까?'라고 했다고 합니다. 한양부윤 김백흥은 더 이상 묻지 않고 (변안열을) 죽였는데, 변안열의 심복 부장部將 통산군通山君 이을진은 반드시 더불어 모의했을 터이니, 국문하지 않을 수 없습니다. 김백흥의 역적 패당을 덮어준 죄도 징치하지 않으면 안 됩니다.[215]

라고 했다. 이에 김백흥의 관직을 파하고 사평제공司平提控 박위생朴爲生, 사헌 규정糾正 신효창申孝昌을 청주에 보내 이을진을 국문했는데 고문이 혹심해 말이 이임과 그의 아들 이귀생 및 정주 목사 이경도·정지·원상 등이 관련되었다고 불었는데, 원상은 변안열의 처족이다. 그리하여 왕은 대간과 순군에게 명해 원상을 국문했는데, 말하기를 "단지 사전을 개혁하는 것을 원망해 신우를 맞이해 세움으로써 그 일을 막으려 했을 뿐입니다"[216]라고 했다. 이에 오사충 및 장령 권잠權湛을 안주에 보내 이경도를 국문하게 하고, 남재와 좌헌납 함부림을 전주에 보내 이임을, 경주에 보내 이귀생을 국문하게 했다. 그리고 대간과 순군에 명해 김백흥과 원상을 국문하게 했다. 그런데 김백흥이 옥중에서 죽었다. 공양왕이 옥관의 혹형으로 죽음에 이르렀다 해 죄가 처자에게 미치지 못하게 하고, 변안열의 처족은 마땅히 면해주라고 해 원상은 석방되었다. 그러고는 교서를 내려 변안열을 회군공신에 책봉했다가, 곧 윤이·이초의 난이 일어나 공신을 박탈하고 가산을 적몰했다.[217]

「변안열전」에서 서술한 약 2년에 걸친 일련의 사건, 즉 '변안열 사건'의 전개 과정은 고려 말 정치사 전개의 흐름과 맥을 같이하며, 그 속에는 고려 말 정치 세력 사이의 긴박한 대립과 갈등이 내포되어 있다. 따라서 '변안열 사건'을 전후한 일련의 정치사에 대한 검토는 복잡다단한 고려 말 정치사를 체계적으로 이해하는 기회가 될 것이다.[218]

한편 1389년 11월에 시작된 '변안열 사건'은 거슬러 올라가면 1388년 위화도 회군과 연결되고, 궁극적으로 1392년 조선 왕조 건국이라는 개혁파 세력의 집권 프로그램의 완성으로 가는 길목의 한 가운데에 자리 잡고 있다. 회군에서 건국에 이르는 4년 동안의 고려 말 정치사는 이성계 세력이 집권을 위해 반대파를 제거하는 과정의 역사이며, 그 과정은 크게 위화도 회군, 창왕 폐위, 윤이·이초의 난 등 세 차례의 과정을 거친다고 했다.[219] 이 지적은 고려 말 정치사의 전개 과정을 체계적으로 접근할 수 있는 설명의 고리를 제공한 점에서 커다란 의의를 지닌다. 그러나 '변안열 사건'을 재평가하기 위해 위화도 회군, 사전개혁, 창왕 폐위, 김저의 난, 윤이·이초의 난으로 넓혀 차례로 살펴보는 것이 중요하다.[220]

변안열이 처형된 것은 1390년(공양왕 2) 1월 16일이다. 그는 여러 차례 군공을 세워 원천부원군, 수충양절선위익찬보조공신輸忠亮節宣爲翊贊輔祚功臣, 위화도회군공신에 각각 책봉되었으나, 김저의 옥을 일으킨 주모자로 지목되어 죽임을 당하고, 모든 공신호를 박탈당했으며, 가재를 적몰당했다. 고려로 돌아온 지 40년 만에 이러한 변을 당한 것이다. 이성계가 조선 왕조를 세우자 관작을 돌려주고, 가재를 환원해주었다. 그러나 본인은 신원되지 못했다.[221]

묘는 양주 주엽산에 있었으나 1468년(예종 즉위년)에 광릉光陵과 가깝다 해 양주 동쪽 풍양豐壤의 건천면 지사동에 인좌寅坐로 옮겼다. 『대은실기』 1권이 세상에 전한다. 1824년(순조 24)에 삼남의 선비들이 운봉 인월역에 사우祠宇를 세우려다가 실패하고, 이듬해인 1825년(순조 25)에 다시 그를 정몽주와 함께 용암서원龍巖書院에 추향하려다 뜻을 이루지 못했다. 그러다가 1920년에 그를 배향하는 송곡서원松谷書院이 완성되었다. 그리고 1984년에 원주 변씨 세거지인 봉화奉化 거촌 구동에 구양서원龜陽書院을 세웠다.222 구양서원에는 변안열을 주벽主 壁으로, 변경회邊慶會와 변극태邊克泰를 배향配享으로 모셨다. 변경회는 임진왜란 때 포의로 의병을 일으켜 재산을 모두 팔아 군량을 지원한 공으로 3품직을 받은 사람이고, 변극태는 변경회의 현손으로 몸으로 강도의 칼을 막고 부친을 구했으나 자신은 중상을 입은 효자로서 동몽교관童蒙敎官을 증직으로 받은 사람이다. 이 서원은 1914년에 세덕사世德祠로 출발해 1924년에 구양사龜陽祠로 바꾸었다가 1984년에 유림들이 구양서원으로 승격시켰다.223

1977년에 신석호申奭鎬를 위원장으로 대은실기편찬위원회에서 『대은실기』를 편찬했고, 1999년에 묘표와 신도비에 비각을 씌웠으며, 1969년 4월 22일에 정경세鄭經世가 지은 원천부원군대은변안열선생 신도비를 세울 때 박정희 대통령이 그의 충절을 기리기 위해 고유했고, 이를 기념하기 위해 성균관유도회가 발기해 2007년에는 박정희 대통령신도비고유기념비朴正熙大統領神道碑告由記念碑를 세웠다.224 그리고 2011년에 〈불굴가〉의 시비詩碑를 세웠다.225

부인은 은청광록대부판추밀원사銀靑光祿大夫判樞密院事 원의의 딸이요, 광정대부도첨의찬성사匡靖大夫都僉議贊成事 원충의 손녀이며, 수문전태학사전리사사修文殿太學事典理司事 원근元瑾의 증손녀자, 추밀원우부대언樞密院右副代言 풍양 조씨 조염휘趙炎暉의 외손녀인 진한국부인辰韓國夫人 원주 원씨다. 묘는 남편의 묘에서 5리 떨어진 곳에 있다. 양주 동쪽 건천면 오리동에 자좌로 있다. 이 비는 외6대손인 황해도관찰사 박승임朴承任이 짓고, 외7대손 여성위礪城尉 송인宋寅이 글씨를 썼다. 묘표는 묘 왼쪽에 있다. 1548년(명종 3) 경에 이인里人 박언朴堰이 이곳 와초동에 투장할 때 이 표석을 빼냈다. 그러나 대은 내외의 부모 묘가 어디 있는지 몰랐다. 그러다가 1580년(선조 13)에 7대손 참봉 변순邊循과 내외 자손들이 오리동 대은묘에 신도비를 세웠다. 그리고 1589년(선조 22)에 11대 종손 증 승지 변취징邊就徵이 와초동에 배위를 위해 소갈小碣을 세우면서 원천부원군묘라고 썼으나 고증이 잘못된 것이었다. 묘를 옮길 때 배위의 묘인 것을 확인했다. 1985년 6월 16일에 남양주시 진건읍 사능리 산 26에서 진건읍 용정리 산 197 변안열 묘 근처로 천장遷葬했다. 2002년에 시조 묘역의 묘표를 경기도 문화재자료 제116호로 지정했다.[226]

▎「동국유거음」과 「한양유소음」

변안열은 한양 유배지에서 「동국유거음」 2수와 「한양유소음」 4수를 지었다.

「동국유거음東國留居吟」

나는 중국인으로 헌곡軒轂(황제黃帝)에서 나왔고	粵余華姓自軒轂
제왕의 사승史乘에 실려 밝게 전해오도다.	昭載帝王世乘傳
애초에 현금玄禽을 시켜 성인을 내시고	初名玄禽天降聖
다시 백마를 바치니 나라가 현인을 봉했노라.	更朝白馬國封賢
대부 이름 백伯은 주周에 사는 조상이요	大夫名伯居周祖
공자의 자변은 송나라 조상에서 나왔노라.	公子子邊出宋先

동국 땅 세 갈래에 하나를 맡아서   東土三支分一本

태천백으로 봉해진 후 중엽에 면면히 성씨를 이어왔네.   泰川中葉氏綿綿

오랑캐가 천하를 짓밟아 일찍이 피지避地하니   左袵乾坤夙避地

대동은 스스로 소중화라.   大東自有小中華

당요唐堯와 병립해 신단수를 전하고   唐堯幷立傳檀木

주周 무왕이 봉한 곳 무궁화가 둘러 덮었다.   周武所封繞槿花

날 저문 섬에 비껴 누우니 바람이 거세고   島晩橫居風氣勁

바닷가를 거니노니 달빛이 비스듬하다.   海餘連踏月輝斜

산 높고 물 맑은 곳 우리 선조의 나라   高山麗水吾先國

소나무가 무성하듯 길이 복되기를 축원하노라.   松茂承承祝永嘉

「한양유소음漢陽流所吟」

신주(＝중국)가 육침해 나는 동으로 왔노라.   神州陸沈我徂東

문물이 뛰어난 기자의 나라 여전히 그 기운 있구나.   文物箕邦尚有風

바다를 건너 천자를 뵙고 대의를 비추며   航海朝天昭大義

책산 벽지에 뛰어난 공을 세웠도다.   栅山闢地建殊功

한때 처소를 잃은 거莒의 왕손이요   一時失處王孫莒

3년 만에 다시 돌아오게 된 동桐의 태갑이라.   三歲奉歸太甲桐

참과 거짓을 살핌은 뒤에야 있을 일   眞僞且看來後事

저 푸른 하늘은 응당 붉은 마음을 알아주리라.   彼蒼應識且丹衷

당사 7월에 여흥을 찾아 뵈오매   堂司七月享驪興

도리어 풍파를 일으켜 끝없이 계속되는구나.	轉釀風波出始永
공은 은왕殷王 면류冕을 맞이하려는데	公議方迎殷王冕
깊은 근심은 장차 한漢의 금등을 두려워하노라.	隱憂將恐漢金縢
구도는 승지勝地라. 비록 온화하게 요양할 수 있으나	舊都勝地雖怡養
어린 임금을 하늘에 떳떳하게 받들어 모시노라.	冲嗣彝天合奉承
전년에 누가 「곽광전霍光傳」을 읽었는가?	前年誰讀霍光傳
천 리 밖 연燕나라 땅의 편지는 다시 한 층이라.	千里燕書更一層
현릉(공민왕릉)의 송백이 푸른 하늘을 떠받들고	玄陵松柏裁蒼旻
정정한 송지松枝에 자엽子葉이 싹튼다.	正正松枝子葉春
도리桃李 문전에 바람과 더불어 벗을 삼고	桃李門前風共伴
죽매원에 눈이 외로운 이웃이로다.	竹梅園裡雪孤鄰
자문咨文(중국과 왕래하는 외교 문서) 중로에 어떻게 사사로이 뜯어보겠는가?	咨文中路私何圻
종사의 상왕(=우왕)을 의롭게 받드노라.	宗社上王義可遵
세 임금(공민왕·우왕·창왕)을 계속 모시기를 16년이니	三世相承十六載
공들 가운데 누가 구조舊朝의 신하가 아니겠는가?	諸公孰不舊朝臣
내가 동쪽에 산 지 40년	自我居東四十春
정충貞忠·직절直節을 홀로 펴기를 구했노라.	貞忠直節獨求伸
화산花山(안동)과 인월역에서 개가를 전하고	花山月驛傳歌凱
위화도와 탐라에서 의로운 깃발을 올렸도다.	威島耽羅擧義幡
세 임금(공민왕·우왕·창왕)을 거쳐 모서 총애를 받았는데	歷事三朝天寵舊
임금의 은총이 오래 되니 책공이 1등에 이르렀구나.	策勛一等地望新
어찌하여○○○○○(5字缺)	何如○○○○○

「동국유거음」은 변안열이 중국에서 고려로 와 정착할 때까지의 역사를 시로 간략하게 서술한 것이고, 「한양유소음」은 유배지 한양에 와서 공민왕·우왕·창왕을 16년간 모시면서 많은 전공을 세웠으나, 우왕을 복립하려다 죽임을 당하게 된 자신의 처지를 한탄한 것이다. 그 가운데 특히 누구나 고려의 신하가 아닌 사람이 없는데도, 자기들이 임금을 복립하려고 하지 않는 것을 비난했다. 변안열은 무인으로, 젊었을 때부터 전장에 왕래하느라 시를 잘 한 것 같지는 않다. 이색·정몽주 등 문호들과 교류하다보니 식견이 늘어 말년에는 이와 같이 시를 잘 짓게 되었을 것이다. 그러나 그가 역적으로 몰려 죽었기 때문에 이 두 시를 제외하고는 시문이 전하지 않는다.

대은암大隱巖

『고려사』「변안열전」에 공양왕이 변안열을 다만 "한양 별업에 안치하라고만 했다"고 한 것으로 보아 죽기 전에 한양에 있는 별업에 안치되었음을 알 수 있다. 변안열은 공민왕과 노국대장공주의 측근인 데다, 홍건적·왜구의 침입을 여러 번 막아 공신으로서 많은 토지와 노비·상금을 받았다. 그리하여 개경과 한양 모두에 좋은 집과 별장을 가지고 있었다. 제1차 왕자의 난 이후 임시로 조선의 수도를 개경으로 옮겼을 때 태조가 변안열의 집에 유숙한 것만 봐도 그의 집이 얼마나 크고 좋았는지를 알 수 있다.

그러면 변안열의 한양 별업은 어디에 있었는가? 대은암이 있었던 대은동, 또는 대은암동에 있었을 것이다. 대은암은 경복궁 뒤 오른쪽 삼청동 바로 왼쪽, 장원서掌苑署 뒤에 있었다.[227] 다시 말하면 대은암은 육상궁 뒤쪽이고, 서쪽 건너편에 청풍계淸風溪·옥류동玉流洞의 아름다운 계곡이 흐르고 뒤로는 백악산을 등지고 있는 빼어난 경관이다.[228] 이곳은 지금의 청와대에서도 가까운 곳인데, 마을 이름은 북동, 또는 대은암동이었다. 이 가운데 북동은『태종실록』1404년(태종 4) 11월 4일자 기록에 경복궁 북동에서 회맹會盟이 있었다고 한 것으로 보아 회맹단이 있었던 마을임을 알 수 있다. 그러니 북동은 지금의 청와대 경내 서쪽, 즉 영빈관 부근에 있었던 것 같다.[229] 겸재謙齋 정선鄭敾이 1755년(영조 31)에 그린『장동팔경첩壯洞八景帖』에 대은암이 들어가 있고, 1741년(영조 17)에 그린 그의「은암동록隱巖東麓」그림과 18세기에 겸재의 손자 손암巽菴 정황鄭榥이 그린 그림에도 대은암이 그려져 있다.[230]

혜풍惠風 유득공柳得恭도 다음과 같이 노래했다.

비바람에 오래 씻긴 맑은 시냇가	風風雨雨碧溪濱
봄철이라 도화동엔 사람 북새 떠네.	忙趨桃花洞裏春
동리 안 천 그루의 복사꽃 활짝 피어	洞裡桃花一千樹
사람은 나비 따르고 나비는 사람 따르네.	人隨蝶去蝶隨人[231]

『한경지략漢京知略』에도 "대은암은 장의동壯義洞에 있는데, 곧 옛날의

남곤南袞(1471~1527)[232]의 집터였다"고 했고, 『동국여지승람』에도 "대은암과 만리뢰萬里瀨는 모두 백악산 기슭에 있다. 곧 영의정 남곤의 집 뒤다. 박은이 지어 부른 이름이다"라고 했다. 이를 종합해보면 대은암은 경복고등학교 뒷문에서 약간 동쪽, 거기서 북악산 봉우리 쪽으로 골짜기를 이룬 그 안에 있다고 할 수 있다. 청와대에서 발간한 책에서도

> 대은암동을 지금의 칠궁과 청와대 안쪽으로 가정할 경우 이 부근에서 가장 크고 외부에서 잘 보이지 않는, 그리고 이 부근에서 가장 깊숙한 계곡에 위치한 이 바위가 혹시 '크고 숨은 바위'라는 뜻을 가진 것으로 해석할 수 있는 대은암일 가능성이 있다.[233]

고 되어 있다.

대은암은 경치가 좋았기 때문에 권력자들이 탐을 내는 곳이었다. 그러므로 주인이 자주 바뀔 수밖에 없었다. 대은암이 있는 별장에 대해서는 어숙권魚叔權의 『패관잡기稗官雜記』에

> 지정止亭 남곤이 백악산 기슭에 집을 지으니, 그 북쪽 동산은 천석泉石이 빼어남이 있었다. 읍취헌挹翠軒 박은朴誾이 늘 용재容齋 이행李荇과 함께 술을 가지고 와서 놀았는데, 지정은 승지로 새벽에 들어가서 밤에 돌아오므로 더불어 놀 수 없었다. 이에 읍취헌이 장난으로 그 바위를 대은이라 하고, 그 시내를 만리뢰라 하였다. 대개 그 바위가 주인을 알아주는 바 되지 못하니, 그런 까닭으로 대은이 되는 것이며, 시내는 만 리 밖 멀

리 있는 것 같다 해서 그렇게 일컬었던 것이다.[234]

라고 하여 대은이라는 이름을 박은이 지은 것이며, 그 뜻은 "바위의 크기가 큼에도 불구하고 밖에서 잘 보이지 않기 때문에 붙여진 이름"이라고 했다.

그러나 어딘가 어색한 점이 있다. 대은은 크게 숨는다는 뜻이니, 변안열이 여기에 별업을 설치하고 고려 말 어지러운 세상을 숨어 살겠다는 의미에서 붙인 이름이라고 하는 것이 더 자연스럽다. 그래서 자기 호를 대은이라 했으며, 바위 이름을 '대은암'이라 했을 것이다. 혹 반대로 대은암의 '대은'을 따서 자기의 호를 '대은'이라 했는지도 모른다. 고려 말에는 목은·포은·도은·초은 등 '은隱'자가 들어간 호가 많지 않던가? 특히 변안열과 노선이 같은 불사이군파들의 호가 그렇지 않던가?[235]

대은암과 가까운 청운동淸雲洞에 살았던 청음淸陰 김상헌金尙憲도 대은암에 대해 다음과 같이 읊었다.

한번 겹쳐 돈 바위가, 푸른 절벽 에워싸고	一疊回巖擁翠壁
맑은 시내 돌을 쳐서 슬픈 옥이 우는구나.	淸湍激石鳴哀玉
동천洞天 속은 적막해 사람 자취 드물거니	洞天寥寥人跡稀
솔 그늘에 진 그림자 푸른 이끼 빛이구나.	松陰落影蒼苔色
술 흥에다 시의 정情이 좋은 경치 만났거니	酒興詩情遇佳境
외로운 구름 저녁 새와 함께 돌아오는구나.	孤雲夕鳥同還往

나의 집과 물을 격해 동쪽 서쪽 있거니와   吾家分住水東西

어느 날에 돌아가서 다시 찾아보려는가?   何日歸來更相訪[236]

그의 증손 김창흡金昌翕(1653~1722)은 「거듭 대은암에 와서 놀며 유자游字로 읊다重游大隱巖賦游字」라는 시를 지었고, 그의 제자인 겸재 정선은 대은암 그림을 그렸다. 정선의 대은암 그림의 큰 바위가 대은암이라면 그 아래 마을은 대은암동일 것이다. 문일평文一平(1888~1936)도 그의 『근교산악사화近郊山岳史話』에서 "육상궁 부근에서 바라보면 백악 기슭에 거암巨巖이 겹겹이 둘러 있는 것을 볼 터이니, 이것이 곧 유명한 남곤의 옛 집터의 후원에 있는 대은암이란다"[237]라고 기록하고 있다. 여기서 보면 대은암은 남곤의 옛집 경내 안에 있었던 것이 틀림없다.

이 집터에서는 구봉龜峯 송익필宋翼弼이 태어났고, 백록白麓 신응시辛應時(1532~1585)의 소유였던 적이 있다. 신응시는 집 안에 못을 파고 정자를 세웠다. 그리고 대은암동 일대에는 조익趙翊(1474~1547) 등 임천林川 조씨네가 많이 살았다고 한다. 그 후에는 또 사천槎川 이병연李秉淵(1671~1751)의 동생 순암醇菴 이병성李秉成(1675~1735)이 살았다고 한다.[238]

한편 변안열은 한성부윤 김백흥에 의해 재판도 없이 죽임을 당했다고 했다. 한성부는 본래 남경이라 했다. 『고려사』에 "북으로 북한산(화산華山)을 의지하고, 남으로 한강을 바라보며, 땅이 펑퍼짐하니 백성이 번영할 터이다北據華山 南臨漢水 土地平衍 富庶繁榮之地"라고 한 것을 보면 고려시대에도 한양은 명당으로 알려져 있었음을 알 수 있다. 그리하여 1068년(문종 22)에는 남경에 이궁離宮을 지은 바 있고, 고려 숙종 때에는 남경천도론南京遷都論이 대두했으며, 1104년(고려 숙종 9)에 김위제金謂磾의 주장에 따라 지금의 서울에 남경신궁을 짓고 1년에 3·4·5·6월 넉 달 동안은 이곳에서 정사를 보도록 했다. 남경신궁은 지금의 청와대 자리다. 그리고 1298년(충렬왕 24)에는 그동안 한양이라 불려오던 것을 한성부로 승격시켰다. 뿐만 아니라 1382년(우왕 8) 8월과 1390년(공양왕 2) 9월에는 잠시 남경에 천도한 적도 있었다.[239] 김백흥은 한성부윤으로서 변안열을 처단한 것이다.

제4장

邊安烈

변안열의
후예들

[표 9] 변안열의 직계 비속直系卑屬

안열安烈 ─┬─ 현현顯 ─┬─ 극충克忠(별좌) ─┬─ 대제학 李文和 손녀, 전의감 판사 李孝信 女 인천 이씨
　　　　　　　　　　　　　　　　　├─ 處寬(무武, 함흥소윤)
　　　　　　　　　　　　　　　　　├─ 處安
　　　　　　　　　　　　　　　　　├─ 處寧(무武, 경상좌도병사)
　　　　　　　　　　　　　　　　　├─ 女 ┈┈┈┈ 김조
　　　　　　　　　　　　　　　　　└─ 女 ┈┈┈┈ 원전
　　　　　　　├─ 극민克愍(문文, 형조참의) ┈┬┈ 정랑 金相瑾 女 안동 김씨
　　　　　　　│　　　　　　　　　　　　　└─ 載重(음蔭, 장예원사의)
　　　　　　　├─ 女 ┈┈┈┈┈┈┈┈┈┈ 朴葵(좌이정 박은 子) 반남 박씨
　　　　　　　└─ 女 ┈┈┈┈┈┈┈┈┈┈ 朴大生(목사 박시 子) 밀양 박씨
　　　├─ 이頤 ─┬─ 차희次熹(생生, 참봉) ┈┬┈ 풍산군 沈龜齡 女 풍천 심씨
　　　　　　　　　　　　　　　　　　　├─ 宏
　　　　　　　　　　　　　　　　　　　├─ 定(진進, 세자세마) ┈┈┈ 첨추 孫敘 女 밀양 손씨
　　　　　　　　　　　　　　　　　　　├─ 寧(정국공신, 서천군수)·생원 任復生 女 풍천 임씨
　　　　　　　　　　　　　　　　　　　├─ 富 ┈┈┈┈┈┈ 여흥 민씨
　　　　　　　　　　　　　　　　　　　├─ 女 ┈┈┈┈┈ 辛潤祖
　　　　　　　　　　　　　　　　　　　└─ 女 ┈┈┈┈┈ 李閏昌
　　　　　　├─ 상조尙朝(남부령) ┈┬┈ 좌상 金承霆 손녀 순천 김씨
　　　　　　　　　　　　　　　　├─ 浩(대호군) ┈┈ 참봉 吳洗 女
　　　　　　　　　　　　　　　　├─ 堯頷
　　　　　　　　　　　　　　　　├─ 女 ┈┈┈┈┈ 洪淀
　　　　　　　　　　　　　　　　├─ 女 ┈┈┈┈┈ 李晟
　　　　　　　　　　　　　　　　└─ 女 ┈┈┈┈┈ 韓致良
　　　　　　├─ 상근尙觀(호군) ┈┬┈┈ 부정 朴柔 女 함양 박씨
　　　　　　　　　　　　　　　├─ 孝同(무武, 명천부사) ┈┈┈┈ 공판 李延孫 女 경주 이씨
　　　　　　　　　　　　　　　├─ 孝男(호군) ┈┈┈┈ 은천정 李可人 女 완산 이씨
　　　　　　　　　　　　　　　├─ 女 ┈┈┈┈┈┈ 申仁壽
　　　　　　　　　　　　　　　├─ 女 ┈┈┈┈┈┈ 梁誠之
　　　　　　　　　　　　　　　├─ 女 ┈┈┈┈┈┈ 李諧
　　　　　　　　　　　　　　　├─ 女 ┈┈┈┈┈┈ 韓壽
　　　　　　　　　　　　　　　└─ 女 ┈┈┈┈┈┈ 李案(효령대군 二子)
　　　　　　└─ 상회尙會(생生, 문文, 예조참판)┈┬┈이조참의 金灌 女 청풍 김씨
　　　　　　　　　　　　　　　　　　　　　　└┈柳易生 女 진주 유씨

┌─ 우佑(음蔭, 군자첨정)·················· 부사 鄭臣碩 女 연일 정씨
├─ 환瑍(첨사)························· 현감 全由義 女 정선 전씨
├─ 오천伍千(무武, 중重, 승지)········· 선공부정 朴貴孫 女 운봉 박씨
├─ 수脩(무武, 중重, 정국공신)········· 군수 金良臣 女 연안 김씨
├─ 女······························· 趙鐵堅
└─ 女······························· 趙孝孫

┌─ 상동尙同(감찰) ······┌┄ 판관 李直生 女 경주 이씨
│   └┄┄ 군수 權執智 女 안동 권씨
│   ┌─ 孝順(유천위)······· 태종 女 소선옹주 강안공
│   ├─ 德順(평시령)·······┌ 趙仁沃 손녀, 정랑 吳備 女 보성 오씨
│   │   └┄ 사인 鄭寅祖 女 동래 정씨
│   ├─ 義順(장사랑)······· 감찰 禹敬之 女 단양 우씨
│   ├─ 萬山(승사랑)······· 이씨
│   ├─ 女·············· 우의정 鄭笨
│   ├─ 女·············· 尹三元
│   ├─ 女·············· 대사성 鄭永通
│   └─ 女·············· 사과 李棣

┌─ 상빙尙聘(간성군수) ┌─── 주부 閔麟 女 여흥 민씨
│   ├ 保(생生, 양성부사)···· 양천 허씨
│   ├ 石崙(창성부사)····· 목사 柳漢生 女 문화 유씨
│   ├ 石山
│   └ 石崑(강계부윤)···· 원주 원씨

┌─ 상복尙服(강릉부사, 원천위)···정종 女 덕천옹주
│   ├ 堅(음蔭, 사용司勇)········ 봉화 금씨
│   ├ 厚(생生, 무武, 현령)···· 영산 신씨
│   └ 靖(무武, 전라병사)····· 安植 女 순흥 안씨

├── 女 ·············· 鄭由吉(공신 鄭允厚 子) 동래 정씨
├── 女 ·············· 李澌(의안대군 李和 손자) 전주 이씨
└── 女 ·············· 좌찬성 李承孫(동추 李斗萬 子) 영천 이씨

┌ 예預 ┌ 영청永淸(사용) ┌─ 상호군 閔啓 女 여흥 민씨
│   ├ 大孫
│   ├ 順孫
│   ├ 仲孫
│   ├ 從孫
│   ├ 女 ············· 朴榮
│   ├ 女 ············· 李秀茂
│   └ 女 ············· 李昌壽

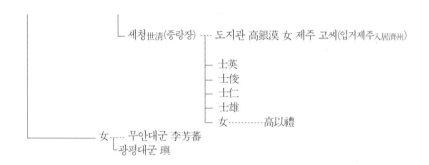

```
        ┌ 세청世淸(중랑장) ── 도지관 高銀漢 女 제주 고씨(입거제주入居濟州)
        │
        │                     ┌ 士英
        │                     ├ 士俊
        │                     ├ 士仁
        │                     ├ 士雄
        │                     └ 女········· 高以禮
        │
        ┤ 女 ┌ 무안대군 李芳蕃
        └    └광평대군 璵
```

[표 10] 변희리의 가계

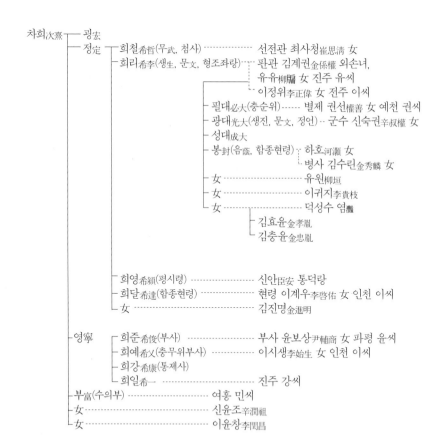

```
차희次熹 ┬ 굉宏
         ├ 정정定 ┬ 희철希哲(무武, 첨사)············· 선전관 최사청崔思淸 女
         │        ├ 희리希李(생生, 문文, 형조좌랑)··· 판관 김계권金係權 외손녀,
         │        │                                    유유柳牖 女 진주 유씨
         │        │                                   ·· 이정위李正偉 女 전주 이씨
         │        ├ 필대必大(충순위)····· 별제 권선權善 女 예천 권씨
         │        ├ 광대光大(생진, 문文, 정언)·· 군수 신숙권辛叔權 女
         │        ├ 성대成大
         │        ├ 봉봉封(음蔭, 함종현령)·· 하호河灝 女
         │        │                          ·· 병사 김수린金秀麟 女
         │        ├ 女 ············· 유원柳垣
         │        ├ 女 ············· 이귀지李貴枝
         │        └ 女 ············· 덕성수 염灩
         │                ┌ 김효윤金孝胤
         │                └ 김충윤金忠胤
         │
         │        ┌ 희영希穎(평시령) ·············· 신안臣安 통덕랑
         │        ├ 희달希達(함종현령) ··········· 현령 이계우李啓佑 女 인천 이씨
         │        └ 女 ························ 김진명金進明
         │
         ├ 영녕英寧 ┬ 희준希俊(부사) ············· 부사 윤보상尹輔商 女 파평 윤씨
         │          ├ 희예希乂(충무위부사) ········ 이시생李始生 女 인천 이씨
         │          ├ 희강希康(통제사)
         │          └ 희일希一 ·················· 진주 강씨
         ├ 부富(수의부) ················· 여흥 민씨
         ├ 女 ························· 신윤조辛潤祖
         └ 女 ························· 이윤창李閏昌
```

[표 11] 변협·변응성의 가계

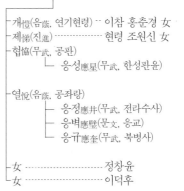

상회尙會 — 우佑 — 효공孝恭 —계윤季胤(면천군수)‥ 증리참 최용성 女 수원 최씨

┌개愷(음蔭, 연기현령) ‥ 이참 홍춘경 女
├제悌(진進) ·············· 현령 조원신 女
├협協(무武, 공판)
│   └ 응성應星(무武, 한성판윤)
│
├열悅(음蔭, 공좌랑)
│   ├ 응정應井(무武, 전라수사)
│   ├ 응벽應璧(문文, 응교)
│   └ 응규應奎(무武, 북병사)
│
├女 ················· 정창윤
└女 ················· 이덕후

변안열은 4남 1녀를 두었다. 장남은 변현邊顯, 차남은 변이邊頤, 3남은 변예邊預, 4남은 변적邊頔이다. 구보舊譜에는 4남 변적이 없으나 『예천종인보醴泉宗人譜』에 있으므로 2012년에 간행한 『원주변씨대동보』에는 일단 넣고 후고를 기다린다고 했다. 딸 한 명이 있었는데, 태조 이성계와 신덕왕후神德王后 강씨 사이에서 낳은 첫째 아들 방번에게 시집갔다. 그러나 『선원보璿源譜』에는 변안열의 외동딸인 원주 변씨가 실려 있지 않다. 뒤에 세종의 아들인 광평대군廣平大君이 후계를 이었다. 변안열의 자녀들은 [표 12]와 같다.

[표 12] 변안열의 자녀들

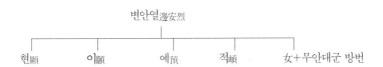

변안열邊安烈

현顯   이頤   예預   적頔   女+무안대군 방번

변현邊顯

장자 변현은 1382년(우왕 8)에 문과에 급제해 벼슬이 통훈대부 판봉 상시사判奉常寺事에 이르렀다. 1383년(우왕 9) 9월 우왕이 전 전공판서 왕흥의 집에 갔을 때 왕흥의 딸을 자기에게 달라고 했다. 그런데 그 딸은 이미 변현과 정혼한 사이였다. 시중 조민수가

> 변안열은 나라의 명장이요 공이 아주 큰데, 이제 그 며느리가 될 사람을 빼앗으면 장신이 누가 실망하지 않으오리까? 신 등은 전하를 위해 마음 이 아프오니, 빌건대 혼인하는 것을 허락하소서.

라고 말했으나 듣지 않고 선비로 맞이했다.[1] 묘는 양주 건천면 오리 동 동쪽, 성재동 서북쪽 산등성이에 축좌丑坐로 있다. 그러나 뒤에 남 양주시 진건읍 지사동 변안열 산소 아래에 축좌로 옮겼다. 기일은 2월 9일이다.[2]

부인은 형조판서 전오륜全五倫의 딸이요, 좌참찬 문간공 전빈全賓의 손녀이며, 평장사 전우화全遇和의 증손녀이고, 밀직사 진주 유씨 유심 柳藩의 외손녀인 숙인淑人 정선旌善 전씨다. 기일은 7월 18일이다. 남편 과 함께 묻혔다.[3]

변극충邊克忠(1400~1480)-별좌공파

변현은 2남(극충克忠·극민克愍) 2녀(박규朴葵·박대생朴大生)를 두었다. 변극 충은 예빈시禮賓寺 별좌로서 가선대부 호조 참판에 증직되었다. 묘는 양주군 성재동 동쪽 산등성이에 안장했으나, 1968년에 변학영邊學永·

변원섭邊元燮 등이 시조 변안열 묘의 오른쪽 산등성이, 아버지 변현의 묘 계하로 이장했다. 표석이 있다. 기일은 5월 1일이다.[4] 부인은 전의감 판사 이효신李孝信의 딸이요, 대제학 공도공恭度公 이문화李文和의 손녀요, 전공판서 이심李深의 증손녀요, 헌납 곽덕연郭德淵의 외손녀인 정부인 인천 이씨다. 남편과 함께 묻혔다. 기일은 3월 26일이다.[5]

변현의 첫째 사위 박규朴葵는 형조 판서를 지냈는데, 아버지는 좌의정 평도공平度公 박은朴訔이요, 4대손 박응순朴應順은 반성부원군이었다. 둘째 사위 박대생朴大生은 절도사를 지냈는데, 아버지는 목사 박시朴蓍다.[6]

변극충은 4남(처관處寬·처안處安·처령處寧·처온處溫), 2녀(김조金祚·원단元澶)를 두었다.

변처관邊處寬(1434~1467)

장자 변처관은 자가 이표而標이며 1434년(세종 16)에 태어나 1467년(세조 13)에 이시애 난 때 순직했다. 향년 34세. 1455년(세조 1)에 유학幼學으로서 세조를 도와 공을 세우고, 1458년(세조 4) 무과에 급제해 1465년(세조 11) 이성利城 현감이 되었다. 그러나 1467년(세조 13) 5월 22일에 이시애 난에 참전했다가 순직해 가선대부 한성 우윤에 증직되었다. 묘는 양주시 진건읍 사능리 산 26번지에 축좌로 있다. 표석이 있다. 부인은 생원 정조우鄭祖禹의 딸이요, 장령 정지하鄭之夏의 손녀며, 형조판서 정구진鄭龜晉의 증손녀요, 진주 강씨 강진姜進의 외손녀인 증정부인 광주廣州 정씨(1432~1502)다. 1502년(연산군 8) 8월 9일에 죽었다. 남편과 함께 묻혔다.[7]

변처안邊處安

차자 변처안은 호군을 지냈으나 생졸연대가 알려지지 않았다. 대체로 1436~1520년경으로 추정된다.[8]

변처령邊處寧(1438~?)

삼자 변처령은 1438년(세종 20)에 태어나 일찍이 무과에 등재해 1480년(성종 11)에 선정전宣政殿 특별 전주銓注로 부사직이 되었고, 1481년(성종 12)에 동부승지, 1482년(성종 13)에 정주 목사, 1484년(성종 15)에 다시 동부승지가 되었다. 그러나 무사로서 승지직을 맡는 것이 적절치 않다고 사양해 좌부승지를 거쳐 전라수사, 경상좌도 병마절도사로 나갔다가 들어와 중추훈련원 도정都正을 맡았다. 1492년(성종 23)에 진하부사로 명나라에 다녀왔다. 묘는 경기도 시흥시 안현동 산36번지 길마재에 있다. 부인은 절도사 채명양蔡明陽의 딸이요, 호조전서 정의공貞義公 다의당多義堂 채귀하의 손녀이며, 형부상서 채원길蔡元吉의 증손녀요, 전서 광주光州 김씨 김약金鑰의 외손녀인 정부인 인천 채씨다. 남편과 함께 묻혔다.[9]

변처온邊處溫(1440~1491)

사자 변처온은 변효정邊孝貞이라고도 불렀는데, 1440년(세종 22)에 태어나 1491년(성종 22)에 죽었다. 향년 52세였다. 성균 진사로 형조정랑을 지냈고, 1480년(성종 11)에는 공조참의까지 올라갔다.[10]

첫째 사위 김조金祚는 무직武職 도정, 둘째 사위 원단元澶은 원주 원씨로 군수郡守를 지냈다.[11]

변처관은 1남(수양壽楊) 2녀(부림령富林令 이순李順·김중진金重珍)를 두었다. 변수양邊壽楊(1455~1521)은 1455년(세조 1)에 태어난 것으로 추정되며, 진사로서 영서도 찰방, 도총부 도사, 용인 현령, 장례원 사의 등의 관직을 역임했다. 1521년(중종 16) 9월 1일 향년 67세로 죽었다. 묘는 아버지 변처관의 묘 아래에 자좌로 있다. 부인(1535~1595)은 사도시司導寺 판사 권욱權旭의 딸이요, 도절제사 권온權溫의 손녀이자, 계림부원군 권후權煦의 증손녀이며, 증승지 청주 경씨 경유慶由의 외손녀인 안동 권씨다. 1535년(중종 30)에 태어나 1595년(선조 28)에 향년 61세로 죽었으며, 남편과 함께 묻혔다. 첫째 사위 종실의 부림령 이순은 장평부정長平副正 이흔李訢의 아들이요, 양녕대군 이제李禔의 손자다. 둘째 사위 김중진金重珍은 부사를 지냈다.[12]

변처안은 2남(수장壽長·수량壽良) 3녀(심관沈灌·홍인건洪仁健·나헌羅幰)를 두었다. 장남 변수장邊壽長은 부사를 지냈으며 생존 연대는 알지 못한다. 부인은 김여정金礪貞의 딸이요, 김업金鄴의 외손녀. 차남 변수량邊壽良은 첨사를 지냈으며, 부인은 생원 정인鄭認의 딸이다.

변처령은 2남(성成·보민寶敏) 1녀(종실 이지손李智孫)를 두었다. 장남 변성邊成의 자는 성지成之, 또는 선숙善叔이요, 1475년경에 태어났을 것으로 추측한다. 생일은 모른다. 1516년(중종 11)에 생원시에 합격하고, 1522년(중종 17)에 별시문과에 급제해, 철원 부사, 선공감 정, 장악원 정 등의 관직을 역임했다. 묘는 아버지 묘가 있는 선영에 갑좌로 있다. 부인은 정양군定陽君 이순李淳의 딸이요, 임영대군臨瀛大君 이구李璆의 손녀인 전주 이씨다. 남편과 함께 묻혔다.[13]

차남 변보민은 생졸년을 알 수 없다. 1480~1560년 간이라 추측된다. 평안도 태천으로 이거했다. 묘는 평북 태천군 서읍 내면 송귀동 태참 용귀봉에 갑좌로 있다. 남편과 함께 묻혔다. 첫째 사위 이지손은 종실의 덕양정德陽正으로서 청거수淸渠守 이혜李蕙의 아들이요, 효령대군 이보李補의 증손자다.[14]

변준邊儁(1457~1546)

변처온은 아들 변준 하나를 두었다. 변준은 일명 변난邊煖이라고도 불렸다. 호는 정재貞齋다. 1457년(세조 3)에 태어나 1546년(명종 1)에 죽었다. 향년 90세. 성균 진사로서 1510년(중종 5)에 지평을 거쳐 경주 부윤에 올랐다. 1516년(중종 11)에 직간을 하다가 경원으로 귀양갔다. 그래서 자손들이 북계에 입거하게 되었다. 죽은 뒤에 이조 참판에 증직되었다. 부인은 김해 김씨. 묘는 함북 경흥 상회동 기초곡에 유좌로 있다. 부인과는 동강이혈同岡異穴이다.[15]

변효성邊孝誠(1572~1647)

별좌공 변극충의 9세손이 변효성이다. 변효성의 자는 행원行源이다. 1572년(선조 5) 12월 18일에 태어나 1647년(인조 25) 8월 17일에 죽었다. 향년 76세. 1609년(광해군 1)에 진사가 되고, 1637년(인조 15)에 문과에 급제해 보은 현감, 승정원 분승지分承旨를 역임했다. 1675년(숙종 1)에 도승지에 증직되었다. 묘는 경기도 남양주시 진건읍 사능리 산 26번지에 있다. 부인은 증 이조참판 유대의兪大儀의 딸이요, 군수 증 좌승지 유영兪泳의 손녀이고, 호조 판서 유위兪緯의 증손녀며, 서윤 여주 이씨 이승서李承緒의 외손녀인 기계 유씨(1572~1647)다. 1572년

(선조 5) 3월 9일에 태어나 1647년(인조 25) 5월 21일에 죽었다. 향년 76세. 남편과 함께 묻혔다.[16]

변종신邊宗信(1575~1613)

변종신은 별좌공의 9세손이요, 변인복邊仁復의 증손이다. 자는 신원信元이요, 호는 화암花巖이다. 1575년(선조 8) 6월 9일에 태어나 1613년(광해군 5) 9월 29일에 죽었다. 향년 39세. 1612년(광해군 4)에 문과에 급제해 서평사西評事가 되었다. 일찍이 공보公輔의 후보에 올랐고, 문장에 뛰어났다. 한성시 3장에서 잠야潛冶 박지계朴知誡, 현곡玄谷 조○○, 만회晩晦 권○○ 등과 도의의 교를 맺었다. 문 안에 8붕루八朋樓를 지어 정세규鄭世規·김기종金起宗 등과 노닐었다. 묘는 경기도 시흥시 군자동에 손좌巽坐로 있다. 부인은 사감司監 이성임李聖任의 딸 전주 이씨다.[17]

변호길邊虎吉(1593~1640)

변호길은 별좌공 변극충의 10세손이요, 변인복의 현손이다. 자는 위여威如요, 호는 월곡月谷이다. 1593년(선조 26) 12월 10일에 태어나 1640년(인조 18) 10월 15일에 죽었다. 향년 48세. 동생 옥정공玉井公 변인길邊麟吉과 함께 잠야 박지계에게 성리학을 배웠다. 형 변용길邊龍吉은 김용金涌의 변으로 세상에 뜻이 없어 10년 동안 과거에 응시하지 않고 농사만 지었다. 변호길은 1624년(인조 2)에 비로소 사마시에 합격해 금부 도사가 되었으며, 1633년(인조 11)에 효종 사부師傅가 되었다. 1634년(인조 12)에 별시 문과에 급제해 정언, 지평, 장령을 역임하다가 영광 군수가 되었다. 부인은 정랑 오암娛菴 박지경朴知警의 딸 함양 박씨다. 동생 변인길(1599-1636)의 자는 옥정이요, 1599년(선조 32)에 태어나 1638년(인조 16)에 문과에 급제해 직강, 우통례 등의 관직을 역임했다. 부인은 정랑 증 참의 권사공權士恭의 딸 안동 권씨다.[18]

별좌공파의 가계는 다음의 [표 13]과 같다.

[표 13] 별좌공(변극충)파의 가계

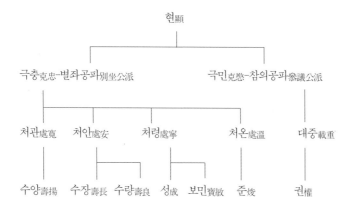

변극민邊克愍-참의공파參議公派

변극민은 변현의 차자다. 문과에 급제해 벼슬이 형조 참의에 이르렀다. 묘는 남양주시 진건읍 사능리 성재동에 계좌癸坐로 있다. 기일은 8월 23일이다. 부인은 정랑 김상근金相瑾의 딸 숙부인 안동 김씨다. 남편과 함께 묻혔다. 기일은 5월 18일이다.[19]

변현의 첫째 사위 박규는 나주 박씨로, 참판을 지냈으며, 좌의정

평도공 박은의 상애손尙哀孫으로서 참판을 지냈다. 둘째 사위 박대생은 밀양 박씨로, 절도사를 지낸 밀양 박씨 부사 박시의 아들이다.[20]

변재중邊載重

변극민의 아들이 변재중이다. 처음 이름은 재중在中이다. 음보로 장예원 사의로 재직하다가 1469년(예종 1)에 상소를 올린 죄로 태천으로 귀양가 그곳에 그냥 살았다. 묘는 태천군 서읍 내면 송곡동 와우산에 자좌로 있다. 부부가 함께 묻혔다.[21]

변재중의 아들이 변권邊權이다. 변권의 처음 이름은 변권시邊眷時였다. 아버지가 귀양갈 때 따라갔다. 묘는 태천군 서읍 내면 송곡동 와우산 아버지 묘 곁에 자좌로 있다. 부부가 함께 묻혔다. 변권의 아들은 변수정邊粹精, 변달미邊達美 둘이다. 딸 하나가 있었는데, 김구손金龜孫에게 시집갔다.[22]

참의공(변극민)파의 가계는 다음의 [표 14]와 같다.

[표 14] 참의공(변극민)파의 가계

변이邊頤(1360~1439)-총제공파

변안열의 차자 이頤의 자는 이지頤之다. 그는 풍채가 좋고, 기절이 탁이해 약관弱冠에 이미 경제經濟에 뜻을 두었으나 아버지가 화를 당한 이후에는 슬퍼서 병이 들었다. 복을 마치고 마의를 입고 풀로 혁대를 매고 두문불출했다. 벼슬에 뜻이 없었지만 조정의 강권에 못 이겨 벼슬이 여러 번 내려졌어도 곧 사의를 표하고 나가지 않으려 했으나 허락을 받지 못하고 부득이 벼슬을 하기는 했다. 즉, 1392년(태조 1)에 조선이 건국되자 변안열의 자손들을 등용했다. 처음에 변이에게는 선공감역繕工監役이, 얼마 있다가 문경 현감이 제수되었다. 1393년 (태조 2)에 의성 현령, 1395년(태조 4)에 청도 군수, 1397년(태조 6)에 밀양 부사를 역임했다. 1399년(정종 1)에 원주 목사에 제수되고, 1401년(태종 1)에 원종공신에 녹훈되었으며, 진주 목사에 임명되었다. 1403년(태종 3)에 선정을 베풀었다고 해 통정대부로 승진되고 강계 부사가 되었다. 1405년(태종 5)에 임기가 만료되어 동부승지가 되고, 1406년(태종 6)에는 가선대부에 올랐다. 1407년(태종 7)에 한성 좌윤, 1408년(태종 8)에 공조 참판 겸 부총관에 제수되었다. 1411년(태종 11)에는 용양위 호군에 제수되었는데 상소를 올려 물러났다. 이때 전 30결과 노비 30구를 하사받았다. 이때부터 전원에 물러나 있었는데, 1419년(세종 1) 대마도 정벌 때 그를 좌군부총제사左軍副摠制使를 삼았으나 나가지 않았다. 1422년(세종 4)에는 충청도안무처치사忠淸道按撫處置使에 제수되어 나가지 않으려 했으나 세종의 독촉으로 억지로 나갔다. 이어 관찰사에 오르고 1434년(세종 16)에는 북변을 토벌할 때 그를 가선대부로 승진시켜 좌군통제사로 임명했다.[23] 1439년(세종 21)

12월 12일에 죽었다. 태종을 섬겨 원종공신原從功臣이 되었다.[24]

그는 풍채와 용모가 크고 흰칠했으며, 의기와 절개가 높고 뛰어나 약관에 경세제민經世濟民의 큰 뜻을 품었으나, 아버지가 화를 당하고 부터는 슬퍼서 병이 났고, 삼년상을 다 치른 뒤에도 베옷을 입고 문을 닫고 출세할 생각이 없었다. 국가에서 여러 번 억지로 관직에 임명했으나 상소를 올려 사퇴하기를 빌었다. 그러나 끝내 허락을 받지 못해 부득이 취임했는데, 목민관으로 나가면 백성이 떠난 후에 사모하는 비석을 세웠다. 하지만 친구들과 술로 세월을 보냈다. 그는 술을 먹으면 눈물을 흘리면서 가슴을 풀어헤치고

내 가슴과 배에 과연 명리심이 있는가 봐주시오. 깊은 산속에 문 닫고 엎드려 여생을 마칠 것을 가만히 바라는데, 그렇게 못하는 것이 한스럽소.[25]

라고 했다고 한다. 조선 건국에 반대한 인사의 자손들을 억지로 벼슬 시키려는 세태를 한탄한 것이다. 부인은 셋인데, 첫째 부인은 전리총 랑典理摠郎 이달존李達尊의 딸이요, 계림부원군 문충공文忠公 이제현의 손녀이며, 보문각 제학 상당군上黨君 백이정의 외손녀인 정부인 경주 이씨다. 1남 1녀를 두었다. 둘째 부인은 대제학 의성군宜城君 양정공良靖公 남좌시南佐時의 딸인 의령 남씨다. 1남을 두었다. 셋째 부인은 전 농시승 이비일李毗一의 딸이요, 직제학 이충회李充會의 손녀딸인 동성東城 이씨다. 7남 3녀를 두었다.[26]

변안열의 차자 변이는 7남(차희次熹·상조尚朝·상근尚覲·상회尚會·상동尚

同·상빙尚聘·상복尚服) 3녀(정유길鄭由吉·이점李漸·이승손李承孫에게 시집갔다)
를 두었다.

변차희邊次憙(1392~1462)-첨추공파

변차희의 본래 이름은 변상희邊尚憙였고, 자는 회문晦文이다. 학문으로
덕망이 높아 당세에 추앙을 받았으므로, 태종이 이르기를 "경의 덕
이 주자와 서로 이름을 본받았으니, 상尙을 차次로 고치는 것이 좋겠
다"고 해 차희로 개명했다. 아버지 변이의 첫째 부인 경주 이씨의 아
들로, 1392년(태조 1)에 태어났다. 천자天資가 준수하고, 글을 잘했으
며, 기력이 장대했다. 여러 번 과거에 응시했으나 합격하지 못해 과거
를 포기했다. 1461년(세조 7)에 수직壽職(나이가 많다고 주는 관직)으로
첨지중추부사를 받았다. 1462년(세조 8)에 음직으로 헌릉獻陵 참봉을
제수했으나 나가지 않았다. 그해 부인과 함께 큰아들 변정邊定의 임
소任所에 갔다가 병이 나 관아에서 죽었다. 향년 71세. 묘는 찾지 못
해 남양주시 진건읍 변안열 묘역 아래에 제단만 만들어 놓고 있다.
행장은 좌찬성 이언적이, 묘지명은 우찬성 권벌權橃이 지었다. 부인은
풍천군豐川君 정양공靖襄公 심구령沈龜齡의 딸인 숙부인 풍산 심씨다. 남
편보다 며칠 앞서 죽어 남편과 함께 묻혔다.[27]

변차희는 4남(굉宏·정定·영寧·부富) 2녀(신윤조辛潤祖·이윤창李閏昌)를 두
었다. 장남 변굉은 장가들기 전에 죽어 자손이 없다.

변정邊定(1415~1474)

변차희의 차남 변정은 자를 안지安之라 하고, 호를 송와松窩라 했다.

1415년(태종 15)에 한양 명례방明禮坊에서 태어나, 1474년(성종 5) 7월 8일에 죽었다. 향년 60세. 1441년(세종 23)에 진사가 되어 학행으로 세자세마世子洗馬에 임명되었다. 1454년(단종 2)에 의성 현령에 임명되었으나 나가지 않았고, 1455년(단종 3)에 원종공신으로 녹훈되었다. 1457년(세조 3)에 마침 황해도에 흉년이 들자 왕이 그에게 사정을 알아보라고 했다. 복명하고 청도 군수에 제수되었으나 나가지 않았다. 1458년(세조 4)에 금부도사, 한성 주부主簿, 사복시司僕寺 주부를 역임하고, 1460년(세조 6)에 수천隨川 군수를 거쳐 1467년(세조 13)에 영변 부사, 선혜청 낭청, 한성 서윤을 지냈다. 묘는 용인 남방곡에 있다. 부인은 첨지중추부사 손서孫紆의 딸인 밀양 손씨(1418~1474)다. 1418년(태종 18)에 태어나 1432년에 정에게 시집와 1474년(성종 5) 3월 26일에 죽었다. 향년 57세. 묘는 남편의 묘 뒤에 있다.[28] 김종직의 제문과 만사輓詞가 전한다. 그는 변정을 지기知己라고 했다.[29]

변차희의 3남 변영邊寧은 정국공신靖國功臣으로 서천 군수를 지냈다. 묘는 양주 미동리에 있다. 부인은 생원 임복생任復生의 딸 풍천 임씨다. 4남 변부邊富는 수의부위修義副尉로 부인은 여흥 민씨다. 장녀는 판서 신인손辛引孫의 아들 신윤조辛潤祖에게 시집가서 신승담辛承聃·신성담辛成聃(진사進士) 등의 아들을 두었다. 둘째 딸은 인천 이씨 이윤창李閏昌에게 시집갔는데 자손이 없어 친정 조카인 집의執義 변희리를 시양자侍養子로 맞이해 지금까지 자손들이 이윤창의 제사를 받들고 있다고 한다.[30]

변차희의 차남 변정은 4남(희철希哲·희리希李·희영希穎·희달希達) 1녀(김진명金進明에게 시집갔다)를 두었다. 장남 변희철邊希哲은 첨지중추부사

로서 부인은 선전관宣傳官 최사정崔思靖의 딸 최씨다. 김진명의 아버지
는 첨정僉正 김맹형金孟衡이요, 김진명은 2남(현감 효윤孝胤·감찰 충윤忠胤)
2녀(첨사 손순宋純·화산부수花山副守 박팽년朴彭年)를 두었다.

변희리邊希李(1435~1509)

변정의 차남 변희리의 자는 선보仙甫요, 호는 귀계歸溪다. 1435년(세종
17)에 태어나 1509년(중종 4)에 죽었다. 향년 75세. 태어나면서부터
남다른 자질을 지녀 아버지가 "이 아이는 반드시 큰 그릇이 될 것이
다"라고 했다고 한다. 1462년(세조 8)에 생원이 되고, 1466년(세조 12)
에 효렴孝廉으로 천거되어 창선 교위校尉를 받고 곧 부사직副司直이 되
었다. 1474년(성종 5)에 아버지를, 다음 해에 어머니를 여의고 슬퍼
서 출세할 뜻이 없었다. 벼슬을 권하는 사람이 있으면 "부모를 여의
고 근근이 붙어 있는 목숨으로 외롭게 사는 사람이 입신양명을 한
들 무슨 영광이 되겠는가?"라고 했다고 한다. 그러나 큰형의 권고에
따라 1486년(성종 17)에 문과에 급제해 승문원 정자에 임명되고 성현
省峴 찰방察訪이 되었다. 이후 1487년(성종 18)에 사헌부 감찰이 되고,
1488년(성종 19)에 형조 좌랑, 1489년(성종 20)에 황산黃山 찰방을 지
냈다. 1492년(성종 23)에 무장茂長 현감이 되어 소신신召信臣과 두백杜伯
31과 같은 치적을 이루었다. 임기를 마치고 이듬해 사간원 정언이 되
었는데, 사옥史獄32이 일어나 이극돈이 "이번 옥사는 나라의 큰일이
다. 이세좌·변희리·노공필이 각기 간언의 직분을 맡고 있으니 삼사
가 함께 상주하는 것이 좋을 듯하다"고 압력을 가했다. 이에 변희리
는 "인륜이 다하고 국가의 기강이 무너지고 말았다. 떠나지 않는다면

장차 어떤 화가 미칠지 알 수 없다. 차라리 내가 죽을지언정 선비들을 무고하는 짓은 차마 할 수 없다"고 하고, 즉시 사직 자리에 있는 종제 변희예와 함께 벼슬을 버리고 떠났다. 떠날 때 정승조鄭承祖[33]에게 다음과 같은 시를 남겼다.

그대는 범맹박范孟博[34]이요	君爲范孟博
나는 오문졸吳門卒[35]이라.	我作吳門卒
양의 창자처럼 꾸불꾸불한 길로 떠나가노니	羊腸去去路
서주의 호걸豪傑[36]에게 부끄럽구나.	慙愧西州傑

그는 배를 사서 예천의 귀래곡歸來谷에 은거해 귀계를 자기의 호로 삼았다.[37] 집 앞에 버드나무를 심고 십류선생十柳先生이라 했다. 각건을 쓰고 베옷을 입고 안개와 구름이 자욱한 계곡을 소요逍遙했다.

중종반정이 일어나자 문학에 뛰어나고 정직하다고 해 사헌부 지평에 임명했다. 1507년(중종 2)에 고성固城 현령이 되었다가 곧 병조 정랑으로 옮겼다. 1508년(중종 3)에 시강원 사서司書, 1509년(중종 4)에 사헌부 장령과 집의가 되었으나 병으로 집에서 지내고 있었다. 상경해 임명장을 받으라는 임금의 독촉이 성화같아 어쩔 수 없이 가마에 몸을 싣고 길을 떠났으나 1509년(중종 4) 3월 8일에 단양의 객사에서 죽었다. 향년 75세. 부음이 전해지자 임금이 특별히 비단과 말을 내려 장례를 치르도록 했다. 그의 둘째 아들인 변광대邊光大가 시신을 수습해 신계동의 안산 주봉 아래 유좌로 장사지냈다.[38] 묘표는 국오菊塢 강경순姜景淳이 지었고, 묘갈명墓碣名은 진성 이씨 이중철李中轍이 지었

다.[39]

　변희리는 『전가록』을 지은 것으로 유명하다. "집의 귀계공 변희리의 『전가록』에 의하면"[40]이라는 인용문이 있는 것으로 보아 『전가록』이라는 책이 있었다는 것을 알 수 있다. 그러나 지금까지 『전가록』은 보이지 않는다. 다만 1949년에 예천 금곡에 사는 족인가의 옛 바구니 속에서 옛 문서들이 발견되었는데,[41] 그 속에는 변안열에 대한 제문·전·행장·묘표·신도비명 등이 들어 있었다고 한다. 이 『전가록』에 수록되어 있었던 것에 대은연보와 후세사서에서 수집한 사료들을 보탠 것이 『대은실기』가 아닌가 한다. 이러한 『전가록』은 1950년에 변종기가 편찬한 『시조실기始祖實記』로 집성되었다가 뒤에 『대은실기』에 수록한 것으로 생각된다.[42] 『대은실기』 권1에는 가歌(불굴가)와 시詩(동국유거음 2수, 한양유소음 4수), 그리고 부록이 수록되어 있고, 권2에는 척실摭實(보첩譜牒·동사東史·휘찬여사彙纂麗史·제현평론諸賢評論)이 있는데 윤근수尹根壽·조진관趙鎭寬·김약련金若鍊 등의 변안열을 변호하는 글들이 수록되어 있다.[43] 그리고 부록에는 변안열의 연보·제문(정몽주·이색·길재·이숭인·이방번)·전(정몽주)·유사(길재)·행장(이색)·묘표(박승임)·묘표후지後識(변순)·신도비명(정경세)·명신전名臣傳(홍여하)·송곡서원상량문(김면주) 등이 수록되어 있다.[44] 가장 오래된 『대은실기』는 1949년 양주 성요회省蟯會에서 간행한 목판본 『고려원천부원군대은실기高麗原川府院君大隱實記』다.[45]

　부인은 둘인데, 첫째 부인은 유유柳濡의 딸이요, 안동 김씨인 판관 김계권金係權의 외손녀인 진주 유씨다. 묘는 예천 북쪽 5리쯤에 있는 나부촌 뒤 계명현 산록 끝에 을좌로 있다. 둘째 부인은 청암淸巖 이위

李偉의 딸 숙인 전주 이씨다. 묘는 남편 묘 아래에 유좌로 있다.[46]

변필대邊必大(1472~1521)

변희리의 첫째 아들 변필대는 충순위忠順衛에 속해 있었고, 1472년(성종 3)에 태어나 1521년(중종 16) 4월 9일에 죽었다. 향년 50세. 변필대의 장인은 권선이다. 아버지 변희리는 무오사화가 일어날 조짐이 보이자 예천의 사돈인 권선의 집으로 피신해서 원주 변씨의 입향조가되었다. 묘는 아버지 변희리의 묘 왼쪽에 자좌로 있다. 부인은 별제 권선의 딸이요, 한성부원군 문열공文烈公 이계전李季甸의 외손녀인 안동 권씨다. 묘는 남편과 쌍분雙墳이다.

변광대邊光大(1485~1526)

둘째 아들 변광대는 1507년(중종 2)에 생원시와 진사시에 다 합격했고, 1513년(중종 8)에 문과에 급제해 이천 현감을 지냈으며, 벼슬이 정언에 이르렀다. 부인은 군수 신숙권申叔權의 딸이요, 좌의정 신개申槩의 증손녀요, 남양 홍씨 홍계상洪繼常의 외손녀인 숙인 평산 신씨다.[47]

변영청邊永淸(1516~1580)

변영청은 첨추공의 4대손이요, 변영의 증손이요, 변광의 아들이다. 자는 개백開伯이요, 호는 동호東湖다. 1516년(중종 11) 5월 3일에 태어나 1580년(선조 13) 7월 25일에 죽었다. 향년 65세. 퇴계 문인이다. 1546년(명종 1)에 생원시에 합격하고, 1549년(명종 4)에 문과에 급제해 병조 좌랑, 사간원 정언·헌납, 사헌부 지평·장령·집의, 홍문관 부교리, 춘추관 수찬, 상의원 정 등의 요직을 역임했고, 의흥義興 현감, 남원·대구·청송青松 부사로 나가 청백하게 선정을 베풀었다. 1572년(선조 5)에 대은 시조의 묘표를 세웠고, 명종이 안마와 『의례儀禮』 1질을 하사했다. 1567년(명종 22)에 아버지가 병이 들어 벼슬을 사퇴하고 아버지를 봉양했다. 그는 퇴계 문하의 여러 선비와 시를 짓고, 도의를 연마했다. 그는 일찍이 대사헌 유경심柳景深·장문보張文輔와 함께 세칭 화산삼걸花山三傑이라 했다. 1580년(선조 13) 7월 25일에 죽었다. 묘는 부의 서쪽 가음곡에 간좌로 있다. 대사간 김방걸金邦杰이 지은 묘갈이 있고, 문집이 세상에 전한다. 금고의 경현사景賢祠에 배향되었다. 이 사우는 1868년(고종 5)에 회철되었다. 부인은 군수 이요李曜의 딸이요, 현감 이낙李洛의 손녀요, 증 이조판서 이증李曾의 증손녀이며, 평산 신씨 신광申壙의 외손녀인 숙인 철성鐵城 이씨다.[48]

변경회邊慶會(1549~1639)

변경회는 첨추공의 6세손이요, 변영청의 동생인 변영순邊永淳의 아들이다. 자는 약우若遇요, 호는 백산栢山이다. 1549년(명종 4)에 태어나 1639년(인조 17) 7월 20일에 죽었다. 향년 91세. 눌재訥齋 이홍준李弘準의 문인이다. 임진왜란 때 의병장으로서 임흘任屹·금윤琴胤과 더불어 의병을 일으켜 그 공으로 어모장군 장악원 직장에 임명되었다. 병자호란 때 인조가 남한산성에서 항복했다는 소식을 듣고, 서쪽을 향해 통곡하고, 종신토록 벼슬하지 않았다. 나이 70에 어머니를 극진히 모셨다. 어머니의 병이 위독해지자 회생을 빌어 효자로서 통정대부 호군으로 승진했다. 묘는 백산에 병좌로 있다. 표석이 있다. 군수 최응주崔應周가 지은 묘갈 음기와 교리 이만규李晚燁가 지은 묘갈명이 있다. 구양서원에 배향되었다. 실기實記 1권이 있다. 부인은 병절교위 김귀춘金貴春의 딸이요, 현감 김우金雨의 손녀이자, 진사 김희윤金希尹의 증손녀이며, 안동 권씨 권이權儞의 외손녀인 숙부인 순천 김씨다.[49]

변중일邊中一(1575~1660)

변희예의 4대손이 변중일이다. 변중일의 아버지는 변경장邊慶長이요, 할아버지는 변영청邊永淸이며, 증조는 변광邊廣이고, 변희예는 고조이다. 변중일의 자는 가순可純이요, 호는 간재簡齋다. 1575년(선조 8) 12월 18일에 태어나 1660년(현종 1) 10월 20일에 죽었다. 향년 86세. 임진왜란이 일어났을 때 할머니를 지극정성으로 간병했다. 그래서 왜적도 깃대와 칼로서 표창했다. 그는 즉시 화왕산성으로 달려가 곽재우郭再祐와 함께 의병에 동참해 많은 왜적을 잡았다. 이러한 군공은 『용사창의록龍蛇倡義錄』에 기록되어 있다. 건원릉健元陵 참봉을 지냈다. 1649년(인조 27)에 인조가 죽었을 때는 삼년상을 행했고, 대·소상祥에는 밤새도록 밖에서 북쪽을 향해 통곡했다 한다. 1656년(효종 7)에 수직으로 첨지중추부사를 받았다.[50]

묘는 부의 서쪽 가음곡에 묘좌로 있다. 정와訂窩 김대진金岱鎭이 지은 묘갈이 있다. 1686년(숙종 12)에 충효정려忠孝旌閭를 받았다. 1779년(정조 3)에 사림의 여론으로 부조묘不祧廟로 지정되었다. 『간재집』이 세상에 전한다. 금고리사琴皐里社에 배향되었다. 그러나 1868년(고종 5)부터 제사를 지내지 않았다. 부인은 둘인데, 첫째 부인은 숙부인 동래 정씨요, 둘째 부인은 군수 강이청康以淸의 딸인 숙부인 신천信川 강씨

다.[51]

변지두邊之斗(1621~1693)

변필대의 손자가 변지두다. 변지두의 처음 이름은 변진邊績이요, 자
는 명우明宇, 호는 망촌忘村이다. 1621년(광해군 13) 12월 8일에 태어나
1693년(숙종 19) 2월 21일에 죽었다. 향년 73세. 1654년(효종 5)에 생
원이 되었고, 1689년(숙종 15)에 제릉齊陵 참봉에 임명되었으나 나가지
않고 학문에 열중했다. 일찍이 인망이 있어 정산서원鼎山書院에 사액賜
額을 해달라는 상소를 올렸다. 만년에 우망동에 망촌 서당을 세워 목
재木齋 홍여하洪汝河 등과 왕래하면서 은거했다. 묘는 귀래곡 북쪽 기
슭 합곡에 유좌로 있다. 1795년(정조 19)에 좌승지에 추증되었다. 부
인은 셋인데, 첫째 부인은 진사 김광보金光輔의 딸이요, 초간草澗 권문
해權文海의 외손녀인 광산 김씨. 둘째 부인은 선교랑 황중순黃中順의
딸인 평해 황씨. 셋째 부인은 선성宣城 김씨. 변지두는 4남(유건有
建·유달有達·유창有昌·유태有泰) 4녀(신석걸辛碩杰·이태징李泰徵·권희설權希卨·윤
필주尹弼周)를 두었다.[52]

변득룡邊得龍(1721~1799)

변유달邊有達의 3자요 변지두의 손자가 변득룡이다. 변득룡의 처음 이
름은 변국광邊國光이요, 자는 관여觀汝, 호는 오헌梧軒이다. 1721년(경
종 1) 9월 20일에 태어나 1799년(정조 23) 정월 15일에 죽었다. 향년
79세. 1765년(영조 41)에 문과에 급제해 1767년(영조 43)에 형조 좌랑,
1768년(영조 44)에 봉상 첨정, 1769년(영조 45)에 예조 정랑, 1770년(영

조 46)에 병조 좌랑을 역임했다. 병조 좌랑 때 시끄러운 일로 당로자에게 밉보였으나 구해 주는 사람이 있어 요행히 죄를 면하게 되었다. 이에 변득룡은 고향으로 돌아와 은거했다. 1790년(정조 14)에 수직으로 첨지중추부사를 받았고, 1794년(정조 18)에 우로특전優老特典으로 동지중추부사를 받았다. 부인은 통덕랑 정석범鄭碩範의 딸인 청주 정씨다. 1781년(정조 5) 7월 7일에 죽었다. 변득룡의 묘는 구계동 동쪽 기슭에 임좌로 있다. 부인의 묘는 남편 묘의 오른쪽 산기슭에 자좌로 있다.[53]

변시섬邊始暹(1773~1836)

변지두의 4세손이 변시섬이다. 변시섬의 자는 일진日進·퇴능退能이요, 호는 하만재下晚齋다. 1773년(영조 49) 정월 16일에 태어나 1836년(헌종 2) 12월 24일에 죽었다. 향년 64세. 1801년(순조 1)에 문과에 급제해 1811년(순조 11)에 전적, 1812년(순조 12)에 감찰, 1819년(순조 19)에 지평을 지냈다. 감찰로 있을 때 과거 시험의 감시관으로 참여했는데 돈을 주고 부탁하는 사람이 있었으나 거절했다. 1819년(순조 19)에 지평으로서 상소문 10조를 올리려고 하다가 관직이 교체되는 바람에 올리지 못했다. 1823년(순조 23)에 지평으로 복귀되고, 1824년(순조 24)에 다시 지평이 되어 또 상소를 올리려다 교체되었다. 이로부터 공명에 뜻이 없고, 성리학 연구에 전심했다. 일찍이 말하기를 내 재주가 낮고, 내 뜻이 늦다고 해 호를 하만재라 했다. 군에서 문학에 뛰어나다고 추천해 1836년(헌종 2)에 이조 좌랑에 임명되었다. 부인은 통덕랑 정석범의 딸인 정부인 청주 정씨다. 묘는 남편 묘의 오른쪽에 자

좌로 있다.[54]

변정의 3남 희영希穎은 평시령平市令을 지냈고, 4남 변희달邊希達 (1454~1509)은 자가 세통世通인데, 1454년(단종 2)에 태어났다. 벼슬이 함종咸從 현령에 이르렀다. 1509년(중종 4) 4월 14일에 죽었다. 부인은 현령 이계우李啓佑의 딸 인천 이씨(1457~1542)다. 1457년(세조 3)에 태어나 1542년(중종 37)에 죽었다. 묘는 용인 기곡에 있다.[55]

변영은 3남(희준希俊·희예希乂·희강希康)을 두었다. 장자 변희준은 부사직을 지냈다. 묘는 금천金川 강남면 피곡에 있다. 부인은 부사 윤보상尹輔相의 딸인 파평 윤씨다. 묘는 현에서 40리 떨어진 전석현 북쪽 기슭에 계좌로 있다. 변영의 차남 변희예는 충무위忠武衛 부사직을 지냈으며, 무오사화가 일어나려 하자 형 변희리와 함께 서울에서 처음 영주로 내려와 살았다. 묘는 순흥 수민단 요산동에 자좌로 있다. 부인은 이시생李始生의 딸 인천 이씨. 변영의 3남 변희강邊希康은 통제사統制使를 지냈고, 부인은 인천 이씨. 변차희의 4남 변부는 1남 변희일邊希一을 두었는데 부인은 진주 강씨다.[56]

첨추공(변차희)파 가계는 다음의 [표 15]와 같다.

[표 15] 첨추공(변차희)파 가계

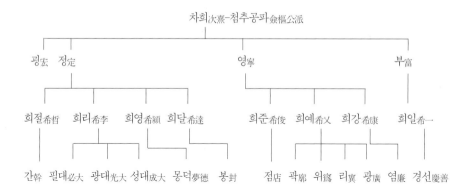

변상조邊尙朝-남부령공파

변이의 둘째 아들 변상조는 남부령을 지냈다. 부인은 정랑 김유공金有恭의 딸인 순천順天 김씨다. 변상조의 큰아들 변호邊浩는 어모장군 행충무위 대호군을 지냈다. 묘는 남양주시 진건읍 배양곡에 곤좌坤坐로 있다. 부인은 참봉 오세吳洗의 딸 숙인 해주 오씨. 남편과 함께 묻혔다.[57] 남부령공(변상조)의 가계는 다음의 [표 16]과 같다.

[표 16] 남부령공파 가계도

四世 호浩

五世 몽정夢程 · 한정騂程

七世 항恒
     ⋮

十一世 천림天霖

十二世 종헌宗憲 · 종혁宗赫 · 종광宗光

[표 17] 남부령공(변상조)파 가계

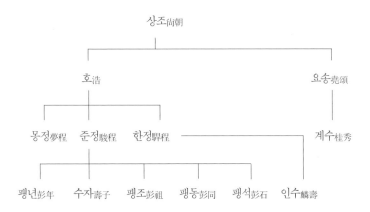

변상근邊尚覲(?~1443)-호군공파

변이의 셋째 아들 변상근은 선절장군宣節將軍 충무시위사忠武侍衛司 중령中領 호군 겸 군기판관이었다. 변상근은 화약을 다루는 기술자였다. 그의 화약 기술은 최무선의 아들 최해산崔海山으로부터 전수받았다. 그는 1433년(세종 15)에 화포를 개발한 공으로 군기감 판사 이견기李堅基·부정 맹효증孟孝曾·판관 정흥손鄭興孫·직장 권맹정權孟貞·녹사 곽영郭永 등과 함께 각각 말 1필씩을 하사받고, 공장 9인은 각각 쌀 3석씩을 하사받았다. 이는 한 번에 화살 2개나 4개를 쏘는 화포를 새로 만들었기 때문이었다.[58] 1434년(세종 16)에 우의정 최윤덕崔潤德이

군기감은 화포에 관한 일을 전적으로 맡고 있사온데, 최해산이 죄를 얻어 한직에 있어 변상근 한 사람이 관장하기가 어려우니 감장관리監掌官吏

로 임명하는 것이 어떻겠습니까?[59]

라고 제안해 그대로 되었다. 그런데 세종은 화포를 약장藥匠에게만 맡겨 놓을 수 없고, 주부 변상근이 유고하면 더욱 어려워지니, 사복겸관예司僕兼官例에 따라 조관朝官이나 그 자제 중에서 그 일을 관장하는 것이 어떠냐고 했다. 그리하여 후보자 10명을 뽑아 겸군기兼軍器라는 직함으로 화포 제조만 관장하게 했다.[60]

화기는 고려 말에 왜구를 격퇴하는 데 긴요한 역할을 했다. 그러나 왜구가 소탕된 후로는 오히려 위험 요소가 될 수 있다 해 이성계파의 조준은 화통도감을 혁파하자고 했다. 이성계파는 적대 세력을 견제하기 위해 화기의 발달을 억제한 것이다.[61]

화통도감의 혁파로 화약과 화포 제조는 한때 위축되었으나, 최무선의 화약제조법을 그 아버지의 임종 시에 그 어머니로부터 전해 받은 최해산이 태종조에 군기 주부로 발탁됨으로써 세종조에 이르러 화기는 더욱 개량, 발전되었다. 변상근은 최해산을 이어 화기 개발에 중심 역할을 했고, 군기감에서 화포 업무를 혼자 도맡다시피 했다. 세종은 변상근으로 하여금 감련관監練官이 되게 해 지방에 나가 화기의 제조와 방사술放射術 연습에 진력하도록 했다. 그는 지방군의 화포 교습과 훈련을 감독, 지휘하는 책임을 맡았고, 지방 지휘관인 수령, 만호를 지위 고하를 막론하고 처벌할 수 있는 권한을 가지고 있었다. 그러나 세조조에 이르러 반대 세력이 활용할까 두려워 다시 화포기술을 억제했다. 그러나 변상근의 사위인 양성지梁誠之는 총통위銃筒衛의 혁파를 홀로 반대하면서 화기의 증강을 역설했다.[62]

그런데 1430년(세종 12)에 변상근은 화포 기술을 누설한 죄로 무고되어 역적으로 몰려 1443년(세종 25)에 죽었다. 그 때문에 효령대군 며느리가 된 다섯째 딸도 친정으로 쫓겨왔다. 그러다가 변상근이 신원되자 그 딸은 다시 전주 이씨 서원군 이친의 부인으로 돌아갔다. 하지만 정실은 잠시 이혼한 사이에 재취로 들어온 경주 이씨에게 내주고 후실이 되었다. 그리하여 『전주이씨효령군파세보』에는 원주 변씨가 경주 이씨보다 먼저 낳은 청거수 이혜는 막내인 여섯째 아들로 올라 있다.[63]

1482년 2월 13일에 변상근의 둘째 사위 양성지는

신이 그윽이 생각하건대 『총통등록』은 병가兵家의 비장이 되는 서적으로, 세조조에 최해산과 신의 장인 변상근이 각기 한 건씩 받아서 오로지 화포에 대한 일을 전적으로 관장하게 했는데, 지난 병진년(1460)에 이 책들을 모두 대내大內로 거두어들이게 했음은 참으로 주도면밀한 생각이었습니다. 그런데 이제 춘추관에 한 건이 있고, 문무루文武樓에 스물아홉 건이 있는데, 만일 간사한 사람이 훔쳐가서 이利를 삼는다면 백성이 입는 피해를 어찌 다 말하겠습니까? 신이 원하건대 지금 이후부터 성상께서 보시는 한 건 이외는 모두 언문으로 서사書寫해 내외 사고史庫에 각기 한 건씩 보관하게 하고, 해당되는 신하로 하여금 굳게 봉하도록 하고, 군기시軍器寺에 한 건을 두어서 제조提調로 하여금 굳게 봉하도록 하고, 그 나머지 한자로 서사된 것은 불태워 버려서 만세를 위하는 계책으로 삼게 하소서.[64]

라고 해 장인 변상근의 후계자답게 화약 만드는 비법이 누설되지 않도록 『총통등록』을 언문으로 번역하고 한자로 된 것은 모두 불살라 버리자고 했다.

변상근은 1443년(세종 25)에 죽었다. 묘는 시조묘 왼쪽에 건좌로 있다. 1989년 3월 28일에 남양주시 진건읍 용정리 산 197번지로 옮겼고, 1990년 4월 29일에 비석을 새로 세웠다. 부인은 서운관 부정 박자유朴子柔의 딸이요, 지중추 박신朴信의 손녀이며, 재신 박양계朴良桂의 증손녀이고, 복안군 개성 왕씨 왕신王愼의 외손녀인 함양 박씨다. 부인의 묘는 성재동의 남편 묘 오른쪽 언덕에 유좌로 있다. 1989년에 옮겨 남편과 합장했다.

변상근은 2남(효동孝同·효남孝男) 5녀(신인수申仁壽·양성지梁誠之·이해李諧·한수韓壽·이친李親)를 두었다. 변상근의 첫째 아들 변효동邊孝同은 1460년(세조 6)에 무과에 급제해 명천明川 부사를 지냈다. 부인은 공조판서 이정손李証孫의 딸 경주 이씨다.[65] 둘째 아들 변효남邊孝男은 보공장군保功將軍 행 용양위사 좌령 호군이었다. 부인은 은천정恩川正 이가인李可人의 딸 완산完山 이씨다. 둘째 사위는 저 유명한 양성지다. 다섯째 사위는 종실의 서원군 이안공 이친인데 『전주이씨효령대군파세보』와 『원주변씨족보』에는 빠져 있다.[66]

양성지梁誠之(1415~1482)

양성지의 자는 순부純夫, 호는 눌재·송파松坡, 시호는 문양文襄, 본관은 남원이다. 우찬성에 추증된 양구주梁九疇의 아들로 1441년(세종 23)에 사마시에 합격하고, 이어 식년 문과에 급제해 경창부승慶昌府丞·주부 등의 관직을 역임했다. 세종의 총애를 받아 집현전에 들어가 부수 찬·교리 등의 관직을 지냈으며, 『고려사』 편찬에 참여했다. 1453년(단종 1) 왕명으로 『조선도도朝鮮都圖』『팔도각도八道各圖』를 만들었고, 『황극치평도皇極治平圖』를 찬진했으며, 1455년(세조 1)에 『팔도지리지』를, 1463년(세조 9)에 『세조실록』을, 1470년(성종 1)에 『예종실록』을 편찬했다. 1471년(성종 2)에 좌리공신 3등으로 남원군에 봉해졌다. 1477년(성종 8)에 대사헌에 임명되었다가 지춘추관사가 되었고, 1481년(성종 12)에 대제학으로 『동국여지승람』을 편찬했다. 그리고 1482년(성종 13)에는 인간印刊·수장收藏에 대한 12조의 상소를 올렸다. 저서로는 『눌재집』이 있다. 귀암사(충남 금산군 부리면 평촌리)에 배향되었다.[67]

변상근의 장남 변효동은 아들이 없고, 딸 둘(정인후鄭仁厚·덕진군德津君 이예李濊)이 있어, 동생인 변효남의 장남을 양자로 들였다. 변효남은 5남(동伀·자남自男·자정自丁·감정甘丁·수정守丁) 1녀(봉안군鳳安君 이봉李鏠)를 두었다. 변자남·변자정·변감정·변수정은 서자이다.[68]

변동邊伀

변동의 자는 원중愿仲, 호는 석장옹石牆翁이다. 1504년(연산군 10)에 갑자사화가 일어나 서매부인 봉안군鳳安君 이봉李鏠이 화를 입자 그 화를 피하기 위해 양주 서산 암곡에 석실石室을 짓고 돌담장을 치고 그곳에 숨어 살았다. 그래서 그의 호를 석장옹이라 지은 것이다. 죽은 뒤에 사복시 정을 증직받았다. 묘는 양주 땅에 부인과 합장했다고하나 찾을 수 없다. 부인은 충의공 이신李臣의 딸이다.[69]

서원군瑞原君 부인 원주 변씨

변상근의 다섯째 딸 원주 변씨는 1427년(세종 9)에 17세로 15세 된 종실 효령대군의 차남 서원군 이친에게 초취初娶로 시집갔다. 시집가서 첫째 아들 회의도정懷義都正 이추李取와 둘째 아들 덕은도정德恩都正 이납李納을 낳았는데, 혼인한 지 3년 만인 1430년(세종 12)에 친정아버지 변상근이 군사 기밀을 누설했다고 무고당해 역적으로 몰려 죽는 사건이 일어났다. 이 때문에 변씨 부인은 이혼을 당해 친정으로 쫓겨 오고, 서원군은 재취로 경주 이씨를 맞이해 셋째 아들 제천군堤川君 이온李蒕과 넷째 아들 예천군蘂川君 이천李蒨·다섯째 아들 고림군高林君 이훈李薰을 낳고 죽었다. 그런데 부인의 9대손인 병와瓶窩 이형상의 『언행록』 권말에

> 초취는 원주 변씨다. 뒤에 변씨의 (친정)아버지가 죄가 있어 사형을 당했는데, 이안공(이친)이 변씨와 이혼하고, 재취를 얻었다. 그 뒤 변씨 부인의 아버지가 신원되었다. 지금 이 때문에 공사가 유별하게 되어 변씨가 부실副室이 되었다.[70]

라고 해 뒤에 변상근이 신원되어 다시 돌아왔으나 신분이 유별해 초취지만 부실이 되었다는 것이다. 정실은 후취로 들어온 경주 이씨다. 그래서 그런지 경주 이씨가 낳은 아들들은 군을, 변씨가 낳은 아들들은 도정, 또는 수守에 임명되었다. 그러니 변씨 소생들은 억울할 수밖에 없다. 그래서 근래에도 비석을 크게 세워 그 억울함을 토로하고 있다. 청거수종회장 이찬의李燦儀가 지은 "원천군부인원주변씨지

묘原州郡夫人原州邊氏之墓"라는 묘비 음기가 그러한 정상을 잘 드러내주고 있다.

▎원주군부인원주변씨묘비문

태종공정대왕 제2자 효령대군 휘 보補의 중자仲子 서원군 휘 친案 증시 贈謚 이안공의 초취 배위配位가 원주 군부인 원주 변씨로 군기시 판관 휘 변상근의 따님이시다. 변씨 본관은 원래 장연·황주·원주 3관이 같은 자손이었는데, 장연·황주·원주는 동조同祖로 태천백 휘 여 태천공의 후손이다. 원주 변씨의 시조는 휘 안열공으로 2대째 심양에 이민했다가 병란으로 심양에 있었던 고려 공민왕을 따라 다시 고려로 환국해 원주를 본관으로 사관 받았다. 그(시조 변안열)는 곧 군부인의 증조이시며, 홍건적을 패주시키고 서울을 수복시킨 일등공신으로 추성보조공신推誠輔祚功臣과 추충양절선위익찬공신推忠亮節宣威翊贊功臣의 호를 받았으며, 예의판서와 조전원수로서 왜구를 크게 물리치셨고, 또 태조고황제의 부장副將으로 남원 운봉에서 황산대첩의 전공을 세우셨다. 뒤에 영삼사사가 되셨고, 원천부원군에 봉해졌다. 조부는 태종조 좌군도총제부 총제로 원종공신 휘 이顥요, 외조부는 좌찬성 박신유이시다. 무안대군은 왕고모부 되시고, 정종대왕녀 덕천옹주德川翁主의 부마 휘 상복尙服은 숙부이시고, 태종대왕녀 소선옹주昭善翁主의 부마 유천위柔川尉 휘 효순孝順과는 4촌 남매지간으로 왕실과 혼인한 분만도 20여 명이나 된다. 당내堂內에 시호·부원군·군으로 봉호된 분이 6인이고, 공신 7인 등이 배출된 보기 드문 명문세족의 종문에서 자란 군부인께서 17세에 서원군 15세 때 정혼하셨다. 뒤에 선조先祖 서원군께서는 18세에 사은정사謝恩正使로 명나라에 가서 황제의 큰 상을 받으셨고, 병조판서에 오르셨다. 이렇듯 복된 종문에서 태어나서 사랑받고 자란 군부인에게 충격적인 불행이 닥쳤으니, 친정 부친은 화포제조의 책임을 맡아 1발 2전·4전 화포를 발명해 임금께서 특마特馬 1필, 공장 9인, 백미 3석을 하사받으시고 선략장군宣略將軍 수 충무위 호군에 승계되시고 군기시 판관이신 부친께서 병기 비법을 누설했다는 무고로 삭탈고신되시어 경주 이씨를 다시 얻으셨으니, 슬픈 세월을 홀로 지내시게 되셨다. 그 후 부친의 신원으로 재결합하셨으나 아! 슬프다. 이 통한을 어디에 비하리까? 하늘마저 야속하다. 군부인께서 서원군과 다시 결합하신 후 아들을 두셨는데, 곧 창선대부 청거수 휘 혜蕙로 서차는 제4남이시다. 밑으로 경주 이씨가 낳은 예천군과 고림군은 3세, 1세로 모두 어린 나이에 경주 이씨께서 일찍 서거하셨다. 원주 군부인께서 돌아가심에 금천衿川 삼성산 금불암金佛庵 이안공 묘소 오른쪽 등성이에 예장했다가 1940년 경진庚辰에 시흥군 수암면 고잔리 적금산으로 이장했으며, 1979년 기미己未에 도시개발로 또다시 지금의 시흥군 군자동 군자봉에 을좌원에 모셨다. 아드님 청거수는 장남 경원부수 인손, 차남 희양부수 의손, 3남 영성부수 예손, 4남 덕양정 지손, 5남 밀산부수 신손, 6남 음평부정 효손을 두셨고, 따님들은 승사랑 김송수金松壽, 현감 이광형李光亨, 조우趙愚, 사과 이수강李秀絳에게 각각 시집갔다. 금불암에 있던 비석은 가신지 이미 500여 년이 넘었으니, 언어의 전함은 아득하고 고려할 만한 문헌마저 찾기 어려워 규범이 단정하고 아름다우며, 온화예절하셨던 일생을 살펴볼 수 없으니, 이것이 우리 후손 모두가 개탄하는 바로 이번에 다시 새 비석을 세워 후세에 전함이다. 선조비의 맺힌 그 한은 오로지 후손들이 번창하고 잘 되기를 염원하시고, 보살피는 데 되돌려 오히려 낙으로 삼으니, 분명 살신성인의 권화權化가 아닐 수 없음이다.[71]

다시 정리하면 서원군 이친李寀의 부인 원주 변씨는 변이邊頤의 3남 변상근邊尙覲의 딸로서 17살 때 15세 된 효령대군의 차남 서원군 이친에게 시집가서 회의도정 이추와 덕은도정 이납을 낳았다. 그런데 친정아버지 변상근이 모함을 당해 화포제작 기술을 누설한 죄로 사형을 당했고 서원군 가문에서는 초취인 원주 변씨를 친정으로 돌려보냈다. 그러나 얼마 있다가 친정아버지의 죄가 신원이 되었기 때문에 원주 변씨는 다시 전주 이씨 서원군과 재결합해 청거수 이혜를 낳았다. 하지만 『전주이씨효령대군파세보』에는 서원군의 부인으로 경주 이씨만 올라 있고, 원주 변씨는 빠져 있다. 뿐만 아니라 청거수 이혜가 경주 이씨가 낳은 4남 예천군 이천보다 1살, 5남 고림군 이훈보다 3살 나이가 많은데도 6남으로 기록해놓고 있다. 더구나 『원주변씨족보』에도 다섯째 사위로 반드시 기록되어야 할 서원군 이친의 이름이 보이지 않는다. 아버지가 죄를 받아서 빠졌다면 신원된 뒤에는 다시 넣어야 하는 것이 아닌가? 청거수 이혜의 자손들이 억울해하는 것이 이 점이다.

청거수淸渠守 이혜李蕙(1444~1487)

청거수 이혜의 자는 자혜子蕙다. 1444년(세종 26)에 태어나 1487년(성종 18) 8월 6일에 죽었다. 향년 44세. 아버지는 서원군瑞原君 이안공夷安公 이친李亲이고, 할아버지는 태종의 둘째 아들인 효령대군 정효공靖孝公 이보이며, 어머니는 군기시 판관 변상근邊尙覲의 딸이요, 좌군도총제 변이의 손녀이자, 원천부원군 변안열의 증손녀이며, 좌찬성 박신유朴臣柔의 외손녀인 원주 변씨다.[72] 9대손 이형상李衡祥은『언행록』권말에 원주 변씨가 초취라고 했다. 하지만『전주이씨효령대군파세보』나『원주변씨족보』에는 원주 변씨는 빠져 있다. 그리하여 2004년 6월 18일에 청거수종회가 묘표를 따로 세워 이 사실을 기록해놓았다. 부인은 진의교위 김경문金敬文의 딸이요, 감찰 김정金瀞의 손녀이며, 상호군 김중원金仲源의 증손녀이자, 함종 현감 해주 오씨 오진경吳晉卿의 외손녀인 청풍 김씨다. 청거수 이혜의 묘는 1487년(성종 18) 9월 19일에 시흥군 금천衿川 삼성산에 썼으나, 신시가지 조성으로 부득이 시흥시 군자동 군자봉 아래로 이장했다. 청거수의 부인 청풍 김씨는 1491년(성종 22) 4월 11일에 죽어 남편과 함께 묻혔다.[73]

청거수 이혜는 6남(경원부수慶源副守 이인손李仁孫·희양부수曦陽副守 이의손李義孫·영성부수寧城副守 이예손李禮孫·덕양정德陽正 이지손李智孫·밀산부수密山副守 이신손李信孫·음평부정陰平副正 이효손李孝孫) 4녀(김송수金松守·이광형李光亨·조우趙愚·이수간李秀幹)를 두었다. 경원부수慶源副守 이인손李仁孫 (1462~1542)은 자가 애수愛叟요, 1462년(세조 8) 8월 신묘일에 태어나 1542년(중종 37) 11월 1일에 죽었다. 향년 81세. 처음에는 아버지 이친의 묘 오른쪽 기슭에 간좌艮坐로 묘를 썼으며, 1569년(선조 2) 3월부터 시작해 1711년(숙종 37)까지 넷째 아들 이연李璉이 묘지를 짓고 비갈을 세웠다.[74] 그리고 1724년(경종 4)에 7대손 이형상이 지은 묘지를 자기로 구워 묻었다. 그의 묘는 안산시 고잔동 적금산에 을좌乙坐로 이장했다. 부인은 어모장군 홍약이洪若彝의 딸이요, 행 청송도호부사 홍성강洪性剛의 손녀이자, 강녕군江寧君 홍원용洪元用의 증손녀이며, 행 용궁 현감 유방효柳方孝의 외손녀인 신인愼人 남양 홍씨다. 부인의 묘는 이장할 때 남편과 합폄合窆했다.[75]

차남 희양부수曦陽副守 이의손李義孫은 종친강경시예宗親講經試藝에 일등을 했다. 3남 영성부수寧城副守 이예손李禮孫은 묘가 파주 칠정에 유좌酉坐로 있다. 부인은 감사監司 권정權侹의 딸인 신인 안동 권씨다. 4남 덕양정德陽正 이지손李智孫은 처음에 부정副正이었다가 정正으로 승진했다. 부인은 병사兵使 변처령의 딸이요, 별좌 증참판 변극충의 손녀이며, 판 봉상시사 변현의 증손녀이자, 절제사 채명양의 외손녀인 원주 변씨다.

5남 밀산부수密山副守 이신손李信孫은 처음에 종4품 봉성奉成 대부를 받았다가 정3품 창선彰善 대부로 승진했다. 묘는 처음에 인천 다소길 파곳에 자좌로 썼다가, 일제강점기 때에 시구市區 확장으로 시흥시 군자동 군자봉 선산 아래에 을좌원으로 옮겼다. 부인은 장사랑 윤석준尹碩俊의 딸이요, 풍저창 봉사 윤영尹詠의 손녀이자, 봉례奉禮 윤지안尹之安의 증손녀이고, 목은 이색의 외현손녀이며, 부정을 지낸 한산 이씨 이보기李保基의 외손녀인 남원 윤씨다.[76]

6남 음평부정陰平副正 이효손李孝孫은 처음에 종4품 부수를 받았다가 뒤에 정3품 부정으로 승진했다. 묘는 인천 소래 금리리에 해좌亥坐로 있다. 7대손 이형상이 지은 묘지가 있다. 부인은 부사과 증 병조 판서 남계南悈의 딸이요, 행 간성 군수 증 예조 참판 남구南俅의 손녀이자, 좌의정 충간공忠簡公 남지南智의 증손녀요, 대사헌 전성군全城君 양충공襄忠公 전의 이씨 이서장李恕長의 외손녀인 의령 남씨다. 남편과 함께 묻혀 있다.[77]

변팽손邊彭遜

변동邊仝은 4남(팽손彭遜·종손從遜·팽석彭碩·말손末遜)을 두었다. 그중 변팽손의 자는 군수君壽다. 수의부위를 지냈다. 죽은 뒤에 호조참의를 증직했다. 묘는 어디 있는지 모른다. 부인은 봉사奉事 이세로李世老의 딸이요, 동지 총제 이굉李宏의 현손녀인 완산 이씨다.[78] 아우인 변종선邊從遜(종손終遜이라고도 불렀다)의 자는 중현仲賢으로, 사직을 지냈고, 죽은 뒤에 공조 판서를 증직했다. 묘는 말로 전하기를 양주 우이동에 있었다고 하나 찾을 수 없다. 또 가납리 파보에는 양주 노해면 해등촌에 유좌로 있었다고 하나 찾을 수 없다. 변팽석의 자는 대경大卿이요, 일명 변석손邊碩遜이라고도 한다. 부인은 첨사 오홍적吳弘績의 딸 해주 오씨다.[79]

호군공(변상근)파의 가계는 다음의 [표 18]과 같다.

[표 18] 호군공(변상근)파 가계

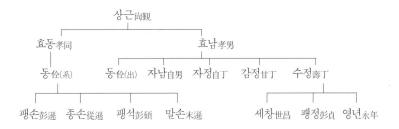

변상회邊尙會(1399~1485)-참판공파參判公派

이頤의 넷째아들 상회의 호는 무송당撫松堂이요, 자는 전하지 않는다. 1399년(정종 1)에 태어나 1485년(성종 16) 10월 4일에 죽었다. 향년 87세. 1420년(세종 2)에 생원시에 합격하고, 1434년(세종 16)에 별시문과에 급제해(최항崔恒·박원형朴元亨·박팽년朴彭年이 동방), 승문원 정자·주서注書, 병조 좌랑, 성균관 직강을 거쳐 함양 군수로 나갔다. 임기를 채우고 사간원 정언에 임명되었다가 사헌부 지평으로 옮겼다. 사헌부 장령, 승문원 부지사, 판군자감사, 원주목사로 나갔다가, 내직으로 들어와 선공감 판사를 역임했다. 첨지중추부사를 거쳐 호·예조 참의가 되었으나 사람들의 시기를 받아 벼슬을 버리고 고향집으로 돌아갔다.[80]

뜰 앞의 늙은 소나무를 사랑해 그 집에 무송당이라는 편액扁額을 달았다.(무송당은 2006년 8월 15일에 재건되었다.) 이것은 날씨가 추워진 뒤에야 송백松柏이 나중에 시드는 것을 안다는 뜻을 취한 것이다. 성종조에 늙었다고 검교호조참판을 제수하고 매달 고기와 술을 하사했다. 그 뒤 예조참판으로 옮겼으나 병이 걸려 1485년(성종 16) 10월 4일에 죽었다. 1486년(성종 17) 2월 16일에 양주 동면 주을동 광암(남양주시 별내면 광전리 산 141-2번지) 남쪽 언덕에 장사지냈다. 뒤에 아들 수脩의 훈공으로 예조판서 겸예문관제학지경연춘추관사에 추증되고, 원평군原平君에 추봉되었다. 부인은 둘이 있었는데, 첫째 부인은 참의 김권金權의 딸인 청풍 김씨다. 묘는 남편 무덤 뒤에 경좌로 있다, 둘째 부인은 전서 유태柳恞의 손녀요, 유역생柳易生의 딸인 진주 유씨인데 1410년(태종 10)에 태어나 1490년(성종 21) 9월 4일에 죽었다. 향

년 81세. 묘는 남편의 무덤 오른쪽에 있다.[81]

변상회는 4남(우佑·환俒·오천伍千·수脩) 2녀(조철견趙鐵堅·조효손趙孝孫에게 시집갔다)를 두었다. 변상회의 장남 변우邊佑는 음사蔭仕로 한성 서윤, 종부시 전첨典籤, 군자감 첨정을 지냈고, 예조참의에 추증되었다. 묘는 아버지 무덤의 다음 유좌에 있다. 부인은 부사 정신조鄭臣祖의 딸 숙부인 연일 정씨다. 남편과 함께 묻혔다. 차남 변환은 행절충장군行折衝將軍 월곡 첨사를 지냈으며, 호조참판에 증직되었다. 묘는 광암 선영에 있었으나 실묘되어 아들의 묘 위에 설단設壇했다. 부인은 현감 전유의全由義의 딸인 정선 전씨다. 남편과 함께 묻혔다. 변환邊俒은 외아들 변사겸邊士謙을 두었는데, 변사겸은 자가 흥생興生, 1446년(세종 28)에 태어났다. 음직으로 내금위에 근무하다가 중종반정에 가담해 정국공신 4등에 책봉되고 원양군原陽君에 봉해졌다. 호조판서 겸 지의금부사에 증직되고 시호는 양호공襄胡公이다. 묘는 남양주시 별내면 광전리 주을동 광암 선영에 있다. 부인은 장령 이혼李渾의 딸이요, 연성부원군 증영의정 문강공文康公 저헌樗軒 이석형李石亨의 손녀인 연안 이씨다. 남편과 함께 쌍분으로 묻혔다.[82]

변오천邊伍千(1445~1513)

3남 변오천의 자는 무강無疆으로 1445년(세종 27) 9월 24일에 태어나 1513년(중종 8)에 죽었다. 향년 69세. 1465년(세조 11)에 무과에 급제하고, 또 중시重試에 합격해 경력經歷, 훈련원 첨정·부정, 풍천 부사, 사복시 정, 통예원 좌통례, 전라 수사, 공주·나주 목사, 전라 병사를 역임하고 승정원에 들어가 여러 번 승지를 지내고 내승內乘을 겸임했다. 하루는 성종이 특별히 화공을 시켜 그의 상을 그리게 했다고 한다. 유고遺稿가 있었으나 6·25 전쟁 때 없어졌다고 한다. 묘는 주을동 아버지 무덤 가까이에 있다.(남양주시 별내면 광전리 산 130번지) 부인은 선공감부정 박귀손朴貴孫의 딸인 운봉 박씨(1450~1510)다. 1450년(세종 32)에 태어나 1510년(중종 5)에 죽었다. 향년 61세. 남편과 함께 쌍분으로 묻혔다.[83] 오천은 3남(사온士溫·사량士良·사검士儉) 5녀를 두었다. 이중 장남 변사온邊士溫은 평안도사를 지냈고, 1511년(중종 6)에 죽었다. 부인은 첨정 김훈조金薰祖의 딸인 경주 김씨다. 차남 변사량邊士良은 무과에 급제해 풍저창수豊儲倉守, 남포·덕천의 수령을 지냈다. 원종공신에 책훈되었다. 묘는 광암 선영에 있다. 부인은 생원 김국량金國樑의 딸인 청풍 김씨. 남편과 함께 쌍분으로 묻혔다.[84]

변수邊脩(1447~1524)

상회의 4남 수脩의 자는 영숙永叔이다. 1447년(세종 29)에 태어나 1524년(중종 19) 7월 10일에 죽었다. 향년 78세. 1469년(예종 1)에 무과에 급제하고, 1476년(성종 7)에 중시에 합격해 훈련원 정이 되었으며, 1478년(성종 9)에 임기가 차 공조 참의로 승진했다. 1479년(성종 10) 3월에 동부승지가 되고,[85] 10월에는 우부승지로서[86] 평안도별선위사平安道別宣慰使로 파견되었다.[87] 11월에 좌부승지가 되었으며,[88] 이듬해 6월에 우승지가 되었다.[89] 무신으로 승지가 되기 어려웠는데 변수가 승지에 임명된 이후에는 무신도 승지가 될 수 있었다. 1483년(성종 14) 12월에 형조 참의가 되고,[90] 이듬해 4월에 병조 참지,[91] 8월에 절충장군 경상우도 수군절도사,[92] 12월에 통정대부 호조 참의[93]가 되었다. 1485년(성종 16) 정월에 사간원의 공박을 받아 물러가려 했으나 받아들여지지 않았다. 1489년(성종 20) 5월에 충청도 병마절도사,[94] 1492년(성종23) 11월에 경상우도 수군도절도사가 되었으나,[95] 1494년(성종 25) 4월에 만호 이극검李克儉이 수군 1명이 왜적에게 죽은 것을 보고하지 않았다고 해 국문을 받았다.[96] 그 후 1497년(연산군 3) 8월에 영안북도 절도사로 재발탁되었으나[97] 대간이 그의 자질을 문제 삼아 온성穩城 부사로 좌천되었다.[98] 영중추 정문형鄭文炯은 "이미 병사로서 적당치 못하다고 한 이상 부사로 임명하는 것은 옳지 않다"고 하여 장령 김물金勿이 변수를 내금위장으로 삼을 것을 건의했으나 받아들여지지 않았다. 1504년(연산군 10) 4월에는 변수가 연산군의 어머니 윤씨를 폐비하는 데 가담했다고 장 70에 처했다.[99] 그러다가 1506년(중종 1) 9월에 중종반정이 일어나자 그는 정국공신靖國功臣 2등에 녹훈되어,[100] 11월에 황후책봉을 하례드리는 진하사進賀使로서 명나라에 다녀왔다.[101] 1513년(중종 8) 6월에 충청도 수사가 되었고,[102] 8월에는 원천군에 봉해지고 봉조하奉朝賀가 되었다.[103] 이와 같이 변수는 무신으로서 승지를 지낸 단초를 열었다. 1546년(명종 1) 9월에 영경영사 홍언필洪彦弼은

> 성종께서 변수·김세적金世勣에게 일시에 승지를 제배하신 것도 장재將材를 미리 대기시켜 두려는 뜻이었습니다. 옛말에 문무를 함께 쓰는 것은 장구책의 하나라고 했습니다. 지금 육조와 승정원에 무신도 함께 주의하게 해 격려시키는 것이 어떻겠습니까? 그리고 오늘날 무신은 연소한 자만 귀하게 여기고 노쇠한 자는 버리다시피 하고 있는데, 옛날 한나라

의 조충국趙充國과 진나라의 왕준王濬 같은 사람은 다 노년기의 사람이었
습니다.[104]

라고 해 무신을 승지로 쓸 것을 주장했다. 성종조 이후의 문무교
차文武交差 논의의 일환이다. 1524년(중종 19) 7월 10일에 죽었다. 그
해 9월 9일에 양근 동종면 갈산리 임좌의 언덕에 장사지냈다(지금은
1997년에 강원도 홍천군 북방면 전치곡 산 21번지로 이장했다). 죽은 뒤
병조판서에 증직되었다. 부인은 군수 김양신金良臣의 딸인 연안 김씨
다. 1451년(문종 1)에 태어나 1532년(중종 27) 8월 19일에 죽었다. 향년
82세. 남편과 함께 묻혔다.[105]

그런데 1997년 12월 경기도 양평군 창대리에 있는 변수의 묘가
발굴되었다. 이때 많은 유물들이 발굴되었다. 출토 유물 중에는 지석
과 목관木棺, 명기明器, 사발, 경덕원보景德元寶, 황금동못, 금정金錠, 은
정, 운삽雲翣, 운아삽雲兒翣등과 요선철릭腰線帖裏을 비롯해 단령團領, 답
호褡胡, 액주름포腋注音袍 저고리, 속바지, 모자帽子, 복건, 솜버선, 악수
幄手, 멱목幎目, 이불, 허리띠, 손싸개 등 35점의 의류와 관복 차림의
남·녀상, 각종 악기를 연주하는 주악상奏樂像, 안장만 올려놓은 소형
말 등 22점의 목각인형이 포함되어 있었다. 이들 유물은 국립민속박
물관에 기탁되어 2009년 12월 14일에 국가지정문화재 중요민속자료
제264호로 지정되었다.[106]

변수는 2남(사신士信·사륜士倫) 5녀(두원정豆源正 이세李繐)를 두었다. 변
사신은 음직으로 경안慶安 찰방을 지냈고, 부인은 감찰 김광후金光厚의
딸인 청풍 김씨다. 변사륜邊士倫은 자가 명보明甫로 1504년(연산 10) 2월

7일에 태어났다. 무과에 급제해 훈련원 첨정, 종성鍾城 판관, 덕천 군수를 지냈고, 죽은 뒤에 형조 판서에 증직되었다. 부인은 셋이다. 첫째 부인은 현령 홍의손洪義孫의 딸인 남양 홍씨요, 둘째 부인은 경력 이적李適의 딸인 양성陽城 이씨요, 셋째 부인은 이형양李亨良의 딸인 공주 이씨다. 공주 이씨는 남편과 같이 묻혔는데, 1997년에 양평에서 강원도 홍천군 북방면 전치곡리 산 21번지로 이장했다.[107]

상회의 참판공파에서는 많은 인물을 배출했다. 상회의 증손 변계윤邊季胤의 가계는 다음의 [표 19]과 같다.

[표 19] 변계윤의 가계

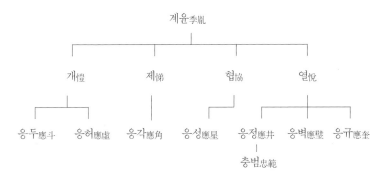

변계윤邊季胤(?~1565)

변계윤은 4남(개愷·제悌·협協·열悅) 2녀(정창윤鄭昌賾과 이덕후李德厚에게 시집갔다)를 두었는데, 변협邊協은 셋째 아들이요, 변열邊悅은 넷째 아들이다. 변계윤은 음사로 면천沔川 군수, 중추부 경력을 지냈는데, 아들들의 무공으로 대광보국숭록대부 의정부영의정 겸 영경연사관상감사에 추증되었다. 천성이 근후謹厚, 염개廉介했다. 1565년(명종 20) 11월 4일에 죽었다. 묘는 양주 동면 금촌金村 마산(남양주시 미금읍 이二 패리산)에 간좌로 있다. 부인은 증 이조 참판 용성군龍城君 최자양崔子洋의 딸 수원 최씨다. 1572년 3월 23일에 죽었다. 묘는 격장隔葬으로 쌍분이다.[108]

장남 변개邊愷는 연기 현령이었고, 차남 변제邊悌는 진사였으며, 변협은 포도대장, 공조 판서, 증 영의정, 원흥부원군, 양정공襄靖公이었고, 변열은 공조 좌랑, 증 공조 참판이었다. 변개의 아들 변응두邊應斗는 무과에 급제해 첨지중추부사를 지냈고, 변제의 아들 변응각邊應角은 종성 부사를 지냈으며, 변협의 아들 변응성邊應星은 훈련·포도대장, 병조 참판, 한성 판윤, 연천군淵川君, 양혜공襄惠公이었다. 또한 변열의 아들 변응정邊應井은 전라 감사, 증 병조 판서, 충장공忠壯公이었고, 변응벽邊應壁은 문과에 급제해 승지를 지냈으며, 변응규邊應奎는 무과에 급제해 병사를 지냈다.[109]

변협邊協(1528~1590)

변협의 자는 자인子寅이다. 아버지는 면천 군수, 중추부 경력, 증 영의정을 지낸 변계윤과 증 이조 참판, 용성군 최자양의 딸인 어머니 증 정경부인 수원 최씨 사이에서 셋째 아들로 태어났다. 1528년(중종 23) 10월 22일에 태어나 1590년(선조 23) 9월 5일에 죽었다. 향년 63세. 생부 변계윤은 원양군 양호공 변사겸의 막내아들로 현령 변효공邊孝恭의 양자가 되었다.[110]

나면서 기우氣宇가 남다르고, 붓글씨를 배운지 얼마 안 되어 벽에 큰 글씨로 "장군가"라고 썼으며, 6세에 우물에 빠졌는데도 죽지 않았다고 한다. 새벽에 물 길러 온 사람을 보고 천천히 말하기를 "나는 주인집 가동家童이니, 모름지기 굵은 새끼줄을 내려 구해 달라"고 했다. 온 집안이 놀라서 분주한데 그만은 편안하게 여겨 두려워하지 않았다고 한다. 그리고 10세에 여러 아이와 함께 나무에 올라가 먼 가지를 잡아 다니다가 가지가 휘고 몸은 매달려 있었으나 밑은 절벽이었다. 여러 아이가 두려워서 흩어졌으나 그는 서서히 바지를 벗기게 하고 두꺼운 포단 위에 떨어져 부상을 입지 않았으니 어려서부터 지려志慮가 이와 같이 다른 사람들과 다른 데가 있었다.[111]

1548년(명종 3)에 무과 3등으로 급제해 선전관이 되었다가 해남 현령으로 나갔다. 1555년(명종 10)에 왜구가 쳐들어와 읍진邑鎭이 다 무너졌으나 그는 홀로 성색聲色을 바꾸지 않고 기계를 수선하고 험한 곳을 지켜 혹 적의 눈을 속이기도 하고, 갑자기 출격해 적이 먹을 것이 모자란 것을 틈타 요격해서 대파하니 죽이거나 사로잡은 적이 많았다. 또 포로로 잡힌 명나라 사람들을 보내니 천자가 은과 비단을 상으로 내리면서 "현감 변협이 외로운 성을 홀로 지켰다"고 칭찬했다고 한다. 이때 변협의 나이가 겨우 28세였다.[112]

이 무공으로 장흥長興 부사로 승진했는데, 난을 겪은 후 장흥부가 탕잔되어 그가 무너진 집을 수리해 주고 상처를 입은 사람을 쓰다듬어 주니 1년이 넘기 전에 관민이 전처럼 복구되었다. 그러나 중풍에 걸려 5년 동안 문을 닫고 정양했다. 병이 좀 낫자 다시 훈련원 부정 겸 내승에 임명되었다가 조양調養을 하라고 파주 목사로 내보냈다. 파주에 있을 때 율곡 선생에게 『주역』을 배웠다. 이어 향약을 시행하니 읍의 풍속이 크게 변해 지금까지 오히려 그 유속이 남아 있다. 1563년(명종 18)에 통정대부로 승진해 만포滿浦 첨사에 제배되고, 다음 해에 제주 목사로 이배되었다. 당시에 마침 요승妖僧 보우普雨가 제주에 귀양와 있었는데 그가 장살杖殺하니 사림이 통쾌하게 여겨 편지를 보내 축하하자 "나라 사람이 죽인 것이지 내가 죽인 것이 아니다"라고 했다.[113]

1565년(명종 20) 겨울에 아버지가 죽어 날씨를 불구하고 배를 띄우려 하니, 선리船吏가 듣지 않았다. 강행했더니 바다 가운데 이르러 과연 태풍을 만나 돛이 부러지고 배가 거의 전복될 뻔했으나 살아 돌아오니, 사람들이 효심에 감동된 결과라 했다. 복상服喪을 마치고 화량花梁 첨사를 거쳐 경상좌도 수사로 옮겼다가 전라 병사가 되었는데, 아우가 죽었다는 말을 듣고 어머니가 상심할까봐 아무 조처 없이 달려갔다. 1569년(선조 2)에 안변 부사에 임명됐으나 부임하지 않고, 남도 병사로 옮겼으니 다 어머니를 봉양하기 편하게 하기 위해서였다. 고미평古未坪이 우리 땅이었는데 버려두자 호로胡虜들이 잡거했다. 이에 그는 상소를 올려 토지를 남에게 줄 수 없다고 하고 드디어 호로들을 쫓아냈다.[114]

1571년(선조 4)에 가선대부로 승진해 북도 병사가 되었으나 어머니가 편찮아 상소를 올려 사임하고 돌아왔다. 1572년(선조 5)에 어머니가 죽었다. 당시 야인野人들이 서해평에 멋대로 살아 두통거리였으나 장수들이 여러 번 패해 조정에서는 변협의 어머니 상의 복이 끝나는 것을 기다려 그를 즉시 평안 병사에 임명했다. 그가 야인을 위엄과 시혜로 다스리자 야인들이 감히 변경 지방을 범하지 못했다. 1577년

(선조 10) 여름에 조정으로 들어와 한성부 좌윤, 병조 참판을 거치는 등 병조에 4번, 한성부에 2번, 동지중추부사 3번, 5위도총부 부총관 등을 역임했다. 1582년(선조 15) 여름에 지중추부사에 임명되어 곧 판한성 부사, 판공조사로서 언제나 도총관, 지훈련원사, 포도대장, 특진관, 비변사·군기시軍器寺·원유시苑囿寺의 제조를 겸임하고 이때부터 지방으로 나가지 않았다.[115]

1587년(선조 20)에 왜구가 녹도鹿島에 쳐들어와 수장 이대원李大源이 전사하자, 선조가 신립申砬으로 좌방어사를, 변협을 우방어사로 삼아 적을 막으라 했다. 그는 "왜적이 본래 깊이 들어올 계책이 없기 때문에 반드시 오래 머물지 않을 것입니다. 지금쯤은 이미 물러갔을 것입니다"라고 아뢰었다. 그랬더니 과연 왜적이 물러갔다. 1589년(선조 22)에 도요토미 히데요시豊臣秀吉가 평의지平義智·겐소玄蘇 등을 보내어 공작, 준마를 바치고 우리의 허실을 엿보려 했는데, 정신廷臣들이 혹은 통호를 하는 것이 좋다고도 하고, 혹은 불가하다고도 해 의견이 일치되지 않았다. 이에 그는 "보사報使를 보내 그쪽의 동정을 살펴보는 것이 좋겠다"고 건의했다. 의론이 정해짐에 선조는 그를 병조 판서에 임명하고자 상신相臣에게 물어보는 중에 그가 병이 들어 1590년(선조 23) 9월 5일에 죽었다. 그해 광주廣州 초부면 운길산 남록 건좌에 장사지냈다. (지금의 남양주시 조안면 송촌리 산 26-4) 뒤에 영의정에 증직되었다. 신도비는 문충공 이정구李廷龜가, 시장諡狀은 우의정 이병모李秉模가, 행장은 외6대손 정만석鄭晚錫이 지었다.[116]

그는 43년간 벼슬하는 동안 청렴결백했고, 사재를 모으지 않았으며, 군사를 거느릴 때는 신상필벌信賞必罰, 관맹득중寬猛得中했다. 평소에 특별히 좋아하는 것도 없었고, 글씨나 바둑·거문고·매·연꽃·국화 등 6가지만 좋아했다. 글씨는 고금을 증거하고, 바둑은 기축機軸을 보는 것이요, 거문고는 소리를 조화하고, 매는 영기英氣가 있으며, 연꽃은 성품을 정화시키고, 국화는 만절晚節을 지키기 때문이라는 것이다. 그는 천문·지리·수학·산학·의학에 정통하지 않은 것이 없고, 관서 지방의 변경 10여 군을 순찰할 때 산천·지리·험이를 한번 보고 지도를 그리면 강 하나, 들 하나 틀리지 않았으며, 병영의 군부도 한번 펼쳐 보면 거기에 기재되어 있는 사람을 한 사람도 빼지 않고 다 외웠다고 한다. 1584년(선조 17)에 그가 천상天象을 보고, 태을太乙을 추산해 보더니, 집 사람들에게 10년이 지나기 전에 나라가 크게 병사兵事 때문에 고생할 것이라고 예언했다. 그랬더니 과연 1592년(선조 25)에 임진왜란이 일어났다. 특진관으로 있을 때 상소해 "신이 일찍이 왜적과 싸워 보니 그들은 능히 목숨을 가벼이 여기는데, 하물며 조왜朝倭는 3로의 형세를 숙지하고 있음에랴. 대마도는 다른 날의 근심이 될 우려가 있으니 가히 말하지 못할 것이 있으나 신은 (죽은 뒤라) 보지 못할 것이다" 하고는 사촌 동생 응정을 천거했다. 1592년(선조 25) 4월에 왜적이 크게 쳐들어오자 선조가 신립을 보내어 막고자 했다. 선조가 신립에게 적이 어떻겠느냐고 물었더니, 신립이 가볍게 여겼다. 이에 선조가 "변협이 매번 말하기를 왜가 가장 어려운 적이라고 했는데, 경은 어찌 그리 쉽게 말하는가"라고 했다고 한다. 신립이 나간 뒤에 선조가 "변협은 진실로 양장良將이라. 내가 항상 잊지 않는다. 만약 이 사람이 있었더라면 내가 어찌 왜적을 걱정하겠느냐"고 했다고 한다. 변협이 죽은 지 3년 만에 신립이 패사敗死하고, 변응정

이 계책을 올렸으나 채택되지 않아 변응정마저 전사했다. 시호는 충장공이다.[117]

부인은 증 참판 최유선崔惟善의 딸 화순和順 최씨(1527~1594)다. 1527년(중종 22) 정월 25일에 태어나 1594년(선조 27) 6월 17일에 죽었다. 향년 68세. 남편과 함께 묻혔다. 외아들 변응성이 있다. 행장은 외6대손 정만석이, 신도비명은 이정구가, 청시請諡행장은 이병모가, 묘표는 종후손 변시연邊時淵이 각각 지었다.

변응성邊應星(1552~1616)

변협의 아들 변응성의 자는 기중機仲이다. 그는 1552년(명종 7) 3월 29일에 태어나 1616년(광해군 8) 정월 27일에 죽었다. 향년 65세. 어려서부터 총명해 문예가 일찍 성취되어, 약관에 누차 문과에 응시했으나 급제하지 못하자 28세에 붓을 던지고 무과에 응시해 1579년(선조 12)에 급제했다. 9년간 선전관, 훈련원 부정 겸 내승, 용강·함종·장단부사를 역임하고 1587년(선조 20)에 통훈대부로 승진해 다음 해에 강계 부사가 되었다. 선조가 비변사에 명해 무신 가운데 차서를 막론하고 쓸 만한 인재를 추천하라고 하자 유홍兪泓·신립·이산해李山海·이순신·변응정 등이 천거되었다.[118]

1590년(선조 23)에 아버지가 죽어 복상 중에 있었는데, 경주는 영남의 큰 방어지라 변협이 아니면 지키기 어렵다고 기복起復(상중에 있는 사람을 기용함)해 경상좌도방어사 겸 부윤慶尙左道防禦使兼府尹에 기용하고 막료를 가려 종군토록 했다. 조금 후에 경상우도수사로 승진했고, 1593년(선조 26)에 광주廣州 목사로 옮겼다. 얼마 후 이천 부사로 옮겨 경기 방어사를 겸임해, 용진강龍津江 위에 진을 치고, 수책水柵을 설치하며, 토성을 쌓고, 척후斥候를 살피며 병기를 수선하고, 군량을 비축해 경기 동부를 방어하는 데 만전을 기했다.[119] 그는 원호元豪와 협력해 1592년(선조 25) 6월 중순에 마탄馬灘에서 적장 모리 요시시로 毛利吉城·아키즈키 다네나가秋月種長·다카하시 모토타네高橋元種 등과 싸워 적을 섬멸하는 공을 세웠다.[120]

이때 왜적들이 원주에 웅거해 곧바로 서울로 쳐들어오자 그는 사졸을 격려하고, 한강 상류의 물을 막았다가 적군이 절반 정도 건너왔을 때 물을 트니 적들이 크게 놀라 패주했다. 또 마탄에서 적을 맞아 안개가 자욱한 틈을 타 공격해 많은 적을 죽이거나 사로잡았다. 그런데 당시 북병사가 결원이라 왕이 대신들에게 "누가 적임인가?"를 물으니, 서애西厓 유성룡이 "변응성이 가히 마땅하나 지금 한강 상류가 급하니 외지로 내보내는 것은 불가합니다"라고 했다. 얼마 후 왜적이 물러가자 왕이 그를 독성禿城이 남도로 통하는 요충이라 해 수원부사 겸 방어사에 임명하고 면포 100필을 하사했다.[121] 변응성이 몸소 장정 500여 명을 모아 군사를 조련하고, 상부에 상황을 보고해 준비를 단단히 했다. 그리하여 적병이 침범했을 때 성을 잘 지킬 수 있었다.[122]

1594년(선조 27) 여름에 어머니가 죽었으나 전쟁 중이라 경기 방어사에 기용되어 복상을 하지 못했다. 난리통이라 도둑이 성행하고, 백성이 도탄에 빠져 마을은 텅 비고 도로는 막혔다. 이에 변응성은 강가에 요충을 감시하고, 둔보屯堡를 설치하며, 토지의 비옥하고 척박한 것을 헤아려 유랑민을 모으고, 이들을 안정시키니 동군이 편안해졌다.[123] 1598년(선조 31)에는 경기방어사로서 광주廣州·이천의 사민을 규합해 한성(동부東部) 방어에 힘썼다. 민종현閔鍾顯이 편찬한『태상장록太常狀錄』(권35)에 의하면 그의 전투상황을 다음과 같이 서술하고 있다.

이천 부사 겸 경기 방어사로 용진강(지금의 북한강인데. 진을 친 위치는 와부면 진중리였음)에 나아가 책을 세우고 성을 쌓으며, 병기를 수선하고 양식을 높이 쌓으니, 군성軍聲이 크게 떨쳤다. 그때 적이 원주에 진을 치고 줄곧 서울로 향했는데, 그 기세가 심히 날카로웠다. 공(변응성)이 밤낮을 가리지 않고 군사들을 충의로써 격려해 적을 막았다. 적이 이를 무렵에 먼저 군사를 보내어 상류를 끊어 막고 (적이) 반쯤 건넜을 때 물길을 텄다. 이에 적이 크게 패해 도망쳤다. 또 가벼운 배에 궁수를 태워 적을 마탄에서 맞이했을 때 마침 안개가 많이 낀 것을 틈타서 적을 많이 참획했다. 이에 힘입어 동로東路가 보존되었는데, 공의 공이 가장 컸다.[124]

1602년(선조 35)에 윤두수尹斗壽가 유표遺表(죽을 때 올리는 표)에서 독성을 굳건히 지켜야 한다고 하자 선조는 변응성을 발탁해 이 일을 맡겼다. 그는 성을 높이 쌓고, 도랑을 깊이 파는 한편, 노궁弩弓·석거石車·화포 등의 기계를 설치하고, 병사들을 조련하며, 황무지를 개간하고, 샘을 파서 백성으로 하여금 산업에 즐겁게 종사하게 하니, 일년이 넘자 성중의 인구가 200호가 늘어나고, 창고와 사찰이 100여 개 소나 되어 경기도의 큰 관문이 되었다. 이 말이 왕에게 전해지자

왕이 가상히 여겨 구마廐馬를 내려주고, 따뜻한 유지諭旨를 내려 격려
했다.125

1604년(선조 37) 9월에 부모의 묘를 개장하기 위해 사임하고자 했
으나 1606년(선조 39)에 가선대부로 승진, 남도 병사에 제수되고 얼마
있다가 북도 병사에 제수되었다. 1608년(선조 41)에 내직으로 들어와
훈련원 도정을 거쳐 포도대장으로서 주사당상籌司堂上을 겸하고, 양남
兩南의 기무機務를 관장했다. 겨울에 조정에서 양남산성을 폐치하려고
하자

양남은 오로지 지리산의 험고한 것을 의지해 촉석矗石과 교룡蛟龍이 바로
그 요쇄要塞입니다. 국가의 존망이 양남을 얻고 잃음에 달려 있고, 양남
의 얻고 잃음은 다만 험한 곳을 웅거해 요쇄를 지키는 여하에 달려 있습
니다. 제齊나라 무왕武王은 백벽百壁에서 곤경을 당했고, 당나라 태종은
안시성에서 굴복했습니다. 수비와 방어의 중요함은 이 두 성이면 또한
만족하지만 다만 일찍이 한 가지도 이로움을 얻지 못함으로서 사람들이
반드시 죽을 것으로 알고 이제 다 폐허가 되었습니다. 대저 병사에게 병
기와 군량이 없어 당의 수양이 함락되었고, 백성이 원망과 노여움을 품
은 것은 조장자趙長子가 완전하지 못했던 것입니다. 수비를 갖추고도 장
수가 능하지 못하면 또한 패하나니 지난번의 진주가 그렇습니다. 만약
사람을 얻어 지키고, 그 조세를 감하며, 백성은 병농兵農을 겸해 그 집을
보전하고, 그 성을 지키면 가히 양남을 보전해 국세가 굳건해질 것입니
다.126

라고 하며 반대했다.

1609년(광해군 1) 여름에는 다음과 같은 방어책을 건의했다.

지금 노적老賊·홀적忽賊·왜적 등 3적이 있는데, 홀적은 장수 24인에 병
사 각 500인이 있었으나, 문암門巖의 전투에서 사상자가 6000명이었으
니, 지금 만 명이 되지 못하고, 노적은 누차 홀성에 다다라 헛되이 공갈
만 칠 뿐, 능히 진격하지 못하고 화전和戰을 허락하고 있으니, 그 병력을
가히 알 수 있습니다. 또 중조中朝의 관방關防이 서로 대치하고 있으니,
이 2적은 감히 가벼이 움직이지 못할 것입니다. 그러나 왜적은 병사를
헤아리건대 50만에 이르는데, 사신을 보내어 길을 빌려달라 하니, 속임
수를 또한 헤아리기 어렵습니다.

우리나라는 병사가 적어 힘으로 제어하기 어려우니, 마땅히 형세로서 방
비해야 할 것입니다. 서북이 험액하여, 복병을 설치해 기계奇計를 내는
데 이로우니, 포화를 갖추어 제어해야 하며, 동남은 평연平衍해 성을 쌓
고 평야를 깨끗이 치우는 데 이로울 것이니, 주사舟師를 엄격히 훈련시
켜 방어해야 할 것입니다. 모름지기 약속을 분명히 하고 사졸들을 가다
듬어, 편안함으로 수고로움을 기다리고, 장점으로 단점을 쳐서, 그 군사
가 늙고 사기가 게으르게 될 것 같으면 적병이 가히 굴복할 것입니다.

또 반드시 장수를 선발하고 병사를 양성해야 하는데, 장재에 셋이 있으
니, 지혜와 용맹과 힘이라. 3재三才가 한 마음이 되면 공을 마침내 보전
할 것입니다. 초려를 세 번 돌아봄에 제갈량이 나라를 위해 노고를 다
했고, 형제의 의를 맺어 관우·장비가 힘을 다했으니, 3재의 충성을 다함
은 또한 인주의 부린 바입니다. 병명兵名에 셋이 있으니, 왕자의 병은 의

로써 불인不仁을 치고 천벌을 공경히 행하기 때문에 무적이요, 패자의 병은 곧음으로써 굽은 것을 쳐서 어려운 것을 널리 구제하기 때문에 반드시 승리하고, 능자能者의 병은 옳은 것은 상을 주고, 잘못한 것은 벌을 주어 시기를 보아 움직이기 때문에 반드시 강합니다. 능자의 병이 왕자·패자의 병을 오히려 제압하니, 하물며 무능자이겠습니까? 지금 장수가 그 재주가 없고, 병사가 전투를 알지 못해 수륙의 방어에 모두 획일함이 없으니, 마땅히 장재를 가리고 규율을 정하면 반드시 먼저 이기고 뒤에 싸우게 할 수 있을 것입니다. 그러나 신의가 없으면 일심一心의 병사가 반드시 없어질 것이며, 방비가 없으면 나라에 믿을 바가 없어질 것입니다. 오직 전하는 반드시 신의를 중히 하소서![127]

즉 장재를 가리고, 규율을 정하되 인주의 신의가 중요하다고 강조했다.

얼마 후 가의대부嘉義大夫로 승진, 훈련대장에 제수되고, 한성부윤, 도총부 부총관, 동지중추부사, 유도대장留都大將, 특진관, 군기시 제조 등의 관직을 역임했으며, 1613년(광해군 5)에 자헌대부資憲大夫로 승진, 한성부 판윤, 지중추부사, 지훈련원사 겸도총관 등의 관직을 역임했다.[128]

1613년(광해군 5) 4월에 계축옥사가 일어났다. 정협鄭浹이 이이첨李爾瞻의 사주를 받고 월사月沙 이정구·선원仙源 김상용金尙容 등과 함께 변응성을 사건에 연루시켜 폐고廢錮되어 광주廣州 선영 아래 물러나 칩거했다. 변응성이 병권을 가지고 있었기 때문에 이이첨 등의 핍박이 심했던 것이다.[129]

1614년(광해군 6) 봄에 훈련원사에 임명되었으나 나가지 않으려 했다. 그러나 왕의 윤허를 받지 못했다. 1616년(광해군 8) 정월 27일에 병으로 정침正寢에서 죽었다. 죽은 뒤에 병조판서가 추증되었다. 그해 3월 광주廣州 용진리 운길산에 건좌로 장사지냈다.130 행장은 정만석이, 청시행장은 예문제학 민종현이, 신도비명은 종후손 변시연이 지었다.131

그는 용모가 풍만하고 수염이 아름다우며, 천성이 탁월하고, 평소에 마음이 평온했지만 큰일을 당해서는 굳건했다. 관직에 있어서는 겸손하고 공손했으나, 권귀를 보기를 대수롭지 않게 여겼다. 난리에 어머니를 잘 모셨다. 군무를 보면서도 정성온청定省溫淸의 절차를 조금도 거스르지 않으려 했으며, 아버지가 아플 때는 분뇨를 맛보고 손가락을 베었다. 거상居喪에 슬픔으로 살고자 하지 않았으나 국란으로 상을 제대로 지키지 못하는 것을 안타까워했다. 본래 검소하고, 청백했으며, 오직 백성을 위해 정성을 다했다. 크고 작은 50여 차례의 전투에서 전공을 세웠으나 공을 남에게 미뤘다. 부인은 셋인데, 첫째 부인은 지훈련원사 백유검白惟儉의 딸 수원 백씨이고, 둘째 부인은 부사 송율宋律의 딸 여산 송씨이며, 셋째 부인은 진사 심대겸沈大謙의 딸인 청송 심씨다. 아들이 없어 족자族子 변득邊得을 양자로 들였는데 부사과를 지냈다. 변득은 1남 3녀를 두었는데, 아들은 변석징邊錫徵이요, 딸들은 사인士人 이상신李相紳·유관兪綰·이성하李成廈에게 각각 시집갔다.132

변협의 아우는 변열이고 변열의 아들은 변응정·변응벽·변응규다. 변열은 무과를 거쳐 음직으로 공조좌랑을 지냈고, 1565년(명종 20)에 고성 현령을 지낸 적이 있으며, 죽은 뒤에 아들 변응정의 출세로 공조 참판에 추증되었다. 묘는 금촌 마산 아버지 산소 아래 간좌로 있다. 부인은 병사 이흔의 딸인 철성 이씨다. 부인은 품성이 법도가 있어서 과부가 되었을 때 아들 응정을 불러놓고 "내가 미망인으로서 이미 세 아들이 있으니, 교훈이 불가불 엄해야 하겠다"고 하고는 세 개의 고리를 주조해 오라고 해 교형教刑의 자료로 삼았다. 그래서 세 아들의 재기才器가 성취되어 이름을 드러낼 수 있었다 한다. 석주石洲 권필權韠이 〈世重二男俱死國 天有一子爲全家〉라는 만시輓詩를 지어 애도했다. 1600년(선조 33)에 죽었다. 묘는 남편과 함께 묻혔는데, 쌍분이다.133

변응정邊應井(1557~1592)

응정의 자는 문숙이다. 1557년(명종 12) 10월 27일에 태어나 1592년 (선조 25) 8월 27일에 전장에서 죽었다. 향년 36세. 어려서부터 절조가 있고 문예에 뛰어나 여러 차례 문과에 응시했으나 급제하지 못했다. 그는 일찍이 아버지를 여의고 중부仲父인 변협에게 의탁하고 있었는데, 중부도 무과를 권했다. 그리하여 29세에 무과에 응시했다가 떨어졌다. 선조가 일찍이 변협에게 장재가 될 만한 사람을 추천하라고 하자 "신의 조카 변응정이 문·무에 재주가 있습니다"라고 추천한 바 있다. 당시 북변이 소란해 조정에서 무과에 응시한 자는 다 파견해 그곳을 수비토록 했는데, 변응정도 거기에 포함되었다.134 함흥에 이르니, 감사가 그의 문재를 사랑해 막하幕下에 두고 매양 시문을 칭탄하며 "그대의 문예로 만약 유과儒科(문과)에 진출했으면 가히 옥당玉堂

에 발탁될 것이었는데, 활을 짊어지고 전장에 나섰으니, 애석하기 그지없다"라고 했다. 그때 향시鄕試가 가까운 읍에서 실시되었는데, 향인들이 앞다투어 타도에서 응시한 사람들을 내쫓았다. 그는 시를 지어 "다북쑥 떨기 속에 소나무는 천 척尺이요, 까막까치 지저귀는 속에 학의 일성이라"[135]고 했더니, 배척하던 자들이 위축되고, 또한 그가 책문策問 시험에 장원을 하니, 무인으로서 과장科場에서 명예가 대단했다.[136]

1588년(선조 21)에 식년무과에 급제해 처음에 월송月松 만호에 제수되었다가 얼마 후 선전관에 뽑혀 들어갔는데, 행장이 담박해 왕래할 때는 칼 한 자루만 몸에 지니고 다녔다고 한다. 집이 가난해 열읍列邑의 여러 진영에서 자용資用을 도와 청중廳中에서 쓰는 장구裝具를 갖추어 주었다. 선전관이 된 지 한 달이 못되어 그는 남해 현감으로 내려갔다. 남해안에 왜구가 나타나 조정에서 이를 막을 사람을 뽑아 보낸 것이다. 그러나 잠시 후에 차례를 건너뛰어 제주 목사에 천거되었으나 그런 문무전재文武全才는 중앙으로 불러들여야 한다고 해 승정원으로 불려 들어갔다.[137]

1592년(선조 25)에 임진왜란이 일어나자 난민들이 자물쇠를 부수고 관청의 물건을 약탈해 갔다. 그가 주모자를 체포해 목을 베어 거리에 매달으니 경내가 두려워서 조용해졌다. 그는 상소를 올려 적들이 허술한 틈을 타 대마도를 기습해 그들의 수미首尾가 서로 내응할 수 없도록 하자고 했다. "곧바로 대량大梁으로 내닫는 것은 손빈孫臏의 승산勝算이고, 먼저 범양范陽을 취하는 것은 이필李泌의 기모奇謀입니다"라는 말을 식자들은 기이하게 여겼으나 조정에서는 채택하지 않았다. 그는 종 일력一力을 두 아우, 승지 변응벽과 병사 변응규에게 보내어 "당당한 성대聖代에 역적의 왜인들이 강성함으로 말미암아 변장邊將이 방어하지 못하고, 여러 진영이 연이어 무너지며, 왜적이 도성을 핍박해 왕이 파천하게 생겼으니, 신자는 마땅히 죽어야 할 것이다. 또한 누구에게 들으니 어머니께서 출성했다고 하니 더욱 망극하다. 멀리 해외에 있어 가국家國의 화란을 함께 하지 못하니, 천지간에 한 불충이요, 불효다"라는 편지를 전하게 했다. 그리고 의복을 벗고 손톱과 머리카락을 잘라 보내면서 "내가 난리에 임해 반드시 죽을 것이니 죽거든 이로써 장사지내라!"라고 했다.138

그가 항상 의기로써 사졸을 격려하고, 단속은 비록 엄히 하되, 어루만져 사랑함이 심히 지극하니 군사들이 모두 쓰임을 즐겁게 여기고 감히 발길을 돌리는 자가 없었다. 드디어 주사를 거느리고 고을 앞 바다에서 선봉에 서서 고단한 군사로써 적선을 크게 무찔렀다. 그리고 격문을 손수 써서 여러 고을에 통문을 내어 돌렸다.

소 요시토시平義智와 도요토미 히데요시가 병권을 탐해 함께 군사를 일으켜 쳐들어왔다. 땅은 준령峻嶺이 이롭고, 천혜의 요충은 장강長江인데, 일찍이 20일이 못되어 많은 우리 지방이 적의 손에 들어가고 많은 생령이 적의 칼끝에 죽었으며, 종사가 피란길에 오르고, 산하가 피로 물들었으니, 무릇 혈기가 있는 자는 피를 마시지 않을 수 없게 되었다. 슬프다! 우리 장수와 사졸들이 차마 하늘을 함께 머리에 이고 있겠는가? 죽을 힘을 다하고, 죽기로 각오함이 바로 오늘에 있음이라. 거가車駕가 도성을 떠나고 온 나라가 막혔으니 가속家屬들은 어디로 돌아가겠으며, 사생死

生을 알기 어렵도다! 임금과 어버이를 다 버리고 충효가 둘 다 일그러졌으니, 사는 것이 가히 부끄러운지라. 무슨 낯으로 천지에 대하리오? 동국에 사람이 없음이니, 후세에 부끄럽기 한이 없다. 이제 들으니 동궁이 이미 경기도에 임하시어 군사를 애무愛撫해 친히 출정한다 하시니, 신주神州를 능히 회복할 날을 손꼽아 기약할 수 있으리라. 국가의 회복이 오로지 호남에 달려 있으니, 금성에 주둔하고 있는 적을 급히 쳐서 승전을 이끌진대 국가의 수치를 가히 씻으리라. 남도의 백성을 구원한 연후에 의병을 일으켜 즉시 서울로 다다라 천병天兵을 성원해 요기妖氣를 빨리 소탕하리라. 역사에 이름을 남기는 것이 요긴한 것이 아니요, 마땅히 우리의 직분이니, 어찌 또한 힘써야 하지 않겠는가?139

이때 중봉重峯 조헌趙憲이 의병을 일으켜 금산에 이르렀다는 소문을 듣고 권율·조헌과 함께 금성산을 협공할 것을 약속하고 달려갔으나 연락이 잘못되어 조헌군만 싸우다가 순절한 뒤였다. 이에 그는 "내가 조헌 선생과 더불어 약속하고 지키지 못했으니, 어찌 하늘을 볼 수 있겠는가?"140라고 하고 마침내 김제 군수 정담鄭湛과 함께 동맹의 의를 맺고 웅령熊嶺에 목책을 설치하고 적과 크게 싸워 목을 베고 사로잡은 수가 헤아릴 수 없이 많았다. 마침 날이 저물자 적들이 아군의 화살이 동이 나고 후원이 끊긴 것을 알고 힘을 다해 공격해 왔다. 변응정은 기운을 다해 소리 높여 말하기를 "이곳이 우리가 죽어야 할 곳이다"라고 하고 병사들과 함께 육박전을 치르다가 마침내 전사하니, 1592년(선조 25) 8월 27일이었다. 적들도 그의 죽음을 의롭게 여겨 큰 무덤을 만들어 "弔朝鮮國忠肝義膽(조선의 충신 의사들의 영혼을 조상하노라)"이라는 표목을 세워 주었다. 그리고 살아남은 병사들도 그의 기숙처寄宿處를 바라보며 서로 통곡하며 떠났다고 한다.[141]

이에 앞서 관찰사 이광李洸이 변응정이 바다에서 승전한 공을 나라에 알리자 선조가 그를 전라 수사로 임명했으나 길이 막혀 전하지 못해 그가 알지 못한 채 죽었다. 난리가 점점 평정되어 가자 우계牛溪 성혼成渾은 "조헌·고경명高敬命·변응정은 다 충의가 뛰어난 분들입니다. 진실로 마땅히 그 처자들을 구제하고 그 충혼을 위로해 사기를 격려함이 옳을 것입니다"라고 상언해 변응정에게는 병조 참판의 증직과 정문旌門이 내려지고, 자손을 녹용하는 조처가 내려졌다. 또한 금산의 선비들이 조헌·고경명·변응정을 사당을 지어 향사享祀했다.[142] 또한 서애 유성룡은 그의 『징비록』에서 "적의 정예병이 다 웅령 전투에서 패함으로써 전라 일도가 온전함을 얻어 중흥의 기초를 세운 공적이 있었다"[143]고 적고 있다.

변응정은 문장에 능하고 시도 잘 지었다. 그 약간편이 세상에 전하는데, 논평하는 사람들이 "골격이 개장開張함이 그 위인과 같다"고 했다. 또한 두 아우에게 보낸 서찰이 다행히 보존되어 있는데, 사의辭意가 비장함이 추상열일秋霜烈日과 같고, 필세筆勢가 굳세어 지금 보더라도 사람으로 하여금 감동을 일으키게 한다. 이로서 가히 그의 기상의 일단을 알아 볼 수 있다.[144]

그는 또한 효성이 지극해 집에는 항아리와 그릇도 없으면서 어머니에게 맛있는 음식을 떨어트리지 않았고, 병이 나면 근심이 얼굴에 가득하고, 허리띠를 풀지 않았으니, 곁에 있는 사람이 감동해 "고인이 이른바 충신은 효자의 가문에서 나온다"는 말이 맞다고 믿도록

했다.[145]

1393년(선조 26)에 연신筵臣 김진규金鎭圭가 변응정의 사적을 들어 표장할 것을 아뢰니, 선조는 "수립樹立이 탁이卓異하고 충절이 가상하도다. 마땅히 정경正卿의 증직을 더하고 특히 시호를 내리라"고 특명을 내렸다. 이에 예조는 "난리를 당해 승첩하고, 힘을 다해 싸우다가 의리에 순절했다"고 했다. 선조는 드디어 그에게 충장공이라는 시호와 자헌대부 병조판서 겸 지의금부사 지훈련원사의 증직을 내렸다.[146]

월정 윤근수가 그의 무덤을 의총義塚이라 하고, 월사 이정구가 그 사실을 자세히 기록했다. 우암 송시열은 묘표를 지어 "만세불사萬世不死"라 했고, 의단義壇과 당재堂齋의 기를 지었다. 변응정 청시행장은 민진후閔鎭厚가, 가장家狀은 변정진邊挺鎭이, 임오충절사적초壬午忠節事績抄는 우산牛山 안방준安邦俊이, 변응정전적기戰績記는 윤근수가 지었다. 뿐만 아니라 죽천竹泉 김진규는 경연에서 변응정을 포상할 것을 상주했다. 모두 노론 벌열들이 변응정의 현양을 주창한 것이다. 이는 그의 충의가 의리를 생명처럼 여기는 우암을 비롯한 노론대가들의 구미에 맞았기 때문이 아닌가 한다.[147]

부인은 현감 오윤경吳胤慶의 딸인 정부인 보성寶城 오씨다. 남편과 함께 묻혔다.[148] 변응정은 금산의 종용당從容堂에 배향되어 있는데 이 당은 1646년(인조 24)에 창건되어 1663년(현종 4)에 사액을 받았다. 그리고 그의 행적은 『삼강행실』에 실려 있다. 묘는 양주 동면 금촌 마산 아버지 묘 아래에 간좌로 있다.[149]

변충범邊忠範(1581~1635)

변응정에게는 아들 하나가 있는데, 이름은 변충범이요, 자는 군칙君則이다. 변충범은 1581년(선조 14)에 태어나, 1606년(선조 39)에 무과를 거쳐 종성부사가 되었다가 가선대부 동지중추부사 겸 부총관으로 승진했다. 1627년(인조 5) 정묘호란 때 오랑캐와 화친하는 것을 부끄럽게 여겨 관서비어8조소關西備禦八條疏[150]를 올렸다. 상소의 말미에는 척화지의斥和之義 8조를 첨부했는데, 1)진형편야鎭形便也 2)중사신야重師臣也 3)연사졸야鍊士卒也 4)엄군율야嚴軍律也 5)개둔전야開屯田也 6)설주사야設舟師也 7)임인재야任人才也 8)고번이야固藩籬也 등 척화책을 늘어놓았다. 1635년(인조 13) 8월 30일에 죽었다. 향년 55세. 묘는 아버지 묘 뒤에 간좌로 있다.[151]

그는 충의의 가문에 태어나 형제가 난리를 만나고, 부자가 행방이 막히어 어버이의 유해를 거두지 못해 유서를 끌어안고 종신토록 통한했으니, 그는 효자였다. 무과 출신으로 조정에 출사해 여러 번 군읍의 수령을 맡아 백성을 다스리고 병사를 훈련하는 데 두루 힘써 관찰사와 암행어사가 포상을 청하는 장계를 올려 승진의 특전이 있었으니 그는 양리良吏였다. 광해군조에서 인륜을 거스를 때 백사 이항복이 반대하다가 유배 가는 것을 보고 국사를 통곡하며 강호에 물러나 낚시꾼과 벗을 했으니, 그는 정인正人이었다. 정묘호란 때 오랑캐를 배척하는 관서비어8조소를 올렸으니 그는 열사였다.[152] 변충범은 어려서부터 골격이 보통 사람과 다르고, 기상이 뛰어났다. 종조 변협이 "우리 집안에 가성家聲을 길이 전하는 것은 이 아이에게 있다"고 했다. 또 임진왜란 때 아버지 변응정이 그 손톱과 머리카락을 베어

서신을 집에 보내 영결永訣하자 울면서 "나의 아버지께서 반드시 전장에서 돌아가실 터인즉, 부친은 충성을 다 하는데 자식은 홀로 피란해 부친이 돌아가신 곳을 알지 못한다면 어찌 자식의 도리이겠는가? 내 비록 어린애지만 급히 가서 시석矢石을 무릅쓰고 시신을 거두겠다"고 했으니, 그의 나이 12살 때였다. 비록 중부와 계부가 말려 뜻을 이루지는 못했으나 그의 충효는 하늘에서 타고난 것이었다. 아버지가 전장에서 죽었다는 말을 듣고 항상 남쪽을 향해 곡을 하며 복수할 뜻을 결심하고, 피란하는 가운데도 낮에는 말을 타고 활쏘기를 익히며, 밤에는 병가서를 읽어 그 뜻을 해득했다. 또 매양 충신·열사의 말을 외우고 무릎을 치며 눈물을 흘렸다. 광해군이 인목대비를 폐비시키자 10여 년 동안 은거하다가 임진왜란을 당해 계부 변응벽이 영변 부사로 부임할 때 따라가 관서 지방의 산천의 험하고 평탄함과 도로의 멀고 가까움을 다 조사해 1632년(인조 10) 봄에 관서를 방위할 관서비어8조소를 올린 것이다. 그는 이 상소를 통해 강력한 척화론을 전개했다. 그는 "오랑캐란 개돼지요, 호랑이 이리와 같습니다. 개돼지는 물건을 탐하기를 한없이 하며 호랑이와 이리는 성질이 포악해 물어뜯으니, 피폐皮幣나 주옥珠玉으로 어찌 그 한없는 탐욕을 충당하며, 형제의 서약인들 어찌 그 물어뜯는 사나움을 능히 막겠습니까?"라고 전제하고, "형편을 진정하고, 수신帥臣을 중히 여기며, 사졸을 훈련시키고, 군율을 엄히 하며, 둔전을 개간하고, 주사를 설치하며, 인재를 기르고, 번리藩離를 공고히 해야 한다"고 주장했다.153

변응벽邊應璧(1562~?)

변응벽의 자는 명숙明叔이다. 1562년(명종 17)에 태어났다. 어려서부터 가업을 이어 궁마弓馬를 익히고 겸하여 문사文詞를 전공해 여러 차례 초시初試에 합격했다. 임진왜란 때 형 변응정은 해남 임소에 있고, 아우 변응규는 만포진 임소에 있었는데, 그가 모친을 모시고 관서에서 피난했다. 1600년(선조 33) 4월에 실시한 문과 전시에서 외민책畏民策으로 병과에 급제해 승정원 가주서가 되었다.[154]

선조가 4도도체찰사 이항복을 별전別殿에서 인견할 때 그가 승지 민중남閔中男과 함께 입시했다. 해원부원군 윤두수·영돈녕 이원익李元翼·영의정 이항복·좌의정 이헌국李憲國·우의정 김명원金命元·이조판서 한응인韓應寅·좌찬성 심희수沈喜壽·병조판서 신집申礏·호조판서 이정구·병조참판 한준겸韓浚謙·동부승지 윤훈尹暈 등도 참여했다. 다음 해 주서로 승진했고, 나가서 경성판관이 되었으며, 1605년(선조 38)에 다시 들어와 호조좌랑으로서 춘추관 기사관을 겸임해 『명종실록』을 편찬했다. 그러다가 다시 외직으로 나가 황해도사가 되었는데, 첩을 거느렸다는 죄로 양재역 찰방으로 좌천되었다. 그 후 함경 도사, 길주 목사를 지냈고, 다시 들어와 대간을 거쳐 벼슬이 동부승지, 첨지중추부사에 이르렀다.[155]

일찍이 서장관으로 연경燕京에 갔을 때 예부상서 변모邊某가 "공(변응벽)의 선조는 심양후이니, 구강 태수 변양의 후손이다"라고 해 태수묘太守廟를 알현한 후 귀국해 호를 구강이라 했다. 1627년(인조 5)에 성절사로 동지사를 겸해 장차 출발하려 하는데, 설촌雪村 이흘李忔이 14구의 시를 지어 송별했다.

구강재사九江才士를 누가 능히 당하랴   九江才士孰能當

기개와 풍류는 일찍이 과장科場에 떨쳤다.   氣槪風流早擅場

절묘한 재주는 일찍 유여각游舁殼처럼 들리고   妙藝曾聞游舁殼

맑은 문장은 정히 분우상賁虞裳과 합당하네.   清文端合賁虞裳

병법을 장군 막하에 잠시 시험했고   龍韜暫試青油下

용병은 멀리 만 리 변방에 자원했네.   虎竹遙分紫塞傍

보국에 가히 마음이 함께 붉었고   報國可燐心共赤

우시憂時에 그 어찌 머리가 푸르겠나?   憂時其奈髮垂蒼

장부 사업은 파함이 없는데   丈夫事業無窮日

역사의 훈명勳名은 헤아릴 수 없도다.   竹帛勳名未可量

오랑캐를 평정해 번방藩邦의 수치를 씻고   夷襄庶雪藩邦恥

천자의 진노에 하漢나라 번영을 기약하네.   震疊方期漢道昌

대대로 장수 가문 참으로 씨가 있고   家世將門眞有種

만년晚年의 유석儒席에는 문득 빛이 나도다   暮年儒席便生光[156]

　배가 등주登州 광록도廣鹿島에 이르러 큰 바람을 만나 서장관 윤창립尹昌立이 탄 배가 표류했다. 그는 급히 장계를 올려 명 희종熹宗이 죽고, 의종毅宗이 즉위한 사실을 보고했다. 1628년(인조 6) 5월에 복명하니, 선조가 서장관의 표류 사실을 묻고, 또 "모문룡毛文龍이 오랫동안 우리나라에 머무르고 있는데, 명나라에서 의심하지 않더냐"고 물었다. 그는 "동지冬至의 행례行禮 시에 다만 이해利害만 묻고 별로 의아해 하는 일은 없었다"고 대답했다. 선조가 또 묻기를 "새 천자가 거룩하고 밝으시다고 하는데, 명나라의 사정이 전과 다름이 없느냐?" 하자, "사람들이 성명聖明하다고 하나 옥하관玉河關에서의 수색은 전보다 갑절이나 심합니다"라고 대답했다. 선조가 또 묻기를 "명나라에서 장차 오랑캐를 토벌하고자 하던가, 다만 스스로 지키고자 하던가, 아니면 화의하고자 하던가?"라고 묻자, "다만 스스로 지킬 계획이며, 오랑캐를 토벌할 계획을 잊지 않았으며, 화의도 또한 듣지 못했습니다"라고 대답했다.[157]

만년에 이르러 집에 기오헌寄傲軒이라는 현판을 달고 이곳에 소요하며 스스로 즐기다가 죽었다. 묘는 양주 미금면 마산의 선영 아래에 있다. 부인은 신향愼向의 딸 거창 신씨다. 남편과 함께 묻혔다. 아들은 다섯을 두었는데, 충집忠執·충렬忠烈·충길忠吉·충신忠信(무과)·충익忠翊(진사)이다.[158]

변응규邊應奎(?~1656)

응규의 자는 광숙光叔이다. 응규가 일찍이 무과에 급제해 만포진 첨사가 되었고, 임진왜란이 일어나자 어머니는 중형인 변응벽이 모셨다. 얼마 안 되어 영변 부사로 옮겼는데, 사헌부가 "왜적이 창궐해 사경四境이 잔파殘破되고, 국가에서 보전한 바가 다만 관서 1도뿐이며, 만포진은 강변의 큰 진으로서 오랑캐들이 왕래하는 요충입니다. 조석으로 방어할 일이 가히 염려되는데, 급히 진장鎭將을 바꾸는 것은 참으로 그 시기가 아니오니 청컨대 바꾸지 말고 관서의 방어를 중히 하소서"라고 상소해 조방장助防將에 제수되었다.[159]

그가 여러 고을을 순행하면서 사졸을 조련했는데, 건주위建州衛 야인 90여 명이 유랑민을 돌려보내고, 만포진에 와서 우리 군관이 대접하는 연회를 받지 않고, 방자한 뜻으로 산삼을 캐려고 했다. 병사 신집이 이 사실을 보고하니 비변사에서 그 처리방안을 논의했다. 1656년(효종 7)에 변응규가 군사를 거느리고 만포진에 이르러 진을 치고 의외의 변을 대비하고 있는데, 이때 북병사가 결원이 되자 서애 유성룡과 병조 판서 심충겸沈忠謙이 그를 천거했다. 비변사가

직차職次가 상당하고 인격이 가합한 자로는 변응규만 한 사람이 없습니다. 변응규가 일찍이 만포진 첨사가 되어 자못 청렴하고 근신謹慎하다는 평이 있었고, 서변의 군졸들이 쓰이기를 즐거워했다고 합니다. 그리고 우의정 이원익도 병사를 바꾸려면 이 사람이 아니면 안 된다고 하니, 신 등이 가히 아룁니다.160

라고 상소했다. 그리하여 그가 가선대부 평안 병사에 임명되었다. 이 때 오랑캐들이 변경을 노략질하자 서애는 변응규가 잘하고 있으니 다른 장수를 보내지 않아도 된다고 해 그대로 두었다. 이에 그는 얼음이 얼기 전에 강가의 촌민들을 성중으로 철수시키고 마초馬草와 병량을 미리 장만해 환란이 있을 것을 대비했다. 그리고 오랑캐의 두목 노을가적老乙可赤의 성곽과 누각, 군졸과 전마 등의 실상을 아뢰고, 조정에서 확실히 상의해 처치하도록 건의했다. 선조는 병조판서 이덕형李德馨에게

변응규의 계책은 사람의 마음을 차츰 차츰 강하게 한다고 한다. 근래에 장수된 자들은 먼저 형장刑杖을 써서 위엄을 세우는데, 변응규는 이런

일이 없으므로 사졸들이 기꺼이 감복한다 하니 지극히 기쁜 일이다.[161]

라고 했다.

1656년(효종 7) 3월에 죽으니, 왕이 "평안 병사 변응규가 뜻밖에 죽었으니 놀랍고 슬픔이 이를 데 없다. 국사가 불행해 이와 같은데, 그 대신 누가 합당한가 알지 못하겠다. 비변사에서 의론해 아뢰라"고 했다. 이에 비변사가 "변응규는 성심을 다하고 또 변방의 정세를 잘 알았는데, 이제 갑자기 불행하게 되니 극히 애석합니다. 그 대신으로 십분 마땅한 자를 구하지 못하겠습니다"라고 회계回啓했다.[162] 그가 무과에 급제한 직후부터 서도에서 직급이 병사에 이르고, 여러 사람의 신임을 얻었다. 주획籌劃과 무략武略이 있어 방어가 매우 치밀해 오랑캐들이 감히 노략질을 하지 못했다. 묘는 양주 선영 아래 있다. 부인은 현령 아무개의 딸 정부인 남원 윤씨다.[163]

참판공(변상회)파 가계는 다음의 [표 20]와 같다.

[표 20] 참판공(변상회)파의 가계

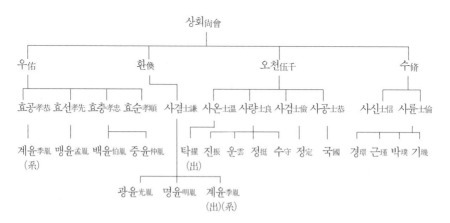

변상동邊尙同(1400~1453)-감찰공파

변이의 다섯째 아들은 변상동이다. 변상동은 1400년(정종 2)에 태어나 1453년(단종 1) 10월 31일에 죽었다. 향년 54세. 통훈대부 행 사헌부 감찰을 지냈다. 묘는 양주 건천면 지사동에 축좌로 있었는데 실전해 2012년에 용정리 변안열 묘역에 제단비를 세웠다. 부인은 둘인데, 첫째 부인은 판관 이직생李直生의 딸 숙인 경주 이씨요, 둘째 부인은 군수 권집지權執智의 딸 숙인 안동 권씨다. 4남(효순孝順·덕순德順·의순義順·만산萬山) 4녀(우의정 정분鄭苯, 윤삼원尹三元, 대사성 정영통鄭永通, 사과 이체李棣)에게 각각 시집갔다)를 두었다.[164]

변효순(1428~1457)

장남 변효순은 1428년(세종 10)에 태어나 1457년(세조 3) 3월 병술에 죽었다. 향년 30세. 1428년(세종 10)에 유천군柔川君에 봉해졌다. 그는 태종의 사위 유천위로 시호는 강이康夷다(信柔好樂曰康 安心好諍曰夷). 성품이 온아溫雅하고, 행실이 공손했다. 평생에 3대졸三大拙(세 가지 옹졸한 점)이 있었으니, 1) 마음이 옹졸함處心拙, 2) 집안을 다스림이 옹졸함治家拙, 3) 남과 교제하는 일이 옹졸함待人接物又拙이다. 부인은 태종과 신빈信嬪 신씨의 딸인 소선옹주(?~1437)다.[165] 1437년(세종 19) 6월 갑술에 죽었다. 이틀간 조회를 정지하고, 관곽棺槨과 미두 100석, 종이 150권, 포 40필을 내렸다. 봉상시 소윤少尹 변계량卞季良에 명해 호상護喪을 보게 하고 상장제사喪葬諸事를 특별히 후하게 하라고 했다.[166]

변덕순邊德順

차남 변덕순은 1417년(태종 17)에 태어나 평시서령平市署令을 지냈다. 묘는 양주 건천면 지사동 조모 남씨 묘 아래 묘좌로 있다. 부인은 둘인데, 첫째 부인은 정랑 오비吳備의 딸이요, 개국공신 조인옥의 외손녀인 공인恭人 보성 오씨로 남편과 함께 묻혔다. 둘째 부인은 사인 정인조鄭寅祖의 딸인 공인 동래 정씨다. 동래 정씨의 묘는 2005년 9월 17일에 진천군 문백면 평산리 산 37번지에 인좌로 옮겼다.167

변상邊祥

변덕순의 장자 변상은 자가 상지祥之, 또는 선옹善翁이다. 1486년(성종 17) 10월 13일에 문과 병과에 3종 변희리와 동방으로 급제해 1491년(성종 22) 5월에 사간원 정언이 되고, 이어 세자시강원 보덕輔德으로 승진했다. 묘는 양주 건천면 지사동 변안열묘 근처에 인좌로 있다. 부인은 순성군順城君 이개李譮의 딸이요, 양녕대군 이제의 손녀딸인 숙인 전주 이씨다. 남편과 함께 묻혔고, 2005년에 함께 진천군으로 이장되었다.168

감찰공(변상동)파의 가계는 다음의 [표 21]와 같다.

[표 21] 감찰공(변상동)파의 가계

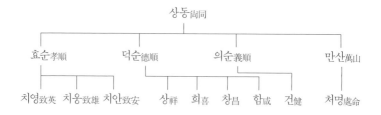

변상빙邊尙聘(?~?)-군수공파

변이의 여섯째 아들은 변상빙이다. 세종조에 행대감찰行臺監察로서 홍원숙洪元淑과 함께 경기좌우도전사京畿左右道轉司를 적간摘奸해 원종공신 3등에 직록直錄되고, 벼슬이 통정대부 행 간성 현감에 이르렀다. 묘는 여주시 강천면 도전리 원심동 산 93번지에 인좌로 있다.

부인은 주부 민린閔麟의 딸 여흥 민씨다. 남편과 함께 묻혔다.[169] 4남을 두었는데, 장남 변보邊保는 양성 부사를, 차남 변석륜邊石崙은 창성昌城 부사를 지냈다. 3남은 변석산邊石山이요, 4남 변석곤邊石崑은 강계 부윤을 지냈다. 변석륜의 손자사위는 세조의 4남(근빈謹嬪 박씨 소생) 창원군昌原君 이성李晟이다.[170]

변석곤邊石崑

간성 군수 변상빙은 네 아들이 있었는데, 장남 변보는 양성 현감, 차남 변석륜은 창성 부사, 삼남 변석산은 1482년(성종 13)에 삭직되었다가 다시 관직에 임명되었다. 4남 변석곤은 강계도호부사가 되었다. 변석곤의 묘는 원주 부론에 있었는데, 자손들이 흩어져 살아 수호하지 못한 지가 오래되었다. 그래서 자손들이 남양주시 진건읍에 설단했다. 생년은 모르고 기일은 9월 15일이다.[171]

군수공(변상빙)파의 가계는 다음의 [표 22]와 같다.

[표 22] 군수공(변상빙)파의 가계

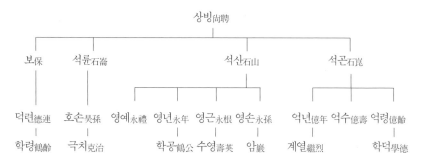

변상복邊尙服(?~1455)-부마공파

변이의 일곱째 아들은 변상복이다. 변상복은 정종의 셋째 딸인 덕천 옹주에게 장가가서 원천위尉로서 불천위不遷位가 되었다. 왕의 아들딸이나, 종묘나 문묘에 배향된 사람, 훈신이나 충신에게는 부조묘不祧廟를 세워 5세가 지나도 사당에서 계속 제사지내게 되어 있었다.[172] 그는 1455년(세조 1)에 강릉 부사로 있다가 관아에서 죽어 왕이 호조에 명해 쌀과 콩 각 10석과 종이 60권을 관곽과 함께 하사했다. 묘는 남양주시 진건읍 용정리 지사동에 축좌 미향未向으로 있다. 그의 부조묘는 대덕군 동면 직동리에 있다. 3남을 두었는데 장남 변견邊堅은 사용司勇을, 차남 변후邊厚는 생원시와 무과에 합격해 현령을, 3남 변정邊靖은 무과에 급제해 전라 병사를 지냈다.[173]

변상복은 엽자보를 쓴 것으로도 유명하다. 그 서문에 의하면

1435년(세종 17) 겨울에 상복이 선친의 말씀을 들어 가로되 '오호라! 호

적戶籍이 첫 번째 금나라가 쳐들어 왔을 때, 두 번째 홍건적이 쳐들어 왔을 때, 세 번째 변안열이 벽제에서 화를 당했을 때,174 화를 입었다. 다행히 선자先子(아버지 이頤)께서 호적에 관한 기록 45대袋를 내게 주시면서 엽자보를 만들라고 하셨다. 내가 그 큰 약속을 두려워해 시일을 다투어 보태고 깎기를 일 년 동안 해서 하나의 엽자대를 만들었는데, 6번 접어 내외로 배행排行 50본이었다. 아손兒孫들에게 9살짜리는 차고 다니게 하고, 12~13세짜리는 읽어 보게 하고, 나머지는 내가 받아 두었다'고 했다.175

라고 엽자보가 탄생하게 된 내력을 적고 있다. 그러니 이 엽자보는 15세기 중반에 이미 만들어진 것이다. 우리나라에서 가장 빠른 족보는 1476년(성종 7)에 만들어진 안동권씨성화병신보安東權氏成化丙申譜다.176 이 이전에는 보첩·족도族圖·가첩家牒·가계도家系圖·세계도世系圖 등이 유행했다.177 엽자보는 이중 족도에 해당한다. 엽자보는 종이를 6번 접어 만든 족도이다. 족도 중 가장 오래된 것은 〈해주오씨족도〉이다. 이 〈해주오씨족도〉는 1401년(태종 1) 11월에 오선경吳先敬이 완성한 것이다. 이 족도를 만들기 시작한 것은 고려 말에 전서를 지낸 오광정吳光廷이었지만 마친 것은 그의 둘째 아들인 오선경이었다. 엽자보는 변상복이 그의 아버지 변이가 전해준 6포대의 자료를 바탕으로 15세기 중반에 만든 것이다. 그러니 간략하기는 하지만 이 원주 변씨의 엽자보는 〈해주오씨족도〉보다 조금 늦은 시기에 만들어진 한국에서 가장 빠른 족도 중의 하나라는 것을 알 수 있다. 엽자보의 내용은 다음과 같다.

1세, 휘諱는 현玄. 호는 소황자小黃子. 본래 송宋나라 사람. 자성子姓은 변씨. 대대로 황주 오향에 살았다. 남송 건염建炎 중에 청서靑嶼로 들어와 어장漁場을 주관했다. 어떤 사람이 스스로 옴을 산다는 말을 듣고 또한 잘 조치했다. 늦게 고려 황주로 옮겨왔다. 명종 병진丙辰(1196)에 죽었다. 황주의 삼전三田 서쪽 언덕에 장사지냈다. ○ 부인은 최씨인데 공보다 3일 뒤에 죽었다. 남편과 함께 묻혔다. 아들 하나가 있다.

一世 諱 玄: 一作幺 號小黃子 本宋人 子姓 邊氏 世居黃鄉 趙宋 建炎 中 入靑嶼 主漁場 聽自 買 又好施 晩徒之高麗黃州 明王 丙辰(1196)卒 葬黃之三田西原 ○ 夫人崔氏 後公 三日卒 祔 一子

2세, 휘는 여呂. 병진년(1256)에 아버지 소황자의 삼년상을 치렀다. 고종 병자년(1216)에 거란 군사가 쳐들어와 변여가 포로가 되었는데 기이한 수법을 써 거란병의 침입을 늦추었다. 그래서 왕경王京을 보존했다. 왕이 구해내 태천백泰川伯에 봉했다. 기묘년(1219)에 죽었다. 이르기를 변씨 자손은 대대로 같은 곳에 장사지내라고 했다. 황주를 본관으로 했다. ○ 부인은 김씨인데 병인년(1266)에 죽었다. 뒤에 남편과 함께 묻혔다. 아들 하나가 있다.

二世 諱 呂: 丙辰(1256) 喪小黃子 三年 高王丙子(1216) 丹兵屠 黃公見 俘 以奇綏師 存王京 王 求之 封泰川伯 己卯(1219)卒 戒世葬于黃子孫 貫黃 ○ 夫人金氏 丙寅(1266)卒 后祔 一子

3세, 휘는 윤允 또는 윤胤. 자는 윤지允之. 호는 서해선생西海先生. 명종 임인년(1182)에 태어났다. 명종 정사년(1197)에 진사進士가 되고, 고종 갑인년(1254)에 병이 났다. 서해안찰사가 되었다. 원종이 복위되자 다시 일어나 임인년(1272)에 추밀樞密이 되었고, 충렬왕 원년(1276) 3월 정묘丁卯에 죽었다. ○ 부인은 최씨이며 아버지는 정당政堂을 지낸 최숙崔俶이다. 무진년(1268)에 죽었다. 아들 하나와 딸 하나를 두었다. 시호를 사양하라 했다.

三世 諱 允: 一作亂 字允之 號西海先生 明王 壬寅(1182)生 丁巳(1197) 進士 高王 甲寅 (1254) 起疾 按西海元王復位再起 壬申(1272)樞密 忠烈王元年(1276)三月丁卯卒 戒辭諡葬 同 ○ 夫人崔氏 父俶政堂 戊辰 (1268)卒 后祔 一子一女 鄭文鑑直學士 士節死 邊氏 亦隨死

4세, 휘는 유宥. 처음 이름은 보保. 신종 기미년(1199)에 태어났고, 고종 경술년(1250)에 정당문학이 되었으며, 원종 정묘년(1267)에 충청도안찰사가 되었으나, 월여月餘 동안 유배됐다가 풀려 돌아와 서해공西海公이 되었다. 뜻이 있어 다시 부른 것이다. 원종 무진년(1268)에 죽었다. 같은 곳(선산)에 장사지냈다. 부인은 황보씨皇甫氏로 아버지는 평장사平章事 황보기皇甫琦다. 임오년(1282)에 죽었다. 아들 하나가 있다.

四世 諱 宥: 初諱保 神王己未(1199)生 高王庚戌(1250)政堂 元王丁卯 (1267)按忠淸 流月餘 宥 還 西海公志而更呼 戊辰(1268)卒 葬同 ○ 夫人皇甫氏 父琦平章 壬午(1282)卒 祔 一子

5세, 휘는 제制. 고종 정후년(1217)에 태어났다. 정사년(1257)에 사인舍人이 되고 원종 계유년(1273)에 정당문학이 되었으며, 충렬왕 기축년(1289)에 죽었다. 같은 곳(선산)에 장사지냈다. ○ 부인은 이씨인데 아버지는 중서령中書令 이소李昭다. 신묘년(1291)에 죽었다. 남편과 함께 묻혔다. 아들 하나가 있다.

五世 諱 制: 高王丁丑(1217)生 丁巳(1257)舍人 元王癸酉(1273)政堂 忠烈王己丑(1289)卒 葬同 ○ 夫人李氏 父昭中書 辛卯(1291)卒 祔 一子

6세. 휘는 눌訥, 자는 창언昌言. 고종 계미년(1223)에 태어나 정사년(1257)에 죽었다. 같은 곳(선산)에 장사지냈다. ○ 부인은 백씨인데 아버지는 낭중郎中 백화白華다. 11월에 죽었다. 남편과 함께 묻혔다. 아들 둘을 두었다.

六世 諱 訥: 字昌言 高王癸未(1223)生 丁巳(1257)卒 葬同 ○ 夫人白氏 父華郎中 十一月卒 祔 二子

7세, 휘는 석碩. 지후祇侯를 지냈다.

휘는 순順, 자는 순지順之. 고종 정미년(1247)에 태어났다. 원종 9년(1268)에 탈타아脫朶兒가 그를 데리고 원에 들어가 원 세조를 뵙고 심양瀋陽을 8년 동안 다스렸고, 지원至元 을해년(1335)에 심양후瀋陽侯가 되었으며 원무종 지대至大 원년元年(1308)에 고려 세자 전佺(후 원종)이 공이 있어 심양왕이 되자 공公은 파직되어 집에서 거처하면서 성城을 바쳤다. 기유년(1309)에 죽어 심양의 백안동伯安洞 북쪽 언덕에 장사지냈다. ○ 부인은 오씨인데 아버지는 시랑侍郎을 지낸 오우吳佑다. 임자년에 죽었다. 남편과 함께 묻혔다. 아들 하나를 두었다.

七世 諱 碩: 祇侯

諱 順: 字順之 高王丁未(1247)生 元王九年(1268)元使脫朶兒以公歸 見

世祖帥藩八年 至元乙亥(1335)爵侯 武宗至大元年(1308) 高麗世子倎

有功王藩 公罷師 家居爲附城 己酉(1309)卒 葬藩之伯安洞北原 ○ 夫

人吳氏 父佑侍郞 壬子卒 祔 一子

8세, 휘는 양량諒, 자는 양보亮父. 지원 갑자년(1264)에 태어났다. 15세에
시노부랑試鹵簿郞이 되었고 황제를 따라 상도上都에 수행했는데, 기러기
와 비둘기를 쏘아 맞추어 원 세조가 기뻐해 공公을 (심양)후에 임명하고
대대로 작위를 세습하도록 명했다. 경술년(1310)에 황위를 이어받았다.
순제順帝 지원 무인년(1338)에 죽었다. ○ 부인은 곽郭씨인데, 아버지는
좌승左丞을 지낸 곽성郭偘이다. 공公보다 3일 뒤에 죽었다. 두 아들을 두
었다.

八世 諱諒: 字亮父 至元甲子生(1264) 十五歲試鹵簿郞 從幸上都 射
雁鵬中 世祖雅悅侯公 特命世爵 庚戌(1310)嗣順帝 至元戊寅(1338)卒
○ 夫人郭氏 父偘左丞 後公三日卒 二子

9세, 휘는 안백安伯. 심양후를 물려받았다. 지정至正 무술년(1358)에 심양
에서 죽었다.

휘는 안열安烈, 자는 문성文成. 원 영종 지치至治 무술년(1323)에 태어났
다. 15~16세에 탈탈을 사사해 지정 3년(1343)에 탈탈이 공부낭중工部郞中
에 기용되자 문득 벼슬을 잃고 집에 있었다. 임진년(1352)에 공민왕이 노
국대장공주와 함께 고려로 돌아올 때 공公과 조카 숙肅을 데리고 왔다.
계사년(1353)에 척리戚里인 원주 원씨 원의元顗의 딸에게 장가갔고, 풍양
豊壤의 전시田柴를 받았다. 무술년(1358)에 노비 300구와 말 50필을 바쳤

다. 홍건적을 격퇴하겠다고 맹세하고 안우安祐를 따라 공신으로 책봉되었다. 우왕 8년(1382)에 왜구를 격퇴해 봉군되고 부인의 고향(원주)을 사패지로 받았다. 공양왕 경오년(1390) 정월에 화를 당해 벽제碧蹄에서 죽었다. 양주 주엽산注葉山에 장사지냈다. 태조 원년(1392) 훈록勳錄을 복구해주었다. ○ 부인은 원씨인데 3월에 죽어 양주의 풍양 오롱동五弄洞 동쪽 언덕에 장사지냈다. 명 성화成化 4년(1468)에 세조가 서고, 공公의 묘를 부인의 묘 서북쪽 지사동芝沙洞으로 옮겼다. 만력 경진년(1580)에 오롱동에 비석을 세웠다. 아들 셋과 딸 하나를 두었다. 딸은 공순군恭順君 이방번李芳蕃에게 시집갔다.

서자庶子 안서安緖. 낭중郎中을 지냈다.

九世 諱 安伯: 嗣侯 至正戊戌(1358)死瀋

諱 安烈: 字文成 英宗至治癸亥(1323)生 十五六師事脫脫 至正三年(1343) 脫脫擧工部郎中 旋失河幟家居 壬辰(1352)恭愍王偕魯主東還 帶公及姪肅 癸巳(1353)封戚里原州 元顥女 食豐壤田柴 戊戌(1358)納僮三百人 馬五十疋 誓脫紅巾 授安祐策功 禑八年(1382)却倭封君婦鄉 恭讓王庚午(1390)正月禍 卒于碧蹄 葬楊州注葉山 太祖元年(1392)復勳錄孤 ○ 夫人元氏 三月卒 葬楊之豐壤五弄洞東原 明成化四年(1468)立光陵 遷公墓于夫人兆西北芝沙洞 萬曆庚辰(1580)樹碑于五弄 三子一女 女恭順君芳蕃

庶子 安緖: 郎中

10세 휘는 현顯이다. 홍무洪武 임술년(1382)에 내알자감內謁者監으로서 문과에 등제했다. 관직을 통훈대부通訓大夫, 판봉상시사判奉常寺事에 이르렀다. 2월 9일에 죽었다. 풍양 건천면乾川面 성재동聖齋洞 서북 등성이에 장사지냈다. ○ 부인은 전씨인데 아버지는 판서를 지낸 전오륜全五倫이다. 7월 18일에 죽었다. 같은 곳(선산)에 장사지냈다. 1남 2녀를 두었다. 딸들은 판서를 지낸 박규朴葵와 절도사를 지낸 박대생朴大生에게 시집갔다.

十世 諱 顯: 洪武壬戌(1382)以 內謁者監 登文科 官通訓大夫判奉常寺事 二月九日卒 葬豐之 乾川面聖齋洞西北崗 ○ 夫人全氏 父五倫判書 七月十八日卒 葬同 一子二女 女 朴葵判書 朴大生節度使

휘는 이頤요, 자는 이지頤之다. 공민왕 경자년(1360)에 태어났다. 조선 태조 계유년(1393)에 주부主簿, 정종 기묘년(1399)에 원주 등 7곳의 두령을 지냈으며 태종 신사년(1401)에 좌명 원종공신에 참여했다. 무자년(1408) 참판이 되었으며, 세종 임인년(1422)에 충청도관찰사가 되었다. 갑인년(1434) 북정北征 때 도총제都摠制가 되었으나 숙배肅拜하기 전에 죽었다. 풍양의 지사동 부원군(변안열) 묘 오른쪽 산등성이에 장사지냈다. 부인이 셋이 있었는데, 첫째 부인 이씨는 중승中丞을 지낸 이달존李達尊이고, 남편과 함께 묻혔다. 1남 1녀를 두었는데 딸은 공신인 정유길鄭由吉에게 시집갔다. 둘째 부인은 남씨인데, 아버지는 대제학을 지냈고 의성군宜城君인 남좌시南佐時다. 총제공 무덤 오른쪽 앞에 장사지냈다. 남편과 함께 묻혔다. 2남 1녀를 두었는데 딸은 도총제를 지낸 이점李漸에게 시집갔다. 셋째 부인은 이씨이며, 아버지는 사승寺丞을 지낸 이비일李毗一이다. 같은 곳(선산)에 장사지냈다. 남편과 함께 묻혔다. 4남 1녀를 두었는데 딸은 좌찬성 이승손李承孫에게 시집갔다.

휘는 예預다. 판훈련원사를 지냈다.

諱 頤: 字頤之 恭愍王庚子(1360)生 我太祖癸酉(1393)主簿 定宗己卯
(1399)原州前後七官 有碑 太宗辛巳(1401)叅佐命功臣原從 戊子(1408)
叅判 世宗壬寅(1422)觀忠淸 甲寅(1434)北征都摠制 未肅而卒 葬豐之
芝沙府院君兆右崗 ○ 三夫人李氏 父達尊中丞 葬同 祔 一子一女 女
鄭由吉功臣 南氏父佐時大提學宜城君 葬摠制公兆 右前○ 祔 二子一
女 女李漸都摠制 李氏父毗一寺丞 葬同 祔 四子一女 女李承孫左贊
成

諱 預: 判訓鍊

엽자보 끝

原本葉子譜 終

그리고 맨 끝에 누가 썼는지 알 수 없는 발문이 붙어 있다.[178] 발문
에 의하면 엽자보는 소략한 대로 가필하지 않고 그대로 전해온 듯싶
다. 한국 최초의 족도라는 점에서 주목해야 할 것이다.

부마공(변상복)파의 가계는 다음의 [표 23]과 같다.

[표 23] 부마공(변상복)파의 가계

변예邊預

변안열의 셋째 아들 변예는 변영청(사용공파), 변세청邊世淸(중랑장공파) 두 아들을 두었다. 변영청은 사용을 지냈고, 부인은 상호군 민계閔啓 의 딸인 여흥 민씨다. 묘는 법곡 마산 술좌戌坐에 연분連墳으로 있다. 변세청은 중령 중랑장中郎將을 지냈는데 처자와 더불어 제주로 입거했 다. 부인은 이씨다.[179]

변영청邊永淸

변영청은 변예의 장자이다. 호는 호제浩齊, 사용을 지냈다. 사용공파 의 시조다. 부인은 상호군 민계의 딸 여흥 민씨. 묘는 남양주시 진 건읍 용정리 187번지에 술좌로 있다. 그런데 1996년 음력 윤 8월 29일에 강원도 홍천군 화촌면 외삼포 2리 산 7번지 성주동으로 이장 했다.[180]

변세청邊世淸

고려 중령의 중랑장이었는데, 처자를 이끌고 제주도로 들어와 중훈 대부中訓大夫 주학교수州學教授가 되었다. 중랑장공파의 입도중시조入島中 始祖다. 부인은 도지관都知管 고은한高銀漢의 딸 숙부인 탐라 고씨다. 묘 는 제주시 노형 함박동 2323번지에 사좌巳座로 있다. 쌍분이다. 17대 손 변동규邊東奎가 담장을 쌓고, 터를 넓히며, 비갈을 다시 세웠고, 17대손 변승규邊昇奎가 종중과 협의해 추선재追先齋와 관리사管理舍를 건립했다.[181]

중랑장공파에서는 변흥명邊興溟을 비롯해 그의 손자인 변시중邊是

重, 증손인 변성우邊聖遇 ·변성운邊聖運, 그의 현손인 변경우邊景祐·변경
준邊景俊·변경붕邊景鵬 등의 문과급제자들이 배출되었다. 그리하여 원
주 변씨가 제주도의 명문으로 도약했다.

변흥명邊興溟(1638~?)

변흥명은 1638년(인조 16)에 태어났다. 언제 죽었는지 모른다. 중랑장
공의 4대손이다. 묘는 상가경 엄복이산 112번지에 사좌로 있다. 부인
은 문창립文昌立의 딸 남평 문씨. 1633년(인조 11)에 태어났다. 묘는
육소장 집흘굴에 을좌로 있다.[182]

변시중邊是重(1694~?)

변시중은 변흥명의 손자다. 아버지는 주학 교수를 지낸 변희로邊希蘆
다. 변시중은 변희로의 4남이다. 자는 중여重如다. 1694년(숙종 20)에
태어났다. 1727년(영조 3)에 문과에 급제해 예조 좌랑에 임명되었고,
흥덕 현감, 호조 참판, 귤림원장橘林院長을 역임했다. 문인 이희경李希慶
과 함께 『귤림원록』을 편찬했다. 묘는 곽지리 동방원에 유좌로 있다.
부인은 강상제姜尙齊의 딸 숙부인 진주 강씨다. 묘는 곽지리 남방원에
묘좌로 있다.[183]

변성우邊聖遇(1721~1787)

변성우는 변희로의 둘째 손자요, 변시익邊是翼의 둘째 아들이다. 자
가 회숙會叔이요, 호가 영헌瀛軒이다. 1721년(경종 1) 7월 1일에 태어
나 1787년(정조 11) 12월 24일에 죽었다. 향년 67세. 1740년(영조 16)

에 사마시에 합격하고 1758년(영조 34)에 다시 사마시에 합격했으며, 1765년(영조 41)에 문과에 급제했다. 그리하여 1768년(영조 44)에 성균관 정자正字가 되고, 다음 해에 성균관 전적, 교서관 박사가 되었다. 그 후 1772년(영조 48)에 성균관 직강을 거쳐 청암도靑巖道의 찰방으로 나갔다. 1783년(정조 7) 봉상시 주부, 승문원 검교, 1784년(정조 8)에 참례도參禮道 찰방으로 나갔다가 1786년(정조 10)에 치사하고 고향으로 돌아갔다. 그는 관직에 있을 때 치적이 뚜렷해 송덕비나 주비鑄碑가 섰다. 성균관에 근무할 때 '명륜당明倫堂' 세 자와 '증주벽립曾朱壁立' 네 자를 썼는데, '명륜당'은 탐라향교에 걸고, '증주벽립'은 자손들로 하여금 경신재敬信齋 뒤 바위에 새기게 했다. 『영헌집』이 세상에 전한다. 『호남지湖南誌』와 『탐라기년耽羅紀年』에 그의 이력이 실려 있다. 묘는 제주시 회천동 2975번지 종신당원宗臣堂員에 유좌로 있다. 부인은 사과 문무성文武聖의 딸 남평 문씨다. 1722년(영조 2) 8월 19일에 태어나 1796년(정조 20) 9월 7일에 죽었다. 향년 75세. 묘는 조천읍 신촌리 동수동 선영 앞에 정좌丁坐로 있다. 4남(경원景源·경순景淳·경악景岳·경암景岩) 3녀(고한종高漢宗·김진보金振寶·이유복李儒福)를 두었다[184]

변성운邊聖運(?~?)

변성운은 변희로의 손자요, 변시한邊是翰의 차남이다. 자는 중림仲林이다. 1765년(영조 41)에 문과에 급제해 승문원 주서를 지냈다. 부인은 둘인데, 첫째 부인은 강세원姜世遠의 딸 숙부인 진주 강씨다. 묘는 어음경 소문수(소문이물)에 사좌로 있다. 쌍분이다. 둘째 부인은 숙부인 조씨다. 묘는 육소 불래왓틀에 갑좌로 있다.[185]

변경우邊景祐(1745~1836)

변희로의 증손이요, 호조 참판을 지낸 변성좌邊聖佐(1713~1789)의 장남이다. 자가 전재善哉요, 호가 자연당自然堂이다. 1745년(영조 21)에 태어나 1836년(헌종 2)에 죽었다. 향년 92세. 1781년(정조 5)에 문과에 급제해 성균관 전적, 사헌부 장령, 고산高山 찰방, 강원도 어사, 정의旌義 현감, 행동지중추부사, 병조 참판, 호조 참판 등의 관직을 역임했다. 묘는 유수암 1609번지 흐리물동산에 오좌로 있다. 부인은 둘인데, 첫째 부인(1740~1800)은 오도헌吳道憲의 딸 군위軍威 오씨다. 1740년(영조 16)에 태어나 1800년(정조 24) 정월 25일에 죽었다. 향년 61세. 묘는 애월읍 유수암경 흐리물동산 1609번지에 임좌로 있다. 1남(간侃)을 두었다. 둘째 부인은 정부인 이씨다. 묘는 애월읍 유수암경 상오소 불내남동산에 병좌로 있다. 4남(척偶·엄儼·신信·검儉) 1녀(고영태高榮泰)를 두었다.186

변성보邊聖輔(1727~1798)

변성운의 아우가 변성보다. 자는 군필君弼이요, 호는 경은耕隱이다. 1727년(영조 3)에 태어나 1798년(정조 22) 5월 12일에 죽었다. 향년 72세. 1765년(영조 41)에 무과에 급제해 호분위虎賁衛 좌부장, 1772년(영조 48) 4월에 우부장, 1773년(영조 49) 6월에 군기시 주부, 동년에 사헌부 감찰, 1774년(영조 50) 12월에 행 벽사도碧沙道 찰방 등의 관직을 역임했다. 기골이 장대하고 담력이 과인過人하며, 언어가 준정峻正하고 지모智謀가 비상했다. 관직에 있을 때 맡은 바 임무를 충실히 해 덕을 칭송하는 사람이 많았다. 단독으로 상가上加로 이사 가 상가파의 중시조가 되었다. 부인은 양대지梁大之의 딸 제주 양씨다. 1727년에 태어나 1787년 2월 16일에 죽었다. 향년 61세. 묘는 애월면 금덕경 오소 상삼악(세오름)에 인좌로 있다.[187]

변경준邊景俊(1787~?)

변성보의 3남이 변경준이다. 변경준은 1787년(정조 11)에 태어났다. 1815년(순조 15)에 문과에 급제해 승정원 주서를 지냈다. 묘는 육소곡 장에 을좌로 있다. 부인은 인잠安岑의 딸인 숙인 안씨다. 1784년에 태어났다. 묘는 엄복이에 사좌로 있다.[188]

변경붕邊景鵬(1756~1823)

변시중의 손자가 변경붕이다. 변경붕의 자는 중거仲擧요, 호는 일재一齋다. 1756년(영조 32) 10월 23일에 태어나 1823년(순조 23)에 죽었다. 향년 68세. 1791년(정조 15)에 대정大靜 향교 훈장을 지냈다. 1794년(정조 18)에 문과 전시에 급제해 1795년(정조 19)에 성균관 학유, 봉상시 부봉사 효능孝陵 별검도別檢道 찰방, 성균관 전적, 통례원 좌·우통례, 성균관 직강, 사헌부 장령, 행 용양위 부사과, 대정 현감, 만경 현령, 이조 참의 등의 관직을 역임했다. 묘는 절지 선영 오른쪽에 신좌辛坐로 있다. 부인은 셋인데, 첫째 부인은 지중추부사 김구적金龜迪의 딸 경주 김씨요, 둘째 부인은 숙부인 김씨이며, 셋째 부인은 숙부인 이씨다.[189]

변예의 가계는 다음의 [표 24]와 같다.

[표 24] 변예의 가계

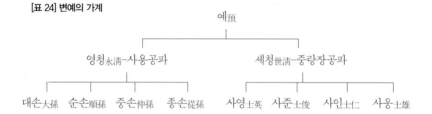

변적邊頔

구보에는 없었으나, 안동『예천종인보』에 있다고 해서 『원주변씨대동보』에 수록되어 있다. 후고를 기다린다.190

무안대군 이방번李芳蕃

변안열의 딸이 이방번에게 시집간 것으로 되어 있으나, 선원보에는 왕씨만 부인으로 실려 있고 변씨는 보이지 않는다. 뒤에 세종 때 광평대군 이여李璵로 하여금 계통을 잇게 했다. 변안열이 역적으로 몰려 죽었기 때문에 뺀 것이 아닌가 한다.

조선 전기 원주 변씨의 왕실혼

이성계는 조선 왕조를 창건한 이후 반대 세력의 저항을 무마하기 위해 왕실과의 혼인을 맺거나 벼슬을 내렸다. 대은 변안열도 중요한 저항 세력이었으므로 자의건 타의건 왕실혼을 많이 맺었다. 조선 전기 변안열 자손들의 왕실혼 현황은 다음의 [표 25]와 같다.191

[표 25] 조선 전기 변안열 자손들의 왕실혼

연번	원주 변씨의 왕실혼	가계도
1	변안열邊安烈 1女 +무안대군 방번	계系 광평대군 여璵
2	변이邊頤 2女 +익천군益川君 이점(문과, 유수留守)	환조桓祖 2男 의안대군 이화 (정안옹주 김씨 出, 녹錄 개국정사좌명공신開國定社佐命功臣, 시諡 양소襄昭, 배향配享 태조묘정太祖廟庭, 1872년 이특명사세以特命四世 봉군封君 겸 증贈 종정경宗正卿) ↓ 익천군 이점+제학 한산韓山 이종학 女 +후취後娶 총제 변이 2女
3	변예邊預 1女 +원윤元尹 이의	태조 3男 익안대군 이방의 (신의왕후 出, 개국정사공신, 대광보국숭록대부大匡輔國崇祿大夫, 추봉追封 마한공馬韓公, 시 안양安襄) ↓ 2男 원윤 이의+변예 1女
4	변치관邊處寬 1女 +부림령富林令 이순	태종 ↓ 양녕대군 ↓ 첩 2男 장평부정長平副正 이흔 ↓ 첩 1男 부림령 이순(모비母婢) +소윤小尹 변처관 1女
5	변수양邊壽楊 2女 +순양수順陽守 이강	태종 ↓ 서庶 3男 온녕군溫寧君 이정 (시諡 양혜良惠, 모母 신녕궁주 신씨) +부정 박안명 女 순천 박씨 ↓ 계후繼後 우산군牛山君 이종 (습군襲君, 생부 근녕군謹寧君 이농) +군수郡守 유효장 女 문화 유씨 ↓ 3男 순양수 이강+사의司議 변수양 2女 원주 변씨

6	변처령邊處寧 1男 변성邊成 +정양군定陽君 이순 女	세종 ↓ 4男 임영대군 이구 (시諡 정간貞簡, 자字 헌지獻之, 취聚 우의정右議政 남지 女 의령 남씨, 무후無後 취 봉례奉禮 최승영 女 전주 최씨) ↓ 3男 정양군 이순+감사監司 강자평 女 진주 강씨 ↓ 1女+장악원掌樂院 정正 변성
7	변처령邊處寧 1女 +덕양수德陽守 이지손	태종 ↓ 2男 효령대군 이보 (초명初名 호우祜祐, 시諡 정효, 자字 선숙善叔) +찬성贊成 정역 女 해주 정씨 ↓ 2男 서원군瑞原君 이친 (시 이안夷安) + 감사監司 이회 女 경주 이씨 ↓ 첩 1男 청거수淸渠守 이혜 (모비母婢, 취 김경문 女 청풍 김씨) ↓ 4男 덕양부수德陽副守 이지손+병사兵使 변처령 1女
8	변상근邊尙覲 5女 +서원군瑞原君 이친	태종 ↓ 2男 효녕대군 이보+찬성贊成 정역 女 해주 정씨 ↓ 2男 서원군 이친+변상근 5女 원주 변씨
9	변수邊脩 1女 +두원정豆源正 이혜	
10	변수邊脩 3女 +덕흥수德興守 이존숙	부父 가은군加恩君 빈份 자子 이의문·이의무·이의정·이의수

11	변희리邊希李 +청암정靑巖正 이위 女 (둘째 부인)	태조 ↓ 익안대군 이방의 ↓ 익평군益平君 이석근 ↓ 3男 반남정潘南正 이예(승도정陞都正) +판삼군부사判三軍府事 이화영 女 청해 이씨 ↓ 1男 청암부정靑巖副正 이위 (취娶 부사 김유찬 女 선산 김씨) ↓ 1女+문文 좌랑佐郎 변희리(후처)
12	변영순邊永淳 +부사정副司正 이귀윤 女	태종 ↓ 2男 효령대군 ↓ 2男 서원군 이천 ↓ 2男 덕은정德恩正 이적(승陞 도정都正) +주부主簿 김양중 女 의성 김씨 ↓ 부사정 이귀윤 女+변영순
13	변효남邊孝男 +은천정恩川正 이가인 女	은천정 이가인은 『선원록』『선원계보기략』『돈녕보첩』 등에는 나오지 않음.
14	변효공邊孝恭 +평성정枰城正 이위 女	태종 ↓ 2男 효령대군 ↓ 3男 보성군寶城君 이합 (취 무창茂昌 이소경 女 합천 이씨) ↓ 4男 평성정 이위 (초수初授 영令, 승정陞正 승군陞君 겸 내금위장內禁衛將, 자字 치원致遠 +증증贈 참판參判 채신보 女 인천 채씨) ↓ 1女+첨지僉知 변효공

15	변효공 1女 +영성정永城正 이수장	의천군義泉君 이승은 ↓ 영성정 이수장 ↓ 女+성창서成昌緒 변효공 자子: 판관判官 이청·군수郡守 이한
16	변효남邊孝男 1女 +봉안군鳳安君 이봉	
17	변호손邊昊孫 2女 +창원군昌原君 이혜	세종 ↓ 창원군 이혜+변호손邊昊孫 2女
18	변근邊瑾 女 +순의군順義君 이경온	자子 목사牧使 이위국
19	변진邊振 +진산부수晉山副守 이계선 1女	정종 ↓ 5男 종의정從義正 이귀생 ↓ 계후繼後 금상부정金山副正 이연 (승군陞君, 생부 진남군鎭南君 이종생, 서모庶母 현감縣監 황예헌 女 의령 황씨) ↓ 1男 쌍부수雙阜守 이균 (증정贈正, 취 부사府使 유종호 女 진주 유씨) ↓ 2男 진산부수 이계선(취 별좌別坐 허담 女 양천 허씨) ↓ 1女+부장部將 변진
20	변효순邊孝順 +태종 5女 소선옹주	태종 5女 소선옹주(모모 신녕궁주 신씨) + 유천위柔川尉 변효순
21	변상邊䊪 +순성군順城君 이개 4女	태종 ↓ 양녕대군 이제 (시諡 강정剛靖, 취 광산군光山君 증贈 좌의정左議政 김한로 女 광산 김씨) ↓ 순성군 이개 (시諡 희안僖安, 취 지중추知中樞 신자경 女 평산 신씨, 무후無後) ↓ 첩 4女+문文, 보덕輔德 변상

22	변상복邊尚服 +정종 3女 덕천옹주	정종 ↓ 3女 덕천군옹주 + 변상복
23	변응경邊應卿 + 조영손 2女	정종 ↓ 13男 장천도정長川都正 이보생(모母 윤씨) ↓ 1女+호군護軍 조순(본本 한양) ↓ 자子 군수郡守 조영손 (취娶 광주리廣州李 판중추判中樞, 광양군廣陽君 이세좌 女 광주 이씨) ↓ 2女+변응경
24	변계윤邊季胤 +증참판贈參判 최자반 1女	정종 ↓ 2女 숙신옹주(모母 숙의 기씨) +판돈영判敦寧 김세민(시諡 양평良平, 본本 경주) ↓ 4女+병사兵使 유제(본本 문화) ↓ 2女+증참판贈參判 최자반(본本 수원) ↓ 1女+증판서贈判書 변계윤
25	변응정邊應井 + 도사都事 이식 1女	태종 ↓ 양녕대군 이제 ↓ 순성군 이개 ↓ 첩 2男 헌양부정獻陽副正 이사조 (증군贈君, 모母 양녀, 취娶 판관判官 강우 女 진주 강씨) ↓ 2男 극포수極浦守 이희남 (증군贈君, 취娶 참판參判 남세준 女 의녕 남씨) ↓ 1男 도사 이식(취娶 군수 윤언직 女 파평 윤씨) ↓ 1女 인정(이름) +무武 현감, 증贈 참판 변응정

변안열 후손들의 왕실혼이 5대 안에 몰려 있는 것은 역시 반이성계 세력인 변안열계를 무마시키려는 뜻이 내포되어 있다. 변안열의 딸, 아들 변이의 딸·변예의 딸, 손자인 변상복, 변상근의 딸, 증손자인 변효남·변효순, 증손자인 변처관·변처령·변수의 딸, 4대손인 변성·변희리·변수양·변호손邊昊孫의 딸 등이 그러하다. 그중에서 변상복과 변효순은 바로 정종과 태종의 사위였다. 새로 창업한 왕조의 기반을 다지기 위한 정략혼의 흔적이 보인다.

제5장

邊
安烈

대은
변안열에
대한
평가

변안열은 『고려사』 권126, 열전 39, 간신 2에 포함되어 있다. 그러나 변안열이 「간신전」에 들 만한 행위를 한 흔적은 별로 없다. 『고려사』 찬자들이 기록해놓은 것 중에서 군이 찾아본다면, '변안열이 임견미·이인임과 함께 정방을 휘어잡고 무릇 공장 및 재용財用을 반드시 먼저 사용했다'는 정도다.[1] 따라서 이성계의 역성혁명을 반대했으니 변안열을 오히려 「반역열전」에 넣을 수 있을지언정 「간신전」에 넣는 것은 이치에 맞지 않는다. 그러하기에 윤근수가 『월정만필』에서 '변안열 등이 한 일과 행동에서 처음부터 끝까지 간사스런 증상이 있음을 알지 못한다'고 토로하지 않았던가? 안정복도 "조민수·변안열이 「간신전」에 들어 있는데 이는 공정한 기록이 아닌 것 같다"고 했다.[2]

그렇다면 왜 간신으로 판정된 것인가? 간신이란 무엇인가, 곧 간사한 신하를 말한다. '간사'하다는 말은 '성질이 간교하고, 행실이 바르지 못한 것'을 말한다.[3] 그러면 과연 변안열이 성질이 간교하고, 행실이 바르지 못했던가?

변안열의 죄는 오히려 첫째 창왕을 옹립하는 데 찬동했고, 둘째 사전개혁을 반대했으며, 셋째 우왕을 복립하려 했기 때문이다.

첫째, 창왕을 옹립하는 데 찬동한 점이다. 위화도 회군 이후 이성계파는 우왕의 아들이 아닌 왕씨를 허수아비로 옹립하려 했다. 그러니 역성혁명은 위화도 회군으로부터 싹텄다고 할 수 있다. 회군 때 남은과 조인옥 등이 역성혁명을 하자고 했으나, 이방원이 시기상조라며 말렸다고 한다.[4] 그러나 조민수가 이색에게 자문을 구해 창왕을 옹립한 것이다. 이 때문에 역성혁명이 일차적으로 차질을 빚게 되었다. 이것은 뒤에 윤소종의 제의로 폐가입진론을 내세워 우왕과 창왕이 신돈의 혈통이라고 주장함으로써 뒤집혔다. 그러나 이종학의 말처럼 공민왕이 이미 우를 강녕군으로 책봉해 후계자로 삼은 터에 이성계가 무슨 자격으로 감히 공민왕의 명을 어기고 우왕을 폐위시키느냐는 것이다.[5]

이색 또한 그때 분위기로 보아 창왕이 신돈의 혈통임에도 불구하고 우격다짐으로 후계자로 삼을 리가 없었다. 창왕이 왕위에 오를 당시에는 신씨설이 아직 표면화되지 않았고 우왕은 공요攻遼의 책임을 지고 왕위에서 물러나게 해 대중관계를 원만히 하려는 것이었다. 실제로 『고려사』에는 우왕이 강화도로 가 휴양하면서 상왕의 자격으로 고려 조정의 정중한 예우를 받았고(생일과 명절에 의복을 바치고 향연을 베풀어드림) 아들 창왕에게 부왕으로서 자상하고도 경건한 태도로 교훈의 글을 보내기도 했다. 이런 형편이고 보면 이색이 전왕의 아들을 세워야 한다는 주장은 아주 당연하다.[6] 더구나 우왕이 이미 14년간이나 재위했고, 이성계파도 그 신하이지 않았던가? 그런데도 우·창왕이 가짜라고 하는 것은 오히려 역적이 되는 것이다.

창왕이 신돈의 혈통이라는 확실한 증거는 없다. 오히려 원천석은

야사를 지어 우왕이 공민왕의 아들이라고 했다.[7] 미암眉巖 유희춘柳希春도 예문관 곳간에서 고려 말 실록을 보았는데 우왕을 공민왕의 아들로 기록하고 있었다고 했다.[8] 안정복도 『동사강목』에서 "우왕이 비록 폐했으나 오히려 상왕의 호칭으로 존대되었다. 우왕이 신씨라는 설을 밝힐 수가 없다"[9]고 했다.

이색은 창왕이 선 뒤에 이 어린 왕을 받들고 고려 왕조를 존속시키고자 애썼다. 그러나 이미 대세가 이성계에게 기울어서 국내에서는 손을 쓸 수 없었다. 이에 이색은 하정사賀正使로 자원해 명의 천자를 만나 창왕의 친조親朝를 통한 이성계 세력의 견제를 시도했으나 뜻을 이루지 못했다. 명의 예부禮部는 오히려 창왕이 가짜 왕씨라면서 친조를 반대했다.[10] 이성계파가 미리 손을 쓴 것이 아닌가 한다. 이럴 즈음에 김저 사건이 일어나 사태가 급전직하急轉直下 되어갔다. 이성계파는 변안열을 이 사건에 연루시켜 재판도 열지 않은 채 죽여버렸다.

둘째, 사전개혁에 반대한 점이다. 변안열은 여러 차례 군공을 세웠고, 공신이 되어 많은 공신전을 받았을 것이다. 예컨대 그는 1353년(공민왕 2)에 원주 원씨와 혼인할 때 풍양의 전시를 사패지로 받았고, 원주 원씨가 외동딸이니 원의의 재산도 변안열에게 상속되었을 것이다. 또한 계속 고위직에 있었으므로 과전을 받았을 것이다. 한양 대은동에 경치 좋은 별서를 소유하고 있었던 것 역시 그가 부자임을 짐작케 한다. 그리고 1399년 제1차 왕자의 난이 일어나 송도로 임시 수도를 옮겼을 때 이성계가 옛 변안열의 저택에 묵었던 것으로 미루어 그의 집이 얼마나 크고 좋았겠는가를 짐작할 수 있다.[11] 그뿐 아니라 그는 이성계와 비등한 군사력을 보유하고 있었다. 공민왕이 공병인 의용우위를 맡겼고 경기·전라도에서 부병을 뽑을 권한이 주어져 있어 싸움에 나설 때마다 이길 수 있었다. 이것이 이성계가 경계한 이유이기도 했다. 변안열이 친원파였다가 공민왕을 따라 친명파로 돌았을 때는 뜻을 같이할 수 있었지만, 창왕 옹립 이후로 반이성계파로 돌아서서 이색 뒤에 줄을 서자 제거해야 할 첫 번째 인물로 떠올랐다.

변안열은 심양에서 왔으므로 국내 기반이 약했다. 경제적으로는 부자가 되었지만 왕실이나 권문세족과의 혼맥은 약했다. 이에 그는 왕실혼과 권력자들과의 혼맥을 강화하는 데 온 힘을 쏟았다. 그의 외동딸이 권력자인 이성계의 아들 무안대군 방번과 혼인한 것만 봐도 알 수 있다.

변상근의 딸 원주군 부인 이친의 부인 비문에

무안대군도 왕고모부 되시고, 정종대왕 녀 덕천옹주의 부마 휘 상복은 숙부이시고, 태종대왕 녀 소선옹주의 부마 유천위 휘 효순과는 4촌 남매지간으로 왕실과 혼인한 분만도 20여 명이나 된다. 또 당내에 시호, 부원군, 군으로 봉호된 분이 6인이고, 공신 7인 등이 배출된 보기 드문 명문세족의 종문이다.[12]

라고 해 왕실과 혼인한 사람이 20인, 시호·봉군된 사람이 6인, 공신 7인이 배출한 명문세족이라 했다.[13] 그러니 기득권층으로서 사전개혁은 반대할 수밖에 없었던 것이다.

이색 또한 사전개혁에 대해 "구법舊法을 가벼이 고칠 수 없고, 구차하게 개혁하면 사군자의 생리가 날로 쪼그라들어서 반드시 공상을 추구할 것"이라면서 원칙적으로 이에 대해 반대 입장에 섰다. 한편 여기에 동조한 사람은 이림·우현보·변안열·권근·유백유柳伯濡 등 구가세족들이었다.[14] 물론 이색도 문란해진 전제를 개혁하는 데는 반대하지 않았다. 이색은 오히려 1352년(공민왕 1)에 호강豪強의 전지 겸병을 반대해 사전개혁을 주장한 바 있다. 다만 이 사전개혁이 이성계파의 경제적 기반을 제공하는 데 반대한 것이다. 이러한 가운데 이성계파는 변안열 등이 유종儒宗인 이색을 내세워 사전개혁을 반대했다며 몰아붙였고, 이로써 변안열은 창왕 옹립, 사전개혁 반대로 인해 이색 뒤에 줄을 서게 되었다. 안정복安鼎福도 "이색 등이 반대한 것은 스스로 이익이 되기 때문이 아니라 민심이 이로 인해 이성계에게 돌아갈까 두려워해서였다"고 했다.[15] 그는 다시

살피건대 충신의 임금을 섬김은 반드시 법령이 임금으로부터 나오게 하고 신하로부터 나오지 아니한 것으로 하고자 한다. 그렇게 함으로써 백성으로 하여금 내 임금을 마음으로 사랑하고 떠받들되 다른 사람을 사랑하고 떠받들지 않게 하고자 한다. 이때를 당해 우리 태조(이성계)는 조야의 촉망하는 바 되었고, 정령의 선포와 시행으로 사랑하고 민심의 떠받듦이 다 우리 태조에게만 있었으니, 어찌 목은과 포은의 제공이 바라는 바이겠는가! 사전을 겸병하는 폐단은 진실로 빨리 제거해야 할 문제임에 의심의 여지가 없었으나 제공이 개혁을 반대한 것은 자신의 이익을 위함이 아니라 오직 민심이 이로 인해 점차 태조에게 돌아갈까 두려

위함이다. 저 후배의 애써 논쟁함은 반드시 개혁하고자 하는 자 고려의 충이 아니요, 곧 태조에게 충이라 함이다. 자취를 두고 논하건대 제공이 고려 왕실을 위해 고심한 것은 가히 공경할 만하고 가히 법 받을 만한 것이다.[16]

라고 논평했다. 민심이 이성계에게 돌아가는 것을 막기 위해서 사전개혁을 반대했다는 것이다. 사전개혁은 역성혁명의 두 번째 단계였다.

셋째, 김저가 이성계를 죽이고 우왕을 복립시키려던 사건에 연루되었다는 점이다. 1389년(공양왕 1) 11월 대호군 김저가 전 부령 정득후와 함께 여흥으로 우왕을 찾아갔다. 우왕이 원래부터 잘 안다는 예의판서 곽충보에게 칼 한 자루를 전해주면서 팔관회 날 이성계를 암살하라고 했다. 그러나 곽충보는 거짓 허락한 뒤 이를 이성계에게 고해 바쳤다. 암살에 실패하자 정득후는 자결하고, 김저는 잡혀 옥에 갇혔다. 김저는 처음에는 연루자가 누구인지 절대로 말하지 않다가 칼로 발바닥이 벗겨지고 다리미질을 당하자 견디지 못한 채[17] 조방흥·변안열·이림·우현보·우인열·왕안덕·우홍수 등과 공모했다고 털어놓았다. 이를 빌미로 우왕을 강릉, 창왕을 강화로 귀양보냈다. 변안열의 가산은 몰수되었다.[18] 그런데도 우왕은 "나를 그르친 자는 변안열이다"[19]라고 했다. 왜일까? 오히려 변안열 때문에 죽게 되었다고 생각한 모양이다.

이성계와 심덕부·지용기·정몽주·설장수·성석린·조준·박위·정도전 등이 흥국사에 모여 군대를 둘러 세우고 폐가입진론을 주창했다. 이에 창왕을 폐하고 공민왕비 정비를 협박해 신종의 7대손인 요를 공양왕으로 추대했다.[20] 김저는 옥에서 폭사했다. 변안열과 대질할 수 없게 하도록 죽인 것이다. 그런데 이성계는 "나는 처음부터 살해할 마음이 없었는데 작은 선비(소유小儒)들이 어찌 이 지경에 이르렀는가?"라고 하면서 관련자들을 헌사憲司에 넘겨 국문해야 한다고 했다.[21] 책임을 회피하는 발언이었다. 또한 정당 서균형徐均衡을 강릉에 보내 우왕을 죽이고, 대제학 유순柳珣을 강화에 보내 창왕을 죽였다. 뿐만 아니라 변안열을 한양으로 귀양보냈다가 조사도 하지 않고 "우왕을 복립하려는 것이 어찌 나 혼자뿐이랴!"라고 하면서, 말할 것이 있다고 하는데도 한양부윤 김백흥을 시켜 급히 죽였다.[22] 전광석화와 같이 단숨에 해치운 것이다. 이렇게 서둘렀던 까닭은 무엇이었을까? 반대파가 반격할 겨를을 주지 않기 위함이었다.

변안열은 1389년(공양왕 1) 10월 11일 이방원의 〈하여가〉에 〈불굴가〉로 화답한 뒤 이성계 세력과는 이미 결별했다. 그러한 결기가 변안열로 하여금 여흥으로 우왕을 찾아가게 한 것이다. 단, 자신이 찬동해서 세운 창왕이 있는데 왜 자신과 사이가 별로 좋지 않았던 우왕을 굳이 복립시키려 했을까? 우왕은 자기 며느리가 될 사람을 가로채지 않았던가? 이성계의 역성혁명을 막기 위해 취한 행동인가? 그러나 변안열이 이성계를 제거하는 데 직접 나선 것은 아니다. 그러니 김저의 옥에 변안열이 관련되었다는 점도 믿기 힘들다. 이성계파들이 이 사건에 변안열을 엮어넣어 처단한 것이라 할 수 있다. 변안열의 처족인 원상은 구가세족들이 사전개혁을 저지하기 위해 우왕을 복립하려 했다고 했다.[23] 김저의 옥은 이성계의 역성혁명의 세 번째 단계다.

변안열은 명장이었다. 처음 원나라에서 고려로 왔을 때는 10년 동안 공민왕과 노국공주를 호위하는 일에 몰두했다. 그러던 중 1373년(공민왕 22) 8월 공병인 의용좌우위를 설치해 그 우군을 맡은 이후에는 강병을 거느릴 수 있었으며, 홍건적·왜구와 맞붙어서도 연전연승할 수 있었다. 황산대첩 역시 이성계의 무용담을 늘어놓고 있지만 사실상 초전에 가당치 않은 실패를 했으며, 싸움에 이긴 데에는 변안열 등 제장의 공로가 컸을 것이다. 대첩 후에 이성계와 변안열에게 똑같은 황금 50량을 하사한 것만 봐도 알 수 있다. 그리고 황산대첩을 「변안열전」에 장황하게 소개한 것 역시 변안열의 전공이 컸던 까닭이라 할 수 있다. 이것이 『고려사』를 개찬하는 과정에서 오로지 이성계의 전공으로 둔갑된 것이 아닌가 한다.

변안열을 급히 처단한 것도 이성계와 맞먹는 강군을 거느렸던 그를 놔두고는 역성혁명이 불가능했을 터이기 때문에 벌어진 일이다. 그러한 까닭에 〈불굴가〉를 듣자마자 적법한 과정을 거치지도 않고 변안열을 제거한 것이다. 변안열의 약점은 원나라로부터 이주해와서 국내의 기반이 튼튼하지 못했던 데 있었던 듯하다. 1391년(공양왕 3) 7월 순녕군順寧君 담과 성균사예 유백순柳伯淳의 설화舌禍 사건이 있자, 종친·귀척을 가리지 않고 "말을 만들고 정치를 어지럽히는 자는 벼슬을 즉시 몰수하고 국문해 죄로 다스리고 왕이 그들을 만날 때도 경연에서 공공연히 말하라"고 했다. 이는 국왕의 이목을 막으려 한 것이다. 그리고 1392년(공양왕 4) 7월 17일에는 조선 왕조가 개창되었다. 이것은 이성계의 역성혁명의 네 번째 단계다.

그러면 왜 변안열에 관한 기록이 날조된 것인가? 조선 왕조를 세우는 역성혁명에 방해되기 때문이다. 역성혁명에 반대하는 세력을 그대로 두면 혁명을 달성할 수 없다. 그렇다보니 역성혁명을 정면으로 반대한 변안열에 관한 기록이 남아 있을 리 없고, 있는 기록조차 날조·변조·축소·탈락될 수밖에 없었다. 『고려사』『고려사절요』『조선왕조실록』은 그 대표적인 기록들이다. 이들 관찬사서는 유교사관에 입각해 쓰였으므로 충·역의 문제가 중시되었으며, 특히 여선麗鮮 교체와 같은 정치적인 사건은 조선의 건국을 합리화하기 위해 많은 부분이 날조되었다. 그중에서 『고려사』는 1394년(태조 3) 『고려국사』로부터 1454년(단종 2) 10월까지 정도전, 정인지, 김종서 등에 의해 여러 번 개찬되었다. 조선 왕조 건국을 합리화하기 위함으로, 전후 50년이 걸린 것이다.

상촌象村 신흠申欽은

『고려사』에서 여탈하는 바가 모두 믿을 만한 것은 못 된다. 말년의 사적은 잘못이 더욱 심하다. 이것은 물론 나라에서 꺼리는 일이라서 자연 제약을 받은 까닭이겠으나 진실을 전해야 하는 사기가 어찌 사실을 모조리 몰각하고 덮어버리는 일을 용납하는가? 『고려사』를 엮은 이는 정인지다. 정인지는 세종과 문종 두 왕조에서 사랑을 각별히 받고 자리는 재상에까지 이르렀으나 마침내는 임금을 죽인 적신이 되었다.[24]

고 평하고 있다. 『청야만집靑野漫輯』에도 "생각건대 저 정인지의 무리는 그 좁은 마음으로 비뚤어진 붓대를 놀려 그 사실을 마치게 했으니 특히나 가통하다"[25]라고 했다.

실록의 기록도 왜곡되기는 마찬가지였다. 고려 말에 사관 이행이 이성계가 우왕, 창왕 및 변안열을 죽였다고 직필해 처벌된 적이 있었다.[26] 공양왕은 무진년(1388년 위화도회군) 이후의 사초史草를 바치라고 해 그 사초를 직접 확인하고 그를 울진으로 유배시켰다.[27] 이처럼 태조 조에 정도전·정총鄭摠·윤소종 등에게 명해 전조 실록을 수찬할 때 여러 사관이 다 사초를 고쳐 써서 바쳤는데 유독 이행만은 그대로 자신의 죄를 받았다고 한다.[28]

정몽주와 변안열은 다 같이 고려를 지키려다가 죽임을 당한 사람이다. 정몽주가 문신의 대표라면, 변안열은 무신의 대표다. 이방원의 〈하여가〉에 대해 정몽주는 〈단심가〉를, 변안열은 〈불굴가〉를 지어 고려 왕조에 대한 충성을 맹약했다. 그런데 변안열은 죽은 뒤에 「간신전」에 포함돼 역사에서 매장시킨 데 반해, 정몽주는 충신으로 현양한 까닭이 무엇인가?

태종은 1401년(태종 1) 즉위하자마자 권근의 요청에 따라[29] 정몽주를 영의정부사 익양부원군에 추증하고, 문충이라는 가장 좋은 시호를 내리며, 자손을 녹용하도록 했다.[30] 그리고 1432년(세종 14)에 『삼강행실』을 편찬할 때 정몽주를 「충신전」에 넣게 했으며,[31] 1517년(중종 12) 9월 7일에는 태학생 권석權碩의 상소로 정몽주를 문묘에 종사하고 예관禮官을 보내 분묘를 수축하고 초목을 금하게 하며 비석을 세우게 했다.[32] 그 까닭은 정몽주와 같은 충신을 박대하면 조선을 위한 충신도 나오지 않기 때문이다. 뿐만 아니라 재야 세력이었던 사림파가 절의를 숭상한 것 역시 정몽주가 부상한 중요한 이유 중 하나였다. 사림파들이 절의의 대표로 내세운 사람은 정몽주와 사육신이었다. 그리고 그들은 정몽주-길재-김숙자-김종직-김굉필-조광조-이언적-이황으로 이어지는 이른바 조선도학계보朝鮮道學系譜를 정통으로 삼아 그중 정몽주·김굉필·정여창·조광조·이언적·이황을 문묘에 종사했다.[33] 송시열도 정몽주는 절의만이 아니라 도학을 일으킨 공이 있다고 했다.[34] 정몽주가 친명 노선을 걸었던 것도 그를 숭배하는 이유가 되었다.[35]

그러나 포은을 현창하는 데 대해서는 반대 의견도 있었다. 난신을 어떻게 충신으로 만드느냐는 것이었다.[36] 한강寒岡 정구鄭逑는 퇴계 이황에게 묻기를

조남명曺南冥이 일찍이 정포은의 나오고 처한 일을 의심했습니다. 제 생각에도 포은의 죽음은 자못 가소롭습니다. 공민왕조의 대신으로 30년을 지내며 불가한 것에 대해서는 곧 이를 멈추는 의로움을 보였어야 했습니다. 또 신우 부자를 섬길 때는 우왕을 왕씨의 소생으로 여겼단 말입니까? 곧 다른 날에는 우왕과 창왕을 몰아내는 일에 간여했으니 어찌 된 일입니까? 10년 동안을 신하로서 복종하고 섬기다가 하루아침에 쫓아내서 죽이니 차마 할 수 있는 일입니까? 또 복종하고 그의 녹을 이와 같이 먹고 훗날에 죽인 것은 깊이 이해할 수 없는 일입니다.[37]

라고 했다. 정곡을 찌른 질문이다. 이에 대해 퇴계는

정자가 말하기를 '사람은 허물이 있는 가운데서 허물없기를 구해야 하

며, 허물없는 가운데서 허물 있기를 구해서는 안 된다'고 했습니다. 포은의 정충精忠은 큰 충절로서 가히 천지를 경위經緯하고 우주를 동량棟樑할 만한 것이라 말할 수 있는데, 세상이 의론을 좋아해 쳐서 드러내기를 기뻐하며 사람의 아름다운 점을 이루는 일을 즐기지 않는 데는 두려워 마지않습니다. 황은 이런 소리가 들려올 때마다 귀를 가리고 듣지 않으려고 합니다. 그대도 이 병에 걸려 있을 줄은 생각도 못 했습니다.[38]

라며 비판을 원천봉쇄했다. 사림파의 종장으로서 학통의 시작이요, 절의의 상징인 포은에 대한 비판은 듣고 싶지 않아 했던 것이다. 그러나 우왕과 창왕을 끝까지 배신하지 않은 대은 변안열의 정충과 비교하면 흠이 되지 않는 것은 아니다.

오히려 목은 이색은 우왕 옹립, 사전개혁, 김저의 옥, 윤이·이초의 난 때 일관된 충절을 보였다. 이 가운데 윤이·이초의 난은 변안열이 죽은 뒤의 일이지만 그 사건에도 변안열이 연루된 것으로 되어 있다. 신흠이 말하기를

왕씨가 망하자 사람들이 다만 포은·야은만이 큰 절개를 이룬 것을 알고 목은은 알지 못하니 아까운 일이다. 태조가 건국한 뒤에 고려 조정에 일제히 무릎을 꿇었으나 태조가 가장 두려워하고 꺼리던 사람은 유독 이색과 권근 두 사람뿐이었다.

라고 했다. 그런데도 사람들은 이색이 공양왕이 오라 하면 오고 가라 하면 갔다면서 그의 절의를 의심한다. 권근도 세상 사람들의 이목

이 있으니 개경에 드나들지 말라고 했다. 이색은 임금의 신하된 도리로 왕이 부르면 와야 하고 죽는 한이 있어도 피하지 말아야 한다고 했다. 조선이 건국된 후 태조가 이색을 불렀다. 태조가 용상에서 내려와 "어리석고 어두운 나를 버리지 마십시오" 하니 이색이 "망국대부는 살기를 도모하지 않으며, 다만 해골을 고향 산천에 장사지내고자 합니다"라고 했다. 한산백韓山伯을 제수했으나 받지 않았다. 이색의 지지를 얻어야 민심을 수습할 수 있었기에 계속해서 설득한 것이다. 그러나 결국 설득에 실패하자 1396년(태조 5) 5월 8일 벽란도에서 여흥으로 피서간 이색에게 정도전 등이 보낸 짐독鴆毒을 탄 술을 마시게 해 죽였다.[39]

이로써 미루어보면 변안열은 황산대첩, 위화도 회군까지는 친명파로서 이성계와 노선을 같이했지만 창왕 추대, 전제 개혁, 김저의 난, 윤이·이초의 옥까지는 이색과 노선을 같이한 것이다. 정몽주도 반이성계 세력이었다는 점에서는 변안열과 쌍벽을 이루는 충신이었으나, 우·창왕에 대한 태도는 달랐다. 그리고 보면 이성계의 가장 철저한 반대자는 변안열이었다고 할 수 있다. 그러니 이성계파들이 그를 재판도 없이 죽이고, 「간신전」에 편입시켜 매장시킨 것이다. 그렇다면 현재의 객관적인 입장에서 변안열을 간신이 아니라 고려의 충신으로 재평가해야 하지 않을까?

부록 변안열 연보

1334년(충숙왕 3) 4월	대은 변안열 선생 심양 사제에서 탄생하다.
1348년(충목왕 4)	탈탈을 사사하다.
1351년(충정왕 3)	원나라 무과에 장원하다.
	1년 안에 형부상서에 오르다.
1351년(충정왕 3) 12월	공민왕과 노국대장공주를 따라
	호위수장으로 고려로 오다.
1353년(공민왕 2)	추밀 원의의 딸 원주 원씨에게 장가가다.
	왕이 원주를 본관으로 사적하다.
1358년(공민왕 7)	노복 300구와 말 5000필을 바치다.
1362년(공민왕 11)	안우를 따라 홍건적을 격파해 공훈 2등을 받아
	판소부감사로 승진하다.
	개경으로 돌아온 왕이 공을 추성보조공신으로
	책봉해 기린각 벽 위에 형상을 그리고,
	지삼사밀직사사로 승진시키다.
	녹전을 하사받다.
1364년(공민왕 13)	착량(수원)에 침입한 왜구를 토벌하다.
1368년(공민왕 17)	주원장이 대도(북경)를 점령하고,
	원 순제가 상도(개평부)로 달아났다가
	다시 카라코룸(내몽골)으로 달아나다.
1369년(공민왕 18)	명나라에 조공하고, 홍무 연호를 쓸 것을 상소하다.
1373년(공민왕 22)	의용우군의 책임을 맡다.
	양광도 원수가 되다.
	공민왕이 시해되고, 우왕이 서다.
1373년(공민왕 22) 8월	최영과 제주 목호들을 토벌하다.
	판밀직사사·문하평리를 역임하다.

1375년(우왕 1)	부원수가 되다.
1375년(우왕 1) 8월	동북면 원수가 되다.
	심양왕 고醫를 물리쳐 수충양절선위익찬보조공신에 책봉되다.
1376년(우왕 2) 7월	각 관청에서 무기를 만들게 하자고 상소하다.
1376년(우왕 2)	공민왕을 시해한 홍윤·최만생의 부모처자를
	처형할 것을 상소하다.
1376년(우왕 2) 9월	양광·전라도지휘사 겸 조전원수가 되다.
1376년(우왕 2) 12월	나세 등과 함께 부령에 침입한 왜구를 격파해
	문하찬성사가 되다.
1377년(우왕 3) 3월	경기도 총사가 되다.
1377년(우왕 3) 4월	최영과 함께 서강에 침입한 왜구를 격파하다.
1377년(우왕 3) 5월	수원에 침입한 왜구를 격파하다.
1377년(우왕 3) 8월	해주에 침입한 왜구를 혁파하다.
	문하평리 겸 조전원수가 되다.
1377년(우왕 3) 9월	최영과 더불어 영광·장사·모평·함풍 해평에 침입한
	왜구를 격파하다.
1380년(우왕 6) 8월	양광·전라·경상 삼도도체찰사에 임명되다.
	나세 등과 진포(마산)에 침입한 적선 500척을 격파하다.
1380년(우왕 6) 10월	부원수로서 황산대첩을 이룩해 금 50량을 하사받다.
1382년(우왕 8) 4월	도원수에 임명되다.
1382년(우왕 8) 5월	한방언과 함께 단양에 쳐들어온 왜구를 격파하다.
	한방언과 함께 안동에 침입한 왜구를 격파하다.
	이 공로로 원천부원군에 책봉되고,
	판삼사사가 되다.
1383년(우왕 9) 9월	변현과 약혼한 왕흥의 딸이 선비로 뽑혀 가다.
1388년(우왕 14)	위화도회군에 참여하다.
	우왕을 폐위시키고, 창왕을 세우는 데 찬동하다.
1388년(우왕 1) 6월	최영을 고봉현으로 귀양보내다.
1388년(우왕 14) 8월	이색 등과 함께 사전개혁에 반대하다.
1388년(우왕 14) 9월	여흥에 귀양가 있는 우왕을 찾아뵙다.
1389년(공양왕 1) 10월	이성계의 생일에 〈불굴가〉를 부르다.
11월	김저의 난에 연루되다.
	정도전 등이 흥국사에 모여 폐가입진론을 결의하다.
1389년(공양왕 1) 12월	오사충 등이 변안열이 창왕 옹립을 지지하고,

	우왕을 복위시키려 했다고 심문해야 한다고 상소하다.
	회군공신에 책봉되다.
1390년(공양왕 2) 1월	〈동국유거음〉, 〈한양유거음〉을 짓다.
	윤소종 등의 탄핵으로 삭탈관작되어 한양으로 유배되어
	16일에 한성부윤 김백흥에 의해 처형되다.
1391년(공양왕 3)	공신녹권을 돌려받았으나 윤이·이초의 난으로
	삭탈관작되고 재산을 몰수당하다.
	양주 주엽산에 장사지내다.
1392년(태조 1)	이성계가 조선의 태조로 즉위하다. 관작과 재산을 돌려주다.
7월 17일	변이에게 선공감역, 문경현감을 제수하다.
	두 옹주를 두 손자에게 시집보내다.
1468년(세조 14)	주엽산에 있는 변안열의 무덤이
	광릉에 가깝다 해 양주 동풍양 건천면 지사동에
	인좌로 옮기다.
1825년(순조 25)	용암서원에 정몽주와 함께 배향하려다 뜻을 이루지 못하다.
1920년	변안열을 송곡서원에 배향하다.
1969년	우복愚伏 정경세의 대은선생 신도비를 건립하다.
1973년	남원에 신석호가 지은 황산대첩비를 건립하다.
1977년	신석호 박사 등이 『대은실기』를 편찬하다.
1984년	봉화 거촌 구동에 구양서원을 세워
	변안열을 주벽으로, 변경회와 변극태를 배향하다.
2007년	박정희대통령신도비건립고유기념비를 건립하다.
2011년	불굴가 시비를 건립하다.
2013년	『대은 변안열의 생애와 업적』을 출판하다.
2014년 4월 16일	변안열 선생을 2014년 5월 호국 인물로 지정하다.
2015년	『대은 변안열 평전』을 발간하다.

[부록 1] 장연 변씨의 과거 및 취재 등 합격자 현황 (과별 가나다순)

성명	자	호	생년	합격 연령	활동 시대	과거 및 취재명	급재 년도	전력 및 관직	부	조부	고향
변처후 邊處厚		수정 水亭	1373	21세	조선 전기	문과. 태조 2년 계유癸酉 식년시式年試 병과丙科 4위	1393	참판參判	변구수 邊龜壽	변영인 邊永仁	미상
변익중 邊益中	정숙 正叔		1612	40세		무과. 효종 2년 신묘辛卯 별시別時 병과 1173위	1651	교생校生	변선갑 邊先甲		송화 松禾
변환 邊換	약헌 若憲		1599	32세		생원시. 인조 8년 경오庚午 식년시 식년생원 3등 61위	1630	유학幼學	변상익 邊尙益		남원 南原
변봉오 邊鳳五	장숙 章叔		1736	45세	조선 중기	진사시. 정조 4년 경자庚子 식년시 식년진사 3등 49위	1780	유학	변상유 邊尙猷		송화
변사정 邊士貞	중간 仲幹	도탄 桃灘	1529		조선 중기			경기전참봉 慶基殿參奉			미상

자료 출처 및 참고: 한국학중앙연구원–한국역대인물종합정보 시스템

[부록 2] 원주 변씨의 과거 및 취재 등 합격자 현황 (과별 가나다순)

성명	자	호	생년	합격 연령	활동 시대	과거 및 취재명	급재 년도	전력 및 관직	부	조부	증조부	고향	소속 종파
변현 邊顯						고려 문과. 우왕 8년 임술壬戌榜 동진사同進士 18위	1382	판사判事	변안열 邊安烈	변양 邊諒	변순 邊順	한성 (京)	판사공파조 判事公派祖
변경붕 邊景鵬	중거 仲擧	일제 一齊	1756	40세	조선 후기	문과. 정조 19년 을묘乙卯 식년시 병과 26위	1795	이조참의 吏曹參議	변성휴 邊聖休	변시해 邊是海	변희련 邊希蓮	제주 濟州 신도 新桃	중랑장공파 中郎將公派
변경우 邊景祐	선재 善哉	자연당 自然堂	1745	39세		문과. 정조 7년 계묘癸卯 증광시增廣試 병과 19위	1783	호조참판 戶曹參判	변성좌 邊聖佐	변시한 邊是翰	변희로 邊希蘆	제주 유수 流水	중랑장공파
변경준 邊景俊			1787	29세		문과. 순조 15년 을해乙亥 정시庭試 병과 18위	1815	승정원주서 承政院注書	변성보 邊聖輔	변시한 邊是翰	변희로 邊希蘆	제주 상가 上加	중랑장공파
변경진 邊景鎭	은중 殷仲		1712	42세		문과. 영조 29년 계유 식년시 병과 9위	1753	유학	변숙 邊塾	변진원 邊振原	변석징 邊錫徵	미상	
변광대 邊光大	명원 明遠		1485	28세		문과. 중종 8년 계유 식년시 을과乙科 4위	1513	좌랑佐郎 정언正言	변희리 邊希季	변정 邊定	변차희 邊次熹	경북 慶北 예천 醴泉	첨추공파 僉樞公派
변규창 邊奎昌	순계 舜繼	소농 小農	1854	40세		문과. 고종 30년 계사癸巳 정시 병과 11위	1893	홍문관 弘文館 비서감승 秘書監丞	변치훈 邊致勳	변석동 邊錫東	변시환 邊始煥	경북 예천	첨추공파

이름	자	호	생년	나이	과거	합격년	관직	부	조	증조	지역	파
변기종 邊起宗					문과. 태종 17년 정유丁酉 식년시 동진사 11위	1417	현감縣監				미상	
변득룡 邊得龍	관여 觀汝	오헌 梧軒	1721	45세	문과. 영조 41년 을유乙酉 식년시 병과 23위	1765	병조좌랑 兵曹佐郎	변유달 邊有達	변지두 邊之斗	변윤종 邊胤宗	경북 예천	첨추공파
변득한 邊得翰			1737	35세	문과. 영조 47년 신묘 식년시 병과 24위	1771	유학	변석구 邊錫龜	변해준 邊海俊	변서원 邊西元	미상	
변복일 邊復一	수초 受初		1598		문과. 광해군 13년 신유辛酉 별시別試 병과 22위	1621	유학	변흡 邊潝	변양걸 邊良傑	변위 邊偉	미상	전서공파 典書公派
변복일 邊復一	수초 受初		1598	26세	문과. 인조 1년 계해癸亥 개시改試 을과 2위	1623	목사牧使· 통정대부 通政大夫	변흡 邊潝	변양걸 邊良傑	변위 邊偉	미상	전서공파
변상 邊祥	선옹 善翁				문과. 성종 17년 병오丙午 식년시 을과 7위	1486	보덕輔德	변덕순 邊德順	변상동 邊尙同	변이 邊頤	미상	감찰공파 監察公派
변상회 邊尙會		무송당 撫松堂	1399	36세	문과. 세종 16년 갑인甲寅 알성시謁聖試 을과 3등 2위	1434	호조참판	변이 邊頤	변안열 邊安烈	변양 邊諒	미상	참판공파조 參判公派組
변상훈 邊相勳	가무 可无	백농 白農	1827	56세	문과. 고종 19년 임오壬午 증광시 병과 49위	1882	사헌부집의 司憲府執義	변계동 邊啓東	변시섬 邊始暹	변익보 邊益普	경북 예천	생부, 석동 生父, 錫東
변성 邊成	선숙 善叔		1516	36세	문과. 중종 17년 임오 별시 병과 1위	1552	생원生員· 원정院正	변처령 邊處寧	변극충 邊克忠	변현 邊顯	미상	별좌공파 別佐公派
변성우 邊聖遇	회숙 會叔	영헌 瀛軒	1721	45세	문과. 영조 41년 을유 식년시 병과 36위	1765	승문원교검 承文院校檢	변시익 邊是翼	변희로 邊希魯	변흥명 邊興冥	제주 매촌 梅村	중랑장공파
변성운 邊聖運	중휴 仲休		1717	49세	문과. 영조 41년 을유 식년시 을과 6위	1765	승문원교검	변시한 邊是翰	변희로 邊希魯	변흥명 邊興冥	제주 납읍 納邑	중랑장공파
변시섬 邊始暹	일진 日進		1773	29세	문과. 순조 1년 신유 식년시 을과 4위	1801	이조좌랑 吏曹佐郎	변익보 邊益普	변국빈 邊國賓	변유건 邊有建	경북 예천	첨추공파
변시중 邊是重	중여 重如		1694	35세	문과. 영조 4년 무신戊申 별시 병과 8위	1728	호조참판	변희로 邊希魯	변흥명 邊興溟	변득강 邊得綱	제주 납읍	중랑장공파

이름	자	호	생년	나이	문과	급제년	관직	부	조	증조	지역	공파
변영청 邊永淸	개백 開伯		1516	33세	문과. 명종 4년 기유己酉 식년시 을과 5위	1549	생원·집의執義	변광 邊廣	변희예 邊希乂	변영 邊寧	경북 안동 安東	첨추공파
변옥명 邊玉明	덕보 德甫		1677	26세	문과. 숙종 28년 임오 식년시 병과 22위	1702	유학·전적典籍	변준업 邊俊業			미상	
변욱 邊旭					문과. 성종 5년 갑오甲午 식년시 을과 1위	1474	훈도訓導·정자正字				미상	
변위 邊偉	대허 大虛				문과. 명종 1년 병오 식년시 병과 7위	1546	진사進士·예조좌랑 禮曹佐朗	변자정 邊自靖	변확 邊確	변을충 邊乙忠	미상	전서공파
변응벽 邊應壁	명숙 明叔	구강 九江	1562	39세	문과. 선조 33년 경자 별시 병과 9위	1600	유학·주서注書	변열 邊悅	변계윤 邊季胤	변응경 邊應卿	미상	참판공파
변익로 邊翼老	경수 敬叟		1704	26세	문과. 영조 5년 기유 식년시 병과 7위	1729	진사·군수郡守	변흡 邊洽	변석지 邊錫智	변기 邊墍	미상	호군공파 護軍公派
변인길 邊麟吉	인징 仁徵		1599	40세	문과. 인조 16년 무인戊寅 정시 병과 8위	1638	참봉參奉·통례랑 通禮郎	변종신 邊宗信	변취중 邊就中	변홍 邊弘	미상	별좌공파
변종신 邊宗信	신원 信元		1575	38세	문과. 광해군 4년 임자壬子 증광시 병과 5위	1612	생원·평평平評	변취중 邊就中	변홍 邊弘	변인복 邊仁復	미상	별좌공파
변진국 邊鎭國	정숙 靖叔		1694	33세	문과. 영조 2년 병오 식년시 병과 6위	1726	유학·찰방察訪	변석달 邊碩達	변지위 邊之緯	변순청 邊順淸	미상	
변형순 邊亨淳			1807	31세	문과. 헌종 3년 정유 식년시 병과 20위	1837	유학	변석언 邊碩彦	변유하 邊有夏	변억기 邊億基	태천 泰川	
변호길 邊虎吉	위여 威如		1593	42세	문과. 인조 12년 갑술甲戌 별시 병과 6위	1634	사부師傅·장령掌令	변종신 邊宗信	변취중 邊就中	변홍 邊弘	미상	별좌공파
변효성 邊孝誠	행원 行源		1571	67세	문과. 인조 15년 정축丁丑 별시 병과 2위	1637	현감·분승정원승지 分承政院承旨	변양중 邊養中	변백윤 邊伯胤	변응경 邊應卿	미상	별좌공파
변희리 邊希李	선보 仙甫	귀계 歸溪	1435	51세	문과. 성종 17년 병오 식년시 병과 6위	1486	사직司直·형조좌랑 刑曹佐郎	변정 邊定	변차희 邊次憙	변이 邊頤	경북 예천	첨추공파

변경인 邊擎仁			1755	30세	무과. 정조 8년 갑진甲辰 정시 병과 8위	1784	한량閑良	변덕순 邊德淳			한성
변계온 邊繼溫	여순 汝順		1555	30세	무과. 선조 17년 갑신甲申 별시 병과 46위	1584	보인保人	변극치 邊克治			한성
변광일 邊光一	경초 景初		1630	41세	무과. 현종 11년 경술庚戌 별시 병과 179위	1670	통덕랑 通德郎	변흡 邊翕			한성
변국량 邊國良			1758	30세	무과. 정조 11년 정미丁未 정시 병과 61위	1787	겸사복 兼司僕	변득중 邊得中			한성
변극남 邊克男			1609	29세	무과. 인조 15년 정축 별시 병과 129위	1637	수문장 守門將	변희 邊希			한성
변근 邊瑾	백진 伯珍		1536	32세	무과. 선조 즉위년 정묘丁卯 식년시 병과 15위	1567	내금위 內禁衛	변사륜 邊士倫			한성
변기한 邊起漢	달경 達卿		1623	29세	무과. 효종 2년 신묘 별시 병과 167위	1651	교생校生	변유성 邊有城			안동
변끝손			1598	40세	무과. 인조 15년 정축 별시 병과 1764위	1637	면천免賤	변금동 邊今同			이천 利川
변대유 邊大有	천우 天祐		1708	21세	무과. 영조 4년 무신 별시 병과 396위	1728	한량	변이즙 邊以濈			한성
변득생 邊得生			1614	24세	무과. 인조 15년 정축 별시 병과 4622위	1637	겸사복	변식 邊植			한성
변몽린 邊夢麟	군후 君厚		1552	33세	무과. 선조 17년 갑신 별시 병과 165위	1584	별사위 別寺衛	변충서 邊忠瑞			함평 咸平
변박 邊璞	형옥 荊玉		1672	33세	무과. 숙종 30년 갑신 춘당대시春塘臺試 병과 10위	1704	한량	변상현 邊尙賢			백천 白川
변상훈 邊尙勳			1645	28세	무과. 현종 13년 임자 별시 병과 277위	1672	진력부위 展力副尉	변식 邊寔			백천

				무과.						
변석룡 邊錫龍	하서 河瑞	1856	25세	고종 17년 경진庚辰 증광시 병과 21위	1880	한량	변형규 邊衡圭			한성	생부. 득규得圭
변선 邊選	중거 仲擧	1629	23세	무과. 효종 2년 신묘 별시 병과 295위	1651	한량	변성일 邊成一			한성	
변성대 邊成大		1752	33세	무과. 정조 8년 갑진 정시 병과 122위	1784	검사복	변흥세 邊興世			한성	
변성린 邊聖鄰	덕보 德甫	1698	28세	무과. 영조 1년 을사乙巳 증광시 병과 216위	1725	한량	변하징 邊夏徵			한성	
변성보 邊聖輔		1727	39세	무과. 영조 41년 을유 식년시 병과 34위	1765	사헌부감찰 司憲府監察	변시한 邊是翰	변희로 邊希蕗	변흥명 邊興冥	제주 상거	중랑장공파
변성일 邊成一	극초 克初	1603	28세	무과. 인조 8년 경오 식년시 병과 2위	1630	보인	변옥 邊沃			한성	
변성화 邊聖和	사홍 士弘	1747	25세	무과. 영조 47년 신묘 식년시 을과 1위	1771	통덕랑	변경우 邊慶遇			장단 長湍	
변속 邊涑	심원 深源	1561	23세	무과. 선조 16년 계미癸未 별시 병과 67위	1583	보인	변양언 邊良彥			백천	
변양걸 邊良傑	국화 國華	1546		무과. 선조 5년 임신壬申	1572	지중추부사 知中樞府事	변위 邊偉	변자정 邊自晴	변확 邊確		전서공파
변어내 邊於乃		1600	38세	무과. 인조 15년 정축 별시 병과 3810위	1637	면천	변김동 邊金同			이천	
변언림 邊彥霖	사옥 士沃			무과. 선조 27년 갑오 별시 병과 100위	1594	검사복	변홍 邊弘			홍주 洪州	
변언수 邊彥琇	군헌 君獻	1544	24세	무과. 선조 즉위년 정축 식년시 병과 16위	1567	충의위 忠義衛	변경 邊璟			한성	
변염 邊濂	호원 浩源	1560	44세	무과. 선조 36년 계묘 식년시 병과 16위	1603	사정司正	변양좌 邊良佐			한성	

변영 邊泳	여함 汝涵	1574	29세	무과. 선조 35년 임인壬寅 별시 병과 18위	1602	내금위	변봉지 邊鳳祉		원주 原州	
변옥 邊沃	사윤 士潤	1577	27세	무과. 선조 36년 계묘 식년시 갑과甲科 3위	1603	전력展力	변양걸 邊良傑		한성	
변우 邊寓	여고 汝高	1615	37세	무과. 효종 2년 신묘 별시 병과 492위	1651	한량	변이 邊以		한성	
변위 邊煒	운보 雲甫	1699	25세	무과. 경종 3년 계묘 별시 병과 29위	1723	한량	변상후 邊相詡		한성	
변유 邊宥	여관 汝寬	1611	23세	무과. 인조 11년 계유 식년시 병과 12위	1633	보인	변이척 邊以惕		한성	
변유정 邊有定	정부 定夫			무과. 인조 26년 무자戊子 식년시 병과 12위	1648	소위昭威	변사기 邊士紀		장흥 長興	
변윤광 邊潤光		1746	39세	무과. 정조 8년 갑진 정시 병과 925위	1784	한량	변득문 邊得文		양근 楊根	
변윤종 邊胤宗	중소 仲紹	1540	45세	무과. 선조 17년 갑신 별시 병과 54위	1584	충순忠順	변담 邊淡		한성	
변윤지 邊允祉				무과. 효종 2년 신묘 별시 병과 791위	1651	한량	변형 邊逈		대흥 大興	
변응규 邊應奎	서숙 瑞叔	1560	24세	무과. 선조 16년 계미 별시 병과 132위	1583	충의忠義	변열 邊悅		한성	참판공파
변응복 邊應福	인길 仁吉	1555	29세	무과. 선조 16년 계미 알성시 병과 27위	1583	보인	변세린 邊世麟		한성	
변응성 邊應星	기중 機仲	1552	28세	무과. 선조 12년 기묘己卯	1579	자헌대부 資憲大夫 한성판윤 漢城判尹	변협 邊協	변계윤 邊季胤	변효공 邊孝恭	참판공파
변응정 邊應井	문숙 文叔	1557	32세	무과. 선조 21년 무자 식년시 병과 5위	1588	충의위 忠義衛	변열 邊悅	변계윤 邊季胤	변효공 邊孝恭	한성 참판공파

변응진 邊應軫	천경 天卿	1544	24세	무과. 선조 즉위년 정묘 식년시 갑과 3위	1567	보인	변붕 邊鵬		한성	
변응해 邊應海		1598	40세	무과. 인조 15년 정축 별시 병과 4953위	1637	수문장	변의윤 邊義胤		한성	
변의 邊儀	성재 聖載	1656	31세	무과. 숙종 12년 병인丙寅 중시重試 병과 13위	1686	부사과 副司果	변효윤 邊孝胤		광주 廣州	
변의 邊儀	제숙 制叔	1679	21세	무과. 숙종 25년 기묘 식년시 병과 13위	1699	부사과	변영희 邊永熙		한성	
변의길 邊義吉	의중 宜仲	1605	29세	무과. 인조 11년 계유 증광시 갑과 2위	1633	사과司果	변배 邊倍		한성	
변이범 邊以範		1595	43세	무과. 인조 15년 정축 별시 병과 1094위	1637	판관判官	변첩 邊帖		한성	
변이충 邊以忠	신숙 藎叔	1605	29세	무과. 인조 11년 계유 식년시 을과 5위	1633	보인	변혼 邊混		한성	
변이택 邊以澤	군우 君友	1590	44세	무과. 인조 11년 계유 식년시 병과 2위	1633	업무業武	변염 邊濂	변양좌 邊良佐	백천	
변이필 邊以弼		1688	43세	무과. 영조 6년 경술 정시 병과 254위	1730	한량	변계달 邊繼達		황주 黃州	
변익중 邊翊中	성보 聖輔	1691	23세	무과. 숙종 39년 계사 증광시 을과 4위	1713	한량	변창열 邊昌悅		한성	
변익헌 邊翼獻	이○ 而○	1633		무과. 인조 11년 계유 증광시 을과 1위		부호군 副護軍	변응제 邊應禔		한성	
변익흥 邊翼興	여선 汝善	1599	35세	무과. 인조 11년 계유 식년시 병과 8위	1633	사과	변응제 邊應禔		한성	
변절 邊竊	진지 鎭之	1604	27세	무과. 인조 8년 경오 식년시 병과 1위	1630	보인	변승룡 邊勝龍		한성	

변종득 邊宗得		1608	30세	무과. 인조 15년 정축 별시 병과 60위	1637	내금위	변위성 邊胃星		한성
변주국 邊柱國	국보 國甫	1698	28세	무과. 영조 1년 을사 증광시 병과 115위	1725	한량	변익희 邊翼禧		장단
변준 邊俊		1577	61세	무과. 인조 15년 정축 별시 병과 3228위	1637	겸사복	변막송 邊莫松		파 주 坡州
변준 邊寯	태호 泰浩	1624	28세	무과. 효종 2년 신묘 별시 을과 8위	1651	한량	변이충 邊以忠		한성
변중겸 邊重謙	선경 善慶	1662	25세	무과. 숙종 12년 병인 별시 병과 29위	1686	부사용 副司勇	변성홍 邊成弘		한성
변진국 邊鎭國		1749	36세	무과. 정조 8년 갑진 정시 병과 60위	1784	한량	변철 邊哲		한성
변진명 邊振溟	성보 成甫	1645	26세	무과. 현종 11년 경술 별시 병과 161위	1670	내금위	변준길 邊俊吉		한성
변진억 邊鎭億	기문 起文	1716	35세	무과. 영조 26년 경오 식년시 병과 79위	1750	별무사 別武士	변대위 邊大煒		평양 平壤
변진해 邊振海	징보 澄甫	1629	24세	무과. 효종 3년 임진壬辰 증광시 을과 7위	1652	사과	변의길 邊義吉		한성
변찬 邊粲		1603	35세	무과. 인조 15년 정축 별시 병과 4765위	1637	권관權管	변응령 邊應齡		한성
변창려 邊昌麗		1756	46세	무과. 순조 1년 신유 정시 병과 75위	1801	선무군관 選武軍官	변식 邊植		개성 開城
변창열 邊昌悅	양필 良弼	1661	34세	무과. 숙종 20년 갑술 별시 병과 35위	1694	한량	변영강 邊永康		한성
변창일 邊昌一				무과. 효종 2년 신묘 별시 병과 158위	1651	한량	변악 邊淪		한성

이름	자	생년	나이	무과	급제	관직	부	조	증조	고조	거주	파
변취성 邊就晟	명보 明輔	1643	30세	무과. 현종 13년 임자 별시 병과 16위	1672	한량	변봉 邊鳳				한성	
변치인 邊致寅	명보 明輔	1638	33세	무과. 현종 11년 경술 별시 병과 177위	1670	과의교위 果毅校尉	변위 邊偉				한성	
변태홍 邊泰弘		1756	29세	무과. 정조 8년 갑진 정시 병과 1476위	1784	별무사	변상주 邊尙柱				신천 信川	
변필 邊佖	의숙 義叔	1656	23세	무과. 숙종 4년 무오戊午 증광시 병과 219위	1678	부사과	변영희 邊永熙				한성	
변한규 邊漢圭	여장 汝長	1807	29세	무과. 헌종 1년 을미乙未 증광시 병과 18위	1835	한량	변계환 邊啓煥				한성	
변한진 邊漢鎭		1760	25세	무과. 정조 8년 갑진 정시 병과 1797위	1784	한량	변익도 邊益道				평양	
변해진 邊海鎭		1732	34세	무과. 영조 41년 을유 식년시 병과 1위	1765	별무사	변진방 邊晉芳				안주 安州	
변협 邊協	자인 子寅	1528	20세	무과. 명종 3년 무자 증광시 병과 23위	1548	한량	변계윤 邊季胤	변효공 邊孝恭	변우 邊佑		한성	참판공파
변혼 邊混	혼원 混源	1575	29세	무과. 선조 36년 계묘 식년시 병과 6위	1603	장사랑 將仕郎	변양우 邊良佑				원주	
변홍대 邊弘大		1758	27세	무과. 정조 8년 갑진 정시 병과 1484위	1784	한량	변상주 邊尙柱				신천	
변홍점 邊鴻漸		1754	31세	무과. 정조 8년 갑진 정시 병과 1180위	1784	기사騎士	변이협 邊以協				황주	
변흡 邊潝		1568		무과. 선조 36년 계묘	1603	오위도총관 五衛都總官	변양걸 邊良傑	변위 邊偉				전서공파
변경인 邊擎仁	사직 士直	1815		무관. 무보武譜		권權	변덕순 邊德淳	변진협 邊鎭協			미상	

변계환 邊啓煥	치승 穉承	1791		무관. 무보	부부	변성화 邊聖和	변경우 邊慶遇	변주국 邊柱國	미상	
변득규 邊得圭		1819		무관. 무보	무武	변계환 邊啓煥			미상	
변석린 邊錫麟				무관. 무보	선宣	변철규 邊徹圭			미상	
변승규 邊昇圭		1812		무관. 무보	절折	변치환 邊致煥	변상화 邊尙和	변경유 邊慶裕	미상	
변영호 邊永浩		1791		무관. 무보	총초念哨				미상	
변익환 邊益煥		1807		무관. 무보	부부	변처화 邊處和	변경리 邊慶履		미상	
변재문 邊載文		1794		무관. 무보	부부	변정섭 邊廷燮	변시창 邊始昌	변처신 邊處信	미상	
변진규 邊晉圭	이견 而見	1812		무관. 무보	동인同仁	변계환 邊啓煥	변성화 邊聖和	변경우 邊慶遇	미상	
변철규 邊徹圭		1824		무관. 무보	남부참봉 南部參奉	변계환 邊啓煥	변성화 邊聖和	변경우 邊慶遇	미상	
변한규 邊漢圭		1807		무관. 무보		변계환 邊啓煥	변성화 邊聖和	변경우 邊慶遇	미상	
변형규 邊衡圭				무관. 무보		변계환 邊啓煥	변성화 邊聖和	변경우 邊慶遇		
변경장 邊慶長	선원 善源	1539	32세	생원시生員試. 선조 3년 경오 식년시 식년생원式年生員 3등, 24위	1570	유학	변영청 邊永淸	변광 邊廣	변희예 邊希乂	경북 안동	첨추공파
변광 邊廣	계탁 季拓			생원시. 중종 8년 계유 식년시 식년생원 3등, 62위	1513	유학	변희우 邊希又			영천 榮川	

변광대 邊光大	명원 明遠	1485	22세	생원시. 중종 2년 정묘 식년시 식년생원 2등, 16위	1507	유학	변희리 邊希季	변정 邊定	변차희 邊次熹	경북 예천	첨추공파
변기종 邊起宗				생원시. 태종 14년 갑오 식년시 식년생원 3등, 27위	1414					미상	
변기탁 邊基卓		1847	42세	생원시. 고종 25년 무자 식년시 식년생원 3등, 25위	1888	유학	변원중 邊元重			장흥	
변대즙 邊大楫	자섭 子涉	1853	30세	생원시. 고종 19년 임오 식년시 식년생원 3등, 39위	1882	유학	변응하 邊膺河			성천 成川	
변덕연 邊德淵	백심 伯深	1793	35세	생원시. 순조 27년 정해丁亥 증광시 증광생원增廣生員 3등, 40위	1827	유학	변즙 邊楫			봉산 鳳山	
변몽윤 邊夢胤	천여 天與	1628	56세	생원시. 숙종 9년 계해癸亥 증광시 증광생원 2등, 23위	1683	유학	변상중 邊尙中			원성 原城	생부. 호중好中
변보 邊保	군수 君守			생원시. 세종 29년 정묘 식년시 식년생원 2등, 23위	1447	현감	변상빙 邊尙聘	변이 邊頤	변안열 邊安烈	한성	군수공파 郡守公派
변상수 邊尙綬	유원 柔遠	1696	45세	생원시. 영조 16년 경신庚申 증광시 증광생원 3등, 19위	1740	유학	변극형 邊克亨			안동	생부. 극태克泰
변석 邊錫		1809	59세	생원시. 고종 4년 정묘 식년시 식년생원 3등, 39위	1867	유학	변국한 邊國翰			백천	
변석룡 邊錫龍	자운 子雲	1813	36세	생원시. 헌종 14년 무신戊申 증광시 증광생원 3등, 66위	1848	유학	변재항 邊在恒			함흥 咸興	
변석연 邊錫淵	경원 景源	1848	44세	생원시. 고종 28년 신묘 증광시 증광생원 2등, 11위	1891	유학	변기홍 邊基弘			백천	

변석윤 邊錫胤	경조 景祚		1855	19세	생원시. 고종 10년 계유 식년시 식년생원 3등, 55위	1873	유학	변홍규 邊弘圭			한성	
변성 邊成	선숙 善叔				생원시. 중종 11년 병자丙子 식년시 식년생원 3등, 53위						한성	
변세영 邊世英	자실 子實		1641	29세	생원시. 현종 10년 기유 식년시 식년생원 2등, 5위	1669	유학	변인길 邊麟吉			한성	
변세혁 邊世爀	자명 子明		1629	24세	생원시. 효종 3년 임진 증광시 증광생원 3등, 24위	1652	유학	변호길 邊虎吉			인천 仁川	
변세화 邊世華	자정 子精		1632	38세	생원시. 현종 10년 기유 식년시 식년생원 1등, 4위	1669	유학	변인길 邊麟吉			한성	
변시발 邊始發	덕오 德吾	용헌 滽軒	1763	41세	생원시. 순조 3년 계해 증광시 증광생원 2등, 21위	1803	유학	변익춘 邊翊春	변국빈 邊國賓	변지두 邊之斗	경북 예천	첨추공파
변여호 邊汝虎			1661	36세	생원시. 숙종 22년 병자 식년시 식년생원 3등, 35위	1696		변우 邊宇			부안 扶安	
변영청 邊永清	개백 開伯		1516	30세	생원시. 명종 1년 병오 식년시 식년생원 3등, 52위	1546		변광 邊廣	변희예 邊希乂	변영 邊寧	경북 안동	첨추공파
변용연 邊龍淵	운수 雲叟		1874	21세	생원시. 고종 31년 갑오 식년시 식년생원 3등, 131위	1894	유학	변홍순 邊鴻淳			박천 博川	
변용원 邊用瑗	백옥 伯玉				생원시. 연산군 7년 신유 식년시 식년생원 3등, 15위	1501	유학	변상 邊祥			진천 鎭川	
변우 邊寓	자시 子始		1635	57세	생원시. 숙종 17년 신미辛未 증광시 증광생원 3등, 35위	1691	유학	변효원 邊孝遠			전북 全北 고창 高敞	

변윤중 邊允中	숙정 叔正		1595	18세	생원시. 광해군 4년 임자 식년시 식년생원 3등, 3위	1612	유학	변영 邊泳		원주
변응삼 邊應參	자정 子貞		1821	32세	생원시. 철종 3년 임자 식년시 식년생원 3등, 51위	1852	유학	변직 邊稙		한성
변익춘 邊益春	만보 萬甫	남교 南嶠	1741	37세	생원시. 정조 1년 정유 식년시 식년생원 2등, 25위	1777	유학	변국빈 邊國賓	변유건 邊有建	변지두 邊之斗	경북 예천
변익희 邊益熙			1834	25세	생원시. 철종 10년 기미己未 증광시 증광생원 3등, 8위	1859	유학	변창중 邊昌仲		태천
변인길 邊麟吉	성징 聖徵		1598	30세	생원시. 인조 5년 정묘 식년시 식년생원 1등, 5위	1627	유학	변종신 邊宗信		한성
변일휴 邊日休			1740	34세	생원시. 영조 49년 계사 증광시 증광생원 3등, 50위	1773	유학	변진형 邊鎭泂		한성
변종신 邊宗信	신원 信元		1575	31세	생원시. 선조 38년 을사 증광시 증광생원 3등, 41위	1605	유학	변취중 邊就中		
변지두 邊之斗	명자 明宇	망촌 忘村	1621	34세	생원시. 효종 5년 갑오 식년시 식년생원 3등, 18위	1654	증贈, 승정원 承政院 좌승지 左丞旨	변윤종 邊胤宗	변흠 邊欽	변응영 邊應寧	경북 예천	첨추공파
변진규 邊鎭奎			1861	20세	생원시. 고종 17년 경진 증광시 증광생원 3등, 134위	1880	유학	변득렬 邊得烈		태천
변포 邊褒	성오 盛吾		1577	29세	생원시. 선조 38년 을사 증광시 증광생원 3등, 61위	1605	유학	변호겸 邊好謙		한성
변호길 邊虎吉	위여 威如		1593	32세	생원시. 인조 2년 갑자甲子 증광시 증광생원 1등, 2위	1624	유학	변종신 邊宗信		인천

변홍구 邊鴻九		1813	46세	생원시. 철종 9년 무오 식년시 식년생원 2등. 5위	1858	유학	변응권 邊膺權			태천	
변후 邊厚				생원시. 세종 29년 정묘 식년시 식년생원 3등, 41위	1447	현령縣令	변상복 邊尙服	변이 邊頤	변안열 邊安烈	대전 大田	부마공파 駙馬公派
변겸환 邊謙桓	익지 益之	1823	39세	역과. 철종 12년 신유 식년시 1위	1861	교회教誨·정正	변회 邊准	변진국 邊鎭國	변철 邊哲	미상	호군공파
변경구 邊憬求	경심 景心	1781	21세	역과. 순조 1년 신유 식년시 3위	1801	직장直長	변용 邊鏞	변한모 邊翰謨	변소 邊熽	미상	
변계 邊棨	숙보 叔甫	1687	27세	역과. 숙종 39년 계사 증광시 2위	1713	절충장군折衝將軍·교회	변상해 邊相諧	변탕 邊邊	변성길 邊誠吉	미상	호군공파
변기 邊墍	퇴지 退之	1598	33세	역과. 인조 8년 경오 식년시 8위. 한학漢學	1630		변대길 邊大吉	변신 邊信	변희령 邊希齡	미상	호군공파
변백윤 邊伯胤	언소 彦紹			역과. 명종 19년 갑자 식년시 10위	1564	전봉사 前奉事	변효충 邊孝忠			미상	
변상집 邊相識	희숙 熙叔	1666	24세	역과. 숙종 15년 기사己巳 증광시 7위	1689	봉사奉事	변적 邊逖	변성길 邊誠吉	변인 邊仁	미상	호군공파
변섬 邊暹	명보 明甫	1631	18세	역과. 인조 26년 무자 식년시 1위	1648	가선대부嘉善大夫·교회	변성길 邊誠吉	변인 邊仁	변희령 邊希齡	미상	호군공파
변성구 邊性求	사선 士善	1776	20세	역과. 정조 19년 을묘 식년시 2위	1795	교회·상통사上通事·주부主簿	변호 邊鎬	변한유 邊翰猷	변소 邊熽	미상	호군공파
변수 邊稑	치수 致秀	1800	20세	역과. 순조 19년 기묘 식년시(장원壯元) 1위	1819	교회·교수통정대부敎授通政大夫	변성구 邊性求	변호 邊鎬	변한유 邊翰猷		호군공파
변숙 邊淑				역과. 인조 8년 경오 식년시 3위.	1630	교회·내섬시주부內贍寺主簿	변사길 邊士吉	변인 邊仁	변희령 邊希齡	미상	호군공파
변시한 邊是翰		1694	21세	역과. 숙종 40년 갑오 증광시 2위. 한학	1714		변상중 邊尙中			미상	

이름	자	생년	나이	역과	연도	관직	부	조	증조	미상	파
변영정 邊永晴		1645	19세	역과. 현종 4년 계묘 식년시 1위, 한학	1663		변완 邊玩	변충길 邊忠吉	변신 邊信	미상	호군공파
변영화 邊永和	태평 太平	1638	23세	역과. 현종 1년 경자 식년시 2위, 한학	1660	교회·정正	변훈 邊壎	변충길 邊忠吉	변신 邊信	미상	호군공파
변욱 邊煜	원명 元明	1841	19세	역과. 철종 10년 기미 증광시 3위, 한학	1859	차상통사 次上通事· 주부	변정환 邊鼎桓				호군공파
변위 邊煒	명초 明初	1857	17세	역과. 고종 10년 계유 식년시(장원)1위, 한학	1873	주부	변태환 邊泰桓			미상	호군공파
변응두 邊應斗	중칠 仲七	1824	23세	역과. 현종 12년 병오 식년시 6위, 한학	1846	봉사· 전함前銜	변수 邊樞	변성구 邊性求	변호 邊鎬		호군공파
변준 邊埈	사극 士極	1861	19세	역과. 고종 16년 기묘 식년시 5위, 한학	1879		변응익 邊應翼	변직 邊稙	변성구 邊性求		호군공파
변준 邊準	성칙 聖則	1778	21세	역과. 정조 22년 무오 식년시 9위, 한학	1798	우어별체아 偶語別遞兒· 첨정僉正	변진국 邊鎭國				호군공파
변직 邊稙	유실 幼實	1794	19세	역과. 순조 12년 임신 증광시(장원) 1위	1812	숭정대부 崇政大夫· 교회· 지추知樞	변성구 邊性求	변호 邊鎬	변한유 邊翰猷		호군공파
변직 邊稷	문보 文甫	1804	22세	역과. 순조 25년 을유 식년시 2위	1825	상통사· 정正	변경구 邊憬求				호군공파
변진환 邊晉桓	강지 康之	1832	24세	역과. 철종 6년 을묘 식년시 5위	1855	구압물 舊押物· 주부	변회 邊淮	변진국 邊鎭國	변철 邊哲	미상	호군공파
변치관 邊治寬	계성 季成	1790	21세	역과. 순조 10년 경오 식년시 5위	1810	봉사	변흠 邊欽			미상	호군공파
변치중 邊治重	백원 伯遠	1784	18세	역과. 순조 1년 신유 식년시 5위	1801	상통사· 정正	변흠 邊欽			미상	호군공파
변치후 邊治厚	시회 時回	1787	18세	역과. 순조 4년 갑자 식년시 3위	1804	봉사· 상통사	변흠 邊欽			미상	호군공파

변탁 邊倬		1660	28세	역과. 숙종 13년 정묘 식년시 4위. 한학	1687		변영희 邊永熙	변선 邊僐	변충길 邊忠吉	미상	호군공파
변탕 邊逿	계주 繼周	1640	21세	역과. 현종 1년 경자 증광시 3위.	1660	구압물	변성길 邊誠吉	변인 邊仁	변희령 邊希齡	미상	호군공파
변택중 邊擇中	성집 成執	1676	24세	역과. 숙종 25년 기묘 증광시 8위	1699	우어별체아· 주부	변창회 邊昌恢	변영강 邊永綱	변완 邊琓	미상	호군공파
변합 邊合				역과. 인조 8년 경오 식년시 3위. 한학	1630					미상	
변혁 邊㷼	영삼 榮三	1858	25세	역과. 고종 19년 임오 식년시 3위	1882	이압물 二押物· 부봉사 副奉事	변겸환 邊謙桓	변회 邊淮	변진국 邊鎭國	미상	호군공파
변호 邊鎬	원경 元京	1758	26세	역과. 정조 7년 계묘 증광시 2위	1783	숭록대부 崇祿大夫· 압물押物· 교회	변한유 邊翰猷	변소 邊燒	변상겸 邊相謙	미상	호군공파
변훤 邊烜	덕장 德章	1707	16세	역과. 경종 2년 임인 증광시 6위	1722	정헌대부 正憲大夫· 교회· 동지同知	변상협 邊相協	변적 邊逖	변성길 邊誠吉	미상	호군공파
변흠 邊欽	신여 愼汝	1755	23세	역과. 정조 1년 정유 증광시 2위. 한학	1777		변한기 邊翰基	변헌 邊憲		미상	
변희 邊○	치량 穉良	1846	29세	역과. 고종 11년 갑술 증광시 7위	1874	참봉· 주학籌學	변응참 邊應參	변직 邊稙		미상	호군공파
변헌 邊憲	덕장 德章	1707		역과. 경종 2년 임인	1722	동지중추부사 同知中樞府事					
변경 邊炅	성장 聖章	1712	24세	율과. 영조 11년 을묘 식년시	1735		변계중 邊啓中	변창윤 邊昌潤	변영강 邊永康		호군공파
변계중 邊啓中	득일 得一	1692	19세	율과. 숙종 36년 경인庚寅 증광시(장원) 1위	1710	교수敎授	변창윤 邊昌潤	변영강 邊永康	변완 邊琓	미상	호군공파

변창휴 邊昌休	명숙 明淑	1693	19세	율과. 숙종 37년 신묘 식년시	1711		변영정 邊永靖	변완 邊琓	변충길 邊忠吉	미상	호군공파
변규창 邊奎昌		1794		음관. 음보蔭譜		계사, 정庭	변상훈 邊相勳	변계동 邊啓東	변시섬 邊始暹	경북 예천	첨추공파
변득규 邊得圭	사필 四匹	1818		음관. 음보		을축乙丑, 무武	변계환 邊啓煥	변성화 邊聖和	변경우 邊慶遇	미상	
변상훈 邊相勳	경구 백농 景求 白農	1827		음관. 음보		임자, 증增	변계동 邊啓東	변시섬 邊始暹	변익보 邊益普	경북 예천	첨추공파
변시섬 邊始暹	일진 日進	1773		음관. 음보		신유, 식式	변익보 邊益普	변국빈 邊國賓	변유체 邊有逮	경북 예천	첨추공파
변익환 邊益煥	중구 重九	1807		음관. 음보		을묘, 부部·강후康侯	변처화 邊處和	변경리 邊慶履	변광국 邊光國	미상	
변진규 邊璡圭	이견 而見	1812		음관. 음보		을유, 권權·영營	변계환 邊啓煥	변성화 邊聖和	변경우 邊慶遇	미상	
변철규 邊徹圭				음관. 음보		기사·참參				미상	
변한규 邊漢圭	여장 汝章	1807		음관. 음보		경자, 선宣·연일延日·원중原中	변계환 邊啓煥	변성화 邊聖和	변경우 邊慶遇	미상	
변형순 邊亨淳	응수 應秀	1807		음관. 음보		정유, 식式	변석언 邊碩彦	변유하 邊有夏	변억기 邊億基	태천	
변순 邊恂		1721	24세	음양과. 영조 20년 갑자 식년시(장원) 1위		삼력관 三曆官·훈도訓導·검교수 兼敎授	변억로 邊億老			미상	
변제환 邊濟桓	화경 和卿	1817	28세	음양과. 헌종 10년 갑진 증광시. 천문학天文學	1844	수술관 修述官·삼력관	변회 邊淮	변진국 邊鎭國	변철 邊哲	미상	호군공파
변종규 邊宗圭	성오 聖五	1864	19세	음양과. 고종 19년 임오 식년시	1882	명과학 命課學	변욱 邊煜	변정환 邊鼎桓	변회 邊淮	미상	호군공파
변찬 邊燦	찬명 燦明	1854	21세	음양과. 고종 11년 갑술 증광시	1874		변제환 邊濟桓	변회 邊淮	변진국 邊鎭國	미상	호군공파
변홍 邊烘	홍명 洪明	1857	20세	음양과. 고종 13년 병자 식년시. 천문학.	1876	정正	변제환 邊濟桓	변회 邊淮	변진국 邊鎭國	미상	호군공파
변급 邊伋				의과. 숙종 7년 신유 식년시	1681		변영수 邊永綏	변선 邊璿		미상	호군공파

변두경 邊斗卿	숙평 叔平	1617	26세	의과. 인조 20년 임오 식년시	1642	첨정· 교수이 敎授二	변성남 邊誠男			미상	호군공파
변석구 邊錫龜				의과. 효종 2년 신묘 식년시	1651		변기 邊璂	변대길 邊大吉	변신 邊信	미상	호군공파
변선 邊墡	도경 道卿			의과. 인조 8년 경오 식년시	1630	판관	변충길 邊忠吉	변신 邊信	변희령 邊希齡	미상	호군공파
변시태 邊始泰				의과. 숙종 19년 계유 식년시(장원) 1위	1693		변여목 邊汝牧	변두경 邊斗卿	변성남 邊誠男	미상	호군공파
변여망 邊汝望	위수 渭叟	1639	19세	의과. 효종 8년 정유 식년시	1657		변두경 邊斗卿	변성남 邊誠男		미상	호군공파
변여목 邊汝牧				의과. 현종 13년 임자 식년시(장원) 1위	1672		변두경 邊斗卿	변성남 邊誠男		미상	호군공파
변여적 邊汝勣				의과. 숙종 1년 을묘 식년시	1675		변두경 邊斗卿	변성남 邊誠男		미상	호군공파
변여정 邊汝靖				의과. 숙종 8년 임술 증광시						미상	
변영강 邊永康	중수 仲綏			의과. 현종 1년 경자 증광시	1660	주부	변완 邊玩	변충길 邊忠吉	변신 邊信	미상	호군공파
변영석 邊永錫				의과. 현종 7년 병오 식년시(장원) 1위	1666		변선 邊墡	변충길 邊忠吉	변신 邊信	미상	호군공파
변영수 邊永綏	자안 子安	1636	22세	의과. 효종 8년 정유 식년시(장원) 1위	1657		변선 邊墡	변충길 邊忠吉	변신 邊信	미상	호군공파
변영청 邊永淸	여정 汝靜	1624	19세	의과. 인조 20년 임오 식년시	1642	내의內醫· 동지	변원 邊垣	변충길 邊忠吉	변신 邊信	미상	호군공파
변영태 邊永泰				의과. 현종 3년 임인 증광시	1662		변완 邊玩	변충길 邊忠吉	변신 邊信	미상	호군공파
변영휘 邊永徽				의과. 숙종 1년 을묘 식년시	1675		변완 邊玩	변충길 邊忠吉	변신 邊信	미상	호군공파
변영희 邊永熙	여화 汝和			의과. 효종 5년 갑오 식년시	1654	정正	변선 邊墡	변충길 邊忠吉	변신 邊信	미상	호군공파

변옥 邊沃			1659	26세	의과. 숙종 10년 갑자 식년시	1684		변석지 邊錫智			사용공파 司勇公派
변완 邊垸	숙평 叔平				의과. 인조 13년 을해 증광시	1635	정正·훈도	변충길 邊忠吉	변신 邊信	변희령 邊希齡	미상	호군공파
변응익 邊應翼	자광 子匡		1827	18세	의과. 헌종 10년 갑진 증광시	1844	내의원정 內醫院正	변식 邊植	변성구 邊性求	변호 邊鎬		호군공파
변창윤 邊昌潤	덕보 德甫		1659		의과. 숙종 19년 계유 식년시	1693	구임久任· 교수· 훈도이 訓導二	변영강 邊永康	변완 邊琓	변충길 邊忠吉	미상	호군공파
변창흡 邊昌洽	원서 遠瑞				의과. 숙종 25년 기묘 증광시(장원) 1위	1699	첨정	변영태 邊永泰	변완 邊琓	변충길 邊忠吉	미상	호군공파
변치수 邊致綏	사안 士安		1742	30세	의과. 영조 47년 신묘 식년시	1771	정正	변집 邊準	변홍로 邊弘老	변흡 邊洽	미상	호군공파
변치정 邊致定	영보 寧甫		1630	28세	의과. 효종 8년 정유 식년시	1657		변위 邊偉	변희량 邊希良	변형 邊馨	미상	전서공파
변치한 邊致翰	여종 汝宗		1743	29세	의과. 영조 47년 신묘 식년시	1771	절충장군 折衝將軍· 내의	변순 邊舜	변억로 邊億老	변흡 邊洽	미상	호군공파
변치헌 邊致憲	장보 章甫		1634	24세	의과. 효종 8년 정유 식년시	1657	혜민서구임 惠民署久任· 주부	변위 邊偉	변희량 邊希良	변형 邊馨	미상	전서공파
변태환 邊泰桓	대지 大之		1820	40세	의과. 철종 10년 기미 증광시(장원) 1위	1859	첨정	변준 邊准	변진국 邊鎭國	변철 邊哲	미상	호군공파
변한수 邊漢壽	미중 眉仲		1734	23세	의과. 영조 32년 병자 식년시	1756	혜민서구임	변계 邊棨	변섬 邊暹	변성길 邊誠吉	미상	호군공파
변혁 邊爀	회일 晦一		1689	25세	의과. 숙종 39년 계사 증광시	1713	혜민서구임	변상욱 邊相勗	변적 邊迹	변성길 邊誠吉	미상	호군공파
변훈 邊壎	자율 子律		1619	24세	의과. 인조 20년 임오 식년시(장원) 1위	1642	구임· 교수이 敎授三	변충길 邊忠吉	변신 邊信	변희령 邊希齡	미상	호군공파
변광대 邊光大	명원 明遠		1485	22세	진사시. 중종 2년 정묘 식년시 식년진사 3등 10위	1507	유학	변희리 邊希季	변정 邊定	변차희 邊次熹	경북 예천	첨추공파

변기풍 邊基豊	대유 大有	1874	21세	진사시. 고종 31년 갑오 식년시 식년진사 3등 590위	1894	유학	변원학 邊元鶴		용담 龍潭
변기홍 邊基弘	사유 士裕	1809	72세	진사시. 고종 17년 경진 증광시 증광진사 3등 72위	1880	유학	변대형 邊大亨		백천
변동식 邊東植	춘경 春卿	1878	17세	진사시. 고종 31년 갑오 식년시 식년진사 3등 802위	1894	유학	변승학 邊承學		평산 平山
변동환 邊東煥		1874	21세	진사시. 고종 31년 갑오 식년시 식년진사 3등 591위	1894	유학	변지화 邊智和		해주 海州
변득일 邊得一	영보 寧甫	1720	40세	진사시. 영조 35년 기묘 식년시 식년진사 3등 8위	1759	유학	변진설 邊震卨		인천
변몽정 邊夢程	만군 萬軍			진사시. 중종 2년 정묘 식년시 식년진사 3등 70위	1507	내금위	변호 邊浩		한성
변사검 邊士儉				진사시. 중종 14년 기묘 식년시 식년진사 3등 70위	1519				한성
변사청 邊士淸	중숙 仲叔	1733	22세	진사시. 영조 30년 갑술 증광시 증광진사 2등 23위	1754	유학	변진원 邊鎭遠		박천
변석홍 邊錫洪	성범 聖範	1828	49세	진사시. 고종 13년 병자 식년시 식년진사 3등 56위	1876	유학	변태규 邊泰圭		평산
변섭 邊僡	사총 士聰	1689	26세	진사시. 숙종 40년 갑오 증광시 증광진사 3등 24위	1714	유학	변시척 邊是陟		대흥

변수양 邊壽楊	인수 仁叟			진사시. 성종 14년 계묘 식년시 식년진사 3등 42위	1483	유학	변처관 邊處寬			미상
변숙 邊橚	화백 華伯	1682	24세	진사시. 숙종 31년 을유 식년시 식년진사 3등 15위	1705	유학	변진탁 邊震鐸			인천
변순 邊枸	숙건 叔建	1699	40세	진사시. 영조 14년 무오 식년시 식년진사 2등 17위	1738	유학	변진장 邊震長			충원 忠原
변신 邊愼	중숙 重叔	1526	30세	진사시. 명종 10년 을묘 식년시 식년진사 3등 32위	1555	유학	변명윤 邊明胤			한성
변안 邊晏	안지 安之			진사시. 중종 5년 경오 식년시 식년진사 3등 27위	1510	유학	변극문 邊克文			한성
변역 邊淢	차해 次海	1584	59세	진사시. 인조 20년 임오 식년시 식년진사 2등 6위	1642	유학	변영태 邊永泰			한성
변용각 邊龍珏	운여 雲汝	1874	21세	진사시. 고종 31년 갑오 식년시 식년진사 3등 263위	1894	유학	변홍순 邊鴻淳			박천
변욱 邊頊	군옥 君玉	1666	28세	진사시. 숙종 19년 계유 식년시 식년진사 3등 40위	1693	유학	변상렬 邊尙烈			백천
변위 邊偉	대허 大虛			진사시. 중종 20년 을유 식년시 식년진사 3등 5위	1525	유학	변자정 邊自靖	변확 邊碻	변을충 邊乙忠	백천 전서공파
변위호 邊威虎	중웅 仲雄	1628	25세	진사시. 효종 3년 임진 증광시 증광진사 3등 28위	1652	유학	변익흥 邊翼興			한성
변응보 邊應輔	여린 汝隣	1532	30세	진사시. 명종 16년 신유 식년시 식년진사 3등 54위	1561	유학	변의 邊儀			한성
변익로 邊翼老	경수 敬叟	1704	24세	진사시. 영조 3년 정미 증광시 증광진사 3등 62위	1727	유학	변흡 邊洽			한성 호군공파
변적 邊迪	길보 吉甫	1635	26세	진사시. 현종 1년 경자 식년시 식년진사 3등 16위	1660	유학	변복일 邊復一			한성

변정원 邊挺原	정지 梃之	1656	44세	진사시. 숙종 25년 기묘 식년시 식년진사 3등 3위	1699	유학	변석징 邊錫徵			한성	
변제 邊悌	자화 子和	1524	35세	진사시. 명종 13년 무오 식년시 식년진사 3등 15위	1558	유학	변계윤 邊季胤			한성	
변즐 邊○	회보 晦甫	1714	34세	진사시. 영조 23년 정묘 식년시 식년진사 3등 8위	1747	유학	변억로 邊億老	변흡 邊洽		한성	호군공파
변주헌 邊周憲	치장 稚章	1844	16세	진사시. 철종 10년 기미 증광시 증광진사 3등 64위	1859	유학	변학규 邊學珪			평양	
변진유 邊震維	사장 士張	1647	35세	진사시. 숙종 7년 신유 식년시 식년진사 3등 66위	1681	유학	변세휘 邊世輝			인천	
변충익 邊忠翊	개량 開亮	1602	41세	진사시. 인조 20년 임오 식년시 식년진사 3등 33위	1642	유학	변응벽 邊應壁			한성	
변택용 邊宅鏞	순명 舜明	1840	49세	진사시. 고종 25년 무자戊子 식년시 식년진사 2등 7위	1888	유학	변규 邊奎	생부 채珠		봉산	
변학명 邊鶴鳴		1808	73세	진사시. 고종 17년 경진 증광시 증광진사 3등 167위	1880	유학	변정욱 邊晶郁			태천	
변효성 邊孝誠	행원 行源	1571	39세	진사시. 광해군 1년 기유 증광시 증광진사 3등	1609	유학	변양중 邊養中			한성	
변계환 邊繼煥	경시 景時	1834	38세	취재. 고종 8년 신미 주학籌學	1871		변격 邊格	변치후 邊治厚	변흠 邊欽	미상	호군공파
변준 邊埈	치륭 稚隆	1801	73세	취재. 고종 10년 계유 주학	1873		변응익 邊應翼	변직 邊稙	변성구 邊性求	미상	호군공파
변희 邊○	치량 稚良	1846	26세	취재. 고종 8년 신미 주학	1871	계사計士	변응참 邊應參	변직 邊稙	변성구 邊性求	미상	호군공파

자료 출처 및 참고: 한국학중앙연구원–한국역대인물종합정보 시스템

성명	자	호	생년	합격연령	과거 및 취재명	급재년도	전력 및 관직	부	조부	증조부	고향	소속종파
변경윤 邊慶胤	자여 子餘	자하옹 紫霞翁	1574	30세	문과. 선조 36년 계묘 식년시 병과 7위	1603	종사랑 從仕郎	변이중 邊以中	변택 邊澤	변처정 邊處禎	미상	
변동익 邊東翼			1868	18세	문과. 고종 22년 을유 증광시 을과 2위	1885	유학	변회연 邊會淵			장성 長城	
변득양 邊得讓	사겸 士謙		1723	34세	문과. 영조 32년 병자 정시 병과 23위	1756	진사	변치명 邊致明	변일 邊佾	변광재 邊光載	미상	
변사달 邊四達	겸선 兼善		1631	39세	문과. 현종 10년 기유 평안도별시平安道別試 병과 1위	1669	진사·현감	변극명 邊克明			미상	
변상휘 邊相徽			1734	68세	문과. 순조 1년 신유 증광시 을과 6위	1801	진사	변종주 邊宗周	변치임 邊致臨	변수 邊脩	부안 扶安	
변유 邊攸	호보 好甫		1652	48세	문과. 숙종 25년 기묘 식년시 병과 2위	1699	생원·예조좌랑	변세추 邊世樞			미상	생부·세광 世光
변이중 邊以中	언시 彦時	망암 望菴	1546	28세	문과. 선조 6년 계유 식년시 병과 23위	1573	생원·시정寺正	변택 邊澤	변처정 邊處禎	변호 邊浩	장성	
변치명 邊致明	성보 誠甫	묵포 墨逋	1703	49세	문과. 영조 27년 신미 정시 병과 18위	1751	통덕랑	변일 邊佾	변광재 邊光載	변명익 邊命益	미상	
변하익 邊夏益	대재 大哉		1623	50세	무과. 현종 13년 임자 별시 병과 450위	1672	통사랑 通仕郎	변형윤 邊亨胤			장성	
변호 邊浩	자강 子綱				생원시. 연산군 7년 신유 식년시 식년생원 3등 28위	1501	유학	변효우 邊孝友			장성	
변이중 邊以中	언시 彦時	망암 望菴	1546	23세	생원시. 선조 1년 무진戊辰 증광시 증광생원 3등 70위	1568	유학	변택 邊澤	변처정 邊處禎	변호 邊浩	장성	
변처안 邊處安	태숙 泰叔		1543	28세	생원시. 선조 3년 경오 식년시 식년생원 3등 47위	1570	유학	변윤 邊崙			운산 雲山	

변건 邊健	백강 伯强	1675	25세	생원시. 숙종 25년 기묘 식년시 식년생원 3등 32위	1699	유학	변세구 邊世耉		장성	
변유 邊攸	호보 好甫	1652	48세	생원시. 숙종 25년 기묘 식년시 식년생원 3등 58위	1699	유학	변세추 邊世樞		장성	생부 · 세로 世老
변치일 邊致一	재만 載萬	1676	46세	생원시. 경종 1년 신축후표 식년시 식년생원 2등 14위	1721	유학	변척 邊倜		장성	
변치도 邊致道	성유 聖由	1696	55세	생원시. 영조 26년 경오 식년시 식년생원 3등 34위	1750	유학	변숙 邊俶		장성	
변득경 邊得景	복경 福卿	1725	29세	생원시. 영조 29년 계유 식년시기시式年試期試 식년생원 3등 45위	1753	유학	변치도 邊致道		장성	
변치흠 邊致欽	천약 天若	1724	31세	생원시. 영조 30년 갑술 증광시기시增廣試期試 증광생원 2등 18위	1754	유학	변언 邊偃		장성	
변득형 邊得衡	평중 平仲	1711	61세	생원시. 영조 47년 신묘 식년시기시 식년생원 3등 14위	1771	유학	변치적 邊致迪		장성	
변정용 邊正容	사직 士直	1773	26세	생원시. 정조 22년 무오 식년시기시 식년생원 3등 57위	1798	유학	변상립 邊相立		장성	
변상선 邊相璇	경래 敬來	1749	56세	생원시. 순조 4년 갑자 식년시기시 식년생원 2등 7위	1804	유학	변득좌 邊得佐		장성	
변덕용 邊德容	윤보 潤普	1764	42세	생원시. 순조 5년 을축 증광시기시 증광생원 3등 27위	1805	유학	변상두 邊相斗		무주 茂朱	
변종유 邊鍾裕	여회 汝會	1780	28세	생원시. 순조 7년 정묘 식년시기시	1807	유학	변상열 邊相說		장성	생부 · 상악 相岳
변유용 邊有容	대형 大亨	1769	46세	생원시. 순조 14년 갑술 식년시기시 식년생원 3등 38위	1814	유학	변상덕 邊相德		장성	생부 · 상협 相協

변상돈 邊相燉	돈오 敦五	1780	55세	생원시. 순조 34년 갑오 식년시기시 식년생원 3등 26위	1834	유학	변득망 邊得望			고부 古阜	
변석기 邊奭基	공선 公先	1818	33세	생원시. 철종 1년 경술 증광시기시 증광생원 3등 58위	1850	유학	변종유 邊鍾裕			장성	생부 흥유 興裕
변채기 邊采基	치서 致瑞	1846	28세	생원시. 고종 10년 계유 식년시기시 식년생원 3등 94위	1873	유학	변경용 邊慶容			장성	
변사민 邊思閔	효백 孝伯			진사시. 광해군 10년 무오 증광시기시 증광진사 2등 1위	1618	유학	변국상 邊國祥			곽산 郭山	
변광식 邊光軾	여첨 汝瞻	1648	28세	진사시. 숙종 1년 을묘 증광시기시 증광진사 3등 17위	1675	유학	변명익 邊命益			서울 (京)	
변수 邊脩	원보 遠普	1648	37세	진사시. 숙종 10년 갑자 식년시기시 식년진사 3등 7위	1684	유학	변세로 邊世老			전주 全州	
변일 邊佾	중화 仲和	1658	36세	진사시. 숙종 19년 계유 식년시기시 식년진사 3등 19위	1693	유학	변광재 邊光載	변명익 邊命益		서울	
변치주 邊致周	문보 文普	1684	31세	진사시. 숙종 40년 갑오 증광시기시 증광진사 3등 48위	1714	유학	변일 邊佾	변광재 邊光載	변명익 邊命益	서울	
변치명 邊致明	성보 聖普	1693	29세	진사시. 경종 1년 신축 식년시기시 식년진사 3등 3위	1721	유학	변일 邊佾	변광재 邊光載	변명익 邊命益	서울	
변치도 邊致道	성유 聖由	1696	55세	진사시. 영조 26년 경오 식년시기시 식년진사 2등 15위	1750	유학	변숙 邊俶			장성	
변득양 邊得讓	사겸 士謙	1723	31세	진사시. 영조 29년 계유 식년시기시 식년진사 3등 6위	1753	유학	변치명 邊致明	변일 邊佾	변광재 邊光載	서울	
변상휘 邊相徽	경장 景章	1734	59세	진사시. 정조 16년 임자 식년시기시 식년진사 2등 25위	1792	유학	변종주 邊宗周			부안	
변중유 邊重裕	여임 汝任	1776	38세	진사시. 순조 13년 계유 증광시기시 증광진사 2등 18위	1813	유학	변상악 邊相岳			서울	

변우기 邊遇基		1792	73세	진사시. 고종 1년 갑자 증광시기시 증광진사 3등 90위	1864	유학	변규용 邊奎容			부안
변진형 邊鎭衡	순옥 舜玉	1814	72세	진사시. 고종 22년 을유 증광시기시 증광진사 3등 104위	1885	유학	변세기 邊世基			서울

자료 출처 및 참고: 한국학중앙연구원-한국역대인물종합정보 시스템

[부록 4] 조선 전기 변안열 자손들의 왕실혼

작성자: 이상규(한국학중앙연구원)

연번	원주 변씨의 왕실혼	가계도
1	변안열邊安烈 딸 = 무안대군 방번芳蕃.	계系 광평대군 여璵
2	변이邊頤 딸 = 익천군 이점李漸 (문과文科 유수留守)	환조 ↓ 2남 의안대군 이화李和 (정안옹주 김씨 出, 녹 개국정사좌명공신. 시諡 양소, 배향 태조묘정, 특特 태황太皇 임신壬申[1872년] 이특명사세 봉군 겸 증 종정경. 묘 양주 상도면 판곡리 백봉栢峯) ↓ 익천군 이점李漸(문과 유수)=제학 한산 이종학李種學 女 (有 一子一女) =총제 원천 변이邊頤 女
3	변예邊預 딸 = 원윤 이의李義	태조 3남 익안대군 이방의李芳毅 (신의왕후, 개국정사공신 대광보국 추봉 마한공. 시 안양, 자 ○○, 年 ○○) =철원 최씨 정경옹주貞慶翁主, 父 최인두崔仁枓 (간성군사杆城郡事, 증 찬성사贊成事) 묘 풍덕 ↓ 1남 익평군 이석근李石根[석일작석石一作碩] (승陞 부원군, 시 안량, 年 ○○) =경주 김씨 화숙옹주和淑翁主, 父 김수金需 월성군月城君, =○○ 김씨, 父 김영국金永國 재신宰臣 ↓ 2남 원윤 이의李義(年 ○○, 母 ○○) =원주 변씨 父 변예邊預
4	변처관邊處寬 딸 = 부림령富林令 이순李順	태종 1子 양녕대군 ↓ 첩 2男 장평부정 이흔李訢(年○○, 모비母婢) =파평 윤씨 父 ○○ 女 ↓ 첩 1男 부림령 이순李順(年 ○○, 모비) =원주 변처관邊處寬 女(소윤小尹)

5	변수양邊壽楊 딸 = 순양수順陽守 종실 이 강李江	태종 서庶 3男 온녕군 이정李裎 (시 양혜, 자 ○○, 年 ○○, 母 신령궁주 신씨) =순천 박안명朴安命 女 (부정 증 찬성贊成) 묘 양주 미사리 ↓ 계후繼後 우산군牛山君 이종(습군襲君, 생부 근녕군謹寧君 이농) ↓ 3男 순양수 이강李江(年 ○○, 母 ○○) =원주 변수양邊壽楊 女(사의司議)
6	변처령邊處寧 1男 변성成 = 정양군定陽君 이순 女	세종 ↓ 4男 임영대군 이구 (시정간諡貞簡, 자헌지字獻之, 취娶 우의정右議政 남지 女 의령 남씨, 무후無後 취 봉례奉禮 최승영 女 전주 최씨) ↓ 3男 정양군 이순=감사監司 강자평 女 진주 강씨 ↓ 1女 =장악원掌樂院 정正 변성邊成 (문과文科, 본본 원주)
7	변처령邊處寧 딸 = 종실 덕양수德陽守 이지손李智孫	태종 ↓ 2男 효령대군 이보 (초명初名 호祜, 시諡 정효, 자字 선숙善叔) =찬성贊成 정이 女 해주 정씨 ↓ 2男 서원군瑞原君 이천(시 이안夷安)=감사監司 이희 女 경주 이씨 ↓ 첩 1男 청거수淸渠守 이혜 (모비母婢, 취 김경문 女 청풍 김씨) ↓ 4男 덕양부수德陽副守 이지손=병사兵使 변처령 1女
8	변희리邊希李 둘째 부인	태조 ↓ 익안대군 이방번李芳毅 ↓ 익평군 이석근李石根 ↓ 3男 반남정 이예李禮(승도정, 年 ○○, 母 ○○) =청해 이화영李和英 女(판삼군부사) ↓ 1男 청암부정 이위李偉(年 ○○) =선산 김유찬金有贊 女(통정부사, 찬贊 일작一作 찬瓚) ↓ 1女 후처 =변희리邊希李(문과 좌랑, 원주)
9	변효남邊孝男 = 은천정恩川正 이가인 女	父 은천정 이가인李可人(본 완산)의 기록은 『선원록』, 『선원계보기략』, 『돈령보첩』 등에는 나오지 않음.

10	변효남邊孝男 1女 = 봉안군鳳安君 이봉	
11	변상근邊尙覲 5女 = 서원군瑞原君 이친	태종 ↓ 2男 효녕대군 이보=찬성贊成 정역 女 해주 정씨 ↓ 2男 서원군 이친=변상근 5女 원주 변씨
12	변수邊脩 1女 = 두원정豆源正 이혜	
13	변수邊脩 3女 = 덕흥수德興守 이존숙	부父 가은군加恩君 빈份 자子 이의문·이의무·이의정·이의수
14	변영순邊永淳 = 부사정副司正 이귀윤 女	태종 ↓ 2男 효령대군 ↓ 2男 서원군 이친 ↓ 2男 덕은정德恩正 이적(승陞 도정都正) =주부主簿 김양중 女 의성 김씨 ↓ 부사정 이귀윤 女=변영순
15	변효공邊孝恭 = 평성정枰城正 이위 女	태종 ↓ 2男 효령대군 ↓ 3男 보성군寶城君 이합 (취 무창茂昌 이소경 女 합천 이씨) ↓ 4男 평성정 이위(초수初授 영令, 승정陞正 승군陞君 겸 내금위장內禁衛將, 자字 치원致遠) =증贈 참판參判 채신보 女 인천 채씨 ↓ 1女=첨지僉知 변효공
16	변효공 1女 = 영성정永城正 이수장	의천군義泉君 이승은 ↓ 영성정 이수장 ↓ 女=성창서成昌緖 변효공 자子: 판관判官 이청·군수郡守 이한

17	변호손邊昊孫 2女 = 창원군昌原君 이혜	세종 ↓ 창원군 이혜=변호손邊昊孫 2女
18	변근邊瑾 女 = 순의군順義君 이경온	자子 목사牧使 이위국
19	변진邊振 = 진산부수 晉山副守 이계선 1女	정종 ↓ 5男 종의정從義正 이귀생 계후繼後 금상부정金山副正 이연 (승군陞君, 생부 진남군鎭南君 이종생, 서娶 현감縣監 황예한 女 의령 황씨) ↓ 1男 쌍부수雙阜守 이균(증정贈正, 취 부사府使 유종호 女 진주 유씨) 2男 진산부수 이계선(취 별좌別坐 허담 女 양천 허씨) ↓ 1女=부장部將 변진
20	변효순邊孝順 = 태종 5女 소선옹주	태종 5女 소선옹주(모母 신녕궁주 신씨)=유천위柔川尉 변효순
21	변상邊祥 = 순성군順城君 이개 4女	태종 ↓ 양녕대군 이제 (시諡 강정剛靖, 취 광산군光山君 증贈 좌의정左議政 김한로 女 광산 김씨) ↓ 순성군 개譩 (시諡 희안僖安, 취 지중추지中樞 신자경 女 평산 신씨, 무후無後) ↓ 첩 4女=문文, 보덕輔德 변상
22	변상복邊尙服 = 정종 3女 덕천옹주	정종 ↓ 3女 덕천군옹주=변상복

23	변응경邊應卿 = 조영손 2女	정종 ↓ 13男 장천도정長川都正 이보생(모母 윤씨) ↓ 1女=호군護軍 조순(본本 한양) ↓ 자子 군수郡守 조영손 (취娶 광주리廣州李 판중추判中樞, 광양군廣陽君 이세좌 女 광주 이씨) ↓ 2女=변응경
24	변계윤邊季胤 = 증참판贈參判 최자반 1女	정종 ↓ 2女 숙신옹주(모母 숙의 기씨) =판돈영判敦寧 김세민(시諡 양평良平, 본本 경주) ↓ 4女=병사兵使 유제(본本 문화) ↓ 2女=증참판贈參判 최자반(본本 수원) ↓ 1女=증판서贈判書 변계윤
25	변응정邊應井 = 도사都事 이식 1女	태종 ↓ 양녕대군 이제 ↓ 순성군 이개 ↓ 첩 2男 헌양부정獻陽副正 이사조 (증군贈君, 모母 양녀, 취娶 판관判官 강우 女 진주 강씨) ↓ 2男 극포수極浦守 이희남 (증군贈君, 취娶 참판參判 남세준 女 의녕 남씨) ↓ 1男 도사 이식(취娶 군수 윤언직 女 파평 윤씨) ↓ 1女 인정(이름)=무武 현감, 증贈 참판 변응정
26	변회邊誨	정종 3女 덕천옹주(母 ○○, 통정부사, 本 원주, 묘 양주 오룡동) ↓ 1男 변견邊堅(사용, 年 ○○)=진주 하소미河紹美 女(주부) ↓ 1男 변극인邊克仁(충순위, 年 신사辛巳)=함평 이화李和 女(만호) ↓ 1男 변회邊誨(충순위, 年 정미丁未)=전주 이득춘李得春 女

27	변응정邊應井	정종 2女 숙신옹주 (母 숙의 기씨) =김세민金世敏(판돈령, 시 양평, 本 경주) 묘 양주 평구 ↓ 4女=유제柳睇(병사, 本 문화) ↓ 2女=최자반崔子泮(증 참판, 本 수원) ↓ 1女(기미己未 生)=변계윤邊季胤 (무과 경력, 증 판서, 本 원주) ↓ 4男 변열悅(좌랑 증 참판參判, 年 정유丁酉)=○○ 이흔李忻 女 ↓ 1男 변응정邊應井(현감 증 참판, 年 정미丁巳)=전주 이식李軾 女(현감)
28	변계원邊繼源 = 둘째 부인	정종 4女 고성군주(母 ○○○)=김한金澣(지중추, 本 안산) ↓ 1女=민혜閔憓(군수, 本 여흥) ↓ 1女=김자치金自治(판관, 本 의성) ↓ 1女=변용원邊用瑗 (진사, 本 원주, 見 양녕대군파) ↓ 1男 변항邊沆(年 무진戊辰)=안산 김장령金璋令 女 ↓ 1男 변계원邊繼源(年 신축辛丑)=임천 조응순趙應淳 女(부사) =전주 이목李牧 女 (현감, 見 온령군파)
29	1女 = 변계원邊繼源	태종 1子 양녕대군 ↓ 3男 온령군 이정李䄙(시 양혜, 자 ○○, 年 ○○, 母 신령궁주 신씨) =순천 박안명朴安命 女(부정, 증 찬성) 묘 양주 미사리 ↓ 계후 우산정 이종李踵(습군, 年 ○○, 생부 근령군 이농李襛) =문화 유효장柳孝章 女(군수) ↓ 3男 한산부정 이정李挺(승도정, 年 ○○)=평양 조순趙純 女(전부) ↓ 1男 신양수 이회李淮(年 ○○)=강릉 김유악金由岳 女(첨정) ↓ 3男 이자李孜(현감, 年 경진庚辰)=온양 정수붕鄭壽朋 女(위솔) ↓ 1女=변계원邊繼源(후취, 本 원주)

30	변의숙邊義淑 女 = 통원부정 이기李紀	男 임영대군 이구李璆(시 정간)=의령 남지南智 女 (우의정 익충간, 무후) =전주 최승령崔承寧 女 (봉례, 증 우의정) 묘 광주 의곡 ↓ 서자 영양도정 이함李涵(초수부정, 증 도정) =현감 증 참판 신윤범申允範 女 =참봉 한복韓福 女 ↓ 서자 청화군 이준손李俊孫(초수부수, 증 군)=직장 정장린鄭長麟 女 ↓ 서자 통원부정 이기李紀(초수감, 증 도정)=변의숙邊義叔 女 ↓ 子 이승룡李昇龍=성동현成夢賢 女
31	변항邊沆 2女 = 이천진李天軫	정종 4女 고성군주(母 ○○○)=김한金澣(지중추, 本 안산) ↓ 1女=민혜閔憓(군수, 本 여흥) ↓ 1女=김자치金自治(판관, 本 의성) ↓ 1女=변용원邊用瑗 (진사, 本 원주, 見 양녕대군파) ↓ 1男 변항邊沆(年 무진戊辰)=안산 김장령金璋令 女 ↓ 2女=이천진李天軫 (本 전주, 見 온령군파)
32	첩 1女 = 변양걸邊良傑 첩자妾子	태종 2男 효령대군 이보李補 (이명 이호李祜, 시 정효, 자 선숙, 年 병자) =해주 정이鄭易 女(찬성, 증 좌의정) 묘 과천 상초리 ↓ 1男 의성군 이채李寀(시 호민, 자 자홍, 年 신묘, 홍치弘治 6년[1493] 졸卒, 수壽 83) =황주 이차궁李次弓 女(직장) 묘 포천 팔야미 ↓ 1男 무송정 이전李恮(증 군, 年 ○○)=여흥 민추閔龖 女 4男 장양부정 이주李儔(승 도정, 年 정축丁丑)=전주 최휴崔休 女(현령) 2男 이승상李承常(현감 증 참판, 年 경술庚戌)=여흥 민관閔寬 女(군수) 4男 이식李拭(문과 참판, 年 임오壬午)=한양 조수곤趙壽崑 女(첨지) =창녕 조언박曺彦博 女(좌랑, 증 부제학) ↓ 첩 1女=변양걸邊良傑 첩자妾子 (母 양녀 보향寶香, 지사, 本 원주)

33	1女 = 변양좌邊良佐	태종 2男 효령대군 이보李補 (초명 이호李祜, 시 정효, 자 선숙, 年 병자丙子) =해주 정이鄭易 女(찬성, 증 좌의정) 묘 과천 상초리 ↓ 2男 瑞原君 李寀(諡 夷安, 年 ○○)=경주 이희李暿 女(감사) ↓ 첩 1男 서원군 이친李蕙(年 ○○, 모비)=청풍 김경문金敬文 女 ↓ 1男 경원부수 이인손李仁孫(年 ○○)=남양 홍약이洪若彛 女 ↓ 6男 음평부수 이효손李孝孫(年 ○○)=의령 남계南悈 女(호군, 증 판서) ↓ 1男 이숙李琡(감찰, 年 ○○) ↓ 1女=변양좌邊良佐(本 원주)
34	1女 = 변응진邊應軫	태종 2男 효령대군 이보李補 (초명 이호李祜, 시 정효, 자 선숙, 年 병자丙子) =해주 정이鄭易 女(찬성, 증 좌의정) 묘 과천 상초리 ↓ 첩 1男 안강정 이양李寅(승 도정, 年 ○○, 母 양녀) =진주 유효문柳孝門 女(사정) ↓ 첩 3男 자인부수 이효근李孝根(年 병신丙申, 모비) =흥양 유면柳沔 女(정正) ↓ 3男 철성령 이귀룡李貴龍(증 도정, 年 갑신甲申) =고령 박영복朴永福 女 =함안 조충량趙忠良 女(첨사) ↓ 1女(이름 여영女英, 갑인甲寅 生)=변응진邊應軫(母 조씨, 첨사, 本 원주)
35	2女 = 변일邊逸	태종 1男 경녕군 이비李裶 (시 제간, 자 ○○, 年 ○○, 母 궁인 김씨) =청풍 김관金灌 女(참의, 증 찬성) 묘 충주 황금곡 ↓ 첩 3男 부성수 이진李穰(일작영穎, 승정, 증 군, 年 ○○, 모비) =이천 서우徐遇 女(직장) ↓ 3男 금릉부수 이금산李金山(증 군, 年 ○○) =창원 황계손黃繼孫 女(현감) ↓ 3男 서원령 이가李珂(증 군, 年 계묘癸卯) =평산 신광우申匡祐 女(장사랑) ↓ 4男 이연李碝(현령, 年 ○○)=안동 권몽령權夢齡 女 ↓ 2女=변일邊逸(本 원주)

36	2女 = 변부邊袞	태종 1男 경녕군 이비李裶 (시 제간, 자 ○○, 年 ○○, 母 궁인 김씨) =청풍 김관金灌 女(참의, 증 찬성) 묘 충주 황금곡 ↓ 첩 3男 부성수 이진李稹(일작영, 승정, 증 군, 年 ○○, 모비) =이천 서우徐遇 女(직장) ↓ 3男 금릉부수 이금산李金山(증 군, 年 ○○) =창원 황계손黃繼孫 女(현감) ↓ 3男 서원령 이가李珂(증 군, 年 계묘癸卯) =평산 신광우申匡祐 女(장사랑) ↓ 1男 이질李礩(현감, 증 찬성, 年 기사己巳)=이천 서저徐竚 女(승사랑) =영일 정세신鄭世臣 女(군수) ↓ 2男 이용순李用淳(문과 지중추, 증 판서, 年 경술庚戌, 母 정씨) =순흥 안경호安景豪 女(생원, 見 계양군파) =안정 나윤침羅允忱 女(학유) ↓ 2女(무인戊寅 生, 母 안씨)=변부邊袞(서壻, 本 원주)
	2女 = 변부邊袞	2男 계양군 이증李璔 (좌익공신, 시 충소, 자 현지, 年 정미丁未, 母 신빈 김씨) =청주 한확韓確 女(좌의정, 서원부원군) 묘 양주 백석 ↓ 1女=안계송安繼宋 (주부, 증 통례, 本 순흥, 見 평양부원군파) ↓ 6男 안광옥安光沃(관직 패두, 年 계축癸丑) =○○ 안겸安謙 女(봉사, 見 양녕대군파, 평양부원군파) 1男 안경호安景豪(생원, 年 갑신甲申)=창원 황순경黃舜卿 女 (부사, 증 회원군) =전주 이감李淦 女 (영천부정, 見 덕원군파) ↓ 1女(이름 숙정叔貞, 신해辛亥 生, 母 이씨) =이용순李用淳(전취, 문과 지중추 증 판서, 本 전주, 見 경녕군파) ↓ 2女(이름 혜순惠順, 年 무인戊寅)=변부邊袞(本 원주, 생원)

37	1女 = 변주한邊柱漢	태종 1男 경녕군 이비李裶 (시 제간, 자 ○○, 年 ○○, 母 궁인 김씨) =청풍 김관金灌 女(참의, 증 찬성) 묘 충주 황금곡 ↓ 첩 4男 모양수 이직李稙(승군, 年 ○○, 모비) =평산 신자위申自衛 女(장령) ↓ 첩 1男 선차령 이영손李永孫(승정 증 군, 年 갑오甲午, 母 양녀) =장기 김순동金舜疃 女(사과) ↓ 2男 하동부령 이유李裕(증 군, 年 무신戊申) =진주 유곤원柳坤元 女(직장) ↓ 1男 이중광李重光(문과 전적, 年 신미辛未) =재령 강이권康荏權 女(습독관) ↓ 1男 이운근李雲根(감찰, 年 임술壬戌)=연안 송대립宋大立 女 ↓ 1男 이기수李耆壽(年 갑신甲申)=양천 허절許節 女(진사) =파평 윤경신尹慶新 女 ↓ 1女(신해辛亥 生, 母 허씨)=변주한邊柱漢(서埼, 本 원주)
38	2女 = 변상지邊尙志	태종 1男 경녕군 이비李裶 (시 제간, 자 ○○, 年 ○○, 母 궁인 김씨) =청풍 김관金灌 女(참의, 증 찬성) 묘 충주 황금곡 ↓ 첩 4男 모양수 이직李稙(승군, 年 ○○, 모비) =평산 신자위申自衛 女(장령) ↓ 첩 1男 선사령 이영손李永孫(승정 증 군, 年 갑오甲午, 母 양녀) =장기 김순동金舜疃 女(사과) ↓ 3男 야산부령 이상李祥(年 신해辛亥) =순흥 안효참安效參 女(일직효참, 감역) ↓ 1男 이희강李希剛(사직, 年 병술丙戌)=초계 정후鄭珝 女(선교랑) ↓ 2男 이사의李士義(주부, 年 임자壬子) =평창 이백춘李百春 女(일직천춘千春, 증 참판) ↓ 이흥백李興白(年 ○○)=하음 봉성민奉聖民 女(감찰) ↓ 1男 이문도李文道(年 무신戊申)=하양 허문유許文裕 女(첨지) ↓ 2女=변상지邊尙志(本 원주)

39	첩1女 = 변효원邊孝元	태종 1男 경녕군 이비李裶 (시 제간, 자 ○○, 年 ○○, 母 궁인 김씨) =청풍 김관金灌 女(참의, 증 찬성) 묘 충주 황금곡 ↓ 첩 5男 가림수 이추李秋(승군, 年 ○○, 모비, 취처 불기) ↓ 1男 하회부수 이정李禎(증 정, 年 ○○)=안동 권반權攀 女(참판, 화산군) ↓ 계후 함평령 이정李禎(증 도정, 年 ○○, 생부 금릉부수 이금산李金山) =안동 권우權愚 女(목사, 증 대사헌) ↓ 1男 이자李磁(현감 증 참판, 年 신미辛未)=광주 이영부李英符 女(장령) ↓ 1男 이유인李裕仁(문과 참판 증 찬성, 年 계사癸巳) =전의 이경복李景福 女(생원) =경주 최덕두崔德斗 女(부장) ↓ 1男 이촉李矗(年 정축丁丑, 母 ○○)=여흥 민사안閔思安 女(현령) ↓ 3男 이곽李廓(무과 통제사, 年 경인庚寅, 母 ○○) =흥양 이응배李應培 女(통덕랑) ↓ 1男 이익상李益常(사과, 年 갑인甲寅)=해평 윤상지尹尙之 女(참봉) ↓ 첩 1女(이름 득생得生, 계사癸巳 生, 모비 추향秋香) =변효원邊孝元(서壻, 本 원주)
40	1女 = 변기종邊起宗	태종 1男 경녕군 이비李裶 (시 제간, 자 ○○, 年 ○○, 母 궁인 김씨) =청풍 김관金灌 女(참의, 증 찬성) 묘 충주 황금곡 ↓ 첩 5男 가림수 이추李秋(승군, 年 ○○, 모비, 취처 불기) ↓ 1男 하회부수 이정李禎(증 정, 年 ○○)=안동 권반權攀 女(참판, 화산군) ↓ 계후 함평령 이정李禎(증 도정, 年 ○○, 생부 금릉부수 이금산李金山) =안동 권우權愚 女(목사, 증 대사헌) ↓ 1男 이자李磁(현감 증 참판, 年 신미辛未)=광주 이영부李英符 女(장령) ↓ 3男 이홍인李弘仁(문과, 사성, 年 무술戊戌)=양천 허준겸許濬兼 女(참군) ↓ 1男 이하李廈(첨정, 年 ○○)=연안 김덕원金德源 女(현감) ↓ 2男 이익환李益煥(年 갑진甲辰)=연안 김원길金元吉 女(진사) ↓ 1女=변기종邊起宗(本 원주)

41	첩 1女 = 변시윤邊時胤	태종 1男 경녕군 이비李裶 (시 제간, 자 ○○, 年 ○○, 母 궁인 김씨) =청풍 김관金灌 女(참의, 증 찬성) 묘 충주 황금곡 ↓ 첩 5男 가림수 이추李秋(승군, 年 ○○, 모비, 취처 불기) ↓ 1男 하회부수 이정李禎(증 정, 年 ○○)=안동 권반權攀 女(참판, 화산군) ↓ 계후 함평령 이정李禎(증 도정, 年 ○○, 생부 금릉부수 이금산李金山) =안동 권우權愚 女(목사, 증 대사헌) ↓ 1男 이자李磁(현감 증 참판, 年 신미辛未)=광주 이영부李英符 女(장령) ↓ 3男 이홍인李弘仁(문과, 사성, 年 무술戊戌)=양천 허준겸許濬兼 女(참군) ↓ 1男 이하李廈(첨정, 年 ○○)=연안 김덕원金德源 女(현감) ↓ 2男 이익환李益煥(年 갑진甲辰)=연안 김원길金元吉 女(진사) ↓ 첩 1女(母 양녀)=변시윤邊時胤(무과, 本 원주)
42	1女 = 변구邊逑	태종 1男 양녕대군 이제李禔(시 강정, 자 ○○, 年 갑술甲戌) =광주 김한로金漢老 女(광산군, 증 좌의정) 묘 금천현 북강사동 ↓ 1男 순성군 이개李𧑎(시 희안, 年 ○○) =평산 신자경申自敬 女(지중추, 무후) ↓ 첩 1男 오천부정 이사종李嗣宗 (승군, 年 기사己巳, 母 참의 정종성鄭宗誠 첩 女) =전주 이소생李紹生 女(집의) ↓ 4男 낙양수 이한李漢(年 ○○, 母 ○○)=의령 빅윤진朴胤陳 女(현감) ↓ 첩 2男 이수익李守益(일작수익壽益, 증 우윤, 年 정해丁亥, 母 양녀) =철성 이징李徵 女(정) ↓ 3男 이극남李克男(초명 순남順男, 무과 절충, 年 을유乙酉) =정선 전세정全世貞 女(사과) ↓ 이정석李廷碩(年 정사丁巳)=여흥 민閔○○ 女 ↓ 1女(정해丁亥 生)=변구邊逑(本 원주)

43	1女 = 변이신邊以信	세종 4男 임영대군 이구李璆(시 정간, 자 헌지, 年 경자庚子) =의령 남지南智 女(우의정, 무후無後) =전주 최승령崔承寧 女 (봉례奉禮, 증 우의정) 묘 광주 ↓ 1男 오산군 이주李澍(年 계유癸酉, 母 ○○)=창녕 성임成任 女(판서) ↓ 첩 5男 덕안수 이진李珍(증 도정, 年 ○○, 모비) =청풍 김질金耋 女(정, 見 양녕대군파) ↓ 2男 장성부수 이엄李儼(年 ○○, 母 ○○)=안동 권실權實 女 ↓ 4男 이인걸李仁傑(군수, 年 ○○)=남양 송거주宋居州 女 ↓ 1男 이철수李鐵壽(年 ○○)=○○ 이여려李汝礪 女 ↓ 1男 이성립李成立(年 ○○)=전주 최충서崔忠恕 女(감찰) ↓ 1女=변이신邊以信(전취, 本 ○○)
	계후 변이신邊以信	세조 1男 덕원군 이서李曙 (익대공신, 시 소간, 자 정수, 年 기사己巳, 母 근빈 박씨) =경주 김종직金從直 女(녹사, 증 찬성) =봉산 윤尹○○ 女 =양성 양楊○○ 女, 묘 수원 종덕 ↓ 1男 연성군 이적李滴(年 갑신甲申, 母 김씨) =강릉 김유악金由岳 女(첨정) 見 평양부원군파 ↓ 첩 3女(이름 숙생淑生, 경신庚申 生, 모비) =박세례朴世禮(감찰, 本 고령) ↓ 1女(이름 연수延壽, 임오壬午 生)=변계복邊繼福(충순위, 本 원주) ↓ 1男 변용邊溶(年 기미己未)=백천 유언준劉彦俊 女 ↓ 계후 변이신邊以信(年 ○○, 생부 ○○○, 취처 불기)

44 1女 = 변세혁邊世爀		세종 4男 임영대군 이구李璆(시 정간, 자 헌지, 年 경자庚子) =의령 남지南智 女(우의정, 무후無後) =전주 최승령崔承寧 女 (봉례奉禮, 증 우의정) 묘 광주 ↓ 1男 오산군 이주李澍(年 계유癸酉, 母 ○○)=창녕 성임成任 女(판서) ↓ 첩 5男 덕안수 이진李珍(증 도정, 年 ○○, 모비) =청풍 김질金叕 女(정, 見 양녕대군파) ↓ 3男 당은부수 이휘李徽(증 군, 年 ○○, 母 ○○) =보성 오황吳滉 女(현령) ↓ 1男 이충작李忠綽(문과 감사, 年 신사辛巳) =온양 정호鄭瑚 女(진사) =함안 이진李農 女(통정, 부사) ↓ 1男 이건철李堅鐵(판관, 年 임신壬申, 母 이씨) =동래 정응창鄭應昌 女(생원) ↓ 1男 이만영李晩榮(문과 참판, 年 갑진甲辰)=수안 이념李念 女(첨지) ↓ 1女(임신壬申 生)=변세혁邊世爀(생원, 本 원주)
45 3女 = 변종길邊宗吉		세종 4男 임영대군 이구李璆 ↓ 첩 1男 영양부정 이함李涵(증 도정, 年 임인壬寅, 모비) =평산 신윤범申允範 女(현감) 見 양녕대군파 ↓ 첩 3男 청화부수 이준손李俊孫(증 군, 年 임술壬戌, 母 양녀) =온양 정인손鄭麟孫 女(직장) ↓ 첩 2男 부성감 이유李維(승정, 年 경오庚午, 모비 억대億大) =단계 하세걸河世傑 女(별좌) ↓ 3女(이름 여정女正, 병신丙申 生)=변종길邊宗吉(本 원주)

46	1女 = 변준邊寯	세조 1男 덕원군 이서李曙 (익대공신, 시 소간, 자 정수, 年 기사己巳, 母 근빈 박씨) =경주 김종직金從直 女(녹사, 증 찬성) =봉산 윤尹○○ 女 =양성 양楊○○ 女, 묘 수원 종덕 ↓ 첩 2男 승선부정 이취李源(증 군, 字 종지, 年 무신戊申, 母 양녀) =반성위 강자순姜子順 양良 첩妾 女 ↓ 1男 연창부수 이학수李鶴壽(승도정, 증 군, 年 기사己巳) =고성 이예손李禮孫 女(승사랑) ↓ 4男 화성령 이적李績(年 을미乙未)=한산 이몽룡李夢龍 女(생원) ↓ 계후 이배적李培迪(첨지, 年 병진丙辰, 생부 원성령 이수李綬) =한산 이종림李宗林 女 ↓ 1男 이정폐李挺蘗(일명정심, 봉직랑, 年 기해己亥) =여흥 민응시閔應時 女(봉사) ↓ 1女=변준邊寯(만호, 本 원주)
47	1男 변종신邊宗信	덕종 1女 명숙공주 =홍상洪常(당唐 양위, 봉군, 시 소이, 本 남양) 묘 양주 아차산 ↓ 1男 홍백경洪伯慶(무과 참판, 年 ○○)=성주 이의李誼 女(감사) =진주 하윤문河潤文 女(직장) ↓ 계후 홍윤우洪允祐(별좌, 증 참의, 年 을묘乙卯, 생부 ○○○) =진천 송천宋蕆 女(사의, 見 양녕대군파) ↓ 2男 홍덕수洪德壽(군수, 年 갑신甲申) =동래 정복겸鄭福謙 女(부사, 증 영의정) ↓ 2女(이름 계신癸申, 계축癸丑 生)=변취중邊就中(本 원주) ↓ 1男 변종신邊宗信(문과 평사, 年 을해乙亥)=전주 이성임李聖任 女(감사)
48	1女 = 변효우邊孝友	성종 3男 완원군 이수李悅 (시 소도, 자 득지, 年 경자庚子, 母 숙의 홍씨) =전주 최하림崔河臨 女(생원, 증 찬성, 무후) =양천 허적許磧 女(별좌, 증 찬성) 묘 파주 ↓ 1女(母 허씨)=허구許龜(봉사, 本 하양) ↓ 2女(이름 예종禮從, 신묘辛卯 生) =이윤철李允哲(통정, 本 전주, 見 성녕대군파) ↓ 2男 이득우李得雨(초명 의우, 年 경오庚午) =강릉 송선宋璿 女(첨지, 증 참판) ↓ 1女(이름 효녀孝女, 갑오甲午 生)=변효우邊孝友(종사랑, 本 원주)

49	3女 = 변계邊啓	성종 7男 익양군 이회李懷 (시 순평, 자 순지, 年 무신戊申, 母 숙의 홍씨) =영일 정문창鄭文昌 女(첩지, 증 찬성) 묘 파주 남면 오리동 ↓ 1男 용천정 이수한李壽鸜(증 군, 年 을축乙丑) =청주 한세창韓世昌 女(첩지, 증 판서 서원군, 수춘군파) ↓ 5男 인성부정 이경李儆(증 군, 年 경자庚子) =연안 김민사金敏思 女(전첩) ↓ 1男 운림수 이종윤李宗胤(승군, 年 계해癸亥)=파평 윤기尹沂 女(충의위) =해주 최경장崔慶長 女(정) =경주 김수인金秀寅 女(첩지) ↓ 3女(이름 후아後娥, 정사丁巳 生)=변계邊啓(母 김씨, 서壻, 本 원주)
50	변계邊啓 1女 = 이효건李孝蹇	성종 7男 익양군 이회李懷 (시 순평, 자 순지, 年 무신戊申, 母 숙의 홍씨) =영일 정문창鄭文昌 女(첩지, 증 찬성) 묘 파주 남면 오리동 ↓ 1男 용천정 이수한李壽鸜(증 군, 年 을축乙丑) =청주 한세창韓世昌 女(첩지, 증 판서 서원군, 수춘군파) ↓ 5男 인성부정 이경李儆(증 군, 年 경자庚子) =연안 김민사金敏思 女(전첩) ↓ 1男 운림수 이종윤李宗胤(승군, 年 癸亥)=파평 윤기尹沂 女(충의위) =해주 최경장崔慶長 女(정) =경주 김수인金秀寅 女(첩지) ↓ 3女(이름 후아後娥, 정사丁巳 生)=변계邊啓(母 김씨, 서壻, 本 원주) ↓ 1女(이름 예정禮貞, 병자丙子 生)=이효건李孝蹇(本 전주)
51	변계邊啓 3女 = 이관李爟	성종 7男 익양군 이회李懷 (시 순평, 자 순지, 年 무신戊申, 母 숙의 홍씨) =영일 정문창鄭文昌 女(첩지, 증 찬성) 묘 파주 남면 오리동 ↓ 1男 용천정 이수한李壽鸜(증 군, 年 을축乙丑) =청주 한세창韓世昌 女(첩지, 증 판서 서원군, 수춘군파) ↓ 5男 인성부정 이경李儆(증 군, 年 경자庚子) =연안 김민사金敏思 女(전첩) ↓ 1男 운림수 이종윤李宗胤(승군, 年 癸亥)=파평 윤기尹沂 女(충의위) =해주 최경장崔慶長 女(정) =경주 김수인金秀寅 女(첩지) ↓ 3女(이름 후아後娥, 정사丁巳 生)=변계邊啓(母 김씨, 서壻, 本 원주) ↓ 3女(이름 정이貞伊, 신묘辛卯 生)=이관李爟(후취, 本 전주)

52	변계邊啓 계후 이관李爟	태종 1男 양녕대군 이제李禔(시 강정, 자 ○○, 年 갑술甲戌) =광주 김한로金漢老 女(광산군, 증 좌의정) 묘 금천현 북강사동 ↓ 2男 함양군 이포李誧(시 이안, 年 ○○) =고성 이대李臺 女(중추원부사) ↓ 첩 2男 파징수 이종암李終巖(年 ○○, 모비 관음觀音) =파평 윤자선尹孜善 女(현감) ↓ 1男 빈양부수 이세번李世蕃(年 ○○) =함종 어세공魚世恭 女(판서, 아성군, 見 평양부원군파) ↓ 1男 이겸李謙(부사직, 年 을유乙丑)=경주 김기金驥 女(사직) ↓ 2男 이희열李希說(증 참판, 年 무술戊戌)=파평 윤희청尹希淸 女(종사랑) ↓ 2男 이정립李挺立(참봉, 年 갑술甲戌)=죽산 안응귀安應龜 女(인의) ↓ 계후 이관李爟(年 계해癸亥, 생부 이선립李善立)=진천 송섬宋暹 女 =원주 변계邊啓 女
53	1女 = 변광범邊光範	성종 9男 경명군 이침李忱(자 성지, 年 기유己酉, 母 숙의 홍씨) =파평 윤첩尹堞 女(첨정, 증 찬성) 묘 양주 송산리 ↓ 1男 안성정 이수령李壽齡(습군, 年 병자丙子) =남양 홍보경洪輔卿 女(군수) =나주 나윤철羅允哲 女(현령) ↓ 1男 평원부정 이일李鎰(습군, 年 기해己亥, 母 홍씨) =풍양 조기趙磯 女(감찰) ↓ 2男 운계수 이대룡李大龍(승군, 年 정묘丁卯) =해주 정신鄭愼 女(정, 증 판서) ↓ 첩 1男 이구李昫(초명 방방, 年 정사, 母 양녀 경이庚伊) =영산 신성업辛成業 女 ↓ 1女(이름 옥임玉壬, 정유丁酉 生)=변광범邊光範(무과, 本 원주)

54	1女 = 변환邊煥	성종 10男 전성군 이변李忭(자 ○○, 年 경술庚戌, 母 귀인 권씨) =안동 권건權健 女(지중추 증 찬성, 을축乙丑 졸) 묘 금천 치북 고사리 ↓ 계후 광천정 이수기李壽麒 (습군, 年 경오庚午, 생부 익양군 이회李懷, 見 본파) =파평 윤엽尹燁 女(충의위) ↓ 첩 5男 평릉부수 이엄李儼(年 경술庚戌, 모비 두질금) =첨정 의령 남준원南俊元 첩 女 =정고성 남지원南知遠 첩 女 ↓ 4男 완산부령 이덕윤李德胤 (승수, 年 계유癸酉, 母 남준원南俊元 첩 女) =진주 강의백姜義白 女 ↓ 1男 이근李根(年 신축辛丑)=양성 이인범李仁範 女(충의위) ↓ 1女=변환邊煥(통덕랑, 本 원주)
55	1女 = 변무邊袤	성종 13男 운천군 이인李憻 (자 ○○, 年 경술庚戌, 母 숙의 홍씨) =안동 권인손權仁孫 女(참의, 증 찬성) 묘 파주 마장리, 見 양녕대군파 ↓ 1女(이름 계영桂英, 을축乙丑 生)=이구李嶇(감찰, 本 고성) 4女(이름 복정福貞, 정해丁亥 生) =이치익李致益(本 전주, 見 무안대군파) ↓ 계후 이엄李俺(年 기미己未, 생부 광춘光春)=파평 윤욱尹昱 女(첨사) ↓ 1女=변무邊袤(本 원주)
56	1女 = 변기邊璣	성종 14男 양원군 이희李憘(年 ○○, 母 숙의 홍씨) =평양 조경趙經 女(충의위, 증 찬성) =문화 유종선柳從善 女 (감정, 증 찬성, 見 덕천군파) 묘 광주 남면 여석우세음곡 ↓ 첩 1男 강양수 이옥호李玉糊(年 경진庚辰, 모비) =첨지 이승석李承碩 첩 女 ↓ 1女(이름 덕복德福, 정미丁未 生)=변기邊璣(무과 부사, 本 원주)

57	1女 = 변진원邊震元	선조 6女 정휘옹주(癸巳 生, 母 인빈 김씨) =유정량柳廷亮(전창위, 봉군, 本 전주) 묘 양주 도봉산 직동 ↓ 1女(이름 백임伯任, 병진丙辰 生)=이중규李重揆(진사, 本 전주) ↓ 2男 이현현李玄鼀(초명 천작, 또는 현랑, 생원, 年 癸酉) =고성 이전李㙉 女(충의위) ↓ 1女(이름 정매靜妹, 을미乙未 生)=변진원邊震元
58	1女 = 변익邊釴	성종 10男 전성군 이변李忭(자 ○○, 年 경술庚戌, 母 귀인 권씨) =안동 권건權健 女(지중추 증 찬성, 을축乙丑 졸) 묘 금천 치북 고사리 ↓ 계후 광천정 이수기李壽麒 (습군, 年 경오庚午, 생부 익양군 이회李懷, 見 본파) =파평 윤엽尹爗 女(충의위) ↓ 첩 1男 평산부수 이숙李俶 (습 부정 증 군, 年 무자戊子, 모비 두질금豆叱今) =서얼庶孼 충의위함창 金旭 女 ↓ 첩 1남 선성부령 이신윤李愼胤(승군, 年 기유己酉, 母 양녀 단종丹終) =파평 윤상은尹相慇 女(생원) ↓ 1女(이름 애정愛貞, 갑진甲辰 生)=변익邊釴(本 원주)
59	변윤邊潤	정종 10男 덕천군 이후생李厚生(시 적덕, 자 ○○, 年 ○○, 母 지씨) =장수 이종무李從茂(장천부원군) 묘 광주 태장 ↓ 1男 신종부정 이효백李孝伯(승군, 무과 병조참판, 시 공간?) =강릉 최경례崔敬禮 女(동지) ↓ 첩 1男 오원부수 이보정李寶丁(승군, 年 ○○) =진주 하맹서河孟舒 女(전직) ↓ 1男 진강령 이옥견李玉堅(年 ○○)=문화 유증柳增 女(사직) ↓ 1男 이석벽李錫璧(진사, 年 ○○)=진주 하영징河永澄 女(습독관) ↓ 2女(이름 경정景貞, 임술壬戌 生)=변윤邊潤(군수, 本 원주)

342   대은 변안열 평전

본관 미상	변지원邊枝遠	태종 1男 양녕대군 이제李禔(시 강정, 자 ○○, 年 갑술甲戌) =광산 김한로金漢老 女(광산군, 증 좌의정) 묘 금천현 북강사동 ↓ 3男 서산군 이혜李譓=취 안산 김개金漑(판원사) ↓ 2男 취성정 이경李潁(승군, 年 ○○)=성주 이철근李鐵根(군사) ↓ 3女=변지원邊枝遠(本 ○○)
	변현邊峴	세조 1男 덕원군 이서李曙 (익대공신, 시 소간, 자 정수, 年 기사己巳, 母 근빈 박씨) =경주 김종직金從直 女(녹사, 증 찬성) =봉산 윤尹○○ 女 =양성 양楊○○ 女, 묘 수원 종덕 ↓ 첩 2男 승선부정 이취李源(증 군, 字 종지, 年 무신戊申, 母 양녀) =반성위 강자순姜子順 양良 첩첩 女 ↓ 첩 1男 연풍령 이의수李宜壽(年 무자戊子, 모비 옥지玉只) =생원 유기柳琦 첩 女 ↓ 1男 연성령 이강李綱(年 기유己酉)=무안 유인걸柳仁傑 女 ↓ 3女(이름 계옥季玉, 갑신甲申 生)=변현邊峴(本 ○○)
	변응규邊應奎	태조 7男 무안대군 이방번李芳蕃 ↓ 계후 광평대군 이여李璵 ↓ 영순군 이부李溥 ↓ 남천정 이쟁李嶀 ↓ 1女(이름 보현寶賢, 정묘丁卯 生)=이량李亮 ↓ 이희문李希文 ↓ 첩 2女 변응규邊應奎(첩, 母 ○○, 서壻 本 ○○)
	변기문邊起門	정종 8男 임언정 이녹생李祿生(승명선, 자 ○○, 年 ○○) =고령 박부朴溥(소윤) 묘 파주 자동 ↓ 첩 1女=안처선安處善(母 ○○, 서壻 本 ○○) ↓ 1男 안종安宗(年 ○○, 취 ○○) ↓ 4女=변기문邊起門(本 ○○)

	변기수邊麒壽	정종 10男 덕천군
		↓
		2男 운수부정 이효성李孝誠(승군, 정국공신, 年 ○○)
		=천안 전념全念 女(상호군)
		↓
		2男 익화수 이철李轍(年 ○○)=남원 윤순尹詢 女(현령)
		↓
		2女=서혼徐渾(부정, 本 남평)
		↓
		3男 서적徐勣(年 ○○)=안동 박영괴朴永蕢 女(직장)
		↓
		1女=변기수邊麒壽(本 ○○)
본관 미상	1女 = 변진원邊農元	태종 2男 효령대군 이보李補
		(이명 이호李祜, 시 정효, 자 선숙, 年 병자)
		=해주 정이鄭易 女(찬성, 증 좌의정) 묘 과천 상초리
		↓
		1男 의성군 이채李寀(시 호민, 자 자홍, 年 신묘,
		홍치弘治 6년[1493] 졸쭈, 수壽 83)
		=황주 이차궁李次弓 女(직장) 묘 포천 팔야미
		↓
		1男 무송정 이전李恮(증 군, 年 ○○)=여흥 민주閔麤 女
		↓
		4男 장양부정 이주李儔(승 도정, 年 정축丁丑)=전주 최휴崔休 女(현령)
		↓
		2男 이승상李承常(현감 증 참판, 年 경술庚戌)=여흥 민관閔寬 女(군수)
		↓
		4男 이식李拭(문과 참판, 年 임오壬午)
		=한양 조수곤趙壽崑 女(첨지)
		=창녕 조언박曺彦博 女(좌랑, 증 부제학)
		↓
		첩 1女
		=변양걸邊良傑 첩자妾子(母 양녀 보향寶香, 지사, 本 원주)
		↓
		첩 3男 이대형李大亨(판관, 年 정축丁丑, 母 양녀 보향寶香)
		=성주 이원효李元孝 女
		↓
		1女=변진원邊農元(첨지, 本 ○○)

본관 미상	3女 = 변효영邊孝榮	4男 회산군 이념李恬(자 ○○, 年 ○○, 母 숙의 홍씨) =죽산 안방언安邦彦 女(찬의, 증 찬성) 묘 양주 우이 ↓ 계후 계산정 이수계李壽誡 (습군, 年 신유辛酉, 생부 견성군 이돈李惇, 見 본파) =고성 이맥李陌 女(대사헌) ↓ 1男 풍성부정 이전李銓(습군, 年 을유乙酉) =의령 남경춘南慶春 女(통례, 증 도승지, 見 청성위파) ↓ 2男 덕릉수 이상李垧(승정, 年 계해癸亥)=함열 남궁길南宮洁 女(직장) ↓ 첩 2男 이일영李一英(초명 영백英白, 年 경자庚子, 母 양녀 난향蘭香) =진주 강흥원姜興元 女(무과) ↓ 3女(이름 애임愛任)=변효영邊孝榮(本 ○○)
	2女 = 변징邊澄	성종 9男 경명군 이침李忱(자 성지, 年 기유己酉, 母 숙의 홍씨) =파평 윤첩尹堞 女(첨정, 증 찬성) 묘 양주 송산리 ↓ 2男 안남정 이수련李壽鍊(승도정 증 군, 年 경진庚辰) =안동 김공석金公奭 女(병사) =청송 심봉沈崶 女(봉사) ↓ 1男 금천부정 이보李俌(증 군, 年 정유丁酉, 母 김씨) =재령 이은려李殷礪 女(현령) ↓ 2女(이름 애진愛眞, 무진戊辰 生)=변징邊澄(일작호, 선전관, 本 ○○)
	2女 = 변시룡邊是龍	중종 7男 덕흥군 이초李岹 (추봉 대원군, 자 경앙, 年 경인庚寅, 母 창빈 안씨) =하동 정세호鄭世虎 女(판중추, 증 영의정) 묘 양주 불암산 ↓ 하원군 이정李鋥 (초수정, 녹 호성공신, 시 의헌, 영조 신묘辛卯 특시 불천위) =영의정 시 경헌, 홍섬洪暹 女 生 3子 1女 =선전관 증 판서 이의로李義老 女 ↓ 첩 2男 진산부정 이유령李有齡 (母 양녀 무명, 出 계순성정 이길李佶, 見 성종 7男 익양군파, 증 군, 年 신사辛巳) =역관 동지 신응주申應澍 女 서庶 =나주 나회길羅晦吉 女 ↓ 2女=변지룡邊是龍

		중종 5男 덕양군 이기李岐(자백고, 年 갑신甲申, 숙의 이씨)
		=안동 권찬權纘 女(판서 증 찬성) 묘 광주 낙생
		↓
1女		계후 귀산부정 이권李睠(年 기해己亥, 생부 풍산군 이종린李宗麟)
=		=여흥 민덕룡閔德龍 女
변상담邊尙聃		↓
		2男 여천령 이경돈李燗惇(年 기미己未)=전주 최시득崔時得 女(주부)
		↓
		1女(이름 숙정淑貞, 기축己丑 生)=변상담邊尙聃(무과, 本 원주)

유의사항

1. 위 기록은 『원주변씨족보』(1959년)을 근거로 장서각에 소장된 『선원록』(藏2-1046)MF, 『선원계보기략』, 『돈령보첩』등을 대조하여 작성한 것임.

2. 본관 미상자는 『선원록』에 근거한 것임.

3. 기호 설명

   ○○: 기록 없음

   =: 혼인관계

   →: 세대

   ○: 원문에 있는 공백

4. '이름'과 '○○生', '관직'이라고 한글로 쓴 것은 작성자가 붙였음.

주註

제1장

1 강진철, 「몽고의 침입에 대한 항쟁」, 『한국사』 7, 국사편찬위원회, 1973, 335~336쪽.

2 위의 글, 337~338쪽.

3 위의 글, 342쪽.

4 『고려사』 권23, 고종세가 18년 12월, 연희대학교 동방학연구소, 1955.

5 강진철, 「몽고의 침입에 대한 항쟁」, 『한국사』 7, 국사편찬위원회, 1973, 345쪽.

6 『고려사』 권23, 고종세가 19년 4월, 연희대학교 동방학연구소, 1955.

7 강진철, 「몽고의 침입에 대한 항쟁」, 『한국사』 7, 국사편찬위원회, 1973, 348쪽.

8 위의 글, 351쪽.

9 위의 글, 354쪽.

10 위의 글, 355~356쪽.

11 위의 글, 360~361쪽.

12 위의 글, 362~363쪽.

13 『고려사』 권81, 병지兵志 1, 오군五軍 원조元宗 11년, 연희대학교 동방학연구소, 1955.

14 강진철, 「몽고의 침입에 대한 항쟁」, 『한국사』 7, 국사편찬위원회, 1973, 382~383쪽.

15 「조양필전趙良弼傳」, 『원사元史』 권159.

16 강진철, 「몽고의 침입에 대한 항쟁」, 『한국사』 7, 국사편찬위원회, 1973, 426쪽.

17 이성무, 「변안열의 생애와 평가」, 『대은 변안열의 생애와 업적』, 지식산업사, 2013, 99쪽.

18 강진철, 「몽고의 침입에 대한 항쟁」, 『한국사』 7, 국사편찬위원회, 1973, 428쪽.

19 위의 글, 430쪽.

20 위의 글, 432쪽.

21 이곡, 「대언관청파취동녀서代言官請罷取童女書」, 『가정집稼亭集』 권8.
　『고려사』 권109, 「이곡전」, 연희대학교 동방학연구소, 1955.

22 1310년(충선왕 2)에 고려 환관 이대순李大順은 태안부원군군泰安府院君에, 전독만첩고사全禿
萬帖古思는 영인군寧仁君에, 금적자올탑金赤剌兀塔은 악안군樂安君에, 전살리全撒里를 감
창군咸昌君에, 이숙李淑을 평창군平昌君에, 방신우方臣祐를 중모군中牟君에 봉군封君했다.
이들은 모두 천례賤隸 출신이었다.(국역 「고려사절요高麗史節要」 권23, 충선왕 2년 9월)

23 고병익, 「대몽항쟁對蒙抗爭」, 「한국사」7, 국사편찬위원회, 1974, 436쪽.

24 이규경李圭景, 「동인참중국방안변증설東人參中國榜眼辨證說」, 「오주연문장전신고五洲衍文
長箋散稿」 권4.

25 이성무·이희진, 『다시 보는 한국사』, 청아출판사, 2013, 222쪽.

26 위의 책, 223쪽.

27 위의 책.

28 위의 책, 225쪽.

29 『대은실기』, 신석호·대은실기편찬위원회 엮음, 한일문화사, 1977, 16쪽.

30 이성무, 변안열의 생애와 평가, 『대은 변안열의 생애와 업적』, 지식산업사, 2013, 29쪽.
변안열도 15~16세에 탈탈불화脫脫不花를 사사師事했다고 했다. 탈탈불화도 탈탈脫脫, 탈타
아脫朶兒, 탈타불화脫朶不花와 같은 사람일 것이다. 탈탈불화는 독타불화篤朶不花라고도
하는데 심양왕瀋陽王 고暠의 손자로 왕위 계승 자격이 있는 사람이었다. 공민왕의 경쟁자이
기도 하다.(김성준, 「고려와 원·명 관계」, 「한국사」8, 국사편찬위원회, 1974, 192쪽)

31 김성준, 「고려와 원·명 관계」, 「한국사」8, 국사편찬위원회, 1974, 181~182쪽.

32 위의 글, 184쪽.

33 이성무, 『방촌 황희 평전』, 민음사, 2014, 14쪽.

34 위의 책.

35 위의 책, 14~15쪽.

36 위의 책, 15쪽.

37 八月丙子 置義勇左右軍 以門下評理柳淵 密直使邊安烈 分摠之(「고려사」 세가44, 공민왕 22년).

38 이성무, 「변안열의 생애와 평가」, 『대은 변안열의 생애와 업적』, 지식산업사, 2013, 32쪽.

39 위의 글, 16쪽.

40 김성준, 「고려와 원·명 관계」, 「한국사」8, 국사편찬위원회, 1974, 194쪽.

41 위의 글.

42 이케우치 히로시池內宏, 「고려 말에 있어서의 명 급及 북원北元과의 관계」, 「사학잡지史學雜
誌」29편 1호, 69~72쪽.

43 이성무, 『방촌 황희 평전』, 민음사, 2014, 17쪽.

44 김성준, 「고려와 원·명 관계」, 『한국사』8, 국사편찬위원회, 1974, 203쪽.

45 이성무, 『방촌 황희 평전』, 민음사, 2014, 27쪽.

46 위의 책, 28쪽.

47 이성무·이희진, 『다시 보는 한국사』, 청아출판사, 2013, 259쪽.

48 위의 책, 29쪽.

49 이성무, 『방촌 황희 평전』, 민음사, 2014, 29쪽.

50 위의 책, 29~30쪽.

51 위의 책, 30쪽.

52 위의 책.

53 위의 책, 31쪽.

54 위의 책.

55 위의 책, 31~33쪽.

56 이성무·이희진, 『다시 보는 한국사』, 청아출판사, 2013, 250쪽.

57 이성무, 「주자학이 14·15세기 한국교육·과거제도에 미친 영향」, 『한국과거제도사』, 대우학술 총서 인문사회과학 99, 민음사, 1997, 372~373쪽.

58 위의 책, 371~377쪽.

59 이성무·이희진, 『다시 보는 한국사』, 청아출판사, 2013, 251쪽.

60 위의 책, 252쪽.

61 이성무, 「변안열의 생애와 평가」, 『대은 변안열의 생애와 업적』, 지식산업사, 2013, 37쪽.

62 이성무, 『방촌 황희 평전』, 민음사, 2014, 22~24쪽.

63 위의 책, 24~25쪽.

64 위의 책, 25쪽.

65 위의 책, 26쪽.

66 위의 책.

67 위의 책, 27쪽.

68 위의 책, 33쪽.

69 위의 책, 34쪽.

70 위의 책.

71 위의 책, 35쪽.

72 위의 책.

제2장

1 北漢山主 軍主邊品 謀椵岑城 發兵與百濟戰 奚論從軍赴賊 力戰死亡(『삼국사기』 권4, 신라본기 진평왕 40년조).

2 新羅將軍邊品等 來攻椵岑城 復之 奚論戰死(『삼국사기』 권27, 백제본기 무왕 17년조).

3 命奚論爲金山幢主 與漢山州都督邊品興師 襲椵岑城 取之(『삼국사기』 권47, 열전 7, 「해론전」)

4 『대은실기』, 신석호·대은실기편찬위원회 엮음, 한일문화사, 1977, 17~18쪽.

5 文武王十二年九月 王以向者 百濟往訴於唐請兵侵我 事勢急迫 不獲申奏 出兵討之 由是 獲罪大朝 遂遣級湌原川·奈麻邊山 及所留兵船郎將鉗耳大侯·萊州司馬王藝·本烈州長史王益·熊州都督府司馬禰軍·曾山司馬法聰 軍士一百七十人 上表乞罪(『삼국사기』 권7, 신라본기).

6 『대은실기』, 신석호·대은실기편찬위원회 엮음, 한일문화사, 1977, 18~19쪽.

7 首座 俗姓邊氏 諱均如也 父日懷性 尚志亡名 母日占命 嘗於天祐十四年四月初七日夜 夢見雌雄雙鳳 皆黃色 自天而下 並入己懷 至二十載 占命年已六十 而能有身 懷滿二十一旬 以此年 八月八日 誕師于黃州之北荊岳南麓之私第(通臺葉村) 今黃州判官前拾遺李晙 重修舊北 號日敬天之寺 卽其所也(『고려대장경』 보판, 치승, 석화엄교분기원통초 부록 고려귀법사원통수좌균여전).

8 『대은실기』, 신석호·대은실기편찬위원회 엮음, 한일문화사, 1977, 19~20쪽.

9 양재연, 「균여대사연구均如大師研究」, 『중앙대학교 논문집』4, 중앙대학교 중앙문화연구원, 1959.

10 『대은실기』, 신석호·대은실기편찬위원회 엮음, 한일문화사, 1977, 21~22쪽.

11 위의 책, 23쪽.

12 위의 책, 24쪽.

13 위의 책.

14 위의 책, 25쪽.

15 위의 책.

16 황주변씨대동보편찬위원회 엮음, 「본원록」, 『황주변씨대동보』, 낭주인쇄사, 1988, 48~61쪽.

17 위의 책, 61~62쪽.

18 이성무, 「변안열의 생애와 평가」, 『대은 변안열의 생애와 업적』, 지식산업사, 2013, 20쪽.

19 위의 글.

20 위의 글, 21쪽.

21 『장연변씨족보』권1, 1쪽.

22 고려시대에는 무과가 실시되지 않았다. 단, 1109년부터 1133년까지 24년 동안 일시 무업武業이 실시된 적이 있다. 그러니 이때 무업에 급제했다는 것인지 알 수 없다.(이성무, 『한국의 과거제도』[개정증보], 집문당, 1994, 14쪽.)

23 『황주변씨족보』, 65~66쪽.

24 고려시대에는 문과라 하지 않고 제술업製述業, 명경업明經業이라고 했다.(이성무, 『한국의 과거제도』[개정증보], 집문당, 1994, 62쪽.)

25 위의 책.

26 『황주변씨족보』, 66쪽.

27 『대은실기』, 신석호·대은실기편찬위원회 엮음, 한일문화사, 1977, 215쪽.

28 『황주변씨족보』, 65~66쪽.

29 위의 책, 67~68쪽.

30 위의 책, 68쪽.

31 탈독아脫朶兒은 탈탈脫脫이라고도 하는데, 1354년(공민왕 3)에 원의 요청에 의해 장사성張士誠 토벌을 위해 고려에 원병援兵을 요청해 이때 40여 명의 무장과 2천 명의 병졸을 보냈다. 그런데 고우高郵 전투에서 6명의 무장을 잃고 1355년(공민왕 4)에 귀국했다. 그리고 탈독아는 참소를 입어 실각했다.(박홍갑, 「신흥 무장 변안열의 성장과 그 배경」, 『대은 변안열의 생애와 업적』, 지식산업사, 2013, 534쪽.)

32 탈독아는 심양왕을 지낸 왕고王皐의 손자이다. 홀필렬忽必烈(쿠빌라이, 원 세조)의 아들이 진금眞金이요 진금의 아들이 감마랄甘麻剌이요, 감마라의 딸이 계국대장공주薊國大長公主로 충선왕과 혼인했고, 계국대장공주의 남동생이 송산松山(양왕梁王)의 딸이 심양왕 왕고와 혼인했다. 탈독아는 왕고의 손자이다.

33 『대은실기』, 신석호·대은실기편찬위원회 엮음, 한일문화사, 1977, 216쪽.

34 위의 책.

35 위의 책, 32~33쪽.

36 심양은 고려와 중원 사이에 있던 지금의 봉천·요양 지방으로 많은 고려인이 집단적으로 살고 있었기 때문에 원은 1308년(충렬왕 34)에 원나라 무종武宗 영입迎立에 공이 있는 전왕 충선왕을 심양왕에 봉해 이 지방을 맡아 다스리게 했다. 『엽자보葉子譜』에 고려 세자 전佺이 공이 있어 심왕瀋王이 되었다 했는데, 전佺은 원조元宗의 이름으로, 충선왕과 대립관계에 있었던 서흥후瑞興侯 전琠이 있으나 사실 이때 심양왕의 봉작을 받은 것은 충선왕이었다. 그 후 충선왕

의 조카 연안군延安君 고룡가 심왕瀋王이 되면서 원나라는 이들 심양 세력을 교묘히 이용해 고려 왕을 견제하는 도구로 이용했다.(위의 책, 33쪽.)

37 『원주변씨참판공파보』 상권, 「잡록부」, 회상사, 1989, 177쪽.

38 조종영, 「문절공文節公(휘諱 숙肅)신도비명병서神道碑銘幷序」(『원주변씨전서공파세계보原州邊氏典書公派世系譜』) 15~16쪽.

39 변상화, 「문절공행장文節公行狀」, 위의 책, 28~30쪽.

40 『원주변씨전서공파세계보』 연보, 11쪽.

41 『대은실기』, 신석호·대은실기편찬위원회 엮음, 한일문화사, 1977, 34~37쪽.

42 위의 책, 38쪽.

43 위의 책, 37~38쪽.

44 위의 책, 38~39쪽.

제3장

1 『원주변씨대동보』 권1, 원주변씨화수회 엮음, 엔코리안, 2012, 1쪽.

2 이중철이 쓴 「통훈대부사헌부집의귀계변공묘갈명병서通訓大夫司憲府執義歸溪邊公墓碣銘幷序」에 "公之先 本中國人 元朝刑部尙書諱安烈東來 官大匡門下 封原城伯 仍貫原州 號大隱 謚良節 諱頤 官左軍都摠制 謚靖平"이라 해 변안열의 시호가 양절良節이라고 기재하고 있다. 그러나 양절이란 시호는 이곳밖에는 찾아볼 수 없다. 변안열이 역적으로 처단되었고, 신원된 적이 없기 때문에 시호를 받을 수 없었을 것이다. 후고를 기다린다.

3 이성무, 「변안열의 생애와 평가」, 『대은 변안열의 생애와 업적』, 지식산업사, 2013, 25쪽.

4 정몽주 저, 「변안열전」, 『원주변씨참판공파보』 하권, 권지상 외 엮음, 1991, 69~70쪽.

5 이성무, 「변안열의 생애와 평가」, 『대은 변안열의 생애와 업적』, 지식산업사, 2013, 29쪽.

6 「대은연보大隱年譜」(『대은실기』, 신석호·대은실기편찬위원회 엮음, 한일문화사, 1977), 512쪽.

7 『원주원씨족보』 권1, 제2편 세표.

8 위의 책.

9 『등과록登科錄』 (규 古4650-10).

10 『원주원씨족보』 제2편 세표.

11 『고려사』 권29, 세가 29, 충렬왕 10년 1월 병자, 연희대학교 동방학연구소, 1955.

12 『고려사』 권107, 열전 20, 「원부전」, 연희대학교 동방학연구소, 1955.

13 위의 책.

14 위의 책.

15 위의 책.

16 위의 책.

17 위의 책.

18 『고려사』 권73, 지志 27, 선거選擧 1, 연희대학교 동방학연구소, 1955.

19 『원주원씨족보』 제2편 세표.

20 원창애, 「변안열 가계의 혼맥과 왕실혼」, 『대은 변안열의 생애와 업적』, 지식산업사, 2013, 615~616쪽.

21 『원주원씨족보』 제2편 세표.

22 『고려사』 권107, 열전 20, 「원부전」, 연희대학교 동방학연구소, 1955.

23 『원주원씨족보』 제2편 세표.

　『등과록』(규 古4650-10).

24 『원주원씨족보』 제2편 세표.

25 원창애, 변안열 가계의 혼맥과 왕실혼(『대은 변안열의 생애와 업적』(지식산업사) 2013, 616쪽.

26 『고려사』 권107, 열전 20, 「원부전」, 연희대학교 동방학연구소, 1955.

27 위의 책.

28 위의 책.

29 위의 책.

30 『원주원씨족보』 제2편, 4쪽.

31 「보총편상계보總編上系」, 『남양홍씨군파세보南陽洪氏南陽君派世譜』 권1, 5쪽.

32 『고려사』 권106, 열전 19, 「홍규전」, 연희대학교 동방학연구소, 1955.

33 위의 책.

34 위의 책.

35 위의 책.

36 위의 책.

37 위의 책.

38 위의 책, 5~7쪽.

39 위의 책, 7쪽. 임연林衍의 딸이라는 것은 1716년(숙종 42)에 편찬된 『병신보丙申譜』에는 기재되어 있었지만, 1775년(영조 51)에 편찬된 『을미보乙未譜』에서는 이를 오기誤記라고 해 삭제했으나, 1908년(융희 2)에 발견된 묘지석에 근거해 1920년에 편찬된 『경신보庚申譜』에서는 기록

하는 것으로 재확인했다.(『경신보』의 『고증록考證錄』 참조)

40 위의 책.

41 위의 책, 7쪽.

42 위의 책.

43 『고려사』 권89, 열전 2, 후비 2, 「명덕태후 홍씨전」, 연희대학교 동방학연구소, 1955.

44 위의 책.

45 위의 책.

46 위의 책.

47 위의 책.

48 위의 책.

49 위의 책.

50 위의 책.

51 위의 책.

52 위의 책.

53 위의 책.

54 『고려사』 권111, 열전 24, 「홍언박전」, 연희대학교 동방학연구소, 1955.

55 위의 책.

56 위의 책.

57 위의 책.

58 위의 책.

59 위의 책.

60 위의 책.

61 위의 책.

62 위의 책.

63 조종운, 「원주원씨原州元氏」, 『씨족원류氏族源流』.

64 『원주원씨족보』 제2편, 일一, 세표 갑甲, 4~5쪽.

65 위의 책, 112쪽.

66 이색 저, 「변안열행장邊安烈行狀」, 『원주변씨참판공파보』, 하권, 권지상 외 엮음, 1991, 80쪽.

67 위의 책.

68 참조: 후이환장惠煥章·대군戴軍 엮음, 『주원장백미朱元璋百謎』, 산시뤼유출판사陝西旅游出

版社, 2004.

69 丁巳 令百官 議通使大明(『고려사』 세가 41, 공민왕 17년 무신, 연희대학교 동방학연구소, 1955).

70 『대은실기』, 신석호·대은실기편찬위원회 엮음, 한일문화사, 1977, 115쪽.

71 『고려사』 지志 35, 병兵 1, 연희대학교 동방학연구소, 1955.

72 八月丙子 置義勇左右軍 以門下評理柳淵 密直使邊安烈 分摠之(『고려사』 세가世家 44, 공민왕 22년).

73 『대은실기』, 신석호·대은실기편찬위원회 엮음, 한일문화사, 1977, 176~177쪽.

74 『고려사』 권113, 열전 26, 「최영전」, 연희대학교 동방학연구소, 1955, 480~481쪽.

75 위의 책, 481쪽.

76 위의 책.

77 위의 책.

78 위의 책.

79 위의 책, 482쪽.

80 위의 책.

81 위의 책.

82 『고려사』 권40, 세가, 공민왕 12년 11월 임신, 연희대학교 동방학연구소, 1955.

83 『고려사』 권89, 열전 2, 후비 2, 「명덕태후 홍씨전」, 연희대학교 동방학연구소, 1955.

84 『고려사』 권40, 공민왕 12년 윤3월 을유, 연희대학교 동방학연구소, 1955.

85 이익주, 「공민왕대 개혁의 추이와 신흥 유신의 성장」, 『역사와 현실』 15, 35쪽.
    1365년(공민왕 14) 봄에 있었던 재추 인사에게 재부 14명, 추부 16명이 제수되었다. 재부 14명 가운데 이인복·홍순을 2명과, 추부 16명 가운데 왕중귀·한공의·이자송·염지범·최맹손 등 5명이 1363년(공민왕 12)에 책봉된 공신이 아니다.

86 『대은실기』, 신석호·대은실기편찬위원회 엮음, 한일문화사, 1977, 126쪽.

87 정경세鄭經世, 「변안열신도비명邊安烈神道碑銘」(『대은실기』, 신석호·대은실기편찬위원회 엮음, 한일문화사, 1977), 585쪽.

88 「전조과거사적前朝科擧事蹟」, 『국조방목國朝榜目』, 영남출판사, 1987, 571쪽.

89 『등과록』(규 古4650~10).

90 원창애, 「변안열 가계의 혼맥과 왕실혼」, 『대은 변안열의 생애와 업적』, 지식산업사, 2013, 620쪽.

91 「대은연보」(『대은실기』, 신석호·대은실기편찬위원회 엮음, 한일문화사, 1977), 258쪽.

92 위의 책.

93 『고려사』 권114, 열전 27, 「나세전」.

94 『고려사』 권126, 열전 39, 간신 2, 「변안열전」.

「대은연보」(『대은실기』, 신석호·대은실기편찬위원회 엮음, 한일문화사, 1977), 259쪽.

95 『대은실기』, 신석호·대은실기편찬위원회 엮음, 한일문화사, 1977.

96 위의 책, 127쪽.

97 위의 책, 128쪽.

98 위의 책, 260쪽.

99 『대은실기』, 신석호·대은실기편찬위원회 엮음, 한일문화사, 1977, 134쪽.

100 『고려사』 권114, 열전 27, 「나세전」, 연희대학교 동방학연구소, 1955.

101 「대은선생연보」, 『원주변씨대동보』 문헌록, 원주변씨화수회 엮음, 엔코리안, 2012, 176쪽.

102 『고려사』 권126, 열전 39, 간신 2, 「변안열전」, 연희대학교 동방학연구소, 1955, 748~749쪽.

103 이재범, 「변안열과 황산대첩」, 『대은 변안열의 생애와 업적』, 지식산업사, 2013, 693~694쪽.

104 『고려사』 권126, 열전 39, 간신 2, 「변안열전」, 연희대학교 동방학연구소, 1955, 749쪽.

105 위의 책, 749~750쪽.

106 위의 책, 750쪽.

107 위의 책.

108 위의 책.

109 김순남, 『조선 초기 체찰사제 연구』, 경인문화사, 2007, 24~25쪽.

110 위의 책.

111 이성무, 「변안열의 생애와 평가」, 『대은 변안열의 생애와 업적』, 지식산업사, 2013, 39쪽.

112 이재범, 「변안열과 황산대첩」, 『대은 변안열의 생애와 업적』, 지식산업사, 2013, 707쪽.

113 허흥식, 「몽골 제국과 원주 변씨 가계의 관계」, 『대은 변안열의 생애와 업적』, 지식산업사, 2013, 259~260쪽.

114 위의 글, 263쪽.

115 위의 글, 267쪽.

116 김순자, 『한국 중세 한중관계사』, 혜안, 2007, 51~52쪽.

117 허흥식, 「몽골 제국과 원주 변씨 가계의 관계」, 『대은 변안열의 생애와 업적』, 지식산업사, 2013, 285쪽.

118 『고려사』 권137 열전 50, 신우辛禑 5, 연희대학교 동방학연구소, 1955, 948쪽.

설장수偰長壽가 남경으로부터 돌아와서 구두로 황제의 명을 전하기를 "고려가 짐의 약속을 듣기를 원하므로 해마다 말을 조공하게 했더니, 바친 말이 아무데도 소용이 없고, 또 어렵다고 호소하므로 내가 명령하기를 세공歲貢은 하지 말고, 3년에 종마 50필씩만 바치라 했는데, 가져온 말이 또 소용이 없어서, 뒤에 5천 필을 사왔으며, 또 모두 약하고 작아서 우리 말 한 필 값이면 고려 말 두세 마리는 살 수 있었고, 지금 또 의관을 고친 사례로 말을 가져왔는데, 발굽이 거칠고, 엉덩이 살만 풍만했다. 기왕 바치는 것이라면 어찌 이렇게까지 하는가? 이것은 반드시 사신이 오다가 서경에 이르러 팔아 바꿔서 온 것이다. 이미 장자온張子溫을 금의위錦衣衛에 가두었으니, 해가 지난 뒤에 죄를 묻겠다. 네가 돌아가서 집정대신에게 고하라! 짐이 이미 통상을 허락했는데, 그대들 편에서는 도리어 분명한 증명서를 가지고 와서 무역하게 하지 않고, 은밀히 사람을 시켜 대창大倉에 와서 우리가 군사를 일으키는지, 배를 만들고 있는지를 엿보고, 가서 소식을 알려 주는 사람에게 중한 상을 주니, 이것은 거리에 노는 어린아이의 소견이다. 지금부터는 조심해 이와 같은 짓을 하지 말고, 또 사신을 보내지 마라! 철령 이북은 원래 원나라에 속했었으니 모두 요동에 귀속시키고, 개원開元·심양瀋陽·신주信州 등의 곳은 군사와 백성의 생업을 회복하도록 들어주라!"(국역 『고려사절요』 권33, 1388년[신우 14] 대명 홍무洪武 21년조)

119 『고려사』 권137 열전 50, 신우 5, 연희대학교 동방학연구소, 1955.

120 위의 책.

121 위의 책, 949쪽.

122 殺公山府院君李事松 以子松嘗止崔瑩攻, 遼也(『고려사』 권137 열전 50, 신우 5, 연희대학교 동방학연구소, 1955, 950쪽).

123 위의 책, 950~951쪽.

124 위의 책, 951쪽.

125 禍頗然之(中略) 太祖曰 業已興師 不可中止(『고려사』 권137 열전 50, 신우 5, 연희대학교 동방학연구소, 1955, 951쪽).

126 위의 책.

127 위의 책.

128 위의 책.

129 위의 책.

130 국역 『고려사절요』 권33, 신우 4, 1388년(우왕 14).

131 위의 책.

132 위의 책.

133 『고려사』 권137 열전 50, 신우 5, 연희대학교 동방학연구소, 1955, 953쪽.

134 위의 책, 954쪽.

135 위의 책.

136 위의 책.

137 위의 책, 954~955쪽.

138 위의 책, 955쪽.

139 위의 책.

140 위의 책, 956쪽.

141 위의 책.

142 위의 책.

143 위의 책.

144 위의 책.

145 위의 책.

146 위의 책.

147 위의 책, 957쪽.

148 이성무, 「변안열의 생애와 평가」, 『대은 변안열의 생애와 업적』, 지식산업사, 2013, 44쪽.

149 『고려사』 권137, 열전 50, 신우 5, 연희대학교 동방학연구소, 1955, 956쪽.

150 이성무, 「변안열의 생애와 평가」, 『대은 변안열의 생애와 업적』, 지식산업사, 2013, 45쪽.

151 『고려사』 권137, 열전 50, 신우 5, 연희대학교 동방학연구소, 1955, 966쪽.

152 국역 『고려사절요』 권33, 신우 4, 1388년(우왕 14).

153 위의 책.

154 이성무, 『방촌 황희 평전』, 민음사, 2014, 30쪽.

155 도평의사사에서 전제를 의논했다. 이때 전제가 크게 문란해 겸병하는 집들이 토지를 빼앗아 산과 들을 차지했으니, 해독이 날로 깊어 백성이 서로 원망했다. 우리 태조가 대사헌 조준과 더불어 사전을 개혁하고자 했는데, 이색이 '옛법을 경솔하게 고쳐서는 안 된다'고 하며, 그 의논을 고집해 따르지 않았고, 이임李琳·우현보·변안열도 모두 개혁하려 하지 않았다. 이색을 유종儒宗으로 여기고 그 말을 빌려 여러 사람의 귀를 현혹시켰으므로, 개혁해 사전을 공전으로 회복하려는 의논이 결정되지 못했다. 예문관 제학 정도전과 대사성 윤소종尹紹宗은 조준의 의견에 찬동했고, 후덕부윤厚德府尹 권근權近과 판내부시사사判內府寺事 유백유柳伯儒는

이색의 의논에 찬동하고, 찬성사 정몽주는 두 사이에서 어름어름하고 있었다. 이에 각 관사官司로 하여금 사전을 개혁해 공전으로 회복하는 이해利害를 의논하게 하니, 의논한 자 53명 중 개혁하고자 하는 자가 10에 8~9명이었는데, 개혁하지 않으려는 자는 모두 대가大家의 자제였다.(국역『고려사절요』권33, 신우 4, 1388년[무진 신우 14])

156 『정종실록』권1, 정종 1년 3월 경진.

157 이성무,『방촌 황희 평전』, 민음사, 2014, 31쪽.

158 위의 책, 32~33쪽.

159 『고려사절요』에는 김저가 갑술일(10일)에 우왕을 찾아간 것으로 되어 있고, 13일에 김저가 잡힌 것으로 되어 있다. 반면에『고려사』에는 을해일(11일)에 우왕을 찾아간 것으로 되어 있다. 하루 차이가 나는데『고려사절요』가 맞는 것 같다(고혜령,「위화도 회군 이후 변안열과 사대부의 관계」,『대은 변안열의 생애와 업적』, 지식산업사, 2013, 414쪽).

160 『고려사』권137, 열전 50, 신우 5, 연희대학교 동방학연구소, 1955, 969쪽.

161 고혜령,「위화도 회군 이후 변안열과 사대부의 관계」,『대은 변안열의 생애와 업적』, 2013, 419쪽.

162 위의 글, 421쪽.

163 乙未朔 罷李穡及子種學職 廢曺敏修爲庶人(『고려사』권45, 공양왕 원년 12월, 연희대학교 동방학연구소, 1955).

164 『대은실기』, 신석호·대은실기편찬위원회 엮음, 한일문화사, 1977, 521쪽.

165 『고려사』권137, 열전 50, 신우 5, 연희대학교 동방학연구소, 1955, 968~969쪽.

166 국역『고려사절요』권34, 1389년(창왕 원년) 11월 무인.

167 국역『고려사절요』권34, 공양왕 원년 2월에 고려는 산이 막히고 바다를 등져서 풍속이 다르니, 비록 중국과 서로 통하고 있으나 떨어지고 합함이 일정치 않았다. 이제 신하가 그 아버지를 내쫓고 아들을 왕으로 세워 중국에 조회하러 오기를 청하니, 이는 인륜이 크게 무너지고 왕의 도가 전혀 없기 때문에 신하 노릇하지 않는 반역이 크게 드러난 것이다. 사자에게 돌아가서 동자童子 창昌이 와서 조회할 필요가 없다. 왕으로 세우는 것도 저희에게 달렸고 폐하는 것도 저희에게 달렸으니 중국은 상관이 없다고 했다.

168 국역『고려사절요』권34, 기묘.

169 위의 책.

170 "항상 사병 200명을 거느리고 있어, 만일 적변이 일어나면 즉시 거느리고 나아가 무찌르니, 가는 곳마다 이기지 않음이 없었다."(『원주변씨예천파보原州邊氏醴泉派譜』, 석실摭實, 보첩, 회상사,

1996.)

171 공민왕이 1373년(공민왕 22)에 내우외환에 대비해 의용좌우위義勇左右衛를 설립해 변안열은 밀직사로서 우군을, 유연은 문하평리로서 좌군을 맡게 했다. 그리고 그 군사들은 경기·전라도에서 뽑았다.(박익환, 「대은 변안열 선생에 대하여」, 『원주변씨예천파보』 상권, 회상사, 1989, 180쪽.)

172 〈불굴가〉는 『경신보』 잡록에 수록되어 있는 〈불종가不從歌〉가 현재로서 찾을 수 있는 가장 오래된 기록이다.(『대은실기』, 신석호·대은실기편찬위원회 엮음, 한일문화사, 1977, 404쪽) 〈불굴가〉는 『청구영언』에 필자 미상으로 실려 있으나 변안열의 사위인 무안대군 방번芳蕃의 제문祭文에 "아, 삶을 버리고 의를 취했으니 충절이 뛰어납니다. 남기신 〈불굴가〉는 송악松岳에 우뚝하고 나라 사람들은 어질다 합니다. 하물며 저는 당에 올라 이에 전을 올리고 청소해 추모하는 뜻을 붙입니다.於乎使公任之柱石者命也天也 使公死之斧鉞者命也天也 公於命何哉 我於天何哉 所不朽者 不屈歌 言不可長 哭不可遲"(『대은실기』, 부록 제문, 권지일)이라고 해 불굴가를 언급하고 있고, 정몽주의 「변안열전」과 길재가 쓴 「변안열전」과 길재가 쓴 〈변안열유사〉에도 "穴吾之胸洞如斗貫 以藁索長又長 前牽後引磨且戞 任汝之爲吾不辭 有欲奪吾主 此事吾不屈"이라고 해 〈불굴가〉 전문이 수록되어 있는 것으로 보아 변안열의 작품이 확실하다. 이숭인의 제문에도 〈불굴가〉가 언급되어 있다.(『대은실기』, 부록 제문, 권지일)

173 世傳 二先生之禍 萌於此歌之日云(『대은실기』, 신석호·대은실기편찬위원회 엮음, 한일문화사, 1977).

174 『대은실기』, 신석호·대은실기편찬위원회 엮음, 한일문화사, 1977.

175 《대은선생실기》 식識(二), 변석인邊錫仁 엮음(『원주변씨대동보』 문헌록, 원주변씨화수회 엮음), 엔코리안, 2012, 192쪽.

176 乃者 族祖鍾基氏 愓然起慕 夙夜靡懈 考之譜牒 抄諸東史 合而編之 日始祖實記 在其巾箱者 亦有年 所歲己丑 楊州省瀷之會 僉議齊發方圖棗 得一小冊於醴泉族人家 卽當時諸先輩所簪祭文及傳行狀墓表神道碑銘也 靡掌奉玩 若壁裡殘經 僅免咸陽熱火 而復出於世也…十九世孫鎬元 盥手謹書(《대은선생실기》 식[二], 변석인 엮음[『원주변씨대동보』 문헌록, 원주변씨화수회 엮음], 엔코리안, 2012).

177 『대은실기』, 신석호·대은실기편찬위원회 엮음, 한일문화사, 1977, 379쪽.

178 「귀계공전가록歸溪公傳家錄」 필사본, 『원주변씨대동보』 선조전행장先祖傳行狀 잡록부雜錄附, 원주변씨화수회 엮음, 엔코리안, 2012, 55~70쪽.

179 김종직金宗直(1431~1492)은 자가 효관孝盥·효온孝溫, 호는 점필재佔畢齋, 시호는 문간文

潤, 본관은 선산善山. 아버지는 사예 김숙자金叔滋. 1453년(단종 1)에 진사가 되고, 1459년(세조 5)에 식년문과式年文科에 급제했으며, 이듬해 사가독서賜暇讀書를 받았다. 1462년(세조 8)에 승문원 박사 겸 예문관 봉교, 정자, 교리를 거쳐 1463년(세조 9)에 감찰, 경상도병마평사, 이조 좌랑, 수찬을 역임했다. 성종 초에 경연관, 함양 군수, 선산부사, 응교, 우부승지, 도승지, 한성부윤, 형조 판서를 역임했다. 영남학파의 종주로서 김굉필金宏弼·정여창鄭汝昌·김일손金馹孫·남효온南孝溫·유호인俞好仁·조위曺偉·이맹전李孟專·이종준李宗準·권오복權五福 등 많은 문인을 두었다. 그런데 무오사화 때 제자인 김일손이 스승인 김종직이 지은 조의제문을 실록에 넣었다. 이 때문에 김종직은 부관참시 되었다. 그러나 중종반정으로 신원伸冤되고, 숙종조에 영의정에 증직되었다. 밀양의 예림서원, 선산의 금오서원, 함양의 백연서원, 김천의 경렴서원, 개령의 덕림서원 등에 배향되었다. 저서로는 『점필재집佔畢齋集』 『청구풍아靑丘風雅』 『일선지一善誌』 『이존록彝尊錄』 『당후일기堂後日記』 『신증동국여지승람新增東國輿地勝覽』 등이 있다.(교학사 편집부 엮음, 『한국사대사전』 2, 교학사, 2013, 512쪽.)

180 권경유權景裕(?~1498)의 자는 군요君饒·자범子汎, 호는 치헌痴軒, 본관은 안동安東. 판관 권질權耋의 아들. 김종직의 문인. 1483년(성종 14)에 사마시司馬試에 합격하고, 1485년(성종 16)에 별시 문과에 급제, 예문관 검열, 홍문관 정자등의 관직을 역임했다. 1490년(성종 21)에 사가독서를 받았고, 외직을 구해 제천 현감을 지냈다. 1498년(연산군 4) 무오사화 때 김일손과 함께 김종직의 조의제문을 실록에 실으려다가 능지처참되었다. 그러나 1506년의 중종반정으로 신원되어 도승지에 추증되었다.(교학사 편집부 엮음, 『한국사대사전』 2, 교학사, 2013, 64쪽)

181 권오복權五福(1467~1498)은 자가 향지嚮之, 호는 수헌睡軒, 본관은 예천醴泉, 김종직의 문인이다. 1486년(성종 17)에 사마시에 합격하고, 같은 해 식년문과에 병과丙科로 급제해 예문관에 들어갔다. 이후 봉교奉敎·수찬修撰·교리校理 등을 역임했으며, 1496년(연산군 2)에 노부모 봉양을 구실로 낙향했다. 1498년(연산군 4)에 무오사화가 일어나자 김종직의 문인이라 해 고향에서 체포되어 김일손·권경유 등과 함께 처형되었다. 특히 율학律學에 밝아 1493년(성종 24)에 사율원司律院에서 율학교육律學敎育을 맡았다. 글씨와 시문에 뛰어났으며, 필법筆法이 힘찼다. 1584년(선조 17)에 종손 권문해權文海가 대구부사로 있으면서 유고를 모아 『수헌선생집睡軒先生集』을 간행했다. 도승지로 추증되고, 봉산서원鳳山書院에 배향配享되었다.(교학사 편집부 엮음, 『한국사대사전』 2, 교학사, 2013, 85쪽.)

182 『원주변씨예천파보』 제2 첨추공파, 회상사, 1996, 8쪽.

183 『예천권씨대동보醴泉權氏大同譜』, 회상사, 1988, 7~55쪽. 권오상의 손자가 퇴계의 제자이고 『대동운부군옥大東韻府群玉』을 지은 초간草澗 권문해權文海요, 증손이 『해동잡록海東雜

錄』을 지은 권별權鼈이다.

184 『예천권씨대동보醴泉權氏大同譜』, 회상사, 1988, 59쪽.

　황패강도 『전가록』을 변희리가 견문한 것을 적어놓은 것으로 보고 있다.(황패강, 「대은 변안열과〈
　불굴가〉」『원주변씨대동보』 문헌록, 원주변씨화수회 엮음, 엔코리안, 2014, 365쪽.)

185 이세좌李世佐(1445~1504)의 좌는 맹언孟彦, 본관은 광주廣州. 좌익공신 이극감李克堪의
　아들이다. 1477년(성종 8)에 식년문과에 갑과로 급제해 1479년(성종 10)에 식년문과에 갑과
　로 급제해 1479년(성종 10)에 부제학, 좌참찬, 이듬해에 동부승지, 우부승지, 좌부승지를 거쳐
　1482년(성종 13)에 도승지가 되었다. 1489년(성종 20)에 예조참판, 대사헌, 호조참판을 거쳐,
　1495년(연산군 1) 한성 판윤, 호조 판서, 1497년(연산군 3)에 이조 판서, 1498년(연산군 4)에 판
　중추부사, 예조 판서가 되었다. 그러나 1503년(연산군 9)에 열린 양로연養老宴에서 어의御衣에
　술을 쏟는 실수를 해 귀양갔다와서, 1504년(연산군 10) 갑자사화에 폐비 윤씨에게 약사발을 들
　고간 일이 탄로나 거제도로 귀양가 자진自盡했다.(교학사 편집부 엮음, 『한국사대사전』 7, 교학사,
　2013, 142쪽.)

186 김일손金馹孫(1464~1498)의 자는 계운季雲, 호는 탁영濯纓·소미산인少微山人, 시호는 문
　민文愍, 본관은 김해. 집의 김맹金孟의 아들이다. 1486년(성종 17)에 진사가 되고 같은 해 식년
　문과 갑과 제2인으로 급제해 승문원 권지부정자가 되었다. 이어 정자, 춘추관 기사관, 진주 교
　수를 역임했다. 그러나 관직을 그만두고 고향에 돌아가 운계정사雲溪精舍를 짓고 학문에 전
　념했다. 이 무렵 김종직의 문하에 들어가 정여창鄭汝昌·강혼姜渾 등과 교류했다. 다시 벼슬길
　에 나아가 승문원 주서, 홍문관 박사·부수찬, 성균관 전적, 사헌부 장령, 이·병조좌랑, 홍문
　관 부교리·교리, 사간원 헌납, 이조 좌랑 등의 관직을 역임했다. 여러 차례 사가독서를 받았으
　며, 언관으로서 현덕왕후顯德王后(단종의 생모)의 소릉昭陵을 복위하라는 상소를 올렸다. 그
　러나 1498년(연산군 4) 무오사화 때 김종직의 조의제문을 사초에 실었다가 능지처참을 받았다.
　저서로는 『탁영집濯纓集』이 있으며, 목천木川의 도동서원道東書院, 청도의 자계서원紫溪書院
　에 배향되었다.(교학사 편집부 엮음, 『한국사대사전』 2, 교학사, 2013, 490쪽.)

187 이중철, 「통훈대부사헌부집의계변공通訓大夫司憲府執義歸溪邊公(휘 희리希李)묘갈명병서墓
　碣銘并序」, 『원주변씨예천파보』, 회상사, 1996, 225쪽.

188 穴吾之胸洞 貫以藁索長又長
　前牽後引磨且戛 任汝之爲吾不辭
　有欲奪吾主 此事吾不從(『경신보』 잡록).

189 『대은실기』, 신석호·대은실기편찬위원회 엮음, 한일문화사, 1977, 404쪽.

190 황패강, 「대은의 〈불굴가〉 보고補攷」, 『원주변씨대동보』 문헌록, 원주변씨화수회 엮음, 엔코리안, 2012, 638쪽.

191 정병욱, 『시조문학사전時調文學事典』, 신구문화사, 1982, 7쪽.

192 황패강, 대은의 〈불굴가〉 보고, 『원주변씨대동보』 문헌록, 원주변씨화수회 엮음, 엔코리안, 2012, 592쪽

193 《대은선생실기》 부록, 변석인 엮음, 『원주변씨대동보』 문헌록, 원주변씨화수회 엮음, 엔코리안, 2012, 546~613쪽.

194 황충기, 「장시조 발생 고구考究」, 『어문연구』 11-1, 한국어문교육연구회, 1983.

195 강진섭, 〈단심가〉 〈하여가〉의 소원적 연구, 『동방학지』 35, 연세대학교 출판부, 2008.

196 이동영, 〈불굴가〉 응작론의 변정, 『한국문학논총』 8·9합집, 한국문학회, 1986.

197 조규익, 「장시조의 장르 형성 과정 및 그 성격(1)-〈불굴가〉의 수용을 중심으로-」, 『민족문화연구』 24, 고려대학교 출판부, 1991, 178쪽.

198 조규익, 「〈불굴가〉 보론」, 『동방학』 2, 한서대 동양고전연구소, 1996, 89~90쪽.

199 황충기, 「장시조 발생 고구」, 『어문연구』 11-1, 한국어문교육연구회, 1983, 191~193쪽.

200 『고려사』 권45, 공양왕 원년 11월 경진, 연희대학교 동방학연구소, 1955.

201 金㐲暴死獄中 斬尸于市 時㐲辭多連巡軍官 故人皆疑之(위의 책, 공양왕 원년 11월 기묘, 연희대학교 동방학연구소, 1955).

202 『고려사』 권45, 공양왕 원년 11월 기축, 연희대학교 동방학연구소, 1955.

203 위의 책, 공양왕 원년 12월 을미, 연희대학교 동방학연구소, 1955.

204 위의 책.

205 위의 책, 공양왕 원년 12월 무신, 연희대학교 동방학연구소, 1955

206 국역 『고려사절요』 권34, 공양왕 2년 정월.

207 『고려사』 권116, 열전 29, 『이림전』(연대본), 연희대학교 동방학연구소, 1955, 552쪽.

208 『대은실기』, 신석호·대은실기편찬위원회 엮음, 한일문화사, 1977, 143쪽.

209 위의 책.

210 위의 책, 752쪽.

211 위의 책.

212 『고려사』 권126, 열전 39, 간신 2, 「변안열전」, 752쪽.

213 위의 책.

214 위의 책.

215 위의 책, 752~753쪽.

216 위의 책, 753쪽.

217 위의 책.

218 박종기, 「고려 말 정치사의 전개와 변안열」, 『대은 변안열의 생애와 업적』, 지식산업사, 2013, 478쪽.

219 김상기, 『신편 고려시대사』, 서울대학교 출판부, 1986, 647쪽.

220 박종기, 「고려 말 정치사의 전개와 변안열」, 『대은 변안열의 생애와 업적』, 지식산업사, 2013, 478쪽.

221 『원주변씨대동보』 권1, 원주변씨화수회 엮음, 엔코리안, 2012, 2쪽.

222 『대은실기』, 신석호·대은실기편찬위원회 엮음, 한일문화사, 1977, 265쪽.

223 김철희, 「구양서원기龜陽書院記」, 『원주변씨참판공파보』 상권, 회상사, 1989, 171~173쪽.

224 변기태邊起兌 및 원주변씨화수회 엮음, 『백세충의百世忠義』, 도서출판 해조음, 2007, 173쪽.

225 『원주변씨대동보』 권1, 원주변씨화수회 엮음, 엔코리안, 2012, 2~3쪽.

226 위의 책, 4~5쪽.

227 「조선경성도朝鮮京城圖」, 『청와대와 주변 역사·문화유산』, 청와대 대통령 경호실 엮음, 2007, 37쪽.

228 「서울지도」, 위의 책, 39쪽.

229 위의 책, 55쪽.

230 위의 책, 127쪽.
　　최완수, 『겸재의 한양진경』, 동아일보, 2004, 76쪽.
　　장동8경은 필운대弼雲臺·대은암大隱巖·청풍계淸風溪·청송당聽松堂·자하동紫霞洞·독락정獨樂亭·수성동水聲洞·취미대翠薇臺 등이다.(최완수, 앞의 책, 125쪽.)

231 김영상, 『서울육백년 1─북악·인왕·무악기슭』, 대학당, 1994, 241쪽.

232 남곤南袞(1471~1527)의 자는 사화士華, 호는 지정止亭·지주당知足堂, 시호는 문경文景, 본관은 의령宜寧. 개국공신 남재南在의 후손으로 곡산 군수 남치신南致信의 아들이다. 김종직의 문인으로 홍언충洪彦忠·박은朴誾 등과 교류했다. 1489년(성종 20) 사마시에 합격하고, 1494년(성종 25)에 별시문과 을과에 급제해 수찬, 정언 등의 관직을 역임했다. 좌랑 때 문신 고예시에 장원해 문장 실력을 인정받았다. 1504년(연산군 10) 갑자사화로 서변에 유배되었다가 1506년(중종 1) 중종반정으로 풀려나 호조 참판, 전라도 관찰사, 대사헌, 지중추부사 등의 관

직을 역임했다. 1515년(중종 10) 우참찬으로 있을 때 박상朴祥과 김정金淨이 폐비 신씨의 복위를 상소하자 영의정 유순정柳順汀과 함께 반대하는 상소를 올려 사림파들의 입지를 약화시켰다. 1519년(중종 14)에 심정沈貞 등과 함께 기묘사화를 일으켜 조광조 일파를 대거 숙청했다. 그 뒤 좌의정을 거쳐 1523년(중종 18)에 영의정이 되었다. 문경이라는 시호를 받았으나 1558년(명종 13)에 관직과 시호를 박탈당했다. 문장이 뛰어나 많은 글을 남겼으나 죽을 때 다 불살라버렸다. 『지정집止亭集』『유자광전柳子光傳』이 전한다.(교학사 편집부 엮음, 『한국사대사전』 2, 교학사, 2013, 654쪽.)

233 『청와대와 주변 역사·문화유산』, 청와대 대통령 경호실 엮음, 2007, 129쪽.

234 위의 책, 124쪽.

235 위의 책, 127쪽.

236 김상헌, 「근가십영近家十詠 중中 대은암大隱巖」, 『청음집』 권11, 한국고전번역원, 2008.

237 문일평, 「근교산악사화」, 『호암전집』 제3권, 조광사, 1946.

238 『청와대와 주변 역사·문화유산』, 청와대 대통령 경호실 엮음, 2007, 126쪽.

239 김영상, 『서울육백년 1−북악·인왕·무악기슭』, 대학당, 1994, 12~14쪽.

제4장

1 이성무, 「변안열의 생애와 평가」, 『대은 변안열의 생애와 업적』, 지식산업사, 2013, 44~45쪽.

2 『원주변씨예천파보』, 회상사, 1996, 1쪽.

3 『원주변씨세보』 권1, 재첩再疊 갑편甲編 하下, 가승미디어, 2006, 2쪽.

4 변학영邊學永, 「통정대부참의원주변공通政大夫僉議原州邊公(휘諱 극충克忠) 묘비문墓碑文」, 『원주변씨대동보』 문헌록, 엔코리안, 2012, 837쪽.

5 『원주변씨대동보』 권1, 상계上系, 엔코리안, 2012, 1쪽.

6 『원주변씨세보』 계해보癸亥譜, 권1, 1편, 1863.

7 위의 책.

8 위의 책, 2쪽.

9 위의 책, 3~4쪽.

10 위의 책, 4쪽.

11 위의 책.

12 위의 책, 1~2쪽.

13 위의 책, 3쪽.

14 위의 책.

15 『전주이씨효령대군정효공파세보』권1, 전주이씨효령대군정효공파세보편찬위원회 엮음, 엔코리안, 2009, 46쪽.

16 『원주변씨대동보』권1, 엔코리안, 2012, 33쪽.

17 위의 책, 37~38쪽.

18 위의 책, 38쪽.

19 『원주변씨대동보』권1, 상계, 엔코리안, 2012, 5쪽.

20 위의 책.

21 위의 책.

22 위의 책.

23 이언적李彦迪, 「좌군총제변이공묘표左軍摠制邊公頤墓表」, 『원주변씨예천파보』, 회상사, 1996, 203~205쪽.

24 『세종실록』권87, 세종 21년 12월 병술.

25 이언적, 「좌군총제변이공묘표」, 『원주변씨예천파보』, 회상사, 1996, 203~205쪽.

26 위의 글, 206쪽.

27 변학영, 「참의공參議公(극민克愍)묘비문墓碑文」, 『원주변씨족보原州邊氏族譜』기해보己亥譜, 권1, 상계上系, 1959.

　　권벌權橃, 「헌릉참봉공獻陵參奉邊公(상희尙熹)묘지墓誌」, 『원주변씨예천족보原州邊氏醴泉族譜』, 회상사, 1996, 215쪽.

28 이황, 「원종공신통훈대부행영변도호부사공原從功臣通訓大夫行寧邊都護府使邊公(정定)묘지墓誌」, 『원주변씨예천파보』, 회상사, 1996, 218~222쪽.

29 김종직, 「제문」, 위의 책.

30 위의 책, 27A~32B.

31 한漢나라 때 앞뒤로 남양태수南陽太守가 되어 선정을 베풀었던 사람들. 당시 백성이 이들을 칭송해 "전에는 소부召父가 있었는데 뒤에는 두모杜母가 있다"고 했다.(『한서』권89, 「순리전循吏傳 조신신召信臣」, 『후한서』권31, 「두시열전杜詩列傳」)

32 사초史草로 인한 옥사. 무오사화가 일어나기 전에 김일손이 훈구파 이극돈의 비행을 사초에 기록했다가 반목이 생겼다.

33 자는 술이述而, 본관은 경주, 1494년(성종 25)에 갑인별시甲寅別試 병과丙科에 급제했다.(『국조문과방목國朝文科榜目』)

34 후한의 범방范滂을 말한다. 맹박孟博은 그의 자字. 효렴광록孝廉光祿으로 천거되어 청조사
請詔使로 기주에 나갔는데, 수레를 타고 고삐를 잡자 개연히 천하를 맑게 할 뜻이 있었다고
한다.

35 한나라의 매복梅福을 일컫는다. 매복은 『상서』와 『춘추곡량전春秋穀梁傳』에 밝았는데, 왕망
王莽이 집권하자 성명을 바꾸고 오주吳州의 저자에서 문지기 노릇을 했다고 한다.

36 진쯥나라 사안謝安을 일컫는다. 사안은 신성新城을 지키다가 병이 위독해 부득이 서주의 성
문이 열리게 되자, 평소 동산東山에 은거하려던 뜻을 이루지 못함을 매우 슬퍼했다. 그래서
그가 죽은 후 그의 생질인 양담羊曇이 외숙의 일을 가슴 아프게 여겨 서주의 길로 다니지 않
았는데, 한번은 크게 취해 자신도 모르게 그곳을 지나다가 좌우 사람이 "이곳이 서주의 성문
이다"라고 말하자, 양담이 비감悲感을 견디지 못해 통곡을 하면서 지나갔다고 한다.

37 변희리는 서울에 있을 때 안침安琛·이세좌·노공필 등 명류名流들과 충마계驄馬契를 만들어
교류했으나 예천으로 은거해서는 도연명의 「귀거래사」를 화운和韻해 부賦를 지어 은거의 뜻을
굳혔다.

38 진성眞城 이중철李中轍, 「통훈대부사헌부집의귀계변공묘갈명병서通訓大夫司憲府執義歸溪邊
公墓碣銘幷序」, 『원주변씨예천파보』, 회상사, 1996, 224~232쪽.
위의 책, 27AB.

39 이중철, 「통훈대부사헌부집의귀계변공묘갈명병서」, 『원주변씨예천파보』, 회상사, 1996.

40 『원주변씨참판공파보』 상권, 잡록부, 회상사, 1989, 174쪽. 『전가록』에는 〈불굴가〉를 비롯한
많은 정보가 있다.

41 『대은실기』, 신석호·대은실기편찬위원회 엮음, 한일문화사, 1977, 340쪽.

42 『대은선생실기서大隱先生實紀序」에 서문을 쓴 김병구金秉矩에 의하면 원손遠孫 변종기邊鍾
基가 1950년(경인庚寅)에 아마도 『전가록』에 있는 자료와 기타 자료들을 모아 『시조실기始祖實
紀』를 편찬했고, 그것을 기초로 『대은실기』를 편찬한 것을 1977년에 신석호 선생 등이 실록·
『고려사』 등 기타 자료를 모아 『대은실기』를 다시 편찬한 것이다.

43 『대은실기』, 신석호·대은실기편찬위원회 엮음, 한일문화사, 1977, 210~211쪽.

44 위의 책, 504~670쪽.

45 위의 책, 209쪽. 이때 변종기가 『동사東史』 등에서 보충자료를 뽑아서 『시조실기』이라는 책을
만들었는데, 오래되어 1949년에 예천족인가體泉族人家에서 나온 『전가록』과 합쳐 양주 성요
회에서 『대은실기』를 간행하게 된 것이라 한다.(乃者 族祖鍾基氏 惕然起慕 夙夜靡懈 考之諸牒 抄
諸東史 合而編之 曰始祖實記 在其中 籍者亦有年 所藏己丑 楊州省墓之會僉議發 方圖繡棗 得一小册於

醴泉族人家 卽當時諸先輩所箸祭文及傳行狀墓表神道碑銘也 靡挙奉玩 若壁裡殘經 僅免咸陽熱火 而復
出於世也 於是乎[下略] 17대손 변석인, 「고려원천부원군대은선생생실기高麗原川府院君大隱先生實記」
권2, 지識 2)

46 「대은실기」, 신석호·대은실기편찬위원회 엮음, 한일문화사, 1977, 28쪽.

47 위의 책, 27A~28A.

48 「원주변씨대동보」 권1, 첨추공파, 엔코리안, 2012, 68~69쪽.

49 「원주변씨대동보」 권1, 엔코리안, 2012, 72~73쪽.

50 위의 책, 69쪽.

51 위의 책, 70쪽.

52 변태섭邊太燮, 「통정대부망촌선생원주변공묘지通政大夫忘村先生原州邊公墓誌」, 「원주변씨
　　대동보」 권2, 엔코리안, 2013, 1~2쪽.

53 「원주변씨대동보」 권2, 첨추공파僉樞公派, 엔코리안, 2013, 11쪽.

54 위의 책, 11~12쪽.

55 위의 책, 27A~29B.

56 위의 책, 29B~32A.

57 「원주변씨대동보」 권1, 엔코리안, 2012, 10쪽.

58 「세종실록」 권61, 세종 15년 9월 정해.

59 「세종실록」 권63, 세종 16년 3월 무인.

60 「세종실록」 권63, 세종 16년 3월 계사.

61 민현구 및 육사한국군사연구실 옮김, 「한국군제사-근세조선전기편」, 육군본부, 1968.

62 「대은실기」, 신석호·대은실기편찬위원회 엮음, 한일문화사, 1977, 168~170쪽.

63 「서원군이안공배위변씨신상소명瑞原君夷安公配位邊氏身上疏明」, 완산이씨청거수파종회完山
　　李氏淸渠守派宗會.

64 「성종실록」 권136, 성종 13년 2월 임자.

65 위의 책, 25AB.

66 「원주변씨대동보」 권1, 상계, 엔코리안, 2012, 13~14쪽.

67 교학사 편집부 엮음, 「한국사대사전」 5, 교학사, 2013, 936쪽.

68 「원주변씨세보」 계해보, 권2, 1863, 14~15쪽.

69 위의 책, 14쪽.

70 初娶原州邊氏 後邊氏父 有罪死 夷安公離移邊氏 更娶 其後邊氏父得伸寃 今以者 公私有別 邊

氏爲 副室(이형상, 『언행록』 권말).

71 전주이씨효령대군파서원종회全州李氏孝寧大君派瑞原君宗會 청거수종회장淸渠守宗會長 이찬의李燦儀, 「원천군부인원천변씨묘비문原川郡夫人原州邊氏墓碑文」.

72 8대손 이형상李衡祥, 「팔대조창선대부청거수묘지八代祖彰善大夫靑渠守墓誌」.

73 『전주이씨효령대군정효공파세보全州李氏孝寧大君靖孝公派世譜』 권1, 전주이씨효령대군정효공파세보편찬위원회 엮음, 엔코리안, 2009, 42~44쪽.

74 위의 책, 42~43쪽.

75 위의 책.

76 8대손 이형상, 「팔대조창선대부청거수묘지」.

77 『전주이씨효령대군정효공파세보』 권1, 전주이씨효령대군정효공파세보편찬위원회 엮음, 엔코리안, 2009, 46쪽.

78 『원주변씨대동보』 권1, 호군공파, 엔코리안, 2012, 79~80쪽.

79 위의 책.

80 이가원李家源, 「원평군묘지原平君墓誌」, 「무송재撫松齋」, 원주변씨참판공종친회原州邊氏叅判公宗親會 엮음, 도서출판 수서원, 2006, 54쪽.

81 위의 책.
  원주변씨참판공세보편찬위원회 엮음, 『원주변씨참판공파세보』 하권, 가승미디어, 2006, 204~206쪽.
  종후손 변시연邊時淵, 「증예조판서원평군항참무송당변공상증禮曹判書原平君行禮曹叅判撫松堂邊公行狀」, 「무송재」, 원주변씨참판공종친회 엮음, 도서출판 수서원, 2006, 58~59쪽.

82 원주변씨참판공세보편찬위원회 엮음, 『원주변씨참판공세보』 하권, 가승미디어, 2006, 206쪽.

83 위의 책, 207쪽.

84 변시연, 「증병조참판행전나사변공증兵曹叅判行全羅兵使邊公(오천伍千)묘표墓表」, 『원주변씨세보』 권1, 가승미디어, 2006, 390~393쪽.

85 『성종실록』 권102, 성종 10년 3월 정묘.

86 『성종실록』 권105, 성종 10년 6월 정해.

87 『성종실록』 권110, 성종 10년 10월 신유.

88 『성종실록』 권111, 성종 10년 11월 무자.

89 『성종실록』 권118, 성종 11년 6월 정축.

90 『성종실록』 권161, 성종 14년 12월 병술.

91 『성종실록』 권169, 성종 15년 8월 정묘.

92 『성종실록』 권162, 성종 15년 1월 신유.

93 『성종실록』 권173, 성종 15년 12월 을축.

94 『성종실록』 권228, 성종 20년 5월 을해.

95 『성종실록』 권271, 성종 23년 11월 기묘.

96 『성종실록』 권289, 성종 25년 4월 정해.

97 『연산군일기』 권26, 연산군 3년 8월 을유.

98 『연산군일기』 권26, 연산군 3년 8월 무술.

99 『연산군일기』 권53, 연산군 10년 4월 경진.

100 『중종실록』 권1, 중종 원년 9월 갑신.

101 『중종실록』 권1, 중종 원년 11월 기묘.

102 『중종실록』 권18, 중종 8년 6월 병오.

103 『중종실록』 권18, 중종 8년 8월 병진.

104 『명종실록』 권4, 명종 원년 9월 기묘.

105 『무송재』, 원주변씨참판공종친회 엮음, 도서출판 수서원, 2006, 204~206쪽.

　　『원주변씨세보』 원元, 원평군묘지, 1959.

106 『무송재』, 원주변씨참판공종친회 엮음, 도서출판 수서원, 2006, 91~92쪽.

107 위의 책, 209~210쪽 및 『원주변씨세보』 원, 원평군묘지, 1959.

108 『원주변씨대동보』 권1, 참판공파, 엔코리안, 2012, 89쪽.

109 변시연, 「면천군수증령의정변공묘표河川郡守贈領議政邊公墓表」, 『원주변씨참판공파보』 상권, 회상사, 1989, 235~237쪽.

110 원주변씨참판공세보편찬위원회 엮음, 『원주변씨참판공세보』 하권, 가승미디어, 2006, 236~237쪽 및

　　6대손 온양溫陽 정만석鄭晩錫, 「원흥부원군原興府院君(협협)행장行狀」, 『원주변씨유고약초原州邊氏遺稿略抄』.

111 위의 책.

112 위의 책.

113 위의 책.

114 위의 책.

115 위의 책.

116 위의 책.

117 위의 책.

118 민종현閔鍾顯, 「연천군청시행장淵川君請諡行狀」, 『원주변씨참판공파보』 상권, 회상사, 1989, 297~309쪽.

　　외5대손 정만석, 「연천군행장淵川君行狀」, 같은 책, 297~310쪽.

　　변시연, 「한성판윤연천군증병조서시양혜변공묘비명漢城判尹淵川君贈兵曹判書諡襄惠邊公墓神道碑銘」, 같은 책, 310~321쪽.

119 정만석, 「연천군행장」, 『원주변씨참판공파보』 상권, 회상사, 1989, 302~302쪽.

120 「변응성장군전적기邊應星將軍戰績記」, 『양주군지楊州郡誌』, 양주군지편찬위원회楊州郡誌編纂委員會, 1878.

121 민종현, 「연천군청시행장」, 『원주변씨참판공파보』 상권, 회상사, 1989, 291쪽.

122 정만석, 「연천군행장」, 같은 책, 304쪽.

123 위의 책.

124 윤근수, 「변응성장군전적기」, 『원주변씨세보』 권1, 가승미디어, 2006, 511쪽.

125 위의 책, 305쪽.

126 위의 책.

127 위의 책, 305~307쪽.

128 위의 책, 307쪽.

129 위의 책.

130 위의 책.

131 위의 책, 286~321쪽.

132 위의 책, 308~309쪽.

133 원주변씨참판공세보편찬위원회 엮음, 『원주변씨참판공세보』 하권, 가승미디어, 2006, 241쪽.

134 송시열, 「충장공忠壯公(응정應井)묘표墓表」, 『원주변씨세보』 권1, 가승미디어, 2006, 516~517쪽.

135 蓬蒿叢裡松千尺 烏鵲喧邊鶴一聲(「충장공증병조참판전나수사변유사忠壯公贈兵曹參判全羅水使邊公遺事」, 『원주변씨세보』 권1, 가승미디어, 2006, 522쪽).

136 위의 책.

137 위의 책, 528쪽.

138 민진후閔鎭厚, 「충장공청시행장忠壯公請諡行狀」, 『원주변씨세보』 권1, 가승미디어, 2006, 540쪽.

139 위의 책, 540~541쪽.

140 윤근수, 「변응정전적기」, 『원주변씨세보』 권1, 가승미디어, 2006, 575쪽.

141 위의 책, 542쪽.

142 위의 책.

143 위의 책, 543쪽.

144 위의 책.

145 위의 책.

146 위의 책, 544쪽.

147 변정진邊挺鎭, 「증병조판서행전나수사충장공가장贈兵曹判書行全羅水使忠壯公家狀」, 『원주변씨세보』 권1, 가승미디어, 2006, 560쪽.

148 위의 책, 513~575쪽 및
원주변씨참판공세보편찬위원회 엮음, 『원주변씨참판공세보』 하권, 가승미디어, 2006, 241~242쪽.

149 원주변씨참판공세보편찬위원회 엮음, 『원주변씨참판공세보』 하권, 가승미디어, 2006.

150 변충범邊忠範, 「관서비어8조척화소關西備禦八條斥和疏」, 『원주변씨세보』 권1, 가승미디어, 2006, 624~657쪽.

151 원주변씨참판공세보편찬위원회 엮음, 『원주변씨참판공세보』 하권, 승가미디어, 2006, 241~242쪽.

152 송치규宋穉圭, 「총관공摠管公(충범忠範)실적實蹟」, 『원주변씨참판공세보』, 회상사, 1989, 417~419쪽.

153 원주변씨참판공세보편찬위원회 엮음, 「부총관변공副摠管邊公(충범忠範)향천장鄕薦狀」, 『원주변씨참판공세보』 상권, 회상사, 1989, 459~466쪽.

154 변시연, 「동부승지구강변공행장同副承旨九江邊公行狀」, 『원주변씨참판공세보』 상권, 회상사, 1989, 400쪽.

155 위의 책.

156 위의 책, 398~401쪽.

157 위의 책, 401~402쪽.

158 위의 책, 402쪽 및

원주변씨참판공세보편찬위원회 엮음, 『원주변씨참판공세보』 하권, 가승미디어, 2006, 244쪽.

159 변시연, 「평안병사변공행장平安兵使邊公行狀」, 『원주변씨참판공세보』 상권, 회상사, 1989, 411~412쪽.

160 위의 글, 412쪽.

161 위의 글, 412~413쪽.

162 위의 글, 413쪽.

163 위의 글.

164 원주변씨참판공세보편찬위원회 엮음, 『원주변씨참판공세보』 하권, 승가미디어, 2006, 211쪽.

165 『원주변씨참판공세보』에는 소신옹주昭信翁主로 되어 있으나, 『선원세계璿源世系』에는 소선 옹주昭善翁主 하가유천위변효순下嫁柔川尉邊孝順으로 되어 있다. 여기서는 후자를 따른다. 신녕궁주信寧宮主 신씨는 뒤에 신빈信嬪 신씨로 승격된 것 같다.

166 원주변씨참판공세보편찬위원회 엮음, 『원주변씨참판공세보』 하권, 승가미디어, 2006, 211~212쪽.

167 위의 책, 212쪽.

168 위의 책.

169 위의 책, 214쪽.

170 16대손 변태용邊泰用, 「통정대부행간성군수변공通政大夫行杆城郡守邊公(상빙尙聘)행장行狀」, 『원주변씨세보』 권1, 승가미디어, 2006, 734~737쪽.

171 변시연, 「강계부사변석곤江界府使邊石崑 숙부인원주원씨淑夫人原州元氏 사단비祀壇碑」.

172 변시연, 「원천위변공부조묘기原川尉邊公不祧廟記」, 『원주변씨세보』 권1, 가승미디어, 2006, 746~749쪽.

173 변시연, 「부마공駙馬公(상복尙服)묘표墓表」, 『원주변씨세보』 권1, 승가미디어, 2006, 742~745쪽. 『선원세계』에는 태종의 "삼녀덕천옹주三女德川翁主 하가행부사변상복下嫁行府使邊尙服(9쪽)"이라고 기록되어 있다.

174 변안열이 벽제碧蹄에서 죽은 것은 아니고 공양왕이 오사충 등을 시켜 변안열을 조사하게 했는데, 이들이 벽제에 이르러 그가 이미 처형되었다는 소식을 들은 것이다. 죽기는 한양에서 한양부윤 김백흥에게 죽었다.

175 宣德十年乙卯冬 孤尙服述先言 曰嗚呼 先籍相禍于金 再禍于紅巾 三禍于碧蹄 幸先子記 四十五袋 命孤約葉子譜 孤懼其太約 時日承裁 鍊刪一年 淸書一葉子袋 六摺內外排行五十本 兒孫九歲者佩之 十二三者讀之 餘授于孤.

176 이성무, 「한국의 성씨와 족보」, 『한국계보연구韓國系譜研究』, 한국계보연구회, 2010, 23쪽.

177 위의 글, 402쪽.

178 謹按右葉子譜 卽駙馬公諱尙服 承摠制公面命撰述 老而顧於舊譜 未曾卽刊 文獻之晦則有數 而然耶 今見傳本不可闕滿 故姑爲附錄於世紀下 而每世配夫人上 加圈以標之 駙馬公序文 亦 爲並錄 以示原本所由云.

179 원주변씨참판공세보편찬위원회 엮음, 『원주변씨세보』 기해보, 권1, 상계上階, 1959, 46～47쪽.

180 『원주변씨대동보』 권1, 엔코리안, 2012, 29쪽.

181 위의 책, 31쪽.

182 위의 책, 144～145쪽.

183 『원주변씨대동보』 권5, 엔코리안, 2012, 972～973쪽.

184 위의 책, 961～62쪽.

185 위의 책, 967쪽.

186 위의 책, 965～966쪽.

187 위의 책, 967～968쪽.

188 위의 책, 970쪽.

189 위의 책, 975～976쪽.

190 『원주변씨대동보』 권1, 엔코리안, 2012, 32쪽.

191 『선원록璿源錄』(장서각 2-1046), 『선원계보기략璿源系譜紀略』(장서각 2-1175), 『선원속보璿源 續報』(장서각 2-1175), 『돈녕보첩敦寧譜牒』과 『원주 변씨 족보』(1959)를 참조하라.

제5장

1 安烈興堅味李仁任 提調政房 同欲相濟 凡工匠及有財者 必先用之(『고려사高麗史』 권126, 열전 39, 간신 2, 「변안열전」).

2 曺敏修邊安烈 皆入奸臣傳 似非公筆(『국사문답東史問答』, 『순암집順菴集』 권10).

3 이희승, 『국어대사전』, 민중서관, 2010, 57쪽.

4 自葳化島回軍之時 南誾興趙仁沃等 密議推戴 以告太宗 太宗曰 此大事 不可輕言 時衆心皆歸 (『연려실기술燃藜室記述』 권1, 태조조太祖朝).

5 其子鍾學倡言曰 玄陵旣以禑封江寧君而立府矣 天子爵命矣 李成桂何人 敢違玄陵之命而廢我 驪興王乎(안정복安鼎福, 『동사강목東史綱目』 권17 下, 경인문화사, 1970, 450쪽).

6 이우성, 「고려 말에 있어서 목은 이색의 정치적 처지와 그 주의」, 『고양만록高陽漫錄-한국학의
  저변-』, 경인문화사, 2005, 11쪽.

7 原州進士 元天錫 麗末人也 作野史 以辛禑爲恭愍子(이덕형, 『송도기이松都記異』 부록, 1631).

8 위의 책.

9 안정복, 「개서연開書筵」, 『동사강목』 권17 下, 경인문화사, 1982.

10 이우성, 「고려 말에 있어서 목은 이색의 정치적 처지와 그 주의」, 『고양만록-한국학의 저변-』,
  경인문화사, 2005, 12~13쪽.

11 『정종실록』 권1, 정종 1년 3월 경진.

12 「원주군부인원주변씨묘비문」.

13 왕실혼을 한 원주 변씨의 여자들

  변안열邊安烈 女 + 무안대군撫安大君 이방번李芳蕃

  변상근邊尙覲 女 + 서원군瑞原君 이친李寀

  변처관邊處寬 女 + 부림령富林令 장평부정長平副正 이순李順(양녕대군 이제李禔 손자)

  변처령邊處寧 女 + 덕양부수德陽副守 이지손李智孫(청거수淸渠守 이혜李蕙 子,

                                                효령대군 이보李補 증손자)

  변수양邊壽揚 女 + 순양수順陽守 이강李江

  변이邊頤 女 + 익천군益川君 이점李漸

  변예邊預 女 + 원윤元尹 이의李義

  변수邊脩 女 + 두원정豆源正 이혜李譓

  변수邊脩 女 + 덕흥수德興守 이존숙李存肅

  변효공邊孝恭 女 + 영성정永城正 이수장李壽長

  변효남邊孝男 女 + 봉안군鳳安君 이봉李熢

  변호손邊昊孫 女 + 창원군昌原君 이혜李譓(세종대왕 4男)

  변근邊瑾 女 + 순의군順義君 이경온李景溫

왕실혼을 한 부마들

  원천위原川尉 변상복邊尙服 + 정종 女 덕천옹주德川翁主

  좌령호군左領護軍 변효남邊孝男 + 은천정恩川正 이가인李可人 女

  장악원掌樂院 정正 변성成邊成 + 정양군定陽君 이순李淳 女 (임영대군臨瀛大君 이구李璆 손녀)

  좌랑佐郞 변희리邊希李 + 청암부정靑巖副正 이위李偉 女

유천위柔川尉 변효순邊孝順 + 태종 女 소선옹주昭善翁主

형조참판刑曹叅判 변효공邊孝恭 + 평성정枰城正 이위李偉 女 (효령대군 이보 증손녀)

부장部將 변진邊振 + 진산부수晉山副守 이계선李季善 女

시강원시강원侍講院 보덕輔德 변상邊祥 + 순성군順城君 이개李⊠ 女 (양녕대군 이제 손녀)

변응경邊應卿 + 조영손趙永孫(정종의 손자 사위) 女

변응정邊應井 + 이식李軾(양령대군 4세손) 女

명문거족名門巨族과의 혼맥 : 전주 이씨, 원주 원씨, 정선 전씨, 인천 이씨, 광주 정씨, 안동 김씨, 의령 남씨, 경주 이씨, 밀양 손씨, 진주 유씨, 평산 신씨, 연안 이씨, 경주 김씨, 안동 권씨, 동래 정씨, 여흥 민씨, 경주 최씨, 우봉 이씨, 한양 조씨, 영천 이씨, 전의 이씨, 인천 채씨, 예천 권씨, 밀양 박씨, 반남 박씨, 청풍 김씨 등과 혼인했다.

14 我太祖與大司憲趙浚欲革田制 李穡以爲不可輕改舊法 持其議不從 而李琳禹玄寶邊安烈 皆欲革以穡爲儒宗 籍其口 以惑衆聽 革復之論未決 藝文館提學鄭道傳大司成尹紹宗 同浚議 厚德府尹權近判內府寺事柳伯濡 同穡議 贊成事鄭夢周 依違兩間 乃令各司議革復利害 議者五十三人 欲革者八九 其不 欲者 皆巨室子弟也(국역 『고려사절요』 권34, 공양왕 1).

15 是豈牧圃諸公之所欲哉 私田兼幷之弊 誠亟去之物疑 而諸公之阻革者 非爲自利也 惟恐民心之 因此而 漸歸太祖也(안정복, 『동사강목』).

16 안정복, 「개정전제改定田制」, 『동사강목』 권17 上, 경인문화사, 1982.

17 (전략) 問佇不服 以刀裂足掌數寸許 爇以火 隨問皆服 遂成獄事 安熱亦坐罪(『고려사』 권126, 열전 39, 간신 2, 「변안열전」).

18 『고려사』 권126, 열전 39, 간신 2, 「변안열전」.

19 只削職 流禑漢陽 初禑歸江陵 謂人日 誤我者安烈(위의 글).

20 안정복, 『동사강목』 권17 上, 경인문화사, 1982, 446쪽.

21 『태조실록』 권3, 태조 2년 1월 무오.

22 안정복, 『동사강목』 권17 上, 경인문화사, 1982, 452쪽.

23 命臺諫同巡軍鞫庠 庠曰但怨革私田 欲迎立辛禑 以阻其事耳(『고려사』 권126, 열전 39, 간신 2, 「변안열전」).

24 『연려실기술』 권1, 태조조.

25 惟彼鄭麟趾輩 以其偏心 作爲曲筆 終歸其實 殊可痛也(『청야만집』).

26 司憲府上書 前藝文春秋館學士李行 嘗爲恭讓知申事 職兼史官修撰 乃阿李穡鄭夢周 誣書我

主上殿下 殺辛禑辛昌及邊安烈 請收職牒 鞠問論罪 上允之(『태조실록』권2, 태조 2년 정월 무오).

27 上命進戊辰已後史草 遂親見行所記 以誅安烈及禑昌父子等事 皆指斥上 以爲無罪被殺(위의 책).

28 臣聞太祖之時 命鄭道傳鄭摠尹紹宗 修撰前朝實錄 諸史官皆改書史草而納之 惟李行不然 故未免囚繫(『태종실록』권27, 태종 14년 5월 임오).

29 歲在乙酉 先正文忠公權近上書 請 加封贈錄其子孫 以勵後人 殿下嘉納(『포은문집圃隱文集』권4, 행장).

30 建文三年辛巳 太宗大王命 贈先生大匡輔國崇祿大夫領議政府事修文殿大提學兼藝文春秋館事益陽府院君 謚文忠(『포은문집』권4, 연보).

31 命儒臣編輯古今忠臣孝子烈女之卓然可法者 隨事記載幷著詩贊…名曰三綱行實 廣布中外 仍命以鄭夢周列於忠臣傳(『연려실기술』권3, 세종조 찬술제작纂述製作).

32 中宗大王 因太學生權碩等上疏 議于廷臣 命從祀文廟 實九月十七日也 又下禮官 修墳塋 禁樵牧 立碑(『포은문집』권4, 연보).

33 이성무, 『조선시대 사상사연구』, 지식산업사, 2009, 179쪽.
光祖之學之正 其所傳者 有自來矣 自少受業於金宏弼 宏弼學於金宗直 宗直之學 傳於其父司藝臣叔滋 叔滋之學 傳於高麗臣吉再 再之學得於鄭夢周之門 夢周之學 實爲吾東方之祖 則其學問之淵源類此(『포은문집』속록續錄 권3, 관학생박근등館學生朴謹等 청정암선생신원소략請靜菴先生伸冤疏略).

34 領府事宋時烈啓曰 吾東方自箕子聖以後 至于麗季 闡開道學有功斯文 無如鄭夢周之比 而至使人人得 知君臣父子之倫 內憂外夷之義者 亦皆夢周之功也(위의 책, 연신주사筵臣奏辭 3).

35 鄭夢周於本朝 旣無君臣之分 論其人物 則不獨節義 文章炳耀千載 學行踐履有功於斯文 爲東方理學 之祖 是實前代忠賢之最者也(위의 책, 예조계사禮曹啓辭).

36 臺諫論啓曰 亂臣豈可謂忠臣 近之疏妄矣 上排衆議 從之(『풍암집화楓岩輯話』권1).

37 寒岡鄭述問於退溪李滉曰 曹南冥嘗以鄭圃隱出處爲疑 鄙意 圃隱一死 頗可笑 爲恭愍朝 大臣三十年 於不可則止之 義已爲可愧 又事辛禑父子 謂以禑爲王出歟 則他日放出己 亦預焉何也 十年服事 一朝 放殺 是可忍乎…又從而食其祿如是 而有後日之死 深所未曉(이황, 「서書 답정도答鄭道 가구구답可逑問答」, 『증보퇴계전서增補退溪全書』2, 권39, 성균관대학교 대동문화연구원, 1971, 291쪽).

38 程子曰 人當於有過中 求無過 不當於無過中 求有過 以圃隱之精忠 一大節 可謂經緯天地棟樑宇宙 而世之好議論 喜攻發 不樂成人之美者 曉曉不已 況每欲掩耳而不聞 不意君亦有此病也(위의 책).

39 이성무, "이색의 절의", 『한국일보』 2009년 11월 3일 문화, 〈이성무의 선비 이야기〉 7, 37면.

변안열 평전

초판 인쇄	2015년 11월 9일
초판 발행	2015년 11월 16일

지은이	이성무
펴낸이	강성민
편집	이은혜 박민수 이두루 곽우정
편집보조	이정미 차소영 백설희
마케팅	정민호 이연실 정현민 양서연 지문희
홍보	김희숙 김상만 한수진 이천희

펴낸곳	(주)글항아리	출판등록 2009년 1월 19일 제406-2009-000002호
주소	10881 경기도 파주시 회동길 210
전자우편	bookpot@hanmail.net
전화번호	031-955-1934(편집부) 031-955-8891(마케팅)
팩스	031-955-2557

ISBN   978-89-6735-263-9 03900

글항아리는 (주)문학동네의 계열사입니다.

이 도서의 국립중앙도서관 출판시도서목록(CIP)은 서지정보유통지원시스템 홈페이지
(http://seoji.nl.go.kr)와 국가자료공동목록시스템(http://www.nl.go.kr/kolisnet)에
서 이용하실 수 있습니다.
(CIP제어번호 : CIP2015027824)